THINKr
新思

TIMELINES OF WORLD HISTORY
DK 时间线上的全球史

英国 DK 公司 — 编著

张帆 — 译

中信出版集团 | 北京

图书在版编目（CIP）数据

DK时间线上的全球史 / 英国DK公司编著；张帆译
. -- 北京：中信出版社，2023.12（2024.11重印）
书名原文：Timelines of World History
ISBN 978-7-5217-6032-3

Ⅰ.①D… Ⅱ.①英…②张… Ⅲ.①世界史－普及读物 Ⅳ.①K109

中国国家版本馆CIP数据核字(2023)第182173号

Original Title: Timelines of World History
Copyright © Dorling Kindersley Limited, London, 2022
A Penguin Random House Company
Simplified Chinese translation copyright © 2023 by CITIC Press Corporation
All Rights Reserved
本书仅限中国大陆地区发行销售

DK时间线上的全球史
编著：英国DK公司
策划编辑：赵世明
营销编辑：李曼婷　王诗云
出版发行：中信出版集团股份有限公司
　　　　　（北京市朝阳区东三环北路27号嘉铭中心　邮编 100020）
承印者：惠州市金宣发智能包装科技有限公司

开本：546mm×965mm　1/12　　印张：27　　字数：474千字
版次：2023年12月第1版　　　　印次：2024年11月第17次印刷
京权图字：01-2023-5875　　　　书号：ISBN 978-7-5217-6032-3
审图号：GS（2023）4661号　　　定价：228.00元

译者：张帆
责任编辑：史磊
装帧设计：左左工作室

版权所有·侵权必究
如有印刷、装订问题，本公司负责调换。
服务热线：400-600-8099
投稿邮箱：author@citicpub.com

www.dk.com

编 者

托尼·艾伦
托尼·艾伦编写了许多面向大众的历史读物，是"时代生活丛书世界历史系列"（共24卷）的编辑。

凯·凯尔特尔博士
作家、历史学家凯·凯尔特尔编写了许多广受欢迎的书籍，涉及的主题除了历史，还有建筑学、文化、文学。

R. G. 格兰特
历史学者R. G. 格兰特是个多产的作家，所著书籍内容涵盖了文化、科技、军事等诸多领域的历史，其受众既包括成人，也包括儿童。

安·克雷默
安·克雷默毕业于萨塞克斯大学，所著书籍涵盖女性的战争经历及美国黑人史等。

菲利普·帕克
历史学家菲利普·帕克主要研究中世纪世界，不仅编写了许多书籍，讲述了罗马人、维京人的历史，还参与了多部历史地图集的编写工作。

马库斯·威克斯
音乐家、作家马库斯·威克斯是许多书籍的作者及合著者，所涉领域包括哲学、艺术、古代史。

顾 问

迈克尔·费希尔教授
美国奥伯林学院的罗伯特·S. 丹福思历史学荣誉教授。

康纳·贾奇博士
印度苏迈亚大学中国研究院博士后研究员。

蒂莎·马多克斯教授
美国福特汉姆大学历史学教授，研究方向为非裔历史。

安赫莉卡·巴埃纳·拉米雷斯博士
曾在墨西哥国立自治大学阿卡特兰分校担任历史学教授，现任英国墨西哥研究中心及英国墨西哥艺术协会的客座研究员、讲师。

目录

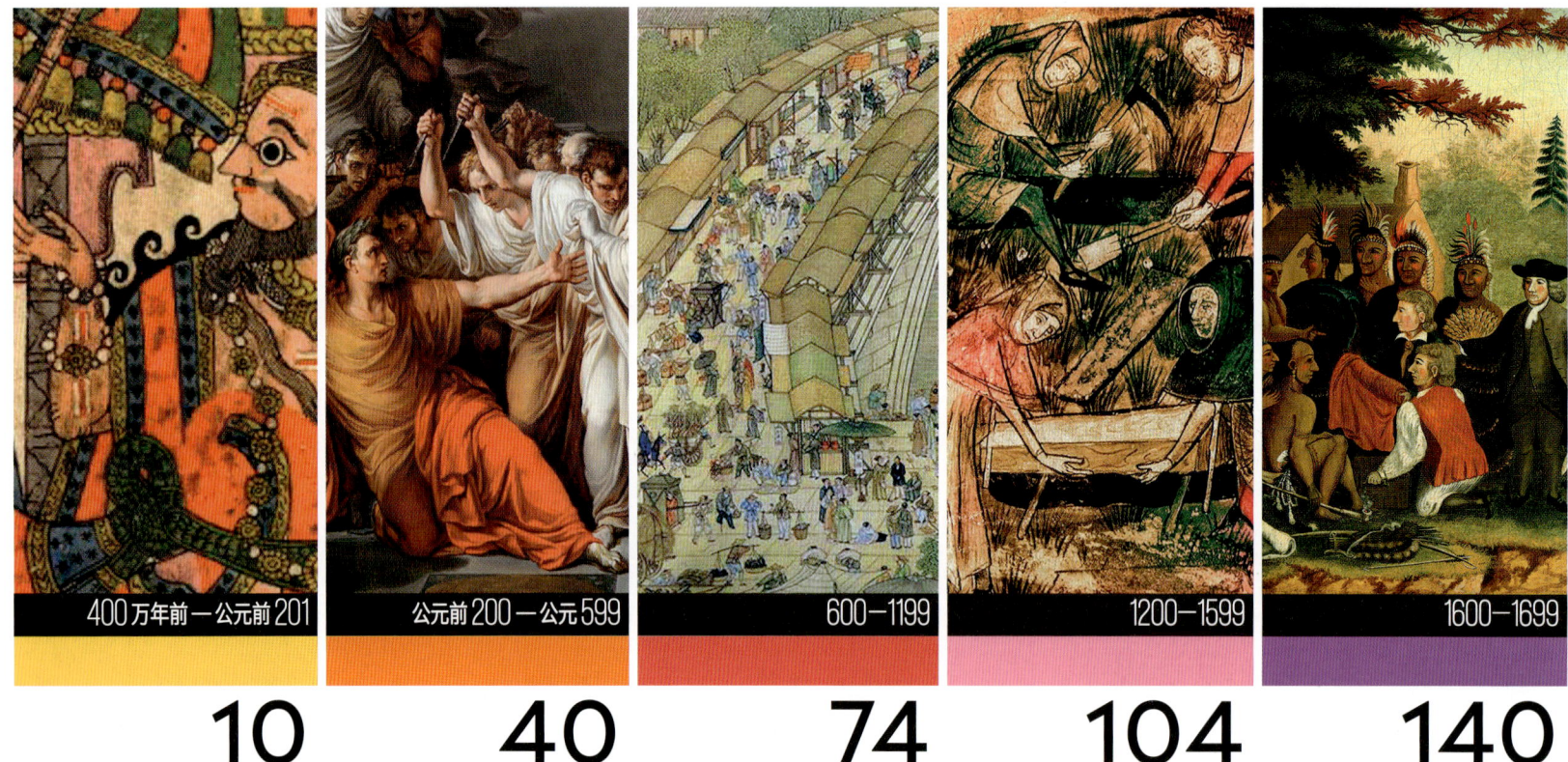

400万年前—公元前201	公元前200—公元599	600—1199	1200—1599	1600—1699
10	40	74	104	140

1700–1799	1800–1879	1880–1934	1935–1979	1980–2021
170	**202**	**232**	**258**	**288**

索引　308
致谢　318

位于阿格拉的泰姬陵用白色的大理石修建，**由莫卧儿帝国的皇帝沙贾汗下令建造**，目的是纪念亡妻蒙塔兹·玛哈尔。该建筑于1632年开始修建，用时16年完工，采用完美的对称布局，被认为是印度－伊斯兰式建筑的巅峰之作。

400万年前
南方古猿"人丁兴旺"

南方古猿能够直立行走,是人族的一个古老亚族。400万年前,它们开始在非洲大草原上繁衍生息。

◁ **非洲南方古猿头骨的复制品**,名为"普莱斯夫人"

190万年前
人类祖先开始使用专门的工具

直立人由南方古猿进化而来,是它们的后代。直立人不仅外表上与那些看起来像极了猿猴的早期人类祖先截然不同,还掌握了以敲打石块的方式来制作精巧的切割、狩猎工具的技巧,到了大约100万年前,他们更是学会了如何生火、用火。

△ 旧石器时代早期的**石制手斧**

400万年前

250万年前 能够使用简单石器的**能人出现**

30万年前 智人——第一批现代人类——在非洲出现

▷ 尼安德特青年的化石(缺少头部)

40万年前
尼安德特人出现

尼安德特人的化石于1856年在德国境内的尼安德特谷被发现,这正是他们名为尼安德特人的原因。他们最早出现在欧亚大陆,能够很好地适应北方更为寒冷的气候,在那里一直繁衍到了4万年前才走向灭绝。与我们的刻板印象不同,尼安德特人头脑聪明,富有创造力,除了擅长制造工具,还懂得如何缝制衣物、制作鞋履,甚至还发展出了包括埋葬死者在内的文化习俗。

400 万年前—公元前10000年 | 11

4.6 万—4 万年前
洞穴壁画出现

在印度尼西亚苏拉威西岛上发现的洞穴壁画有不下 4.55 万年的历史，是迄今为止年代最久的具象艺术作品。尽管在其他一些洞穴的墙壁上发现的非写实风格装饰画年代要比这幅壁画更为久远，但它还是具有里程碑意义，标志着分布在印度尼西亚、法国和伊比利亚半岛的不同地区进入了洞穴壁画时代。在同一时期，欧洲出现了第一批材质为骨头、象牙和石头的具象艺术雕刻作品。

◁ 法国肖维岩洞的**洞穴壁画**

20 万年前 人类离开非洲，开始向欧亚大陆**迁徙**

6.2 万年前 弓箭取代长矛，成为狩猎小型猎物的工具

1.8 万年前 中国出现**陶器制作技术**

公元前10000年

◁ 末次冰期时的**北极冰盖**范围

11.3 万年前
地球进入长达 10 万年的冰期

20 万年前左右开始的气候变化变得更加剧烈，标志着地球进入了持续时间超过 10 万年的末次冰期。随着寒冷加剧，冰盖不断扩大，迫使人类向南迁徙。

1.4 万—1.2 万年前
第一批人类定居点

末次冰期结束后，地球进入快速变暖时期，引发环境剧变。而如猛犸之类的适应冰期气候的大型动物走向灭绝，导致人类可以狩猎的大型猎物日渐稀少。新的环境迫使人类对行为做出调整：人们大体上放弃了四处游荡的狩猎采集生活，开始组建小型社区，定居了下来，而这又为居家用品如陶器的出现创造了条件。

◁ **日本绳纹陶器**的复制品

约公元前 4100—公元前 2900 年
美索不达米亚出现城邦

苏美尔文明位于现在的伊拉克境内，由夹在底格里斯河和幼发拉底河之间的一系列定居点组成，是历史最悠久的文明之一。许多属于苏美尔文明的村庄都发展成了规模较大的城镇中心，其中地位最重要的是乌鲁克，它是人类历史上第一座真正意义上的城市，成了区域内的政治及文化中心。巅峰时期的乌鲁克城邦拥有多达 8 万名居民，其中大约一半的人居住在乌鲁克城内。

▷ 乌鲁克的白色神庙（现代视觉技术的效果图）

公元前 10000 年

约公元前 5000— 公元前 3520 年 绳纹时代前期的日本**出现小型村落**

公元前 8000 年前后 以杰里科为代表的**带有围墙的定居点**开始出现，围墙除了可以抵御入侵者，还可以抵挡洪水

公元前 4500 年前后 人类学会了用火从矿石中提取铜的方法，掌握了**金属冶炼技术**

金和铜是人类最早应用的金属

公元前 9500 年前后
哥贝克力石阵的神庙

土耳其东南部的安纳托利亚地区有一处现名为哥贝克力石阵的古迹，石阵内有一个建筑群，群内建筑皆为由石柱组成的圆形建筑。雕刻精美、形状与英文字母 T 相似的石柱被安放在凿刻于岩石地面中的凹槽内。建筑群呈圆形布局，应当是用于举行某种宗教仪式的。这可以证明，这个建筑群是目前世界上历史最悠久的宗教建筑群。

◁ 位于哥贝克力石阵的**圆形神庙**

公元前10000—公元前3000年

公元前 3100 年
那尔迈统一埃及

那尔迈（又名美尼斯）统一上下埃及，就此成为第一王朝的建立者，即早王朝时期的首位法老。他命人在手工艺品上雕刻画像和象形文字来纪念自己的丰功伟绩，所谓的"那尔迈调色板"——一块雕刻精美的石板，用于研磨调制化妆品——就是其中的一个例子。

▷ 那尔迈调色板

约公元前 3500— 公元前 2800 年 印度河流域出现**定居点**，标志着哈拉帕文明开始进入早期阶段

公元前 3500 年前后 秘鲁的小北文明建立第一座城市，名为**瓦里坎加**

公元前 3500 年前后 路易斯安那的沃森布雷克出现了北美洲的**第一处土丘建筑群**

公元前 3000 年

公元前 3500 年前后
早期轮式运输工具

在驯化了诸如牛、驴之类的大型动物之后，美索不达米亚地区的农民认识到了它们的潜力，发现它们可以作为役畜来拉犁、拉车。苏美尔人用实心的木轮制造出了用于农耕作业的四轮车。之后没过多久，苏美尔人又以农用四轮车为基础，发明了可以用于作战及举行仪式的战车。

△ 乌尔王军旗上描绘的**苏美尔战车**

约公元前9500—公元前3500年
农业的发展

人类放弃游牧生活，开始农耕生活，为第一批定居文明的出现奠定了基础。

公元前 9500 年前后 在位于埃及及西亚的"**肥沃新月**"地区，人类开始收获野草的种子，之后又开始种植野草。

公元前 8500 年前后 农业在中东地区发展起来后，**山羊和绵羊**成了第一批被人类驯化的动物。

约公元前 5000—公元前 3000 年 仰韶文化在黄河中游地区起源，随后扩散到了甘肃的部分地区。仰韶人主要种植粟。

公元前 3500 年 多个不同地区的人类发明了**早期犁具**，牛和驴成了用来拉犁的役畜。

△ **死神阿努比斯**正在制作木乃伊——阿蒙纳赫特墓中的壁画

约公元前 2686—公元前 2181 年
埃及人发明木乃伊制作技术

在古王国时期，古埃及人用木乃伊制作技术来保存法老、法老的家人以及其他贵族的遗体。在接受防腐处理，裹上麻布后，被制成木乃伊的遗体就会与大量被用作陪葬品的宝藏一起下葬。

公元前 3000 年前后 波斯湾东部沿岸地区出现了**埃兰文明**

公元前 2560 年前后 胡夫法老的坟墓**胡夫金字塔**完工

公元前 3000 年

公元前 3000 年前后 在英格兰西部的索尔兹伯里平原上，**巨石阵开始修建**

公元前 2600 年前后 在秘鲁，小北文明的主要城市卡拉尔修建了**首座阶梯金字塔**

公元前 2900 年前后
楔形文字

美索不达米亚的苏美尔人发明了一种保存交易记录的方式，即用木棒在软泥上刻写压痕。这些简单的计数符号发展成了一套复杂的书写体系，它使用楔形的符号来代表文字和音节，与象形文字使用的象形符号十分不同。

△ 刻有楔形文字的**泥板**

公元前 2334—公元前 2279 年
阿卡得王国的萨尔贡大帝

阿卡得王国（位于底格里斯河东岸）的萨尔贡国王不断地征服邻近的王国，成为第一个由诸多城邦组成的王国的统治者。

> "只有众神才能永远生活在阳光下。
> 凡人在世间的日子屈指可数。"

《吉尔伽美什史诗》——美索不达米亚诗歌，作于公元前 2100 年前后

公元前3000—公元前2000年 | 15

公元前 2112—公元前 2095 年
乌尔大塔庙完工

摆脱阿卡得人、古提人的统治后，乌尔国王乌尔那木恢复苏美尔人的统治，建立了乌尔第三王朝。他修建了一座用来供奉月神南纳的巨型塔庙（阶梯金字塔）。第三王朝灭亡后，大塔庙年久失修，之后又在公元前 6 世纪时由巴比伦国王那波尼德斯下令重建。

△ 修复重建后的**乌尔大塔庙**

约公元前 2334—公元前 2279 年
萨尔贡大帝建立阿卡得王国，征服苏美尔各城邦

公元前 2150 年前后 **努比亚王国**在埃及以南建立

公元前 2100—公元前 2000 年 写在泥板上的苏美尔语诗歌《**吉尔伽美什史诗**》创作完成

公元前2000年

公元前 2200 年前后 生活在安纳托利亚地区的赫梯人发明了**冶铁技术**；他们严格保密，坚决不把这项技术传授给外人

公元前 2134 年前后 孟图霍特普二世重新统一埃及，开启了**古埃及的中王国时期**

▽ **摩亨佐·达罗**的废墟

公元前 2500 年
摩亨佐·达罗城建成

公元前 2600 年至公元前 1900 年期间，印度河流域的哈拉帕文明进入全盛时期。该文明拥有数座人口数量在 5 万上下的城市，比如哈拉帕城，又比如摩亨佐·达罗城。摩亨佐·达罗拥有砖砌的建筑、井井有条的城市规划、复杂的灌溉及排水系统，是一座尤其令人惊叹的城市。

公元前 2070—公元前 1600 年
中国的夏朝

据传统说法，大禹从五帝中的最后一帝手中得到天命，建立了中国历史上的第一个朝代夏朝。大禹之所以能够成为传奇人物，不仅仅是因为他是首个在中国建立王朝的统治者，也是由于他既仁慈又富有智慧的治国方式。他最大的成就是，命人治理水患，拯救了中原地区长期受到洪水侵袭的土地。

△ 建立夏朝的传奇人物——**大禹**

约公元前2700—公元前2200年
金字塔时代

古埃及的古王国时期通常又被称作"金字塔时代",原因是从第三王朝(公元前2686—公元前2613年)起,到第六王朝(公元前2345—公元前2181年)为止的那些修建了巨型金字塔的法老都属于这一时代。自公元前2700年前后起,在之后的500年间,古埃及的建筑师发明了开采石灰岩、大量运输石灰岩以及修建金字塔的技术,令这些巨型历史遗迹成了古埃及威严的象征。

第三王朝的法老左塞尔在位时命人修建了第一批金字塔。迁都孟菲斯后,左塞尔以建立朝廷为目的,开始大兴土木。修建计划包括一块位于塞加拉的墓园。塞加拉墓园紧邻孟菲斯,主持其修建工作的建筑师伊姆霍特普据信也是首座金字塔的设计者。位于塞加拉的阶梯金字塔虽然结构简单,却在第四王朝期间为左塞尔的诸多后继者——比如斯尼弗鲁法老——提供了灵感,促使他们改进设计,去修建真正的金字塔。之后的法老把金字塔时代推向了最高潮:他们在美杜姆和代赫舒尔修建了巨大的金字塔,而胡夫法老、哈夫拉法老、孟卡拉法老修建的金字塔则更是令吉萨金字塔群闻名世界。

关键时刻

公元前27世纪 早期阶梯金字塔
古埃及的第一批金字塔采用阶梯结构,建造方式为,首先修建正方形或长方形的底座,之后再在底座上用巨石修建一层比一层小的石阶。位于塞加拉的左塞尔金字塔(见左图)是阶梯金字塔的代表作,它共分六层,高度超过60米。

公元前26世纪 第一批真正的金字塔
第四王朝时期的建筑师大幅减少相邻石阶的大小差异,修建出了外观更为平滑的尖顶金字塔,比如位于代赫舒尔的"曲折金字塔"(见左图)。此外,建筑师还会用抛过光的白色石灰岩石板来给金字塔铺外墙,从而进一步加强了上述视觉效果。

公元前26世纪 狮身人面像
狮身人面像(见左图)紧邻吉萨金字塔群,是古埃及的另一座标志性建筑。狮身人面像规模巨大,用基岩雕刻(但之后的修复工作使用了石灰岩岩块),身子是神话中体形像猫一样的怪兽斯芬克司,而脸部则是当时在位的法老哈夫拉的样子。

金字塔时代 | **17**

吉萨金字塔群 建造于公元前26世纪至公元前25世纪，是几位法老的墓地。图中的哈夫拉金字塔是埃及第二高的金字塔，在建成时高达143.5米。这座金字塔也是吉萨金字塔群中唯一保留有上部的石灰岩饰面的。

公元前 1900 年
巨石阵完工

现称巨石阵的巨石遗迹位于一个环形土岗的正中央，于公元前 3000 年前后开始修建，在大约 1 000 年后完工。巨石阵的外圈是一个由直立的巨石组成、上方用石梁连接的圆环，内圈呈马蹄形，由较小的石块组成，而正中央则是一块祭坛石。无论是巨石阵本身，还是通向巨石阵的道路，都与夏至日早晨初升的太阳在同一条直线上，所以学界认为，巨石阵有可能是宗教建筑，也有可能是进行天文学研究的设施。

公元前 1900 年前后
亚摩利人的征服扩张

亚摩利人来自黎凡特地区，是闪米特人的一支。公元前 21 世纪期间，他们在阿卡得王国统治下的美索不达米亚地区从事贸易活动。他们渐渐地占领美索不达米亚的南部地区，建立起了一系列独立的城邦，其中一个名叫巴比伦的城邦逐渐独占鳌头，之后更是成了古巴比伦王国的首都。

△ **巨石阵**的石圈

▷ 古巴比伦王国时期的浮雕

公元前 2000 年

公元前 1900 年前后 赫梯人建立王国，在安纳托利亚的城市哈图萨定都

公元前 1772 年 巴比伦国王汉穆拉比颁布法典，把立法的侧重点从赔偿受害人调整为惩罚加害者

公元前 1900 年前后
米诺斯文明的宫殿

公元前 3000 年前后，米诺斯文明在克里特岛上站稳了脚跟，之后更是成为地中海贸易强国。自公元前 1900 年前后起，米诺斯人在包括克诺索斯、费斯托斯在内的城市，以及锡拉（桑托林）岛上修建宫殿，这些宫殿把米诺斯文明的繁荣展现得淋漓尽致。它们通常都有好几层高，配有供水管道，大都装饰奢华。

△ **克诺索斯王宫**，现已部分修复重建

公元前2000—公元前1500年 | 19

◁ 雅赫摩斯一世的石灰石雕像

公元前 1549—公元前 1069 年
埃及的新王国时期

雅赫摩斯一世是古埃及第十八王朝的创立者，他把喜克索人赶出尼罗河三角洲，重新统一了埃及。古埃及就此进入了全盛时期，也就是新王国时期——此时的埃及帝国开始把扩张的触手伸向努比亚和西亚。底比斯出身的雅赫摩斯没有忘本，把王室墓穴从金字塔区迁移到了位于底比斯附近的帝王谷。

公元前 1650 年前后 来自黎凡特的**入侵者喜克索人**占领埃及北部，成为埃及有史以来的第一批外来统治者

公元前 1600 年前后 锡拉（桑托林）岛发生**灾难性的火山喷发事件**，导致米诺斯文明走向衰落

公元前 1500 年

公元前 1600 年前后 全球气温开始下降，原因有可能是世界各地的火山喷发事件

公元前 1595— 公元前 1530 年 赫梯人、加喜特人挥舞铁制武器、驾着马拉战车入侵巴比伦

公元前 1810— 公元前 1750 年
汉穆拉比国王

现如今，汉穆拉比国王因为颁布了巴比伦的《汉穆拉比法典》而闻名于世，而在他在世的时候，他受人尊敬的原因则是，他为巴比伦王国开疆扩土，几乎占领了美索不达米亚的全部土地。

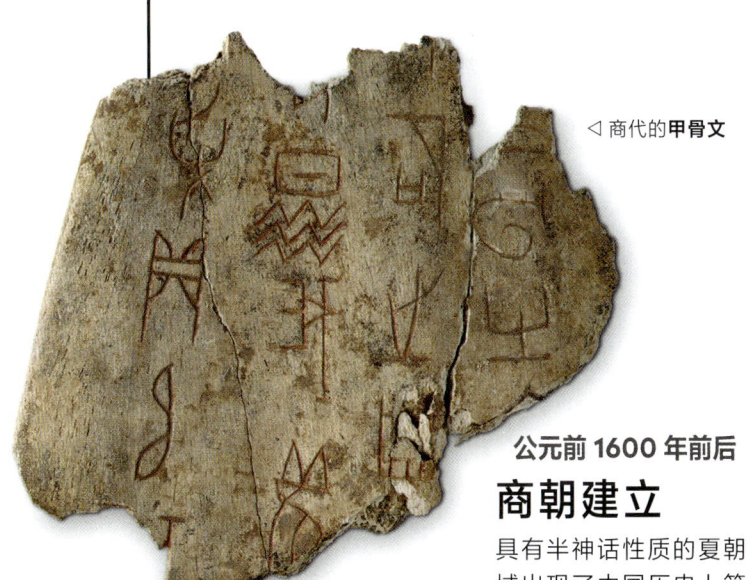

◁ 商代的**甲骨文**

公元前 1600 年前后
商朝建立

具有半神话性质的夏朝结束后，黄河流域出现了中国历史上第一个有确凿史据可查的王朝——商朝。商汤在鸣条之战中战胜夏朝，成为商朝的开国之君。无论是青铜、玉石、陶瓷质地的手工艺品，还是甲骨（刻有文字的骨片，用于占卜）都足以证明，商朝拥有高度发达的文化。

公元前 1500 年前后
诺克文化出现

诺克文化在现在的尼日利亚境内起源，因为能够证明其存在的文物最先在一个名叫诺克的村庄出土而得名。诺克人不仅以制作了非写实风格的陶土人像而闻名于世，还发明了冶铁技术，他们进入铁器时代的时间与欧亚大陆的居民相差无几。诺克文化源远流长，直到公元 500 年前后才突然消失，原因不得而知。

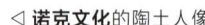
◁ **诺克文化**的陶土人像

公元前 1400 年前后 讲吠陀梵语的民族从西北方向进入印度，之后其定居范围扩展到了整个印度北部

公元前 1336 年 法老图坦卡蒙和王后安赫塞娜蒙恢复了古埃及原先的宗教信仰

公元前 1500 年

公元前 1348 年 法老埃赫那顿**在埃及推行宗教改革**，废除诸多旧神，独尊太阳神

公元前 1300 年 因火化逝者的遗体、使用瓮作为葬具储存骨灰而得名的**骨灰瓮文化**在中欧出现

公元前 1400 年前后
亚述人获得独立

曾经分散成七零八落的小邦、在长达数个世纪的时间内臣服于接连统治美索不达米亚的阿卡得王国、巴比伦王国的亚述人逐渐崛起，建立了一个统一而独立的强国。

△ **亚述人的滚筒印章及其干印**

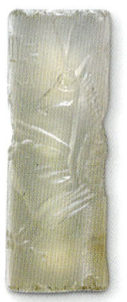

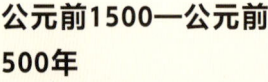

公元前1500—公元前500年
铁器时代

冶铁技术最先出现在亚洲，在公元前 12 世纪期间在中东得到普及，之后又慢慢地传播到了世界各地。

公元前 1500 年前后 生活在安纳托利亚的**赫梯人**发明了铁器加工技术（上图展示的斧头就是一个例证），却严守秘密，想要以此保持相对于邻国的技术优势。

公元前 1000 年前后 铁器加工技术传播到西亚和欧洲，甚至向北传播至设得兰群岛（见上图）。西非的诺克文化同样也发明了铁器加工技术。

公元前 500 年前后 中国的冶炼匠人学会了铁的冶炼和加工技术，开始制作精美的铁器，比如这个镶金的带钩（见上图）。

公元前 1264—公元前 1244 年
埃及在拉美西斯二世的统治下对外扩张

在法老拉美西斯二世的统治下，埃及帝国向南扩张，进入盛产黄金的努比亚。拉美西斯二世不仅征服了努比亚人，还命人在新征服的努比亚土地上大兴土木，想要把巨大的建筑工程当作埃及权威永不磨灭的象征。工程位于阿布·辛拜勒，由两座巨型石窟庙组成，每座庙的正面都配有巨型的雕像：大庙供奉着拉美西斯本人，而小庙则供奉着大王后奈菲尔塔利。

◁ 神庙浮雕中描绘的拉美西斯二世

公元前 1200 年前后 赫梯王国衰落后，**吕底亚王国**在小亚细亚建立

约公元前 1100— 公元前 800 年 迈锡尼文明灭亡后，**希腊进入黑暗时代**

公元前 1200 年前后 **查文文化**在秘鲁境内的安第斯山区出现

公元前 1100 年前后 善于航海的腓尼基人崛起，称霸地中海

公元前 1046 年 周朝击败商朝，开始统治中国

公元前 **1000** 年

公元前 1200 年前后
奥尔梅克文化

奥尔梅克文化由墨西哥湾沿岸的定居点发展而来，是目前所知中部美洲地区历史最悠久的文明，其中心是圣洛伦索，之后又变成了拉本塔。石雕艺术是奥尔梅克文化的一大特征。除了被认为是用作礼器的石雕面具、石斧外，奥尔梅克人还用玄武岩雕刻了许多巨大的石像，即所谓的"巨石头像"。

▷ 奥尔梅克"巨石头像"

> 腓尼基人最重要的贸易品是从骨螺科的海螺身上提取的紫色染料

公元前 1000 年前后
库什王国

新王国时期的埃及崩溃后，曾经被埃及人征服的努比亚人夺回了原本属于自己的土地。他们建立了独立的库什王国，定都纳帕塔（也就是现位于苏丹境内的卡里马）。只过了一两百年的时间，努比亚人就占领上埃及，开创了库什王朝，之后更是统治了埃及全境。

▷ 库什王国生产的**陶器**

公元前 969—公元前 936 年
提尔在希拉姆一世的统治下繁荣富强

提尔城傍海而建，位于现在的黎巴嫩境内，条件得天独厚，极其适合开展贸易活动。在希拉姆一世的统治下，提尔成为贸易中心，掌控着区域内的大部分贸易活动。希拉姆制订建筑工程计划，为商人在严密设防的城市内提供存放货物的设施，这是提尔吸引商贸活动的一大亮点。

▷ 腓尼基时期的提尔出产的**石雕人头像**

公元前 1000 年

公元前 1000 年前后 大卫王统一以色列诸部，征服耶路撒冷城

公元前 1000 年前后 阿迪纳文化开始在北美洲俄亥俄河沿岸出现

▷ 腓尼基商船浮雕

公元前 1000 年前后
腓尼基港口

公元前 10 世纪初时，腓尼基人已经成为东地中海的海上霸主。他们开始设立港口，为中东地区的货物流通创造便利条件，包括提尔、西顿、比布鲁斯在内的港口逐渐扩张，成了繁荣的自治城邦。

约公元前 1035—公元前 970 年
大卫王

按照《圣经》的记载，大卫原先是个擅长音乐的牧童，在击杀身材高大的腓力斯丁勇士歌利亚后崭露头角。他继扫罗王后成为以色列国王，率领民众进入耶路撒冷。

公元前 950 年前后
新亚述帝国

在经历了长达一个多世纪笼罩中东大部分地区的"黑暗时代"之后，亚述人浴火重生，重新建立了帝国。到了公元前 911 年阿达德尼拉里二世登上王位的时候，新亚述帝国已经打下了基础——在他的统治下，亚述人征服了美索不达米亚的大部分地区，之后又继续向外扩张。领土的扩张令亚述帝国成了截至当时面积最大、国力最强的帝国。

△ 亚述的浅浮雕

> 希拉姆一世给所罗门王运来了黎巴嫩的雪松木，以便他修建耶路撒冷圣殿

公元前 930 年前后 所罗门王去世后，他统治的王国分裂成了北方的以色列国和南方的犹大国

公元前 910 年前后 来自亚洲草原的游牧民族在**欧亚大陆中部的斯基泰地区定居**

公元前901年

公元前 950 年前后
耶路撒冷第一圣殿建成

据传统说法，大卫王把约柜运送到了耶路撒冷，但修建用来保存约柜的圣殿的人却是他的儿子所罗门——所罗门在继承王位，成为以色列国王后下令修建圣殿。所罗门修建的圣殿坐落在摩利亚山（圣殿山）上，被后世称作第一圣殿，于公元前 586 年被巴比伦人摧毁，在此之前一直都是耶路撒冷城的精神及文化中心。

▷ 耶路撒冷城图

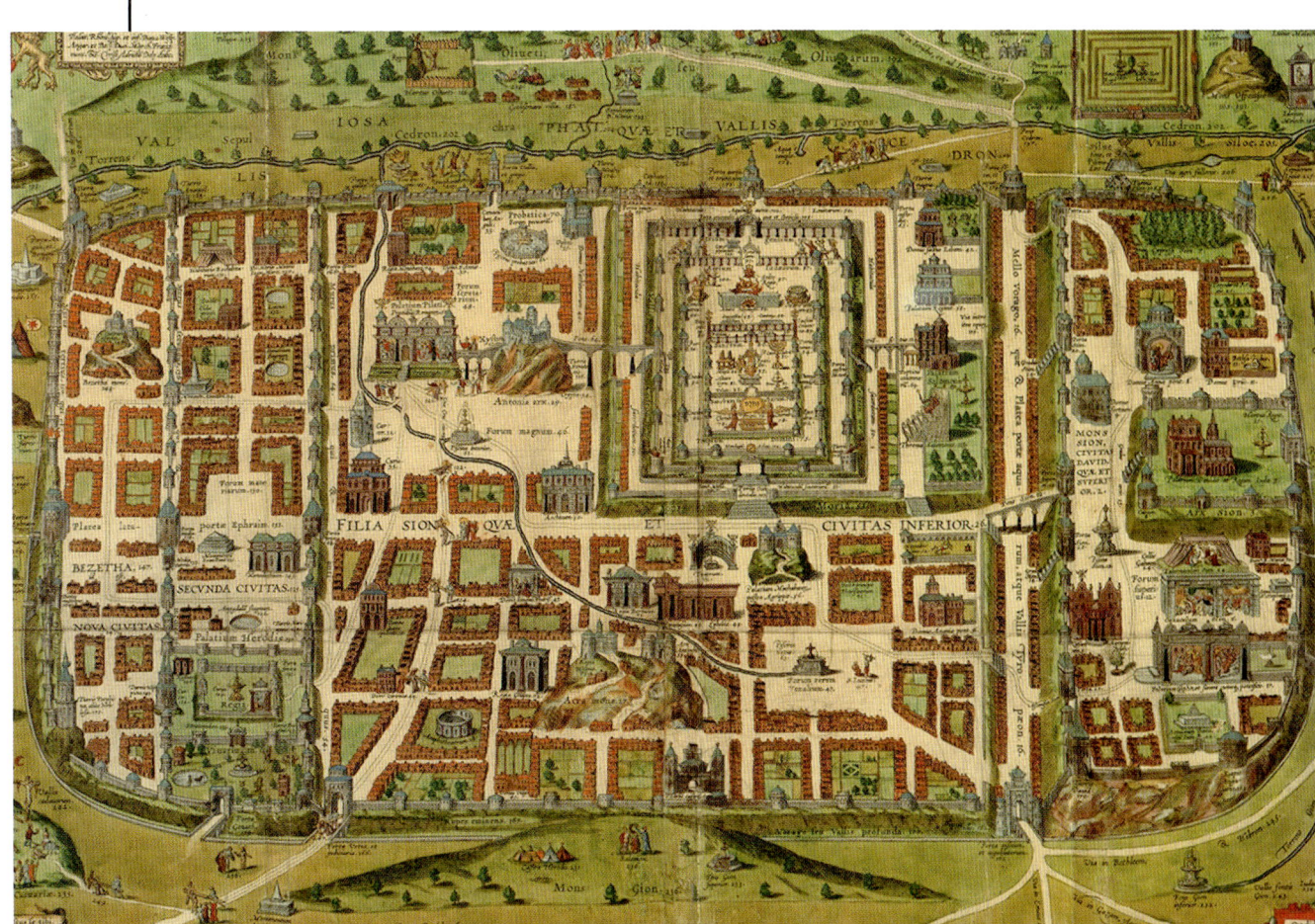

约公元前900—公元前400年
伊特鲁里亚文明

公元前9世纪时，数个欣欣向荣的城邦在意大利北部出现，逐渐演化成了具有独特的伊特鲁里亚文化特征的文明。伊特鲁里亚文明繁荣了数百年的时间，最终被罗马同化吸收。家族墓穴中出土的包括壁画、陶器、青铜雕像在内的艺术品为我们提供了与伊特鲁里亚社会相关的大部分知识。

▷ 伊特鲁里亚文明的猪形器皿

约公元前890—公元前824年
撒缦以色三世

撒缦以色三世于公元前859年前后继位，他的统治一直持续到了他去世的时候，也就是公元前824年。他子承父业，始终奉行父亲制定的对外扩张政策，继续率领亚述帝国开疆拓土。

公元前900年

公元前900年前后　腓尼基人沿着地中海**扩张势力范围**，在北非和西班牙南部建立殖民地

> 在拉本塔发现的文字也许可以证明，奥尔梅克文化也许是新大陆第一个发明了文字体系的文明

公元前900年前后
查文文化崛起

查文文化是一个在秘鲁北部的安第斯山区出现的文明，其中心为（现代的）查文－德万塔尔。查文文化在此处修建的城市拥有一系列宗教性和仪式性的建筑群，这些建筑上装饰着具有典型安第斯特色的石雕。

◁ 查文文化的黄金胸饰

公元前900—公元前801年 | 25

△ 尼姆鲁德城撒缦以色三世城门上的**浮雕装饰**

公元前863年
尼姆鲁德成为亚述帝国的首都

公元前9世纪期间，新亚述帝国国力持续增强。亚述纳西拔二世在成为国王后开始发动铁血无情的对外扩张战争，恢复了亚述帝国原有的荣耀和权力。他把国都从阿舒尔迁往尼姆鲁德（又名卡拉赫），在那里修建了富丽堂皇的宫殿。亚述纳西拔二世去世后，他的儿子撒缦以色三世继承父亲的遗志，继续疯狂地对外扩张。

公元前872年 尼罗河发生严重洪灾，埃及的**卢克索神庙**被淹

公元前836年 王室发生派系斗争，**埃及爆发内战**

公元前850年前后 在乌拉尔图的阿拉麦国王的统治下，**凡王国**（位于现在的亚美尼亚境内）摆脱亚述帝国的统治，宣告独立

公元前801年

△ 拉本塔的巨型金字塔

公元前900年前后
奥尔梅克文化向拉本塔迁移

奥尔梅克文化的城市圣洛伦索遭到了严重的破坏，原因有可能是环境变化。此后，该城的居民迁移到东北方向75千米处的拉本塔，在那里建立了新的文化中心。这座全新的城市宏伟壮丽，除了铺设有拥有铺装路面的道路，还有一座俯瞰城区、用黏土建造的巨型金字塔。考古学家在拉本塔挖掘出了包括用于仪式的玉斧、雕像、陶器在内的大量文物。

公元前814年前后
迦太基城成立

迦太基城傍海而建，位于现在的突尼斯境内，由腓尼基人建立，其建城故事充满了传奇色彩。狄多（又名艾丽莎）的传说流传得最为久远：她购买了迦太基城所在的土地，成了迦太基的开国女王。只不过，有一点是毋庸置疑的，那就是迦太基从腓尼基人的殖民地成长为繁荣的城邦，变成了强大的迦太基帝国的首都。

▷ **迦太基**的黏土人像

公元前 800 年前后
吠陀文化

梵语文献的出现，以及《梵书》和第一部《奥义书》的编写标志着位于印度北部的印度吠陀文明进入了所谓的后吠陀时代。上述宗教文献与其他的文献一起被整理成文集，即四吠陀，为婆罗门教奠定了基础。此外，四吠陀还成了区域性的俱卢文化用来制定原则的奠基石，影响着其等级制社会结构的发展。

◁ **广博仙人**与库鲁王族的镇群王，也就是四吠陀的编纂者交谈

公元前 800 年前后 来自斯巴达、雅典、底比斯等城邦的**希腊人**离开希腊本土，开始在爱琴海沿岸地区建立殖民地

公元前800年

公元前 776 年
首届泛希腊奥运会开幕

据传统说法，首届泛希腊奥运会的主办地是奥林匹亚。泛希腊奥运会既是宗教节日，又有政治目的，除了能够培养参赛的希腊城邦相互间的友好关系，还能让宿敌之间重燃敌意。古代奥林匹克运动会每四年举办一次，即便是在罗马统治时期也没有发生改变，直到公元 4 世纪时才停止举办。

▷ 这个双耳瓶上描绘有**赤身裸体的希腊运动员**

公元前 770 年
中国进入东周时期

外族攻陷周朝的首都镐京后，周天子被迫携王室东逃，定都洛邑，中国就此进入东周时期。这预示着周天子的权力开始衰落，周朝的领土将会分裂成许多更为独立自主的国家。东周的前半段被后人称为春秋时期（公元前 770—公元前 476 年），得名自鲁国的官修历史《春秋》。

◁ **越王勾践剑**——越王勾践是春秋五霸之一

公元前 753 年
罗马建立

罗马城建立的神话流传久远，讲述了战神马尔斯的双生子罗慕路斯与雷穆斯的故事。兄弟二人出生后被遗弃在了台伯河的岸边，命悬一线，却大难不死，被母狼哺育。二人在成年后返回台伯河边自己曾经遭到遗弃的地方，想要在那里建立一座城市。新城的选址问题引发争执，雷穆斯在争执中死亡。此后，罗慕路斯于公元前 753 年在帕拉蒂诺山上建立罗马城，成为罗马的开国之君。

> "罗马最开始时是一座卑微的小城，但现在却被自己的伟大压得喘不过气来。"
>
> 李维所著《罗马史》，成书于公元前 10 年

◁ 母狼哺育**罗慕路斯与雷穆斯**

公元前 745—公元前 727 年 **亚述帝国**的版图由美索不达米亚向外扩张，抵达地中海沿岸，由北方的斯基提亚向南扩张，进入阿拉伯半岛

公元前 701 年

公元前 750 年前后 **库什国王皮耶**入侵埃及，建立由努比亚人统治的第二十五王朝

公元前 750 年前后 文字版的《**荷马史诗**》首次出现，其使用的文字为腓尼基式的字母

公元前 8 世纪
荷马

传奇人物荷马是史诗《伊利亚特》和《奥德赛》的作者。这两部史诗是传统口头文学的组成部分，虽然后人认为它们的作者是荷马，但实际上它们有可能是经过长时间沉淀的智慧结晶，由多名作者共同创作。

▽ 现位于非洲国家苏丹的麦罗埃金字塔群

公元前 720 年前后
麦罗埃金字塔群建成

公元前 8 世纪时，虽然库什王国的首都是纳帕塔，但库什王朝的多名王室成员的故乡却是更南方的麦罗埃城。这部分王室成员决定把麦罗埃当作自己的埋骨之地，并于公元前 720 年在该城修建墓园。作为陵墓的金字塔采用的是努比亚风格，侧面十分陡峭。

公元前 685—公元前 668 年
斯巴达成为希腊霸主

斯巴达崇尚力量和纪律，组建了一支由英勇无畏的战士组成的军队。这支军队的士兵身着独特的服装、头戴饰有鬃毛冠的头盔，在战场上十分显眼。凭借着这些士兵，斯巴达在公元前 7 世纪的时候成为全希腊军事力量最强大的国家，对于其他城邦来说，它既可以是靠得住的盟友，也有可能变成危险的敌人。

▷ **斯巴达战士**的铜像

公元前 660 年
传说中日本的首位天皇

据传统说法，神武天皇是日神天照大神的后裔，他在征服日本的全部土地后成为第一位天皇。几乎没有任何史料能够证明他的存在，与他相关的传说似乎是把神话和真实事件融合到一起的产物。尽管如此，传说中他即位的日子（2 月 11 日）仍然被日本人视为建国纪念日。

公元前 700 年

公元前 689 年 亚述帝国的国王辛那赫里布**摧毁巴比伦城**

公元前 671 年 埃及首都孟菲斯被亚述国王阿萨尔哈东占领，在八年后又被埃及人光复

公元前 700 年前后
尼尼微开始扩建

公元前 705 年，辛那赫里布成为新亚述帝国的国王。他一边继续扩张帝国的版图，一边开始考虑迁都问题，想要把首都迁到尼尼微。他以一座"无与伦比的宫殿"为中心，对这座古城进行大规模的翻新扩建，把它变成了当时世界上规模最大、最重要的城市之一。

◁ **辛那赫里布**修建的"无与伦比的宫殿"

公元前700—公元前601年 | 29

△ 据说，**神武天皇**东征时得到天照大神所派神鸟的引领

公元前 7 世纪
中国的诸子百家

哲学在东周时期的中国蓬勃发展，由此形成的各个学术派别统称诸子百家，其中著名的思想家包括老子（道家创始人）、孔子（又名孔夫子，儒家创始人）、墨子（墨家创始人）、韩非子（法家）。

△ 老子骑牛图

公元前 621 年 许多希腊城邦进入了所谓的"僭主时代"

公元前 620— 公元前 600 年 吕底亚（位于今天的土耳其）成了人类历史上第一个把**真正的硬币**当作流通货币的国家

公元前 620 年 德拉古制定了雅典的**第一部法典**（这便是"德拉古式严刑峻法"的由来）

公元前 612 年 巴比伦人和米堤亚人发动叛乱，摧毁尼尼微，为**新亚述帝国敲响了崩溃的丧钟**

公元前601年

亚述巴尼拔的图书馆藏有 3 万余份泥板文献

▽ 刻有**亚述巴尼拔**人像的**石碑**

公元前 668 年
亚述巴尼拔成为亚述帝国的国王

亚述巴尼拔在亚述帝国如日中天的时候成为国王，有时被誉为"亚述帝国最后一位伟大的国王"。在他的统治下，尼尼微成为亚述帝国的文化、政治和商业中心，城内除了拥有大型图书馆——藏有如《吉尔伽美什史诗》之类的文献，还有许多富丽堂皇、装饰着雕像和浅浮雕的建筑物。

公元前 600 年前后
巴比伦复兴

新巴比伦王国的统治者尼布甲尼撒二世（约公元前 605—公元前 562 年在位）是一位善于鼓舞人心的军事领袖，因为在美索不达米亚的各个地区大兴土木而闻名于世。他下令修复巴比伦城，令这座古城恢复往日的光辉，不仅重建了城内的阶梯金字塔，据传说还修建了举世闻名的空中花园。

◁ 传说中的巴比伦空中花园

公元前 600 年

公元前 590 年 库什王国的努比亚统治者离开纳帕塔，迁都麦罗埃

公元前 587 年 犹太人发动叛乱后，尼布甲尼撒二世摧毁了耶路撒冷的圣殿

公元前 550 年前后 在以弗所，阿尔忒弥斯神庙完成重建，替代了之前被洪水摧毁的神庙

公元前 550 年
居鲁士大帝建立阿契美尼德帝国

居鲁士是米堤亚王国的附庸国安善的国王。他发动叛乱，击败米堤亚人，之后又征服吕底亚王国，最终建立了阿契美尼德帝国，即波斯第一帝国。接下来，巴比伦也被阿契美尼德帝国征服，而居鲁士则以此为依据，在一根黏土圆柱上宣称："我是居鲁士，世界之王。"

△ 居鲁士圆柱

  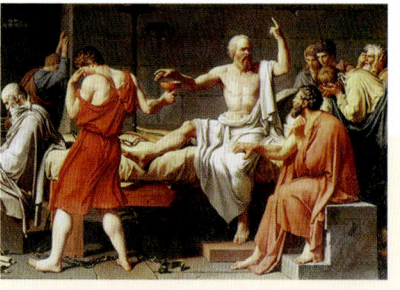 

公元前600—公元前322年

希腊哲学

希腊思想家的哲学研究于公元前 6 世纪开始，在雅典古典时代达到巅峰，为西方哲学奠定了基础。

公元前 600 年前后 米利都的泰勒斯是第一批思考万物起源的思想家之一。

公元前 530 年前后 毕达哥拉斯在意大利的克罗托内创立了一个数学和哲学的学派。

公元前 399 年 雅典的第一位伟大哲学家苏格拉底被控犯有蛊惑青年、不敬神明的罪行；他宁可饮下毒芹汁自尽，也不愿放弃自己的观点。

公元前 387 年前后 苏格拉底的学生柏拉图在雅典创办学园，向来自希腊各地的学生传授自己的观点。

公元前 508—公元前 507 年
雅典人推翻僭主希庇亚斯的统治

在过去的百余年间，希腊各城邦的统治者被称为僭主（他们有好有坏）。雅典人推翻希庇亚斯的统治后，执掌大权的克里斯提尼建立了某种形式的民主制度，规定雅典人应当在一座名叫普尼克斯的小山上召开代表大会，从而为雅典的"僭主时代"画上句号。这意味着古希腊开启了以雅典为中心的"黄金时代"。

◁ 克里斯提尼半身像

△ 普尼克斯的台阶

公元前 539 年 居鲁士大帝征服巴比伦，把巴比伦王国并入阿契美尼德帝国

公元前 525— 公元前 402 年 埃及被波斯征服，阿契美尼德王朝的国王成为埃及的统治者

公元前 509 年前后 罗马人推翻君主制，建立**罗马共和国**

公元前501年

公元前 550 年前后 **凯尔特人**离开位于阿尔卑斯山北部的故乡，开始在欧洲各地定居

△ 描绘大流士即位仪式的浅浮雕

公元前 518 年
大流士大帝建立名为波斯波利斯的新首都

大流士一世在阿契美尼德帝国国力最为强盛的时期成为国王，共在位 36 年，其间实施了帮助波斯人实现民族统一的改革。他主持大量的建筑工程——不仅改善了道路状况，还重建了许多城市；用于举行仪式的新首都波斯波利斯拥有令人叹为观止的宫殿区，它是所有工程中最为宏伟的。

公元前 335 年前后 柏拉图学园的毕业生**亚里士多德**开办吕克昂学园，向学生传授不同的哲学理论。

公元前 500 年前后
萨波特克人修建阿尔班山城

在萨波特克文明繁荣发展的过程中，萨波特克人把墨西哥南部的高地选作文明中心。他们在瓦哈卡谷的一座陡峭的山丘上修建了阿尔班山城——中部美洲的第一座大城市。

△ 阿尔班山城的萨波特克文明废墟

公元前 475 年
中国进入战国时代

公元前 5 世纪初时，中国的周王朝分裂成了多个或多或少独立自主的国家。这些国家相互争斗，想要获得区域霸权，春秋时代就此落下帷幕，中国陷入政治动乱，进入了战国时代。此后，动乱又持续了两个半世纪，直到建立了严格的专制制度、拥有纪律严明的军队的秦国取得最终的胜利。

▷ 戏曲场景中战国时代的**六国会盟**

公元前 496 年 希腊剧作家索福克勒斯出生，他创作了以安提戈涅、俄狄浦斯为主角的悲剧

公元前 480 年 薛西斯一世架设横跨赫勒斯滂海峡（今达达尼尔海峡）的浮桥，率领**波斯军队入侵希腊**，攻陷雅典

公元前 500 年

公元前 499—公元前 449 年 在希波战争中，希腊人在一系列著名的战役中击退波斯入侵者

公元前 490 年前后 阿阇世王在印度的东北部为摩揭陀王国建立都城华氏城（今巴特那）

公元前 490 年
雅典人在马拉松击败波斯人

第一次波斯入侵时发生在阿提卡的马拉松之战是希波战争中的一场决定性战役。大流士一世计划占领希腊的全部土地，派军队走海路在阿提卡登陆。雅典的军队在临海的马拉松平原与波斯军队狭路相逢，虽然人数处于劣势，但雅典人在战术上比波斯人技高一筹，取得了一场压倒性的胜利。

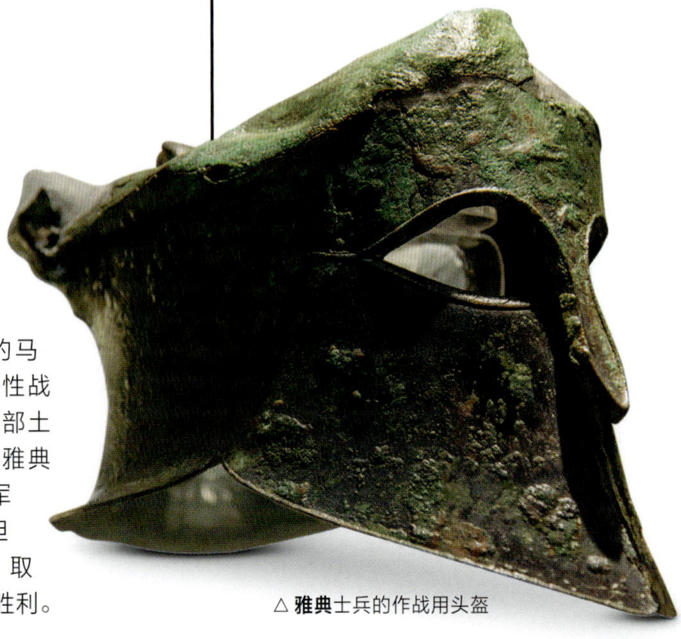

△ **雅典**士兵的作战用头盔

公元前 480 年前后
释迦牟尼传播佛教

释迦牟尼本名乔达摩·悉达多，后半生一直都在印度北部传播佛教。他去世后，他的门徒将他的言传身教整理为经文，开始更为广泛地传播佛教信仰，为佛教确立了主要宗教的地位。

△ 释迦牟尼坐像

公元前500—公元前401年 | 33

约公元前484—约公元前425年
希罗多德
希腊作家希罗多德出生在波斯帝国境内的城市哈利卡纳苏斯，他因为编写《历史》一书而闻名，该书记录了希波战争期间的事件及主要人物。

公元前479年前后 孔子逝世，他的弟子和再传弟子等开始编纂《论语》，在书中记录了他和他弟子的言行

公元前449年 在罗马执政的十人委员会颁布了一部名为《十二铜表法》的法典

公元前440年前后 希罗多德编写西方的第一部史书，即共分九卷的《历史》

公元前431—公元前404年 伯罗奔尼撒战争爆发，交战双方分别是由雅典领导的提洛同盟，以及由斯巴达领导的伯罗奔尼撒联盟

公元前401年

▽ 雅典**帕提侬神庙**的废墟

公元前447年
帕提侬神庙开工
希腊联军击败波斯后，雅典再次走向繁荣。伯里克利在雅典卫城内主持修建了数量众多的宏伟建筑，其中最令人叹为观止的是供奉雅典城守护神雅典娜的帕提侬神庙。神庙于公元前432年完工，修建原因是原先用于供奉雅典娜的神庙被入侵的波斯人摧毁。

约公元前336—公元前323年
马其顿的亚历山大统一希腊

马其顿国王腓力二世遇刺身亡后，其时年20岁的儿子亚历山大继位，成为新国王。亚历山大击败底比斯，把所有的希腊人都纳入了自己的统治范围。他继承父亲创建帝国的遗志，率领希腊军队入侵阿契美尼德帝国，用10年的时间征服了波斯的所有土地，之后又继续向外扩张，把帝国的版图扩张到了遥远的印度河流域。

▷ 被描绘为拜占庭帝国皇帝的**亚历山大像**

公元前375年 叙拉古的僭主狄奥尼西奥斯与迦太基人签订和平条约，结束了旷日持久的战争

公元前400年

约公元前400—公元前350年 奥尔梅克文化陷入快速衰退时期，其背后的原因有可能是环境变化

公元前356年 商鞅变法极大地增强了秦国的影响力

公元前338年 马其顿国王腓力二世大败希腊联军，几乎征服了希腊全境

公元前356—公元前323年
亚历山大大帝

马其顿国王、全希腊的统治者亚历山大三世是一位无人能敌的将领。他发动了一系列的战争，把希腊的影响范围扩张到了遥远的南亚次大陆。

公元前350年前后
查文文化进入鼎盛时期

在公元前4世纪中叶前后的秘鲁，人口的迅速增长令查文文化的社会结构发生变化。随着半城镇化的定居点及仪式中心在低地地区建立和发展，查文文化的影响力在低地及沿海地区不断扩大，导致位于安第斯山脉的主要城市查文-德万塔尔作为政治及宗教中心的重要性开始下降。

△ **查文文化的石板雕刻**

公元前 305 年
托勒密王朝建立

托勒密是亚历山大大帝的贴身侍卫、好友。他先是在公元前 323 年亚历山大去世后成为埃及总督，之后又在公元前 305 年称王，以法老自居。他开创了托勒密王朝，史称托勒密一世。埃及在他的统治下变成了一个希腊化的王国。他同时也是作家、史学家，在把首都亚历山大建设成希腊文化中心的过程中起到了至关重要的作用。

▷ **托勒密一世**主持亚历山大图书馆的开馆仪式

公元前 332 年 亚历山大征服**埃及**，向南扩张版图，直至帝国与库什王国接壤

公元前 330 年前后 数学著作《几何原本》的作者**亚历山大的欧几里得**出生

公元前301年

公元前 321—公元前 185 年
孔雀王朝

在印度北部，旃陀罗笈多推翻难陀王朝的统治，建立孔雀王朝。亚历山大大帝去世后，希腊人开始从帝国的边远地区撤军，而旃陀罗笈多则抓住机会，大举入侵，把南亚次大陆北部的全部土地并入了孔雀王朝的版图。

◁ 孔雀王朝的**奠酒杯**

约公元前 400—公元前 51 年
罗马人与高卢人的战争

凯尔特人离开阿尔卑斯山北麓，在意大利的波河流域定居后，与罗马人开始了一场长达数百年的战争。

公元前 387 年 塞农人（凯尔特人的一支）的酋长**布伦努斯**率凯尔特人洗劫罗马。据传说，多亏了白鹅报警，罗马才没有彻底陷落（见上图）。

公元前 298—公元前 290 年 萨莫奈人（见上图的头盔）、高卢人，以及其他的一些民族组成**联盟**，与罗马人争夺对意大利中部及南部的控制权。

公元前 125—公元前 121 年 罗马**军队**击败属于阿维尔尼部落（见上图的硬币）的高卢人，把他们的土地变成了罗马的行省。

公元前 58—公元前 51 年 尤利乌斯·恺撒发动大规模的军事行动，誓要征服高卢全境。

公元前221—公元前206年
秦朝

公元前221年，秦国建立统一的帝国，标志着中国结束了战国时代。秦王嬴政灭六国，自称始皇帝，开创了中国历史上的第一个皇朝——秦朝。

秦始皇之所以能够取得成功，是因为他在秦国建立了严苛的法律制度。秦帝国建立后，他又把这套制度在全国推广。秦始皇的功绩包括统一货币、度量衡、文字。此外，他还下令建设数个大型工程，比如在北方修建为后来的万里长城奠定了基础的秦长城，又比如修建大型道路网络，以此在中国促进边远地区相互间的贸易往来。秦始皇陵既是秦始皇下令修建的最令人惊叹的建筑之一，又是一项面子工程——这座陵墓是秦始皇为自己准备的墓地，规模与一座城市不相上下，还配有由兵马俑组成的军队负责守卫。

在那些被秦消灭的国家，许多人认为秦朝残暴不仁，发出了反抗的声音，结果都遭到了秦帝国的残酷镇压。尽管如此，秦始皇在他的谋臣的帮助下成功地统一中国，结束了数百年战乱。然而，秦朝是一个短命的朝代：公元前206年，秦二世——秦朝的末代皇帝——被杀，秦朝随后灭亡。

关键时刻

公元前221年 秦始皇称皇帝
公元前247年，嬴政（见左图）继承王位，成为秦王；公元前221年，秦灭六国，结束战国时代，统一中国，嬴政称皇帝，成为中国第一位皇帝。他进行大刀阔斧的改革，为中国之后2 000余年的各个朝代奠定了基础。秦始皇驾崩后，秦二世的统治很快就被推翻，秦朝就此被汉朝取代。

公元前221—公元前210年 独尊法家
秦始皇致力于建立中央集权制度，决定终结战国时代"诸子百家"的政治及文化多样性。在丞相李斯的帮助下，他独尊法家，建立了严苛的专制政府，同时焚书坑儒（见左图），对上一个朝代周朝的学者进行了残酷的镇压。

守护秦始皇陵的**兵马俑**象征着秦始皇的权力。兵马俑由超过 8 000 尊各不相同的士兵像以及数以百计的战马像、战车像组成，是秦始皇的陪葬品，在他死后会随他一起埋葬。

公元前 268—公元前 232 年
阿育王成为孔雀王朝的统治者

阿育王继位后决定继续扩大由祖父旃陀罗笈多建立的孔雀王朝的版图。公元前 261 年，在征服羯陵伽国后，他成为南亚次大陆几乎所有土地的统治者，只有次大陆的最南端仍然没有并入帝国的版图。征服羯陵伽国的战斗血腥残酷，令阿育王的想法发生了变化。此后，他开始大力推广佛教，命人在全国各地竖立刻有"敕文"并且用动物石像装饰柱头的石柱，以此来宣扬自己的道德及社会理念。

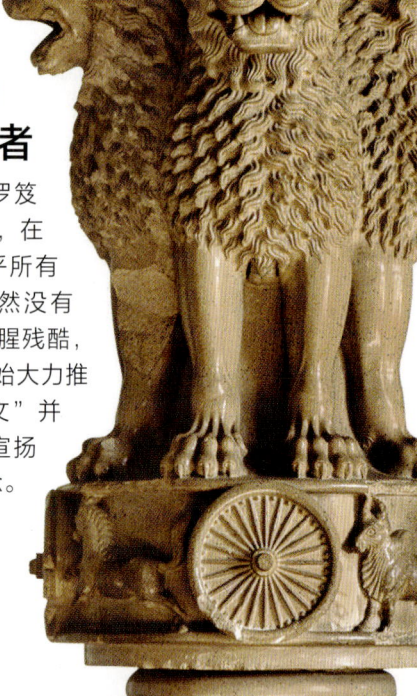

▷ 阿育王石柱的**雄狮柱头**

公元前 300 年

公元前 280 年 耸立在罗得港入口处的**罗得岛太阳神铜像**完工

公元前 260 年前后 阿育王皈依**佛教**，下令修建桑吉大塔

公元前 285 年
亚历山大灯塔完工

绰号"爱姐姐者"的托勒密二世在位期间，位于埃及亚历山大港外法罗斯岛上的宏伟灯塔竣工。这座灯塔高约 100 米，修建工作用时 12 年，是当时世界上最高的建筑物。亚历山大灯塔别名法罗斯灯塔，一直都耸立在法罗斯岛上，直到公元 10 世纪时毁于地震。

◁ 亚历山大港的**法罗斯灯塔**

公元前 264—公元前 241 年
第一次布匿战争

公元前 3 世纪期间，罗马与迦太基发生了三场旷日持久的战争。两国交战的目的是争夺地中海西部霸权，但罗马人同时也把战火烧到了迦太基位于北非的本土，其中最引人注目的是规模巨大的埃克诺穆斯角海战。第一次布匿战争持续了 23 年，最终的结果是，罗马击败迦太基，取得了对西西里岛的控制权。

"我要么找一条路，要么自己开辟一条路。"

拉丁语谚语，一般认为出自汉尼拔之口

约公元前 247—约公元前 183 年
汉尼拔

汉尼拔在第二次布匿战争中率领迦太基的军队与罗马作战，是一位备受尊敬的战术家。战争结束后，他成了推行改革的政治家。

公元前 213—公元前 212 年
围攻叙拉古

在第二次布匿战争（公元前 218—公元前 201 年）激战正酣的时刻，罗马人派兵围攻西西里岛上极具战略意义的城市叙拉古。叙拉古当时仍然是一个独立的城邦，其防御作战得到阿基米德天才发明的帮助。城破后，阿基米德被罗马士兵误杀。

▷ 阿基米德之死（马赛克拼画）

公元前 221 年 秦王嬴政统一中国，**结束战国时代**

公元前 206 年 **短命的秦王朝灭亡**，楚汉争霸，中国再次陷入内战

公元前 201 年

公元前 218 年 **迦太基统帅汉尼拔**率领一支拥有 37 头战象的军队翻越阿尔卑斯山，在坎尼战役中击败罗马人

△ 埃克诺穆斯角海战

公元前 202 年
汉朝

秦朝独尊法家，因残暴的统治引发强烈的民怨而灭亡。此后，中国陷入了以楚汉争霸为中心的四年战乱。汉王朝取得胜利，建立了统一的汉帝国。汉朝总共延续了 400 多年。

△ 汉代铜奔马

公元前 181 年
巽伽王朝建立

孔雀王朝的末代国王巨车王遇刺身亡后，其将领普士亚密多罗·巽伽控制印度北部，建立了巽伽王朝。

▷ 巽伽王朝时期的雕刻画，画中展示了释迦牟尼的生活场景

△ 哈斯蒙尼王朝的钱币

公元前 165 年
犹大·马加比起义

塞琉西王国的国王安条克四世宣布犹太教在犹地亚和撒马利亚是非法宗教后，犹大·马加比与哥哥、弟弟一起发动起义，于公元前 164 年攻占耶路撒冷。犹大净化圣殿，恢复犹太教信仰，建立了哈斯蒙尼王朝。哈斯蒙尼王朝的统治一直延续到了公元前 37 年才终于被大希律王推翻。

▷《为死者祈祷的犹大·马加比》，彼得·保罗·鲁本斯创作于 1635 年

公元前 171—公元前 168 年 罗马人在第三次马其顿战争中**击败马其顿国王珀尔修斯**

公元前 150 年前后
大蛇丘建成

阿迪纳人是生活在北美洲东部森林地带的民族。他们居住在圆形房屋组成的村庄里，以狩猎鹿、马鹿，采集可食用的野菜，以及种植南瓜、西葫芦为生。他们修建了数以百计的土丘，这些土丘很有可能是用来安葬逝者的坟冢，其中最为宏伟壮观的是俄亥俄州境内的大蛇丘。它的形状宛如一条蜿蜒曲折的巨蛇。

公元前200—公元前101年 | 41

公元前146年
迦太基被毁

迦太基攻击邻国努米底亚后，罗马军队在执政官西庇阿·埃米利安努斯的率领下登陆北非，封锁迦太基，在进行了整整一年的围城战后攻破城池。西庇阿摧毁了迦太基，把所有的居民都贩卖为奴，为长达120年的布匿战争画上了句号。

▷ 现位于突尼斯境内的**迦太基城废墟**

公元前146年 罗马军队摧毁科林斯，把希腊并入马其顿行省

公元前138年 张骞奉汉武帝之命出使西域，开辟了中国通向西域的道路

公元前101年

▽ 位于美国俄亥俄州的**大蛇丘坟冢**

公元前104年
罗马将领盖乌斯·马略推行军事改革

马略允许没有土地的贫民参军，把军队的作战单位改编成大队（由大约480个士兵组成）和军团（由大约5 500个士兵组成）。新改组的军团使用皮鲁姆重标枪、罗马短剑这两种制式武器，是令人望而生畏的作战部队。

▷ **盖乌斯·马略**的头像，创作于公元1世纪后期

> "那些任劳任怨……从无怨言的士兵被称作马略的骡子。"
>
> 普鲁塔克所著《马略传》，创作于公元110年前后

公元前 100 年前后
阿尔班山城继续发展

在墨西哥，萨波特克人继续扩建阿尔班山城，除了在城内修筑神庙、金字塔，还修建了球场和大广场，并且在广场附近摆放了数百尊名为"舞者"的浮雕。这些浮雕形态狰狞，所描绘的人物很有可能是囚犯。阿尔班山城不断地扩张，控制了瓦哈卡谷的所有土地，其人口在此过程中增长到了 1.7 万人。

◁ 萨波特克人的"舞者"浮雕，发现地点为阿尔班山城

公元前 91 年 同盟者战争爆发，交战双方分别是罗马及其想要获得罗马公民权的意大利盟友

公元前 87 年 汉武帝驾崩，此时他已经在位 50 多年，功绩累累

公元前 100 年

公元前 88 年
米特拉达梯攻击罗马的亚细亚行省

本都王国位于黑海之滨，其统治者米特拉达梯六世想要向南扩张领土，因此对罗马的亚细亚行省（位于现土耳其西部）造成威胁，引起了罗马人的警惕。米特拉达梯无视罗马的警告，率兵进入亚细亚行省，屠杀了 8 万名罗马公民。罗马采取应对措施，派苏拉率军出征，开始了一场长达四年的血腥战争。

▷ 米特拉达梯六世的头像

△ 印度-斯基泰王国的国王阿泽里塞斯在公元前 40 年前后铸造的钱币

公元前 80 年前后
塞种人征服犍陀罗国

塞种人是生活在中亚的游牧民族，他们在公元前 2 世纪晚期被迫离开故乡，南迁到了巴克特里亚（大夏）。公元前 80 年前后，塞种人在毛伊斯的率领下大举入侵，征服犍陀罗国，建立了称霸印度西北地区的印度-斯基泰王国，直到一个多世纪后才因为贵霜人的兴起而失去霸权。

斯巴达克斯起义失败后，不下6 000名起义者被钉上了十字架

公元前73年

罗马爆发奴隶起义

来自色雷斯的角斗士斯巴达克斯在卡普阿发动起义，起义的参与者除了角斗士，还有逃亡的奴隶。起义者击败了好几支罗马军队，洗劫了多座罗马城市，甚至还差点兵临罗马城下。公元前71年，李锡尼·克拉苏率兵在卡拉布里亚击败起义军。成千上万的起义者被钉死在了沿着亚壁古道竖立的十字架上。

◁ 角斗（罗马时期的马赛克拼画）

公元前106—公元前48年

伟大的庞培

庞培是罗马最著名的将领之一，同时也是自公元前59年起开始统治罗马的前三头同盟的成员。他与前三头同盟的另一个成员尤利乌斯·恺撒决裂，之后输掉了内战，最终遇刺身亡。

公元前65年 庞培击败本都国王米特拉达悌，结束了米特拉达悌战争

公元前61年

公元前63年

罗马吞并犹地亚

公元前64年，罗马派往东方的军队指挥官庞培废黜统治叙利亚的塞琉西王朝的末代国王，把他的领土变成了罗马的行省。接下来，他又把目光投向了因为海卡努斯和阿里斯托布鲁斯双雄争霸而陷入内战的犹地亚。海卡努斯打开耶路撒冷的城门，放庞培的军队入城，而罗马人则在进城后围攻圣殿山长达三个月的时间，最终获胜并屠杀了数以千计的犹太人。庞培吞并了犹地亚的部分土地，把剩余的那一部分土地交给包括海卡努斯在内的附庸国国王统治。

▷ 耶路撒冷的**圣殿遭到亵渎**

> "我爱荣誉胜过惧怕死亡。"
>
> 威廉·莎士比亚所著《尤利乌斯·恺撒》（1599 年）

公元前 44 年
尤利乌斯·恺撒遇刺身亡

公元前 44 年春的一天，尤利乌斯·恺撒正走在前往罗马元老院出席会议的路上——此时，他已经是罗马的终身独裁官，许多人甚至开始担心他想要称王。就在恺撒准备落座的时候，马库斯·布鲁图和卡西乌斯·朗基努斯率领一小群元老走上前来，用匕首把他刺倒在地。恺撒遇刺后，罗马再一次陷入内战。

▷ 温琴佐·卡穆奇尼创作的《恺撒之死》

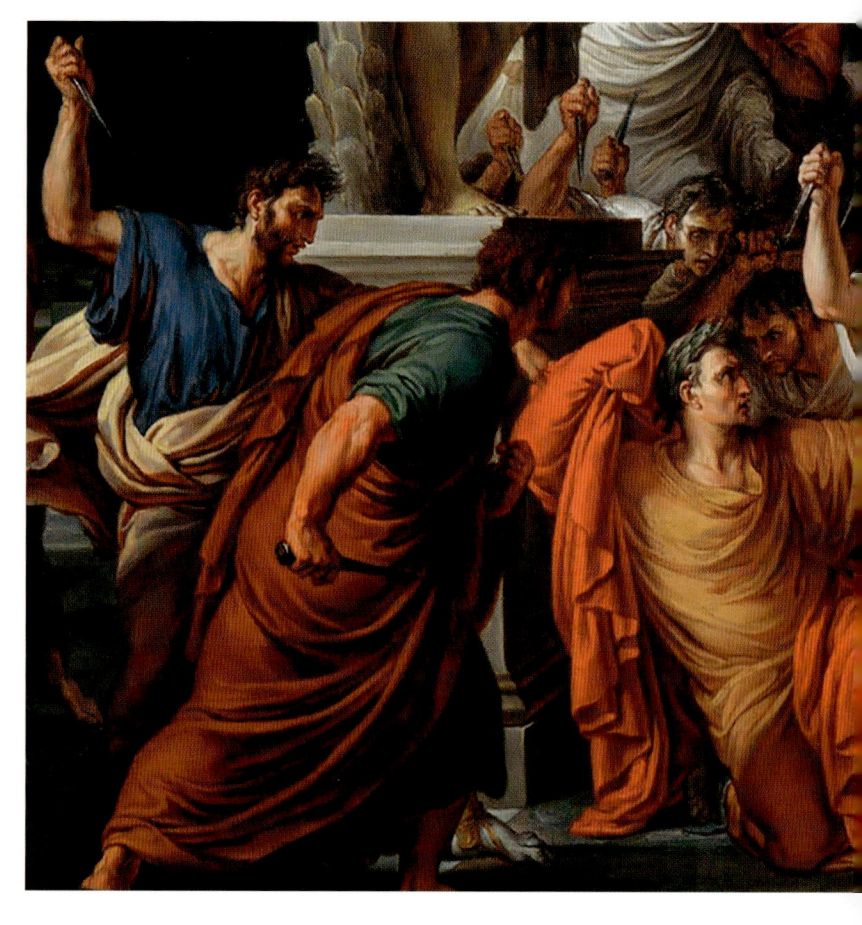

公元前 60 年

公元前 60 年 汉朝设立西域都护府，在西北方向把王朝的控制范围扩张到了塔里木盆地

公元前 58 年 尤利乌斯·恺撒开始征服高卢，仅仅用了八年的时间就完成了既定目标

公元前 55 年 尤利乌斯·恺撒入侵不列颠，第二年又卷土重来，但最终还是决定撤兵

公元前 46 年 罗马进行历法改革——当时的罗马历已经和实际的季节更替有了 80 天的误差

公元前 59 年
前三头同盟在罗马掌权

西班牙前任行省总督尤利乌斯·恺撒受够了之前长达数十年的政治混乱，于是便联合政治家克拉苏以及同样带兵打仗的将领庞培组成前三头同盟，从元老院手中夺取权力，开始统治罗马。公元前 53 年，克拉苏与帕提亚（安息）人作战，战败身亡，再加上庞培与恺撒之间的矛盾也在不断加剧，前三头同盟难以为继。最终在公元前 49 年，恺撒做出率兵进入意大利的决定，罗马就此陷入内战。

◁ **克拉苏**十分贪财，据说在他战败后，帕提亚人将熔化的金子灌进他的嘴里

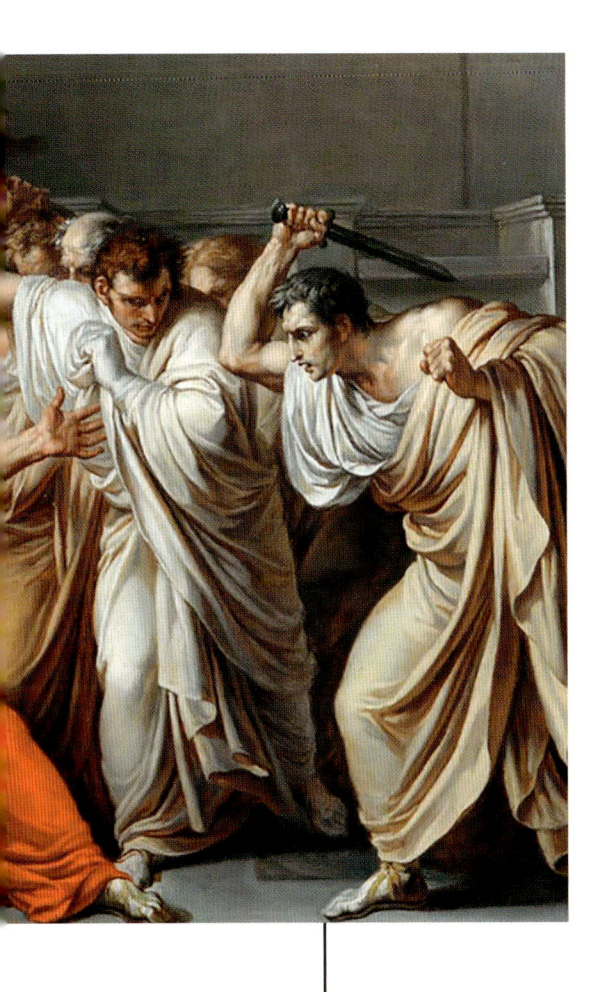

公元前36年
玛雅历中最早的长纪年历历史日期

中部美洲的居民用长纪年历来记录悠远漫长的历史日期。这种历法以20为基数，把公元前3114年当作时间的起点，使用"伯克盾"（大约相当于394年）及一系列下级单位来计算时间。考古学家在墨西哥小城恰帕德科尔索发现了一座米塞－索克人的石灰岩石碑，上面刻有迄今为止最早的长纪年历日期——7.15.3.2.13，即公元前36年12月8日。

◁ 玛雅文明（后期）的日历石

公元前31年
克娄巴特拉七世在亚克兴海战中战败

击败刺杀恺撒的凶手，赢得内战胜利后，屋大维、李必达、马克·安东尼于公元前43年组成后三头同盟。然而，后三头同盟同样也分崩离析，引发了下一场内战。马克·安东尼与埃及女法老克娄巴特拉七世结盟，派舰队前往位于希腊西海岸的亚克兴角，在那里与屋大维交战，结果全军覆没。战斗结束后，屋大维成为罗马世界的统治者。

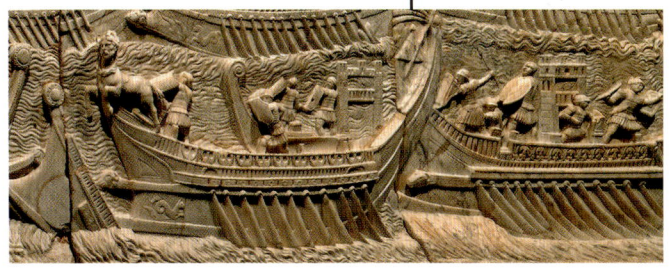

△ 描绘**亚克兴海战**的浮雕

公元前50—公元100年
罗马文学

罗马文学最初以希腊文学为榜样，但从事文学创作的罗马文人很快就用拉丁语创作出了史诗、戏剧、小说和纪实文学作品。

公元前55—公元前43年 罗马政治家西塞罗编写了包括《论演说家》在内的一系列研究演讲术及政治的著作。

公元前42—公元前19年 诗人维吉尔（上图中坐在中间的人物）创作史诗《埃涅阿斯纪》，讲述了埃涅阿斯逃往意大利的故事。此外，他还创作了许多其他的著作。

约公元70—77年 老普林尼编写《自然史》，在书中总结了罗马所有的科学知识（上图展示的是15世纪的《自然史》抄写本）。

公元70—100年 律师塔西陀编写《历史》《编年史》——这两部著作足以跻身最优秀的拉丁文历史著作的行列。

公元前 27 年
罗马的首位皇帝

公元前 31 年，尤利乌斯·恺撒的养子屋大维击败了所有对手，取得内战的胜利。他并没有恢复罗马的共和制度，而是从元老院的手中获得了广泛的权力，以及奥古斯都（"神圣伟大"）、第一公民这两个称号，成了罗马的首位皇帝。他征服了中欧的部分地区，重建了罗马的大部分城区，最终在公元 14 年的时候把皇位传给了继子提比略。

▷ 第一门的奥古斯都像——罗马时期的复制品，原作为铜像

> "他可以堂堂正正地自夸说，罗马在他刚掌权的时候是一座用砖块堆砌的城市，但到了他离开的时候，已经变成了用大理石建造的城市。"
>
> ——苏维托尼乌斯在《罗马十二帝王传》（公元 121 年）中对奥古斯都成就的评价

公元前 30 年

公元前 23 年 罗马入侵位于埃及东南部的麦罗埃王朝，洗劫了其首都纳帕塔

公元前 25 年前后
首部佛经在斯里兰卡成书

释迦牟尼生活在约公元前 6 世纪，在之后的许多世代，佛教教义一直由他的追随者口口相传。在佛教离开位于印度北方的诞生地，向外传播的过程中，信徒对成文教义的需求变得越来越急迫。公元前 25 年前后，包括理论分析、僧人戒律在内的佛经在斯里兰卡被整理成书，史称《巴利三藏》，又称《巴利文大藏经》（原因是这部经书使用的语言是巴利文）。

▷《巴利文大藏经》的经文

公元前 4 年
耶稣降生

公元前 4 年，耶稣在犹地亚小镇伯利恒降生，他的父亲名叫约瑟，是个卑微的木匠，他的母亲名叫马利亚。后来，他提出了以同情和宽恕为重点的教义，吸引到了许多信徒。一种认为他是弥赛亚，也就是犹太人苦苦等待的救世主的看法传播了开来，导致他与巴勒斯坦的犹太当局起了冲突。

▷ **耶稣与马利亚**——此为画作《慰藉受难者之人》的局部图

公元 9 年 日耳曼部落在条顿堡森林战役中歼灭罗马军团，阻止了罗马在日耳曼地区扩张的步伐

公元 24 年

公元 9 年 王莽篡汉，废黜年幼的刘婴，即天子位，定国号为"新"

▷ 希律圣殿的模型

公元前 19 年
大希律王扩建犹太圣殿

被罗马人扶上王位，成为犹太王国的国王后，大希律王以在犹太人和罗马人之间寻求利益平衡的方式来维持犹太王国的独立自主。他下令在耶路撒冷城内开展多项工程的建设工作，其中最引人注目的是公元前 19 年开工的第二圣殿（公元前 6 世纪时建成）整修工程。该工程不仅为圣殿添加了全新的外围庭院，还平整了圣殿山的部分土地，以此来扩大圣殿所在的平台，同时为圣殿新建了围墙。现如今，围墙的残骸成了犹太教的圣迹——西墙（又名哭墙）。

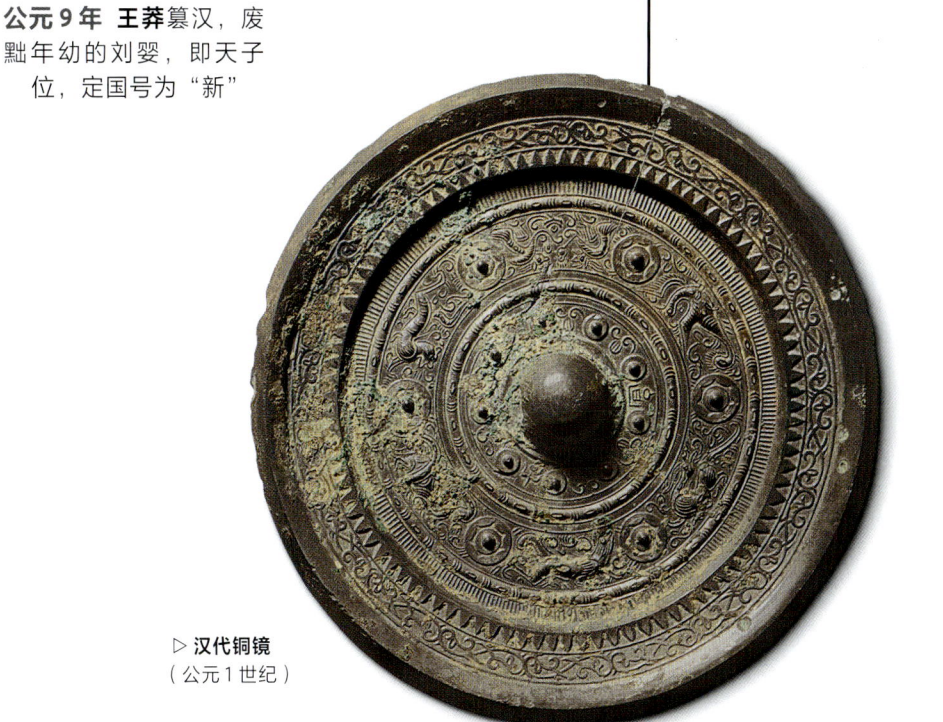

▷ **汉代铜镜**
（公元 1 世纪）

公元 23 年
王莽被杀，汉室复兴

公元 9 年，王莽从衰弱的汉室手中夺取权力，建立新朝，之后开始了一系列不得民心的改革。公元 23 年，王莽被起义军杀死后，刘秀率领忠于汉室的力量趁乱夺权，于公元 25 年称帝，史称汉光武帝。

公元前509—公元395年
罗马的工程及建筑技术

罗马人是具有创新精神的工程师，同时又是不知疲倦的建造者。在共和时期（公元前27年之前）存留至今的建筑物中，许多是拥有墩座墙和希腊式立柱的神庙，这样的公共建筑同样也不在少数，比如长方形且拥有柱廊、被用作法庭及谒见厅的"巴西利卡"。自帝国时代起，罗马建筑发展出了独特的风格，开始把诸如砖头以及混入了火山灰、兼具硬度和耐久性的"罗马混凝土"（opus caementicium）之类的新材料当作主要建材。这样一来，罗马人就可以修建穹顶建筑、大型圆形剧场（比如罗马斗兽场）、引水道以及巨型浴场（包括罗马的戴克里先浴场）了。

罗马人会用雕带、半身人像，以及以希腊原作为蓝本的精美大理石像及铜像来装饰建筑物。罗马建筑的内部会把用灰泥打底的湿壁画当作装饰。湿壁画色彩缤纷，画作的内容既可以是几何图案，也可以是神话故事。罗马人会用马赛克拼画来装饰别墅的地面和墙壁。拼画由数以千计的大理石及石灰石马赛克砖组成，通常都会描绘竞技场或神话传说中的场景。

关键时刻

约公元前300—公元395年　罗马道路
罗马人修建了大量拥有铺装路面的道路（比如左图展示的亚壁古道）。这些道路组成了一个总里程为8万千米的道路网络，把罗马帝国的主要地点连接到了一起。罗马道路横平竖直，在经过平整的地面上修建；道路的最下方是好几层砾石，而上方则是硬质混凝土路面以及长方形的路面石板。罗马道路都拥有明显的拱度，两侧设有排水沟渠，从保证了良好的排水性能。

约公元前200—公元395年　罗马网格城市
罗马人建立的城市以罗马军营为蓝本，采用网格布局。罗马城市拥有两条主街道，其中东西向的名为东西大道，而南北向的则名为南北大道。两条主街道的交会处是城内主要建筑及作为市民生活中心的广场的所在地。罗马的土地测量员除了会使用测量绳、测量杆，还会用到"格罗马仪"（groma），即一种由竖杆、附在竖杆上的可旋转横臂以及悬挂在横臂上的砝码组成的测量仪器。

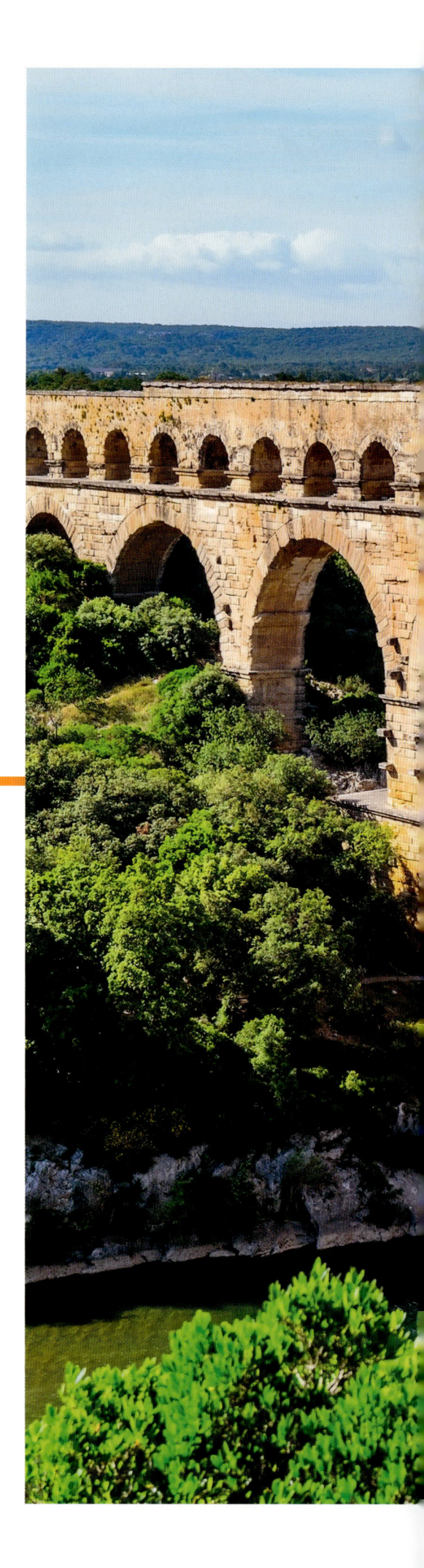

加尔桥建成于公元 1 世纪,建造目的是跨过加尔东河,向法国南部城市尼姆输送泉水。这座三层拱桥总长 275 米,被认为是现存最优美的古罗马引水道之一。

> "男子徒自低头束手……曾不愧二征之女子，吁，可谓自弃矣！"

《大越史记全书》（创作于15世纪）中对征氏姐妹的记载

◁《医术》的内页

公元 25 年
凯尔苏斯发表《医术》

罗马作者奥鲁斯·科尼利厄斯·凯尔苏斯编写了一部百科全书，其中包含一部题为《医术》总结了罗马医学知识的医学著作。凯尔苏斯把《医术》分为八卷，不仅在书中概述了治疗疝气、膀胱结石、脓肿等病症的外科手术技术，还描述了多种类型的发热症状，更是首次提出了"癌症"的概念。凯尔苏斯的著作一度失传，直到1426年才终于重见天日。

公元25年

公元 40—43 年 征氏姐妹发动叛乱，反对汉朝的统治，短暂地在越南建立了独立的国家

公元 43 年
罗马入侵不列颠

克劳狄乌斯皇帝命令一支总兵力4万人的罗马军队入侵不列颠。罗马人在不列颠岛的东南沿海地区登陆，经过血战击败了由卡图维勒尼人的国王卡拉克塔库斯率领的不列颠抵抗力量。此后，罗马军团很快就占领了卡图维勒尼人的首都卡姆罗多努（也就是现在的科尔切斯特），之后又继续前进，进入米德兰兹（英格兰中部）地区，开始了对不列颠长达350余年的占领。

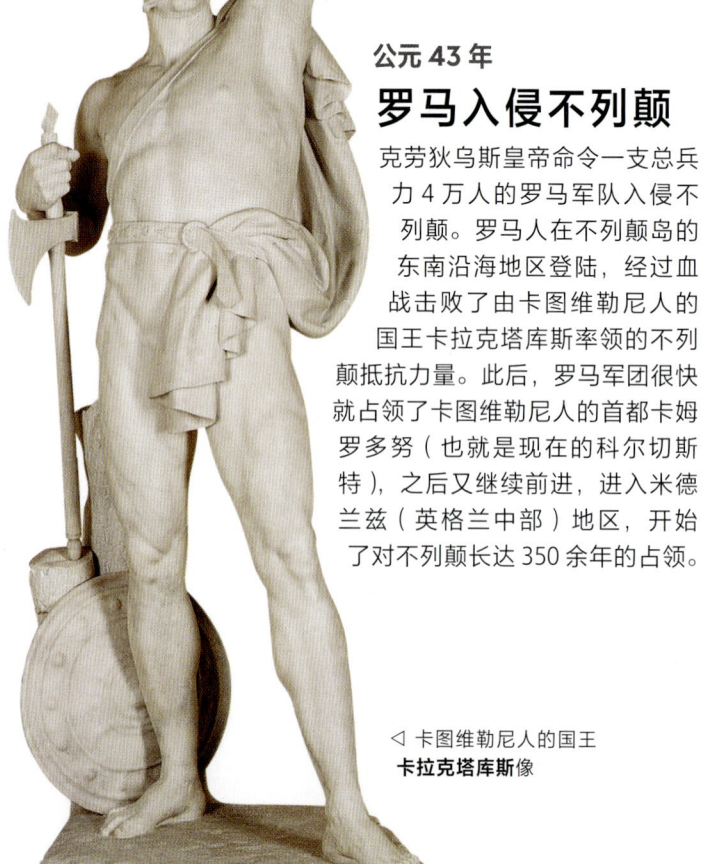

公元 33 年
耶稣被钉上十字架

耶稣布道了三年的时间，最后被犹太当局逮捕，成了被告。负责审理案件的是罗马帝国派驻巴勒斯坦的高官本丢·彼拉多，而耶稣受到的指控则是，他宣称自己是"犹太人的国王"，因此有妖言惑众之嫌。耶稣被钉上十字架后，他的追随者宣称，他已经起死回生。耶稣死而复生的说法成了新出现的基督教的核心理念。

△ 乔托·邦多纳创作的《耶稣被钉上十字架》

◁ 卡图维勒尼人的国王**卡拉克塔库斯**像

公元 79 年
维苏威火山喷发

公元 79 年 8 月，位于意大利南部的维苏威火山喷发，灼热的火山灰和浮石像雨点一样落向庞贝和赫库兰尼姆。炽热的熔岩流涌入赫库兰尼姆，把整座城市彻底摧毁。接下来，含有毒气的烟尘像云彩一样飘向庞贝，城内尚未逃离的 2 000 多名居民大都中毒而亡，而其余的人则都成了滚烫的落石和火山灰的受害者，无一生还。庞贝和赫库兰尼姆的废墟就此深埋地下，直到 18 世纪考古发掘工作开始后，才终于重见天日。

▷ J. M. W. 透纳创作的《喷发中的维苏威火山》

公元 67 年前后 佛教首次传入中国（另一说为公元前 2 年），传播者为来自印度的僧侣

公元 66—70 年 犹太人发动起义，反抗罗马的压迫，结果以耶路撒冷被罗马人占领而告终

公元 69 年 四帝之年：罗马帝国四帝争霸，爆发内战，韦斯巴芗最终获胜

公元 74 年 罗马人占领马萨达，粉碎了犹太奋锐党的抵抗

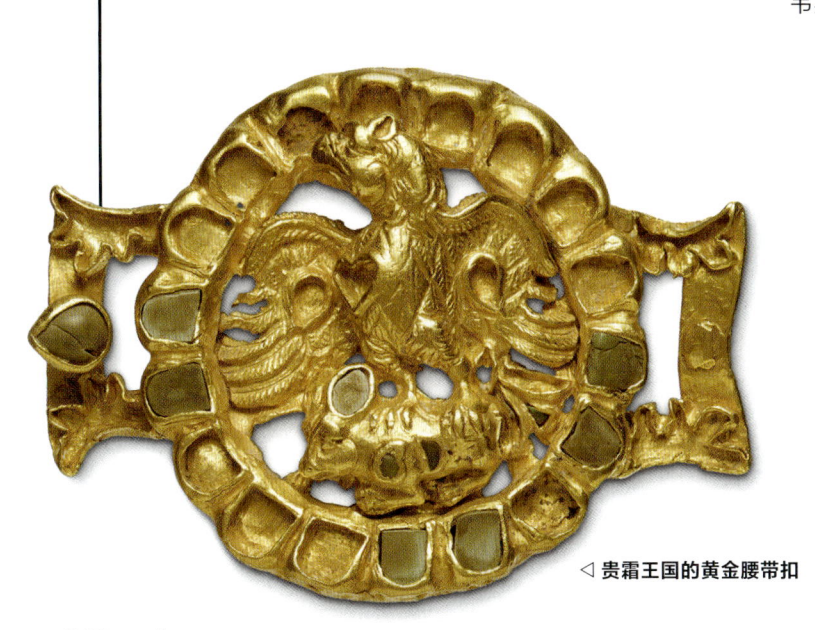

公元 **79** 年

◁ 贵霜王国的黄金腰带扣

摧毁庞贝的火山碎屑流温度超过了 300 摄氏度

公元 60 年
贵霜人在印度实现民族统一

贵霜人是游牧民族月氏人的后代，他们虽然在公元前 2 世纪的时候征服了巴克特里亚，却一直都处在分裂状态，分为五个王国。公元 60 年前后，丘就却统一五国，把疆域扩张到印度的西北部，征服犍陀罗国，建立了贵霜王国。贵霜王国很快就成了北印度的霸主，就此跻身欧亚大陆顶尖强国的行列。

公元 80 年
罗马斗兽场落成

罗马斗兽场于公元 72 年由韦斯巴芗皇帝下令修建，历时 8 年完工。公元 80 年，斗兽场举行庆祝落成的表演。表演持续了 100 多天，既有角斗比赛，又有野兽狩猎表演，出场的动物包括犀牛之类的珍兽。罗马斗兽场拥有 80 个独立入口，可以容纳 5 万余名观众，是罗马帝国规模最大的圆形剧场。

△ 罗马斗兽场

公元 100 年 中国第一部按照偏旁部首编排的字典《说文解字》成书，共收录了 9 000 余个汉字

公元 110 年前后 据传，来自印度的使节觐见了罗马皇帝图拉真

▷ 特奥蒂瓦坎的**太阳金字塔**

公元 100 年前后
太阳金字塔建成

在墨西哥中部，特奥蒂瓦坎城的居民在城市主干道"亡者之路"的东侧修建了一座巨型金字塔。这座金字塔的高度超过 70 米，不仅用石灰岩石板贴面，还饰有壁画，很有可能是特奥蒂瓦坎城的神庙。2013 年，考古学家在靠近金字塔顶端的位置发现了一尊火神韦韦特奥特尔的雕像。

公元 101 年
罗马皇帝图拉真征服达契亚

图拉真先后两次（公元 101—102 年、公元 105—106 年）入侵德凯巴鲁斯国王统治的达契亚王国（位于现在的罗马尼亚境内），把罗马帝国疆域扩展到了多瑙河东岸。双方虽然签订了停战协议，但罗马军团还是再次入侵，俘虏德凯巴鲁斯，把达契亚王国的首都萨米泽盖图萨夷为平地。达契亚就这样成了罗马帝国的行省。

◁ **第二次达契亚战争**——图拉真柱的部分浮雕

公元 76—138 年
哈德良皇帝

哈德良是图拉真皇帝的养子，他在继位后改变了养父的对外扩张政策。他不仅巩固帝国的边境线，修建了哈德良长墙，还频繁地前往帝国各地巡视。

公元 130 年前后 贵霜王国的统治者**迦腻色伽入侵印度北部**，把王国版图的最南端扩张到了马图拉

公元 132 年 **张衡**向汉朝朝廷展示了首台地动仪

公元 132 年 在西蒙·巴尔·科赫巴的领导下，**犹太人第二次发动起义**，反抗罗马统治

公元 139 年

公元 122 年
哈德良长墙开建

公元 122 年，哈德良皇帝在前往不列颠行省巡视时下达命令，要求修建长墙，为行省划定北部边境线。哈德良长墙蜿蜒曲折，东起泰恩河畔的城市沃尔森德，西至索尔韦湾，总长近 120 千米，由石头和泥土构成，建成后高 5 米，沿途设有 16 座要塞和数量众多的小要塞、塔楼，总共可以容纳 9 000 人的驻军。

△ 从霍顿峭壁俯瞰的**哈德良长墙**

公元 105—868 年
纸张与书籍

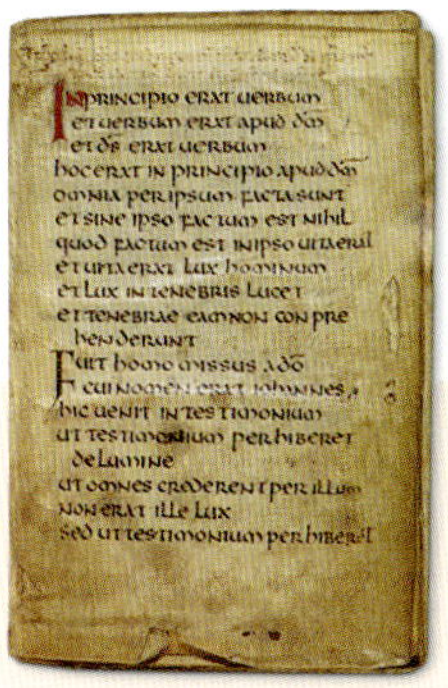

比起埃及人和希腊人使用的莎草纸、羊皮纸，中国发明的纸的制作成本要低得多，它可以大大降低读物的价格。

公元 105 年 **中国官员蔡伦**煮制破麻布、树皮，晾干由此生成的浆状物，最终得到了纸这样一种既耐用又经济实惠的书写材料。

公元 400 年前后 以把书页缝制在一起的方式得到的**书本**（比如上图展示的《圣卡斯伯特福音》）取代了历史更久但读起来很不方便的卷轴。

公元 868 年 佛教经文《金刚经》是已知世界上历史最悠久的**印刷品**，它使用的是雕版印刷技术，每一页都对应着一块雕版。

公元 166 年
马科曼尼战争拉开帷幕

公元 2 世纪时，蛮族对罗马帝国形成了越来越大的边防压力。公元 166 年，日耳曼部落入侵潘诺尼亚行省；两年后，之前居住在波希米亚境内多瑙河沿岸地区的马科曼尼人涌入意大利。马可·奥勒留皇帝击退了马科曼尼人的进攻，之后又转守为攻，把战火烧到了多瑙河对岸。然而，马科曼尼战争是一场艰苦而血腥的战争，历时整整 14 年的时间才终于画上了句号。

▷ 罗马人与日耳曼部落激战正酣——波尔托纳乔石棺的部分浮雕

公元 169 年 罗马帝国暴发瘟疫，路奇乌斯·维鲁斯皇帝染病身亡

公元 140 年

公元 143—161 年 罗马不列颠的边境线暂时北移，以安敦尼长墙为界

公元 150 年
诺克文化在西非蓬勃发展

诺克文化起源于尼日利亚中部丰饶的贝努埃河流域，不仅发展出了冶铁技术，还能够生产极为精巧的人物及动物陶俑。此时的诺克人拥有广袤的土地，但他们的文化却在 50 年内迅速崩溃，原因既有可能是人口过剩，也有可能是遭到周边民族的入侵。

▷ 诺克文化的陶俑

▷ 伊拉克古城哈特拉的神庙区

公元 160 年
哈特拉王国如日中天

哈特拉王国位于现在的伊拉克北部，是第一个在阿拉伯半岛之外建立的阿拉伯国家。该王国扼守重要的贸易通路，靠贸易积累财富，国力在公元 2 世纪 60 年代期间达到巅峰。公元 117 年、199 年，哈特拉王国先后两次挫败了来犯的罗马人，但最终还是在公元 240 年的时候被萨珊王朝的国王沙普尔一世征服。

公元 197 年
罗马内战结束

罗马皇帝康茂德和他的后继者佩蒂纳克斯接连遇刺身亡后，叙利亚总督佩斯切尼乌斯·奈哲尔、不列颠总督克洛狄乌斯·阿尔比努斯、潘诺尼亚总督塞普蒂米乌斯·塞维鲁开始争夺皇位。塞维鲁先是与阿尔比努斯结盟，打败了奈哲尔，后又在公元 197 年时击败了阿尔比努斯，最终恢复和平，重新稳定了帝国的边防。

▷ 塞普蒂米乌斯·塞维鲁的大理石半身像

公元 180 年 康茂德皇帝签订条约，结束马科曼尼战争

公元 189 年 董卓结束宦官专权，洗劫京城洛阳

公元 184 年 中国爆发黄巾起义

公元 199 年

公元 192 年前后
占城王国建立

东汉王朝陷入内斗后，原本臣服于汉朝的东南亚地区开始寻求独立。公元 192 年，占族人在位于现代越南境内的顺化周围建立了四个王国。这四个王国受到印度及中国文化的影响，一方面控制着贸易路线，另一方面又在北上扩张的同时，向西在柬埔寨的高棉地区开疆拓土。

> "苍天已死，黄天当立。"
>
> 黄巾军领袖张角（摘自公元 5 世纪成书的《后汉书》）

△ 占城文明的夜叉像

公元250—900年
古典期的玛雅文明

哥伦布发现新大陆前，中部美洲地区出现了一个十分发达的文明，其分布区为现在的墨西哥南部、危地马拉、伯利兹、萨尔瓦多和洪都拉斯。上述地区的原住民被我们现代人称作玛雅人，他们在公元前2000年前后开始形成复杂的社会，到了公元前750年前后已经开始在城市中定居。进入古典期（公元250—900年）后，玛雅人的独特文化继续蓬勃发展，其中最引人注目的发展是长纪年历的出现。在这一历史时期，玛雅文明是一个由许多自治城邦组成的网络——把网络凝聚在一起的既有可能是贸易关系，也有可能是对区域影响力的争夺。包括蒂卡尔、卡拉克穆尔、科潘、帕伦克和亚斯奇兰在内的城市中心出现了名为"神王"、在掌管政治和军事的同时也是精神领袖的世袭君主，以及越来越强大的贵族阶层。在古典期的玛雅社会，宫殿、纪念碑、金字塔式的神庙是最突出的建筑物；其他的重要建筑物还包括天文台，以及举行仪式性球赛的球场。文字的发展催生出了受过教育的阶层，而这个阶层则又促进了天文学和数学的发展，同时把玛雅文明的艺术和手工艺推向了黄金时代。

关键时刻

公元250—900年 蒂卡尔和卡拉克穆尔的兴起
古典期玛雅文明的一大特征是强大城邦的兴起。在所有的玛雅城邦中，实力最强大的当数互为竞争对手、在古典期一直都在争夺霸权的蒂卡尔和卡拉克穆尔（见左图）。

公元250年 玛雅文字
公元250年前后，玛雅人发展出了用符号来代表词语和音节的文字体系。玛雅文字在书写时以方块为单位，通过符号在方块中的排列组合来表示不同词语和词组。玛雅文字既可以书写在用树皮制作的纸张上，也可以雕刻在石头或陶制的工艺品上（见左图）。

约公元750—900年 古典玛雅文明崩溃
位于南部低地地区的古典玛雅城邦陷入衰退的原因至今仍然是一个谜。公元900年前后，几乎所有的古典期城市都已人去城空（见左图）。进入后古典时期后，玛雅文明的中心开始北移至包括奇琴伊察在内的北方城市。

古典期的玛雅文明 | 57

"碑铭神庙"修建在一座金字塔的塔顶上，周围是郁郁葱葱的**热带雨林**。这座金字塔是国王基尼奇·哈纳布·帕卡尔的陵墓，帕卡尔在位的那段时间（公元615—683年）是古典期的玛雅城邦帕伦克国力最强盛的时期。

公元 200—300 年
秘鲁的莫切文化进入鼎盛时期

生活在秘鲁北部沿海地区的一个民族把莫切当作首都，把这座城市变成了创新和创造力的中心。莫切的工匠不仅善于制作镀金、镀银的珠宝首饰，还懂得如何烧制精美的镫形壶。无论是太阳神庙——一座巨大的阶梯金字塔——还是位于多斯卡贝萨斯的华丽王陵都可以证明，莫切文化精致而又富有。

▷ 莫切文化的镫形壶

公元 212 年
安敦尼努敕令

公元 3 世纪初的时候，能够获得罗马公民权的人群仅限于意大利的居民、罗马殖民地的居民，以及那些服完了兵役、论功受赏的士兵。公元 212 年，卡拉卡拉（本名马可·奥勒留·安敦尼努）皇帝规定，罗马帝国所有的成年自由民都拥有公民权。他这样做既可能是为了敛财——原因是所有的罗马公民都应当缴纳遗产税，也可能是想让自己摆脱不得民心的窘境，但不管怎样，他的做法确实在之后的数十年间起到了把罗马帝国凝聚到一起的作用。

△ 罗马军方发放的摄予士兵公民权的石板

公元 200 年前后 巴赫沙利手稿是历史上第一份写有数字 0 的手稿

公元 200 年

公元 161—223 年
刘备

刘备先是担任汉朝的将领，又与曹操结盟，后来他得到诸葛亮的辅佐，在公元 208 年的赤壁之战中与孙权联合击败了曹操，最终成了三国时期蜀汉的开国皇帝。

公元 220—280 年
中国的三国时代

公元 2 世纪 90 年代时，东汉政权已经因为群雄割据而失去了对大部分领土的控制权。汉末群雄之一的曹操虽然重新统一了北方，却在公元 208 年入侵南方的时候输掉了赤壁之战。自公元 220 年起，中国进入三国时期，先后出现了曹魏、蜀汉、孙吴这三个主要政权，陷入了长达 60 年的战乱时期。

▷ 清代所绘的《三国演义》插图

公元 200—249 年 | 59

公元 241 年
摩尼开始在波斯传教

帕提亚王国崩溃后，波斯陷入混乱，为新兴的宗教运动提供了一片沃土。摩尼在新兴宗教之一曼达派的熏陶下长大，他开始宣扬一种融合了琐罗亚斯德教及基督教元素的新信仰，强调善恶不两立的二元论思想。禁止祭司结婚的摩尼教传播广泛，在波斯和罗马帝国境内都有追随者。

▷ 摩尼的作品（泥金装饰手抄本）

公元249年

公元 235 年 出身低微的士兵**马克西米努斯·色雷克斯**成为皇帝，罗马帝国就此进入三世纪危机时期

公元 249 年 司马氏篡魏

△ 阿尔达希尔一世的登基仪式（石刻浮雕）

公元 224 年
阿尔达希尔推翻帕提亚人的统治

自公元前 3 世纪中叶起开始统治波斯的帕提亚王国因为罗马入侵和内战引起的分裂而国力衰弱。公元 216 年，罗马再次入侵后，西南地区的波斯国在国王阿尔达希尔的率领下发动叛乱。八年后，他击败了帕提亚王国的末代国王阿尔达班五世，并于 226 年建立了将会在接下来的四个世纪统治波斯的萨珊王朝。

公元 235 年
塞维鲁·亚历山大遇刺身亡

虽然塞普蒂米乌斯·塞维鲁在公元 194 年的时候为罗马帝国带来了稳定，但好景不长。他的甥外孙埃拉加巴卢斯在 218 年登基后倒行逆施，引发叛乱，结果死于暗杀。埃拉加巴卢斯的表弟塞维鲁·亚历山大被推举为皇帝，结果也惹上了杀身之祸——公元 235 年，他前往日耳曼地区平息兵变时遇刺身亡。在塞维鲁·亚历山大死后的那半个世纪，罗马帝国出现了 25 位短命的皇帝，其中有很多人都是军官。

◁ 塞维鲁·亚历山大像

公元 250 年前后
日本进入大和时代

大和国起源于位于奈良附近的三轮山。成书于公元 238 年的一份中国历史文献提到了大和国的早期统治者之一卑弥呼女王。大和文化以氏族制度为基础，掌握了冶铁及农耕技术，开始渐渐地在日本中部扩张。大和国与朝鲜半岛和中国保持着联系，受到了来自海对岸的文化影响，比如佛教、铜镜、文字，以及中国式的官僚体系。

◁ 大和时代的**战士头像**

公元 250 年

公元 251 年 罗马皇帝德西乌斯在阿伯里图斯战役中被哥特人击败，战死沙场

公元 260 年 萨珊王朝的统治者沙普尔一世击败罗马皇帝瓦莱里安，把他变成了阶下囚

公元 260 波斯杜穆斯自立为帝，建立**高卢帝国**

公元 275 年 圣安东尼在埃及的沙漠中建立修道院

▽ 玻利维亚境内的蒂亚瓦纳科遗址

公元 250 年前后
蒂亚瓦纳科城建立

蒂亚瓦纳科城坐落在玻利维亚西部的的的喀喀湖附近，在公元 250 年前后开始走向强盛。土丘种植技术的发展及灌溉渠道的挖掘为余粮的产生创造了条件，从而让当地的居民得以修建蒂亚瓦纳科这座宏伟的仪式首都。蒂亚瓦纳科城除了拥有用巨石建造的太阳门，还有一座饰有"杖神"神像的半地下神庙。该城的陶艺工匠制作出了风格独特、色彩斑斓且饰有人头、美洲豹、美洲狮等形象的饮器。

公元250—299年 | 61

公元 269 年
帕尔米拉的芝诺比娅女王占领叙利亚、埃及

芝诺比娅的丈夫奥德奈苏斯是罗马帝国坚定的盟友,而她则在丈夫遇刺身亡后发起了反抗罗马的叛乱。她率军占领了叙利亚、埃及,之后又攻入小亚细亚。发现帝国在东方的局势已经岌岌可危后,奥勒良皇帝率军迎战芝诺比娅,先是在安条克击败帕尔米拉的军队,之后又围攻帕尔米拉城,在城破后俘虏了芝诺比娅。

◁ 乔凡尼·巴蒂斯塔·提埃坡罗创作的《芝诺比娅女王向士兵致辞》

> "你要求我投降,就好似你并不知道,克娄巴特拉宁死也不做俘虏。"
>
> 帕尔米拉的芝诺比娅与奥勒良皇帝的对话——摘自成书于公元 4 世纪的《罗马帝王纪》

公元 299 年

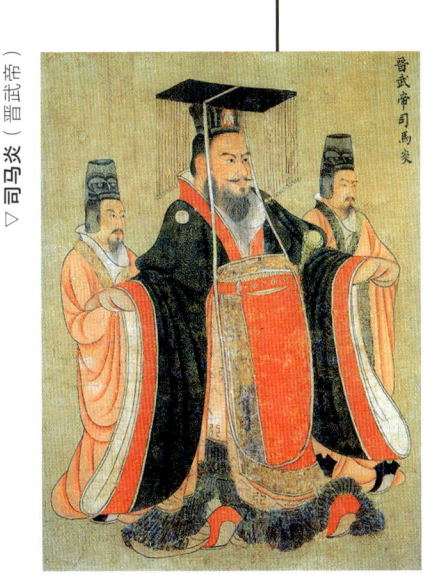

公元 280 年
西晋统一中国

公元 266 年,司马懿之孙司马炎在废黜曹魏的末代皇帝后称帝,开创了西晋王朝。他颁布新的法典,把权力下放给皇子,之后又在公元 280 年的时候消灭了东吴。然而,此后仅仅过了大概 10 年的时间,也就是到了司马炎死后,中国很快就又陷入分裂。

▽ 司马炎(晋武帝)

公元 284 年
戴克里先成为罗马皇帝

戴克里先出身卑微,却靠着军功不断晋升,最终由于努梅里安皇帝在出征波斯的途中神秘死亡而成为皇帝。他既坚强,又是一个极具天赋的组织者,能够认识到,仅凭一己之力无法令罗马帝国摆脱三世纪危机:公元 286 年,他选择了也是军官出身的马克西米安作为共治皇帝,之后又进一步建立了四帝共治制。

△ 四帝共治(斑岩雕像)

公元300年

公元 301 年 戴克里先颁布《限制最高价格法》，试图抑制通货膨胀

公元 303 年 戴克里先下令迫害基督徒，杀死了许多拒绝放弃信仰的基督徒

公元 300 年前后 在中部美洲，**玛雅文明进入古典期**

公元 304 年
中国的北方进入十六国时期

西晋王朝变得越来越依靠在北方游牧的胡人（比如南匈奴人）来提供士兵。公元 304 年，拥有匈奴血统的将领刘渊推翻西晋的末代皇帝，成为汉赵开国皇帝。中国的北方陷入混乱，分裂成了许多小国，史称十六国。这些小国由包括鲜卑族、羯族在内的胡人统治，直到公元 439 年才终于被北魏统一。

◁ 十六国时期的**炻器**

公元 320 年
旃陀罗·笈多建立笈多王朝

旃陀罗·笈多的祖父笈多在印度东北部的摩揭陀境内建立了一个小邦，而旃陀罗·笈多本人则靠着与梨车族的公主联姻加强了笈多王朝的实力。他向阿约提亚和比哈尔南部扩张领土，开创了直至公元 5 世纪一直称霸印度北部的笈多帝国。

△ 笈多王朝时期的石刻，展示了奎师那击杀马妖的场景

公元 312 年
米尔维安桥战役

公元 306 年，君士坦提乌斯一世去世，其子君士坦丁称帝后，戴克里先开创的四帝共治制失去了稳定性。马克森提乌斯——他是曾经与戴克里先共治罗马的皇帝马克西米安的儿子——获得对西部帝国的统治权，与君士坦丁爆发了争斗。君士坦丁与东部的皇帝李锡尼结盟后率兵攻入意大利，在罗马城外的米尔维安桥击败了马克森提乌斯。

◁ 米尔维安桥战役

公元 330 年
君士坦丁在东方新建罗马首都

击败最后的竞争对手李锡尼后，君士坦丁一世决定以设立新首都的方式来巩固自己的统治，地点选在了希腊古城拜占庭。他把新首都命名为新罗马（但这座城市的名称很快就按照他的名字改成了君士坦丁堡），不仅在城内新设元老院，还修建了宏伟的皇宫、公共浴场、一座巨大的赛马场、多座壮观的基督教教堂。在之后的千余年间，这座城市一直是帝国的首都，城中到处都是从帝国各地收集来用作装饰品的雕像。

◁ 伊斯坦布尔的**君士坦丁纪念柱**

公元 320 年 阿克苏姆王国的国王**埃扎纳皈依基督教**

公元 325 年 **尼西亚公会议**召开，参会的主教制定了第一套规范的基督教教义

公元 359 年

> "任何人都不应当被剥夺投身于他认为最适合自己的宗教的机会。"
>
> ——《米兰敕令》（公元 313 年）

公元 45—500 年
基督教的传播

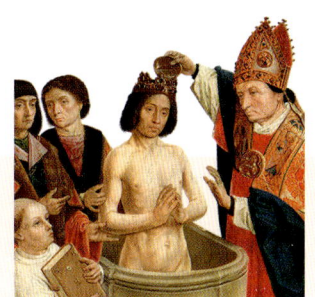

公元 1 世纪 40 年代中期，基督教由于圣保罗的传教活动从犹太行省的腹地传播到了安条克和小亚细亚。

公元 301 年 梯里达底三世受启蒙者格列高利影响，皈依基督教，**亚美尼亚成为历史上的第一个基督教国家**。

公元 313 年 君士坦丁一世颁布**《米兰敕令》**，规定基督教和罗马帝国的其他宗教一样，可以享有宗教宽容。

公元 391 年 狄奥多西一世在罗马帝国**禁止异教崇拜**。基督教暴民发动袭击，摧毁了许多神庙。

公元 497 年 法兰克国王克洛维皈依基督教，接受洗礼，加入了罗马天主教会。

约公元250—476年
罗马帝国的衰落与灭亡

蛮族要么想要掠夺罗马的财富，要么想在帝国境内定居，到了公元4世纪时，他们已经对罗马帝国造成了越来越沉重的压力。防卫边疆不仅会产生军费支出，还必须设立相应的官僚体系，这导致帝国难堪重负，无法继续同时应对来自多个方向的进攻，结果令蛮族入侵成为常态，致使边疆省份遭受重创。为了应对威胁，帝国不得不招募蛮族士兵来为军队补充兵员，甚至就连军中最优秀的将领——比如弗拉维斯·斯提里科——都拥有日耳曼血统。自公元4世纪90年代起，亚拉里克率领哥特人把巴尔干半岛搅了个底朝天，甚至还入侵了意大利。公元406年，一大批汪达尔人、阿兰人、苏维汇人先是渡过莱茵河进入高卢，后又占领了西班牙和北非的大片地区。中央对地方的掌控能力减弱后，帝国的税基萎缩，帝国已无法继续保卫西方的省份。罗马被汪达尔人洗劫后，西罗马帝国的末代皇帝罗慕路斯·奥古斯图卢斯于公元476年被自己的军队军官、日耳曼人奥多亚克赶下了皇位。东罗马帝国的境遇与西罗马帝国完全不同：东罗马的皇帝稳定了巴尔干局势，把帝国的统治延续了将近1 000年的时间。

关键时刻

约公元250—476年 保卫边疆
为了应对蛮族的威胁，国力衰弱的罗马帝国开始加强边防。罗马的军队被分成了两部分，分别是边境驻军（见左图），以及可以机动部署的精锐野战军，结果产生了巨额的军费开支。

约公元409—800年 日耳曼王国
日耳曼人占领罗马帝国的省份，就地建立起了王国：法兰克人在高卢建立王国，西哥特人（见左图）在西班牙建立王国，而东哥特人的王国则在意大利境内。日耳曼王国的统治者把原有的罗马城市当作基地，让之前为罗马效力的官员担任政府职员，只有不列颠的情况是个例外。

公元452年 教皇利奥一世会见匈王阿提拉
匈王阿提拉率军渡过多瑙河，进入北意大利，连下十城。由教皇利奥一世率领的使团（见左图）与阿提拉会面，想要劝说他不要向罗马进军。虽然匈人大军的确撤走了，但这多半是因为他们不想冒着冬季严寒继续作战。

罗马帝国的衰落与灭亡 | 65

精美无比的罗多维奇石棺浮雕完成于公元 3 世纪中叶，使用普洛康奈斯大理石雕刻而成，展示了罗马士兵与蛮族（有可能是哥特人）交战的景象。画面中央骑马的人物多半是长眠于石棺中的罗马士兵。

公元 378 年
罗马军队溃不成军

公元 4 世纪 70 年代时，哥特人想要在罗马帝国的东部定居。他们先是遭到拒绝，之后又受到罗马官员的迫害，最终于 378 年大举进入巴尔干地区。罗马帝国东部的皇帝瓦林斯在哈德良堡附近挡住了哥特大军。发现哥特人兵力少于预期后，瓦林斯没有等待增援，而是命令部队立即发起进攻。外出寻找粮秣的哥特骑兵归来后，哥特人获得兵力优势，消灭了罗马军队。

◁ 哈德良堡战役图

公元360年

公元 360 年 尤利安成为罗马皇帝，异教信仰复兴

公元 378 年
斯亚·卡克征服玛雅城市蒂卡尔

蒂卡尔城位于佩腾湖附近，其玛雅居民扩张领土，渐渐地控制了危地马拉低地。然而，公元 378 年的时候，来自墨西哥中部城邦特奥蒂瓦坎的斯亚·卡克推翻了蒂卡尔城原有的世袭统治者，把亚什·农·阿因扶上了王位。此后，墨西哥文化的影响力在蒂卡尔不断加强。在这套"新秩序"下，蒂卡尔开始向北、向东扩张领土，成了实力最强大的玛雅城邦。

▷ 玛雅城市蒂卡尔的**神殿废墟**

公元360—419年 | 67

公元 386 年
北魏开始统一中国北部

公元 386 年，鲜卑族拓跋部宣告独立，十六国时期的混乱开始落下帷幕。公元 398 年，拓跋部的统治者拓跋珪称帝，定国号为"魏"（史称北魏），之后便开始扩张领土，用了 40 多年的时间就统一了中国北部。北魏的统治者信奉佛教，赞助了大量的佛教艺术。

◁ **云冈石窟的佛像**，由北魏的统治者下令修建

> "这座名城——罗马帝国的首都——化作了一片火海。"
>
> 奥罗修斯在写给高登提乌斯的信中描述了罗马在公元 410 年时惨遭洗劫的景象

公元 404 年 高句丽国王高谈德击退倭国入侵

公元 405 年 圣哲罗姆完成《圣经》武加大译本

公元 406 年 汪达尔人、苏维汇人、阿兰人等蛮族渡过莱茵河，大举入侵罗马帝国

公元 419 年

公元 410 年
亚拉里克率领哥特人洗劫罗马

多年来，罗马人一直都没能兑现把土地分给哥特人的承诺，哥特首领亚拉里克忍无可忍，率军入侵意大利，打算直接占领罗马。在第一次围城战中，罗马人同意支付巨额贡金，换得了哥特人撤围的决定，但由于霍诺留皇帝拒绝进行下一步的谈判，哥特人再次围城，于公元 410 年 8 月攻破城池，洗劫了城内的许多建筑。

▷ 亚拉里克率领哥特人**洗劫罗马**

公元 400—1700 年
中国画的发展

自公元 5 世纪起，中国的艺术家发展出先进的毛笔绘画技术，创立了源远流长的山水画传统。

公元 400 年前后 东晋画圣**顾恺之**是第一批提倡山水画的主要画家之一。

公元 750 年前后 在盛唐时期，**王维**开创了水墨山水画派。

1500 年前后 包括沈周在内的"**明四家**"强调个人表达，把中国画提升到了新的高度。

1650—1700 年 清朝早期，具有个人特点的绘画风格涌现出来，其中石涛墨法淋漓的作画风格尤其引人注目（见上图）。

公元 450 年前后
阿克苏姆王国进入全盛时期

公元 5 世纪时，信奉基督教的阿克苏姆王国（其核心领土为现在的厄立特里亚、埃塞俄比亚）进入全盛时期。阿克苏姆王国是第一个发行货币的撒哈拉沙漠以南国家，其商人的脚步北至亚历山大，把阿克苏姆王国变成了地中海贸易网络的一环。阿克苏姆王国的统治者在首都阿克苏姆修建了许多巨大的石碑。

▷ **埃扎纳国王修建的石碑**（建成于公元 4 世纪，现位于阿克苏姆遗址）

公元 439 年 汪达尔人占领阿非利加行省的首府**迦太基**

公元 420 年

△ 托马斯·科尔在题为**《帝国的历程：毁灭》**的画作中想象了罗马遭到洗劫的景象

公元 450 年 北魏政治家**崔浩**被处死

公元 426 年
希波的奥古斯丁完成《上帝之城》

结束在米兰担任教授的执教生涯后，奥古斯丁皈依基督教，先是成为神甫，之后又回到故乡北非，担任希波主教。他的著作促进了古典哲学和基督教教义的融合。他在《上帝之城》一书中阐述了天意主导世界历史的观点，反驳了这样一种观点，即罗马在公元 410 年被洗劫是它拒绝异教而遭到的神罚。

◁ **奥古斯丁所著《上帝之城》**（西班牙语译本）

> "世界正在逝去，正在失去控制，已经喘不上气来。"
>
> ——《希波的奥古斯丁》（第 81 讲）

公元420—479年 | 69

公元 455 年
汪达尔人洗劫罗马

公元 5 世纪 40 年代，罗马皇帝瓦伦提尼安三世想方设法，试图与蛮族汪达尔人（日耳曼人的一支）保持和平，甚至还把女儿欧多西亚许配给了汪达尔王子胡内里克。继瓦伦提尼安之后成为皇帝的佩特罗尼乌斯·马克西穆斯取消了婚约。胡内里克的父亲——汪达尔人的国王——盖撒里克大发雷霆，率舰队在奥斯提亚附近登陆，之后率兵攻入罗马，把城内所剩无几的古老财宝洗劫一空。公元 460 年、468 年，罗马先后两次派舰队进攻汪达尔人，想要报仇雪恨，结果被轻易击败。这充分证明，罗马帝国已经日落西山。

公元 451 年 匈王阿提拉没能在沙隆战役中击败由罗马人和西哥特人组成的联军

公元 467 年 塞建陀·笈多国王逝世，标志着印度的笈多王朝开始走向衰落

公元479年

公元 455 年 盎格鲁-撒克逊人开始入侵英格兰（传统时间）

▷ 罗慕路斯的半身像

公元 476 年
西罗马帝国的末代皇帝

公元 475 年，罗马官员欧瑞斯特废黜尤利乌斯·尼波斯皇帝，把自己的儿子罗慕路斯扶上皇位。军中的日耳曼雇佣兵爆发兵变，要求分得意大利三分之一的土地。该要求被欧瑞斯特拒绝后，兵变士兵的将领奥多亚克攻占帝都拉韦纳，把西罗马帝国的末代皇帝罗慕路斯赶下了皇位。

▷ 猴子（纳斯卡地画）

公元 450 年前后
纳斯卡人在沙漠中创作地画

公元 5 世纪中叶，生活在秘鲁南部沙漠中的纳斯卡人创作了世界上最壮观的地画（以在浅沟中摆放彩色的沙砾的方式创作的巨型画作）。一些纳斯卡地画长达数百米，描绘了诸如猴子、蜂鸟、蜘蛛之类的动物。人们只有在空中才能一瞥地画的全貌。

公元 493 年
东哥特人的统治者狄奥多里克击败奥多亚克

公元 489 年，东哥特国王狄奥多里克在东罗马皇帝芝诺的怂恿下入侵意大利，原因是芝诺想要借东哥特人之手推翻对罗马帝国的边境线造成威胁的日耳曼国王奥多亚克。经历了长时间的战争后，狄奥多里克于公元 493 年进入拉韦纳，之后又借着和谈的机会诱杀了奥多亚克。此后，他作为国王统治意大利，下令尊重罗马人的权利和法律。

◁ 东哥特人的统治者**狄奥多里克**像

公元 480 年 来自中亚的哒人入侵笈多王朝，加速了王朝的崩溃

公元 500 年前后 孟人在今泰国一带**建立陀罗钵地王国**，成为传播印度文化的渠道

公元 480 年

公元 497 年 法兰克人的国王**克洛维受洗**，成为第一个接受天主教的日耳曼主要统治者

△ 刻有卑路斯国王形象的**镀金银盘**

公元 484 年
哒人杀死萨珊王朝的统治者

公元 484 年，萨珊王朝的统治者卑路斯率军东征，准备与自公元 5 世纪 50 年代就开始袭扰波斯东部边境的哒人作战，结果遭遇惨败，在巴尔赫附近战死。哒人烧杀抢掠，波斯就此陷入混乱，直到近 50 年后，也就是卑路斯的孙子库思老一世继位后才恢复元气。

公元 500 年前后
瓦里文化兴起

瓦里人兴盛于秘鲁的中部高原。他们的首都瓦里位于阿亚库乔附近，城内拥有由巨石围成的宏伟圈状建筑物以及呈 D 字形的神庙。他们以首都为中心向外扩张，占领了原本属于莫切文化的大片土地。瓦里人生产的色彩鲜艳、印有"杖神"——呈长方形，戴着华丽头饰——形象的织物及陶器在瓦里帝国境内广为传播。

△ **瓦里披巾**

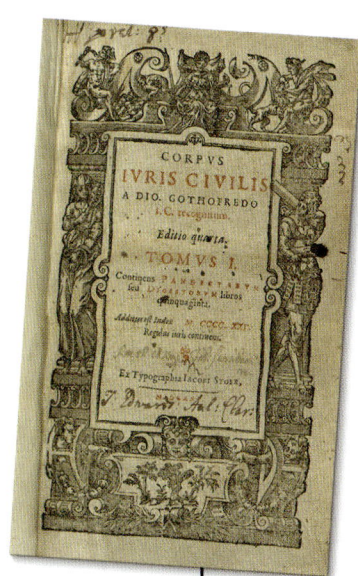

公元 529 年
东罗马皇帝查士丁尼颁布法典

为了简化多个世纪来变得越来越庞杂的帝国法律，查士丁尼皇帝任命了一个十人法律委员会，命令他们编写一部全国通用的法典。两年后，也就是公元 529 年，委员会完成了法典的编写工作。这部法典（及其之后的修订本）不仅成了东罗马帝国唯一的法律渊源，更是在之后的多个世纪中一直在法律领域保持着巨大的影响力。

◁ 后世出版的《查士丁尼法典》

公元 482—565 年
查士丁尼一世

查士丁尼是最伟大的罗马皇帝之一，他夺回了位于北非、意大利、西班牙的帝国西方诸省，颁布了全新的法典，而且还在君士坦丁堡修建了圣索非亚大教堂。

公元 535 年前后 努比亚分裂成了三个王国——诺巴迪亚王国、阿洛迪亚王国、马库里亚王国

公元 536 年 东罗马帝国的将领贝利萨留从东哥特人手中夺回罗马

公元 539 年

公元 507 年 克洛维在武耶击败西哥特人，把他们赶回了西班牙

公元 538 年
佛教传入日本

百济国的统治者急于寻求能够帮助自己对抗中国的盟友，于是便派使团前往日本。使团携带了释迦牟尼的画像和佛经。佛教在日本遭到了贵族的强烈抵制，但钦明天皇还是下令让苏我稻目保管使团送来的佛教礼品。苏我氏就此成为日本的第一批佛教徒，修建了日本的第一座佛寺飞鸟寺。

△ 日本的飞鸟寺

公元 536 年，夏季的平均温度降低了 2 摄氏度，欧洲就此进入了 2 000 余年来最冷的 10 年

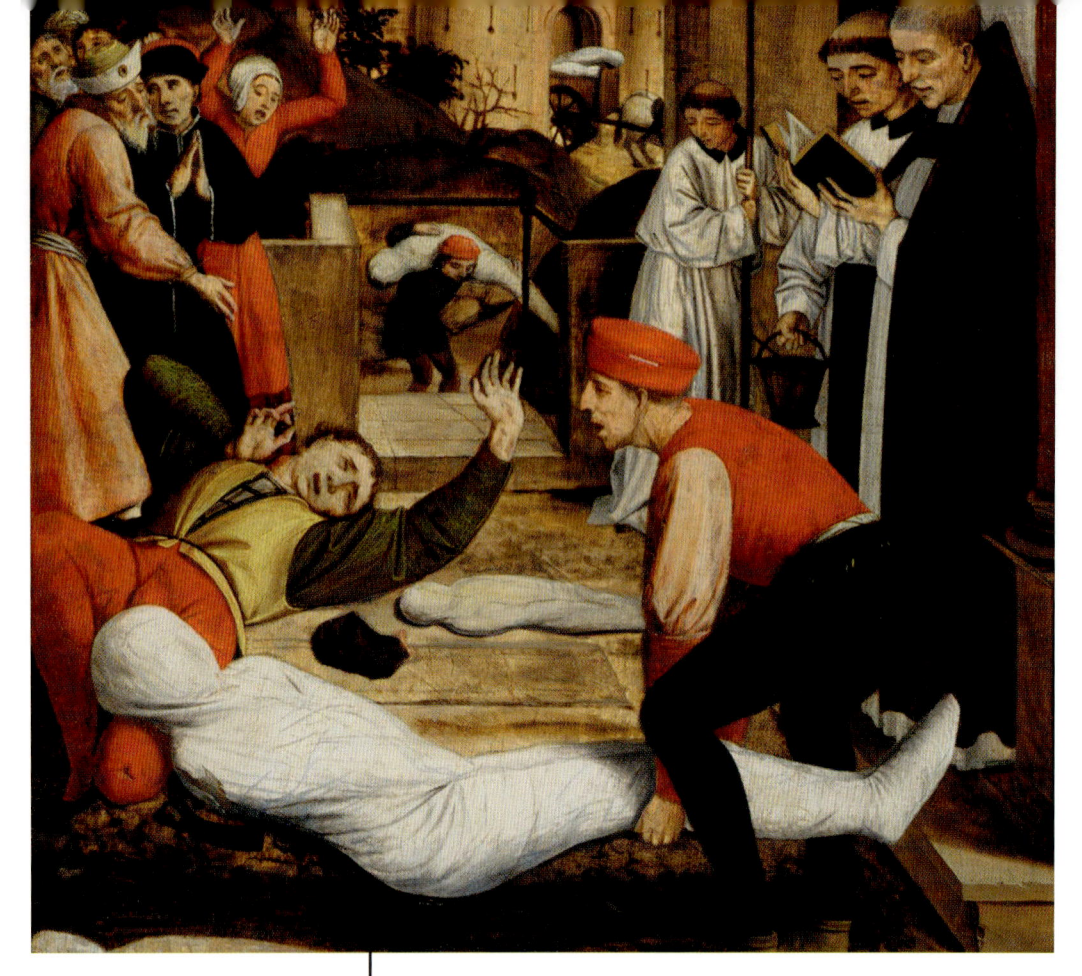

公元 542 年
查士丁尼瘟疫

历史上已知的第一次鼠疫大流行由埃及港口培琉喜阿姆进入拜占庭帝国，之后传播开来。帝都君士坦丁堡受到波及，街上到处都是尸体。查士丁尼皇帝也染上了瘟疫，但最终大难不死。瘟疫导致东地中海沿岸大约 40% 的人口死亡，对农业、商业和士兵的招募造成巨大的冲击，严重地削弱了拜占庭帝国的国力。

◁ 为**查士丁尼瘟疫的受害者**祈祷

公元540年

公元 550 年 西非的首个大国**加纳王国建立**

公元 552 年 伊利可汗建立突厥汗国，取代柔然成为蒙古高原统治者

公元 570 年前后 伯颜可汗在中欧建立阿瓦尔汗国

公元 542 年，君士坦丁堡每天都有大约 1 万人死于瘟疫

公元 568 年
伦巴第人入侵意大利

伦巴第人生活在潘诺尼亚（今匈牙利一带），是日耳曼人的一支。拜占庭帝国因为与东哥特人的长期战争以及查士丁尼瘟疫而国力衰弱，伦巴第人乘虚而入，翻越阿尔卑斯山进入了意大利。他们在国王奥多因的率领下迅速占领意大利北部，于公元 572 年攻占帕维亚。然而，伦巴第王国很快就四分五裂，变成了许多互相敌视的公国。

◁ 伦巴第国王**阿吉卢尔夫所用头盔**的局部图

公元 587 年
西班牙的西哥特国王皈依天主教

西哥特人原先信奉在日耳曼人中间广为流传的阿里乌派基督教信仰,之后又在公元 587 年国王雷卡雷德皈依天主教后集体改宗天主教。公元 589 年召开的托莱多宗教会议把天主教定为西哥特王国的国教。虽然反抗这套新宗教政策的叛乱时有发生,但天主教信仰还是把西哥特人和罗马人团结到了一起,而西哥特王权则因为得到了天主教会的支持而变得更为强大。

◁ 西班牙的**西哥特人受洗**图

公元 593 年
圣德太子担任日本摄政

圣德太子的姑姑额田部成为推古天皇后,实力强大的苏我氏的头领把他推举为摄政。他治理有方,十分贤明,与中国建立了稳固的联系,效仿中国的官制,制定了"冠位十二阶"制度。他不仅颁布了《十七条宪法》(用来管理统治阶级的道德准则),还弘扬佛教,修建了包括位于斑鸠町的法隆寺在内的许多宏伟寺庙。

◁ 圣德太子像

公元 570 年 先知穆罕默德在阿拉伯半岛西部的城镇麦加出生

公元 597 年 奥古斯丁(坎特伯雷的)奉教皇格列高利一世之命**抵达肯特**,他的任务是让盎格鲁-撒克逊人皈依基督教

公元599年

公元 589 年
中国统一

公元 581 年,北周丞相杨坚推翻北周,建立隋朝,史称隋文帝。他先是统一了北方,之后又挥兵南下,击败陈朝,占领其首都建康(今南京)。公元 589 年,隋文帝结束三个多世纪的分裂,统一了中国。但他的儿子隋炀帝登基之后便开始大兴土木,修建大运河之类的大工程,导致国库空虚,结果隋朝仅仅持续了 30 余年的时间就走向灭亡。

△ 隋炀帝在大运河上乘船游幸江都

公元 642 年
波斯的萨珊王朝被征服

在横扫拜占庭帝国的领土巴勒斯坦、叙利亚后，信奉伊斯兰教的阿拉伯大军入侵了萨珊王朝统治的波斯帝国。他们在包括卡迪西亚在内的一系列地点接连击败波斯人，最终于公元 642 年在尼哈旺德击败了波斯帝国的最后一支主力部队。波斯帝国的将领几乎全部阵亡，而其统治者则逃之夭夭，任由信奉伊斯兰教的哈里发国占领帝国的领土。

△ **卡迪西亚战役**——摘自波斯手稿

公元 600 年

公元 613 年 先知穆罕默德开始在麦加传教

公元 622 年 穆罕默德率领追随者"徙志"，离开麦加，前往麦地那——这一年成了伊斯兰教历的元年

公元 618 年
唐朝建立

隋炀帝不仅对外作战失利，还大兴土木，劳民伤财，导致叛乱四起。将领李渊夺取大权，控制住了混乱，之后废皇帝，创立了唐朝。李渊只用了 6 年时间就击败叛乱，统一了中原，史称唐高祖。他开创的唐朝持续了将近 300 年。

◁ **唐高祖**像

> "以古为镜，可以知兴替。"

唐朝的第二位皇帝唐太宗在公元 643 年前后说的话，后来此话被收入史书

公元 646 年
日本进行大化改新

在长达半个世纪的时间里，日本的朝廷一直被腐化的苏我氏控制。中大兄皇子与中臣镰足联手发动政变，结束了苏我氏一手遮天的局面，推举出新天皇，定年号为大化。新天皇以唐朝为榜样，推行一系列的改革措施，具体包括废除土地私有制、天皇直接管理政务、编写法典、建立公平的税收体系。大化改新极大地增强了日本的国力。

◁ 中臣镰足的雕像

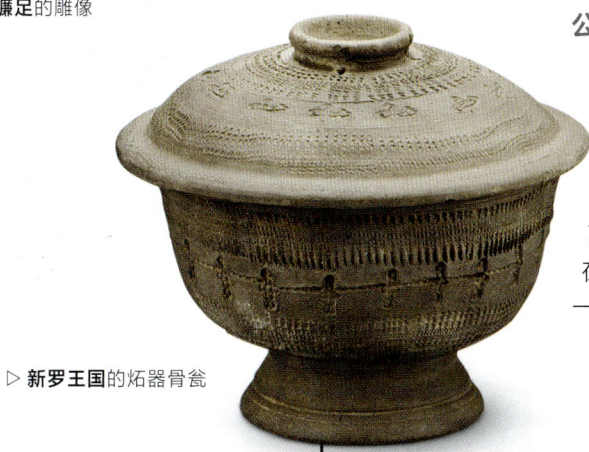

公元 668 年
新罗统一朝鲜

公元 660 年，新罗王国的太子金法敏（后来的文武王）率兵攻打宿敌百济国。在之后的八年间，他先是借助唐军的力量消灭百济国，征服高句丽，之后把唐朝的军队驱逐到了大同江以北，在历史上第一次实现了朝鲜半岛中南部区域的统一。他以唐朝制度为蓝本，建立了一套政府体系。

▷ 新罗王国的炻器骨瓮

公元 672 年 蒂卡尔征服多斯皮拉斯，成为玛雅城邦的霸主

公元699年

公元 650 年前后
《古兰经》成书

公元 632 年，先知穆罕默德去世后，伊斯兰教内部就其后继者的人选发生了争执，而且，由于《古兰经》一直都口口相传，对得到各方认可的文字版经文的需求也日渐强烈。公元 650 年前后，也就是奥斯曼哈里发在位的时候，文字版《古兰经》的编纂工作宣告完成。目前存世最早的《古兰经》手稿在奥斯曼哈里发去世后不久完成。

◁ 伯明翰《古兰经》手稿

公元 711 年
阿拉伯人和柏柏尔人的联军入侵西班牙

公元 711 年，倭马亚王朝的军队在征服北非后渡海入侵了西哥特人统治的西班牙。这支军队由阿拉伯人和柏柏尔人组成，在将领塔里克·伊本·齐亚德的率领下在瓜达莱特击败西哥特国王罗德里克，之后只用了六年的时间就征服了伊比利亚半岛几乎全部的土地，基督教统治者只守住了位于半岛最北端的一小块领土。

公元 700 年

公元 705 年 中国唯一的女皇**武则天**去世，她掌权期间经济繁荣，科举制度进一步发展，唐太宗开创的盛世也得到延续

公元 725 年 霍霍坎文化在亚利桑那的索诺拉沙漠中建立了配有复杂灌溉渠道的定居点

公元 732 年 法兰克人在图尔击败阿拉伯军队，阻止了伊斯兰帝国北伐的步伐

公元 726 年
拜占庭帝国发生圣像破坏运动

对圣像（耶稣及圣徒的画像）的崇拜在拜占庭帝国十分流行，但到了公元 726 年的时候，利奥三世出台圣像破坏政策，不仅禁止臣民崇拜圣像，还下令摧毁圣像。利奥和他身边的高级神职人员宣称，拜占庭帝国之所以会在与阿拉伯人的战争中屡屡失败，是因为其臣民对圣像的崇拜令上帝极为不满。圣像破坏运动不得民心，遭到了许多普通拜占庭民众的反对，但还是持续了 60 多年的时间。

◁ 拜占庭帝国的圣像破坏运动

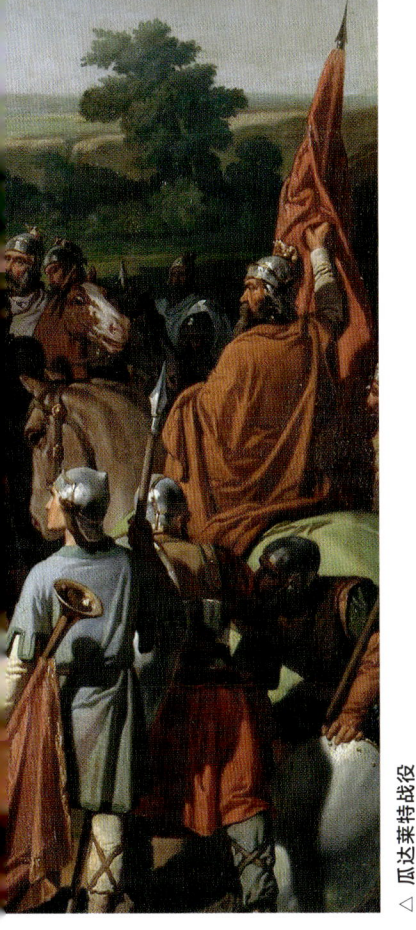

公元700—759年 | 77

公元751年
丕平三世成为法兰克人的国王

法兰克王国的墨洛温王朝日渐衰落，其统治者成为傀儡，被出身加洛林家族的宫相（地位最高的廷臣）玩弄于股掌之间。公元751年，加洛林家族的"矮子"丕平废黜墨洛温王朝的末代国王希尔德里克三世，在获得教皇的支持后自立为王，恢复了国王的权威。

◁ 加洛林王朝的国王"矮子"丕平三世像

◁ 瓜达莱特战役

公元751年 阿拔斯王朝的阿拉伯军队在**怛罗斯之战**中击败唐朝军队

公元752年 伦巴第人攻占拜占庭帝国在意大利北部的最后一个主要据点拉韦纳

公元755年 **安史之乱**爆发，唐朝由盛转衰

公元759年

公元756年 阿卜杜·拉赫曼一世在科尔多瓦建立后倭马亚王朝

公元750年
阿拔斯王朝推翻倭马亚王朝

以叙利亚为根基的倭马亚王朝引发了越来越强烈的不满，最终引爆了由先知穆罕默德叔父的后裔阿布·阿拔斯·萨法赫领导的叛乱。他击败倭马亚王朝，在伊拉克建立阿拔斯王朝，之后，他的后继者曼苏尔又创建了巴格达城。

◁ 曼苏尔在位时的**巴格达**

公元715—1450年
中世纪的泥金装饰手抄本

泥金装饰手抄本在公元500年之后出现，流行了约1 000年的时间，它们是华丽精美的手抄本，通常是宗教或历史著作。最先收藏泥金装饰手抄本的机构是修道院，之后随着读写技能的传播，富有的赞助人也开始定制此类手抄本。

公元715年前后《林迪斯法恩福音书》（因藏于林迪斯法恩修道院而得名）制作完成，其封套镶有华丽的珠宝装饰。

公元781年 加洛林王朝的统治者查理曼下令制作《戈德斯卡尔克福音书》。

1113年前后《往年纪事》记录了俄国从传说时代起到弗拉基米尔三世继位时的历史。

1405—1408年《贝里公爵的时祷书》及类似的日课经开始受到富有赞助人的追捧。

公元 786 年
哈伦·拉希德成为阿拔斯王朝的哈里发

哈伦在兄长去世后继位成为哈里发，开启了阿拔斯王朝的黄金时代，不仅极大地促进了艺术与科学的发展，还派遣使团，出使遥远的法兰克王国及唐朝。哈伦得到手下的维齐尔的协助，加强了阿拔斯王朝的政府机构，之后又把首都从巴格达迁到了拉卡。

▷ 哈伦·拉希德的画像

公元 800 年前后
婆罗浮屠建成

婆罗浮屠是一座佛教寺庙，由爪哇中部的夏连特拉王国修建，修建资金由夏连特拉王国富有的海上贸易帝国提供。婆罗浮屠是当时世界上最大的佛教寺庙，其布局是一个分为三个层次的曼荼罗，能够引导朝圣者穿越代表灵魂进入涅槃状态的三个阶段。该寺一直都是佛教圣地，直到 11 世纪时才遭到废弃。

▷ 婆罗浮屠

公元 787 年 尼西亚公会议重新确立了圣像崇拜的合法地位，终结了圣像破坏运动在拜占庭帝国引发的争议

公元 760 年

公元 774 年 法兰克人的统治者**查理曼**征服意大利的伦巴第王国

公元 794 年 桓武天皇**迁都平安京**（也就是现在的京都）

▷ **林迪斯法恩墓碑**描绘了维京人袭击的景象

公元 793 年
维京人首次袭击西北欧

维京人袭击了靠近英格兰东北海岸的林迪斯法恩修道院，开启了长达两个世纪的维京时代，其间来自斯堪的纳维亚半岛的劫掠者把欧洲北部诸国的海岸地区搅得不得安宁。维京人乘坐维京长船，行动迅速，能够在浅水区登陆，而且都骁勇善战，不仅屡屡击败盎格鲁-撒克逊人，占领了英格兰的大部分地区，还把法兰克人的王国逼到了崩溃的边缘。

约公元 747—814 年
查理曼

查理曼加强了法兰克王国的政府及法律机构，获得了"罗马人的皇帝"的头衔。在他的统治下，法兰克人的势力范围扩张到了西班牙、萨克森、意大利和中欧。

婆罗浮屠共拥有 504 尊佛像

公元 802 年
阇耶跋摩二世建立高棉帝国

阇耶跋摩自立为转轮王（世界以及全宇宙的统治者），宣布高棉脱离爪哇的夏连特拉王国，独立建国。他在吴哥地区建立政权，是历史上第一位完成这一伟业的高棉统治者。他的后继者修建了包括吴哥窟在内的巨大寺庙群。

△ 阇耶跋摩二世头像

公元 809 年

公元 800 年 易卜拉欣·伊本·阿格拉布建立阿格拉布王朝，定都凯鲁万（现位于突尼斯境内）

公元 801 年 古吉拉特－普腊蒂哈腊王朝在纳加巴塔二世的统治下日益强大，之后更是征服了印度北部的根瑙杰

▽ 查理曼的加冕仪式

公元 800 年
查理曼加冕成为"罗马人的皇帝"

教皇利奥三世在罗马的圣彼得大教堂主持加冕仪式，将这位法兰克人的统治者加冕为"罗马人的皇帝"。加冕仪式在圣诞节当天举办，用极具象征意义的方式确立了查理曼作为西罗马帝国继承者的地位，不仅确认了查理曼的权力，还开创了一直延续到 19 世纪的神圣罗马帝国皇帝世系。

公元800—1300年
伊斯兰科学

自公元800年起的5个世纪见证了科学在信奉伊斯兰教的土地上的蓬勃发展，伊斯兰学者在这500年间以古典帝国的科学成果为基础，拓宽了科学的边界。征服了罗马帝国的东部诸省以及统治波斯的萨珊王朝后，伊斯兰哈里发国不仅控制了许多重要的图书馆，还掌握了重要的学术传统。医药、建筑、商业等领域对实用技术的需求，以及从地理学的角度对庞大的帝国进行解读的需要促使信奉伊斯兰教的统治者出资，找人翻译以罗马天文学家托勒密的著作《天文学大成》为代表的文献。

无论是在倭马亚王朝的首都大马士革、阿拔斯王朝的首都巴格达，还是在以西班牙的科尔多瓦为代表的区域性中心城市，宫廷都变成了学术中心，在那里，实验科学和前沿科学这两个领域双双超过欧洲。以花剌子米为代表的思想家研究代数，提出一元二次方程的解法，令代数成了独立的学科。到了11世纪时，伊本·西拿（阿维森纳）又提出了冲力原理、惯性原理，拓展了亚里士多德的理论。比鲁尼用测量得到的山峰高度为依据，计算出了地球的半径。

15世纪时，版图包括印度、土耳其、波斯在内的集权化伊斯兰诸帝国出现后，伊斯兰科学界开始把汇编现有知识当作重点，不再注重创新。这意味着伊斯兰科学最辉煌的时代开始走向终结。

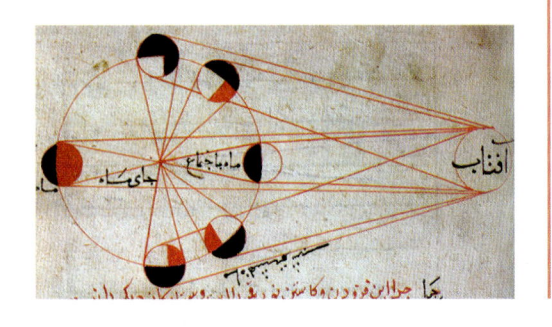

关键时刻

自公元770年前后开始　翻译古典著作
以曼苏尔为代表的阿拔斯王朝哈里发在巴格达设立了一所图书馆，吸引学者，让他们把如迪奥斯科里德斯所著《药物论》（见左图）之类用拉丁语、希腊语、波斯语撰写的古典学术著作翻译成阿拉伯语。

自公元800年前后开始　伊斯兰医学
以波斯人拉齐为代表的医生做出了许多细致入微的医学观察（举例来说，他们首次提出了麻疹与天花的区别），而伊本·西拿的著作《医典》则在之后的数个世纪成为至关重要的医学教材（见左图）。

自公元800年前后开始　物理科学
信奉伊斯兰教的学者不仅在光学领域取得长足的进步，首次对化学物质进行分类，还绘制出了精密的天文图，比如左侧的这幅由学者阿布·拉伊汗·比鲁尼绘制、展示了月相变化的天文图（见左图）。

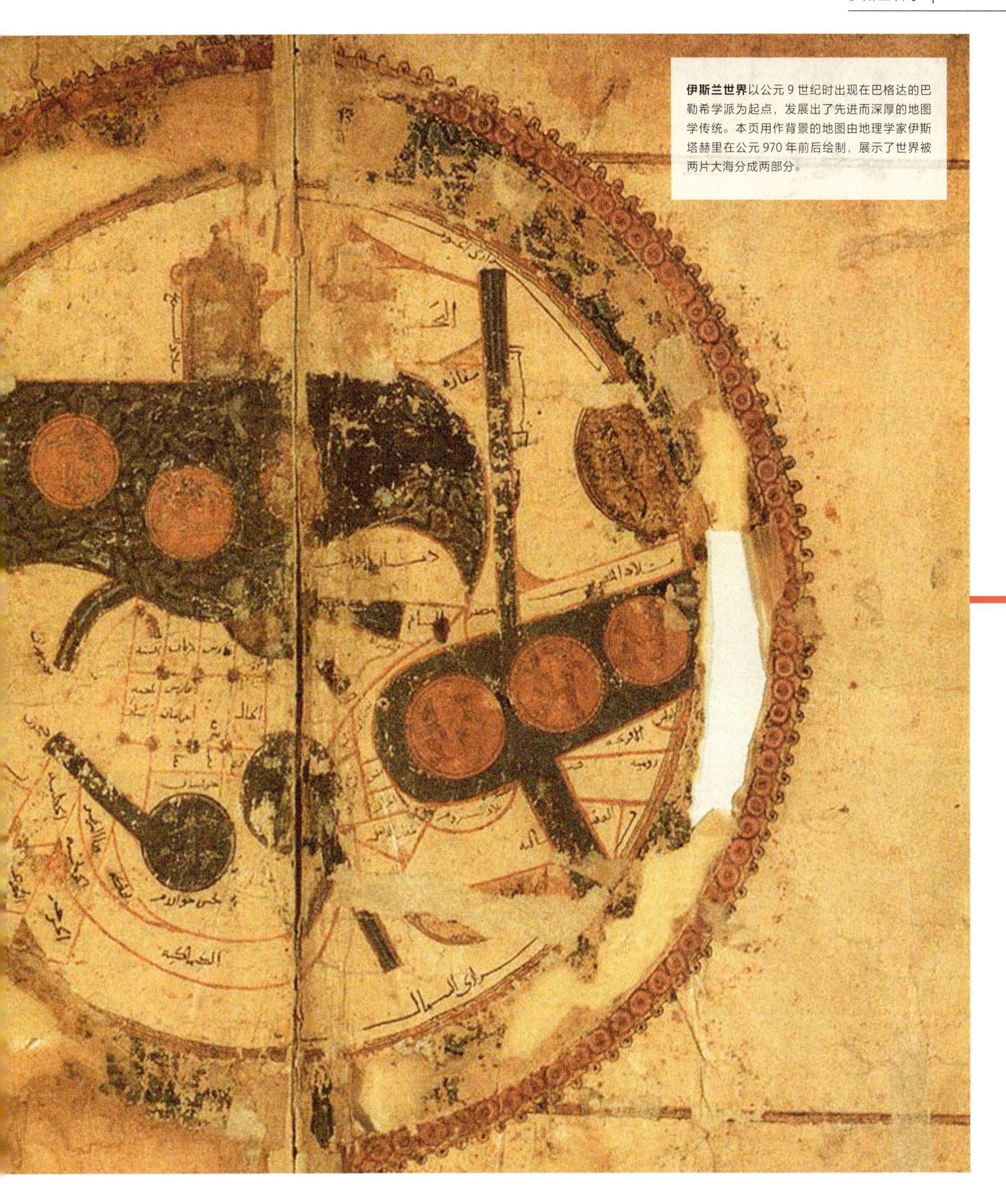

伊斯兰世界以公元 9 世纪时出现在巴格达的巴勒希学派为起点，发展出了先进而深厚的地图学传统。本页用作背景的地图由地理学家伊斯塔赫里在公元 970 年前后绘制，展示了世界被两片大海分成两部分。

公元822年
"智慧宫"宣告建立

"智慧宫"由马蒙哈里发创办,是一座学术中心,最主要的任务是把拉丁语、希腊语的文献翻译成阿拉伯语。在"智慧宫"任职的学者包括数学家、被誉为"代数之父"的花剌子米,而"智慧宫"本身则成为让阿拉伯思想家与古典时期的哲学及科学著作建立起联系的通道。

△ "智慧宫"图

公元810年

公元811年前后 中国出现人类历史上**最早的纸币雏形**"飞钱"

公元811年 保加尔汗克鲁姆在普利斯卡战役中击杀拜占庭皇帝尼基弗鲁斯,乘胜扩大保加利亚第一帝国的版图

公元831年
巴勒莫被攻陷

崛起于突尼斯、信奉伊斯兰教的阿格拉布王朝先是占领西西里城市巴勒莫,之后又在公元902年的时候成为西西里全岛的统治者。在兹亚达特·安拉一世(公元817—838年在位)的统治下,巴勒莫一片繁荣,成为重要的贸易中心,为伊斯兰文明、拜占庭文明、犹太文明、西欧的基督教文明提供了融合的场所,催生出丰富的混合文化,这种文化直到13世纪才由盛转衰。

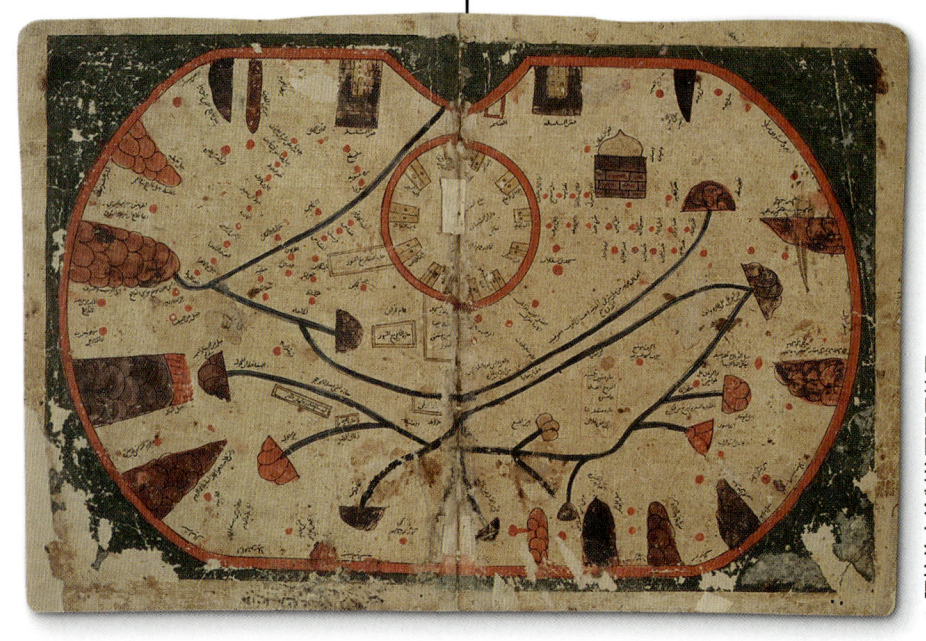

△ 阿拉伯人绘制的西西里地图

公元 810—869 年 | 83

公元 843 年
《凡尔登条约》

查理曼去世后，其子继承法兰克帝国，史称"虔诚者"路易，共在位 26 年。公元 840 年，路易去世后，他的几个儿子陷入内战。经过两年多的激战后，交战各方在凡尔登达成一致，同意把帝国一分为三，其中西法兰克王国（后来的法国）由"秃头"查理统治，东法兰克王国（后来的德意志王国）由"日耳曼人"路易统治，而夹在中间的中法兰克王国（包括后来的洛泰林吉亚王国）则由洛泰尔统治。

◁《凡尔登条约》（袖珍画）

公元 804—872 年
藤原良房

公元 858 年，藤原良房被任命为摄政，辅佐年仅 9 岁的外孙清和天皇，就此开创了藤原氏摄关政治体制。此后直到 12 世纪中叶，藤原氏一直是日本的实际统治者。

公元 848 年 缅族在缅甸的伊洛瓦底江流域建立**蒲甘王国**

公元 869 年

公元 850 年 朱罗王朝的统治者韦迦亚刺雅从潘地亚王国手中夺走印度南部城市坦焦尔

公元 858 年 藤原良房成为摄政，在之后的三个世纪间，藤原氏影响力大增，始终把持着日本的朝政

公元 841 年
维京人在都柏林定居

最开始有人定居时，爱尔兰城市都柏林是一座"长港口"（配有防御工事的港口），即维京人用来向内陆发动袭击的基地。公元 9 世纪 50 年代时，都柏林已经在"白色奥拉夫"和他的弟弟伊玛尔的统治下发展成了都柏林王国。奥拉夫兄弟手下的头领是都柏林的实际控制者，经常与约克的维京王国建立盟友关系。都柏林王国与约克王国时断时续的盟友关系一直维持到了 11 世纪。

◁ 维京战斧

▽ 中国古代描述火器使用的图画

公元 850 年前后
火药配制成功

中国的道士寻找长生不老药，结果误打误撞，研究出了火药的配方。道家认为，硝石具有药用价值，但之后他们发现，只要把它与硫黄、木炭混合，就可以得到易燃的混合物。11 世纪时，火药被用来制造原始火器，比如火焰喷射器，又比如可以爆炸的火箭。

公元 874 年
维京人在冰岛定居

在英格尔夫·阿尔纳尔松的率领下，数以百计的维京人离开斯堪的纳维亚半岛，前往冰岛定居。此后，维京人的历史进入定居冰岛（"占领土地"）时期，其间又有数以千计的移民抵达冰岛。他们很快就在岛上到处建立农场，最终发展成了冰岛自由邦。自公元930年起，冰岛自由邦由冰岛议会——世界上最早出现的议会之一——统治。

◁ 维京人在公元 1000 年前后制作的雷神托尔铜像

公元 882 年前后
罗斯维京人的首领奥列格成为基辅的统治者

维京人首领奥列格从位于诺夫哥罗德周边的根据地出发，在击败竞争对手阿斯科尔德和基尔后，占领了他们位于基辅的要塞。此后，他迁都基辅，开始袭击当地包括德列夫利安人在内的斯拉夫人部落，迫使他们纳贡。基辅的实力不断增长，最终成为一个名为基辅罗斯的国家的核心。

△ 诺夫哥罗德的奥列格正在带兵作战

公元870年

公元 896 年 保加利亚沙皇西美昂在保加罗菲格击败拜占庭帝国的军队

公元 878 年
阿尔弗烈德大王击败维京人

自公元 865 年异教徒大军登陆以来，英格兰的盎格鲁-撒克逊王国接二连三全部战败，只有阿尔弗烈德统治的威塞克斯王国硕果仅存。他在爱丁顿战役中击败异教徒大军，拯救了威塞克斯王国。战役刚刚开始的时候，维京人发动突然袭击，把阿尔弗烈德打了个措手不及，迫使他躲到阿塞尔内周围的沼泽地里避难，但他之后又重整旗鼓，赢得了爱丁顿战役的胜利，迫使维京人求和。

▷ 阿尔弗烈德大王雕像

"异教徒胆战心惊，又饿又冷，彻底陷入绝望，只好求和。"

阿塞尔所著《阿尔弗烈德传》（成书于公元 900 年前后）

◁ 图拉遗迹出土的**托尔特克**雕像

公元 900 年前后
托尔特克人的首都图拉一派繁荣景象

托尔特克人的首都图拉位于今天墨西哥的伊达尔戈州境内。该城总面积超过 8 平方千米，城内有数座金字塔形状的神庙（其中最引人注目的是分为五层的克察尔科亚特尔神庙）、数座球场，以及许多巨大的拟人战士像。在以特奥蒂瓦坎的衰落为起点，以特诺奇蒂特兰的兴起为终点的那段时间，图拉是该地区最大的城市，但至于托尔特克人到底是创建了帝国，还是只是向外投射文化影响力，人们就不得而知了。

日本的《古今和歌集》共收录了 1 111 首诗歌

公元 909 年 阿卜杜拉·马赫迪推翻北非的阿格拉布王朝，**创建法蒂玛王朝**

公元 918 年 朱罗王朝的国王婆兰多迦一世征服印度南部的潘地亚王国

公元 919 年

公元 905 年 日本的首部诗集《**古今和歌集**》编写完成

公元 907 年
唐朝灭亡

在经历了长时间的皇权软弱、宦官当权，以及一系列的叛乱之后，唐朝的末代皇帝被原先归顺了朝廷的叛军将领朱温废黜。朱温建立了短命的后梁王朝。在之后的数十年间——五代十国时期——中国分裂成了许多相互竞争的小国，直到公元 960 年，北宋才终于重新统一中原。

▷ **唐朝的骑兵**（墓葬壁画）

公元 929 年
倭马亚王朝的后裔在科尔多瓦建立哈里发国

北非的法蒂玛王朝威胁要入侵西班牙后，科尔多瓦的埃米尔阿卜杜·拉赫曼三世自立为哈里发，在科尔多瓦建立哈里发国。他不仅统一了由穆斯林控制的安达卢斯地区，还迫使北方信奉基督教的地区成为自己的臣属。在他的统治下，科尔多瓦的文化进入巅峰时期，其间修建的重要建筑除了有阿尔扎哈拉宫殿区，还有一所从伊斯兰世界的各个地区及信奉基督教的欧洲吸引了大量学子前来求学的大学。

▷ 科尔多瓦城内的**阿卜杜·拉赫曼**像

公元 920 年

公元 950 年前后 蒂亚瓦纳科**被废弃**。该城是一个位于玻利维亚境内、目前我们对其知之甚少的文明的中心

公元 946 年 波斯信奉**什叶派的白益王朝**占领巴格达

公元 935 年
朝鲜半岛统一

高丽太祖王建先是合并新罗，后又在第二年征服后百济，最终统一了朝鲜半岛。王建和他的后继者不仅控制住了地方军阀势力，还增加税收，改革官僚制度，从而增强王权，建立起了一个强大的中央集权国家。

▷ 高丽太祖像

公元 920—969 年 | 87

公元 960 年
宋朝建立

在中国的北方，后周将领赵匡胤发动兵变，占领首都开封并称帝，史称宋太祖。在称帝后的十几年间，赵匡胤征服中国的其他地区，一统华夏，结束了混乱的五代十国时期。他不仅重视教育，开设学府，还完善科举制度，加强了中国的中央官僚体制。

◁《清明上河图》描绘了宋朝首都开封（汴京）的日常生活，是最著名的国画之一

公元 961 年 后来成为拜占庭皇帝的**尼基弗鲁斯·福卡斯**从阿拉伯人手中夺回克里特岛

公元 965 年前后 丹麦的"蓝牙王"哈拉尔皈依基督教

公元 969 年

公元 962 年 德意志国王**奥托一世**在罗马举行加冕仪式，成为神圣罗马帝国皇帝

公元 969 年 法蒂玛王朝征服埃及，迁都开罗

▷ 奥托一世的皇冠

公元 955 年
奥托一世击败马扎尔人

在莱希菲尔德战役中，德意志国王奥托一世麾下的重骑兵大败马扎尔人的轻骑兵。马扎尔人的领袖大多在这一战中阵亡，马扎尔人从此再也无力向西发动袭击。公元 962 年，教皇约翰十二世主持加冕仪式，奥托被加冕成为神圣罗马帝国皇帝。

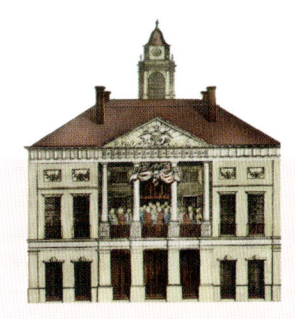

930—1789 年
议会的历史

中世纪时，由平民组成的代表大会以保卫自身利益为目的，向君主制度发起挑战，在此过程中现代的议会民主制渐渐演化而成。

公元 930 年 统治冰岛的维京人设立的全体议会是**世界上现存最古老的议会**，之后冰岛议会每年都要开会一次，目的是确定立法问题。

1188 年 莱昂王国召集的**议会**是欧洲大陆最早的议会，来自贵族阶层、商人阶层、镇民阶层的代表出席了会议。

1295 年 英格兰国王爱德华一世召集**模范议会**，除了贵族，每个郡、每个自治市镇也都可以派两个代表参会。

1789 年 首届美国国会在纽约召开，来自 13 个州的民选代表出席了会议。

> "饮酒是罗斯人的乐趣。要是不能饮酒作乐,我们一天也活不下去。"

公元987年前后,面对建议他皈依伊斯兰教的保加尔使节,基辅大公弗拉基米尔给出了这样的答复

公元988年
基辅大公弗拉基米尔受洗

基辅大公弗拉基米尔在基辅举行仪式,接受洗礼。据传,他派使节前往邻国,命令他们调查当地的宗教,结果发现除了希腊的东正教,所有其他的宗教都很讨人嫌。他接受洗礼,皈依东正教,从而为他迎娶拜占庭皇帝巴西尔二世的妹妹扫清障碍,通过婚姻与拜占庭帝国建立起了盟友关系。

▷ 弗拉基米尔大公的受洗仪式图

公元970年

公元975年 拜占庭皇帝约翰·齐米斯基斯率军攻入叙利亚,取得了一系列战役的胜利,收复大马士革

公元973年 婆兰多迦二世击败罗湿陀罗拘陀人,朱罗王朝成为南印度霸主

公元982年 大越国摧毁占城国的首都因陀罗补罗

公元987年 于格·卡佩在加洛林王朝的末代国王去世后被推举为国王,开创**卡佩王朝**

公元985年
维京人殖民格陵兰岛

"红胡子"埃里克打架斗殴,惹上了人命官司,被赶出了冰岛,之后便扬帆远航。他把自己最终抵达的地方命名为"格陵兰"(字面意思为"绿色的土地"),想要以此来吸引更多的殖民者。此后,数以千计的移民抵达格陵兰岛,在岛的最南端建立了两个定居点(格陵兰东殖民地、格陵兰西殖民地);这两个定居点在存续了400余年后才终于被废弃。

▷ "红胡子"埃里克画像

公元987年
托尔特克文明的影响力扩展到了尤卡坦半岛

玛雅城市奇琴伊察出现了自图拉传入的托尔特克风格建筑,比如查克穆尔祭坛、亚特兰蒂斯战士像,又比如库库尔坎金字塔神庙。这也许可以证明,墨西哥中部的居民已经迁徙到了尤卡坦半岛。只不过,我们到现在也搞不清楚,他们到底是入侵者,还是定居者,抑或是成了新的权贵;我们甚至都拿不准,这是否仅仅是尤卡坦半岛当地的玛雅统治者吸收了托尔特克文化的结果。

△ 托尔特克文明的战士像

公元970—1009年 | 89

◁ "保加尔人的剋子手"巴西尔二世画像

公元 996 年
巴西尔二世出兵攻打保加尔人

拜占庭帝国的皇帝巴西尔二世日理万机，同时在国内外加强了帝国皇帝的权威。他最为重要的成就是，消除了野心勃勃的保加利亚帝国所造成的威胁，从保加尔人手中夺走了许多像斯科普里这样的重要堡垒。1014年，他在克雷西昂大败保加利亚沙皇塞缪尔，击杀了1.5万名保加尔士兵。据传，他还下令把被俘的保加尔人每100人分成一组，然后命人刺瞎其中的99人。保加利亚第一帝国就此崩溃，保加尔人在之后的150年间几乎再也无法对拜占庭帝国造成威胁。

1001 年 伊什特万成为匈牙利王国的开国国王，为匈牙利确立了欧洲强国的地位

1009年

1009 年 李太祖在越南**建立李朝**

△ 普韦布洛博尼托村

1000 年前后
查科峡谷的普韦布洛文明进入繁荣时期

在北美洲的西南部，古普韦布洛人的文明进入繁盛时期。他们不仅修建了以普韦布洛博尼托村为代表、拥有许多"大房子"的定居点，还拥有道路网络，以及能够让庄稼在严苛的气候条件下正常生长的灌溉系统。然而，仅仅过了一个世纪的时间，查科峡谷的文明就走向衰落，而衰落的原因则多半是生态环境的变化。

1001 年
伽色尼的马哈茂德入侵印度

马哈茂德的军事行动是伊斯兰势力对南亚次大陆发起的首次大规模入侵。马哈茂德总共入侵印度17次，兵锋最南抵达根瑙杰、瓜廖尔，甚至还洗劫了古吉拉特境内位于索姆纳特的湿婆神庙。尽管许多印度统治者被迫接受了臣属地位，但伽色尼王朝却只占领了印度西北部的部分地区。

▷ 伽色尼的马哈茂德画像

1014 年 爱尔兰至高王布赖恩·博鲁在克朗塔夫击败维京联军

1018 年 朱罗王朝的国王拉真陀罗一世征服斯里兰卡及马尔代夫群岛

1010年

1017 年 丹麦的统治者克努特加冕成为英格兰国王

△ 波列斯瓦夫一世进入基辅

公元 974—1028 年
李太祖

李公蕴（李太祖）是前黎朝的大臣，官至左亲卫殿前指挥使，在前黎朝的末代皇帝驾崩后夺取皇位。他迁都位于红河三角洲的升龙（今河内），在国内极力推崇佛教。

1025 年

波列斯瓦夫加冕成为波兰国王

公元 992 年，波列斯瓦夫（被后人尊称为"波列斯瓦夫大帝"）在父亲梅什科一世去世后继承大波兰公国，之后开始向东方、西方、南方扩张领土。他设立不受德意志人控制的大主教区，于 1025 年加冕成为波兰的首位国王，他在加冕六个月后去世。

1010 年前后
《源氏物语》成书

《源氏物语》被认为是日本历史上的首部小说，其作者紫式部用了差不多10年的时间才完成创作。该书以朝臣源氏——他出身皇族，却被降为臣籍——的角度展开故事，对日本平安时代藤原氏摄关政治体制如日中天时的日常生活、习俗、礼仪进行了细致入微的观察。

◁ 左侧屏风上的画作再现了《源氏物语》第二十四回"蝴蝶"的剧情

1031 年 科尔多瓦的**后倭马亚王朝深陷内战泥潭**，土崩瓦解

> "在黑暗中，真实存在的东西似乎也会像梦那样虚无缥缈。"
>
> 摘自紫式部所著《源氏物语》

1041—1048 年
毕昇发明活字印刷术

长久以来，中国人一直都在使用雕版印刷术，直到宋朝的匠人毕昇发明出了全新的活字印刷技术。该技术用刻有单个汉字的活字来排版，只要一套活字，就可以印刷出大量内容不同的书页。

◁ 手工刻制的**活字**

1049年

1040 年
塞尔柱人击败伽色尼王朝

1037 年，塞尔柱人——他们原本是在中亚游牧的突厥语族人群的一支，即乌古斯人——入侵呼罗珊（相当于现在的伊朗、土库曼斯坦、阿富汗）。1040 年，他们在图格里勒伯克的率领下在丹丹纳干击败伽色尼王朝的军队。伽色尼王朝的苏丹逃往印度后，塞尔柱人开始建立全新的伊斯兰帝国，其最大版图向西一直延伸到了小亚细亚。

△ 丹丹纳干战役

▷ 仰光大金寺

1044 年
阿奴律陀王子成为蒲甘王朝的国王

阿奴律陀开疆拓土，把自己位于上缅甸的小公国变成了统一缅甸全部土地的帝国。他向南扩张，征服孟人王国；向北扩张，令领土与大理国接壤；向西扩张，令疆域毗邻阿拉干王国。1056 年，阿奴律陀皈依南传佛教，引发宗教改革，在蒲甘平原上修建了许多佛塔；而与此同时，他加强军备的政策则为缅甸争取到了一个稳定的未来。

公元960—1279年
宋朝人的生活

在许多欧洲人因为封建制度而苦不堪言的那段时间，宋朝的百姓安享太平，不仅居住在繁荣的城市里，还获得了贸易发展的红利。北宋共历九帝，采取任人唯贤的官僚任用制度，把国家的日常生活管理得井井有条。农民被富有的城市吸引，成为城市居民，某些城市的人口甚至超过了100万。新开凿的运河促进了沿岸地区商贸的繁荣发展。商人出资进行远洋贸易，在当时世界上最先进的指南针的指引下，用楼船与日本和东南亚建立起贸易联系。宋朝建立了以铜币为基础的货币经济，甚至还印刷了世界上最早的纸币，让贸易活动变得更为便捷。

在宋朝的大城市里，精英阶层的生活少不了看戏、下馆子，而与诗歌、艺术、美食、马术等相关的各类社团的活动则更是不胜枚举。纸张的大规模生产、雕版印刷术的运用极大地提升了宋朝人的识字率。包括早期火器在内的技术创新接连出现，而工业的蓬勃发展则更是令生铁的年产量达到了创纪录的12.5万吨。

即便是到了1127年北方的领土被侵略者占领、北宋灭亡后，把临安（今杭州）当作首都的南宋也仍然繁荣昌盛。直到一个半世纪后，也就是1279年的时候，这个王朝才终于因为蒙古人的入侵而灭亡。

关键时刻

1005年　维持和平
在经历了长达25年时断时续的战争后，宋朝与北方的辽国签订条约，同意每年交纳岁币，向辽国提供银和绢（见左图），以此为条件，结束了两国的交战状态。

1070年　新经济政策
为了解决越来越严重的财政赤字问题，北宋的朝廷把思想家王安石（见左图）任命为宰相。王安石变法以地主富豪隐田逃税的弊端为改革对象，想要解决社会上越来越严重的贫富不均问题。改革虽然遭到了地主和富商的反对，但仍然取得了一定成功。

1127年　女真人入侵，攻陷汴京
女真人突破北宋的北部边境，攻陷汴京，掳走太上皇宋徽宗、皇帝宋钦宗。宋徽宗第九子赵构逃到长江以南，建立朝廷，中国的历史就此进入南宋时期（左图为南宋的《六龙图》一角）。

宋朝人的生活 | 93

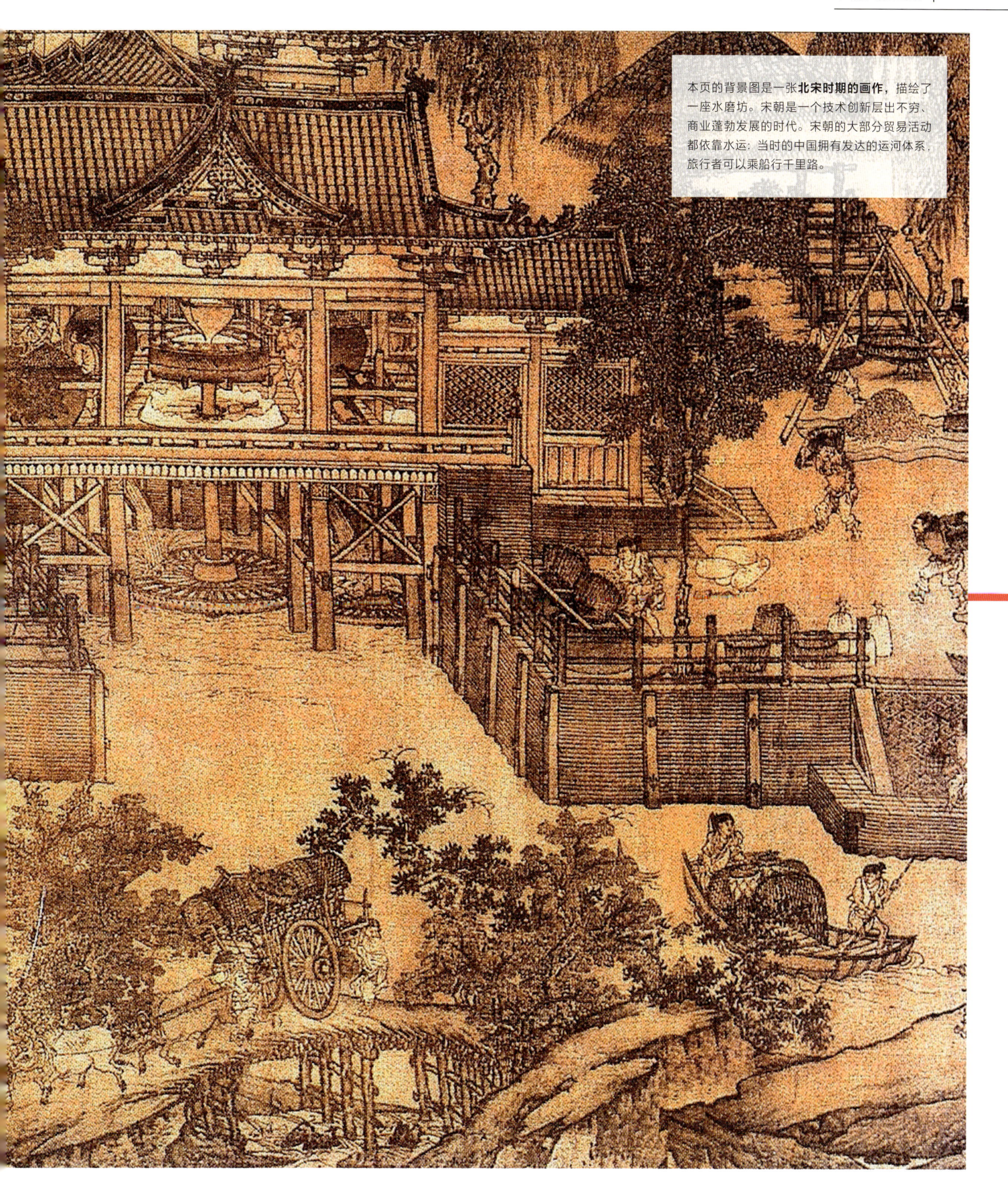

本页的背景图是一张**北宋时期的画作**，描绘了一座水磨坊。宋朝是一个技术创新层出不穷、商业蓬勃发展的时代。宋朝的大部分贸易活动都依靠水运；当时的中国拥有发达的运河体系，旅行者可以乘船行千里路。

1050年前后
伊费的约鲁巴文化进入繁荣时期

伊费城（现位于尼日利亚境内）是奥尼（神的后裔，约鲁巴全境的统治者）的朝廷所在地。该城发展出了复杂的城市文化，有生产雕像的传统，尤其是陶土或青铜的人头像。

◁ 伊费生产的青铜头像

1054年
东西教会大分裂

在对教义进行了长时间的争论之后，基督教在1054年的时候正式分裂成了东正教会和罗马天主教会。教皇利奥九世派出使节，要求君士坦丁堡的普世牧首米海尔·色路拉里乌承认教皇至高无上的地位，结果导致双方同时对对方施以绝罚。直到1965年，天主教和东正教才废除了加给对方的绝罚。尽管许多人付出了很多努力，但东正教会和天主教会却一直都没能重新统一。

◁ 普世牧首米海尔·色路拉里乌遭到绝罚

1053年 诺曼人赢得奇维塔特战役的胜利，成为南意大利霸主

1055年 格里菲斯·埃普·卢埃林成为威尔士国王

1062年 信奉伊斯兰教的柏柏尔人在马拉喀什建立穆拉比特王朝

1066年
诺曼人征服英格兰

盎格鲁-撒克逊人的国王"忏悔者"爱德华去世后，诺曼底公爵威廉认为自己是英格兰王位的合法继承人。然而，威廉的继承权遭到质疑，英格兰的伯爵哈罗德·戈德温森在1066年1月的时候自立为王。威廉公爵入侵英格兰，在黑斯廷斯击败盎格鲁-撒克逊人，阵斩哈罗德。著名的巴约挂毯描绘了英格兰王位继承权之争及黑斯廷斯战役。

在黑斯廷斯战役中，参战双方的总兵力大约有1.5万人

1071年
曼齐刻尔特战役

为了应对屡屡袭扰边境的塞尔柱人，拜占庭帝国的皇帝罗曼努斯四世·第欧根尼率军进入安纳托利亚东部，结果遭到突厥大军的突然袭击，被打了个措手不及，落得个全军覆没、兵败被俘的下场。此战结束后，塞尔柱人彻底征服了小亚细亚的大片土地。

◁ 曼齐刻尔特战役

> "我对你的惩罚要严苛得多。我原谅你，还你自由。"
>
> 1071年，曼齐刻尔特战役结束后，苏丹阿尔普·阿尔斯兰对罗曼努斯·第欧根尼说道

1075年 教皇格列高利七世颁布诏书，禁止平信徒授任教会圣职

1077年 塞尔柱人在小亚细亚建立罗姆苏丹国

◁ 巴约挂毯对哈罗德国王之死的描绘

1077年
神圣罗马帝国皇帝亨利四世忏悔罪行

亨利四世不愿放弃世俗统治者任命主教的权利，与不愿承认这项权利的教皇格列高利七世针锋相对。1076年，格列高利出手反制，把亨利逐出教门。这样一来，亨利手下的贵族就不必继续遵守向他效忠的誓言，结果导致国内叛乱四起。亨利迫不得已，只得前往意大利城镇卡诺莎忏悔罪行，在冰天雪地中等了足足三天，被搞得颜面尽失，才终于求得了教皇取消绝罚的决定。

▷ 正在忏悔罪行的**神圣罗马帝国皇帝亨利四世像**

◁ 莱昂的阿方索六世像

1086 年
莱昂及卡斯蒂利亚国王阿方索六世吃了败仗

面对在伊比利亚半岛节节胜利的基督徒，塞维利亚的埃米尔胆战心惊，决定向穆拉比特王朝（由信奉伊斯兰教的柏柏尔人在北非建立的王朝）求援。1086 年，优素福·伊本·塔什芬率领穆拉比特王朝的军队在萨拉卡击败由阿方索六世率领的基督教军队。尽管优素福·伊本·塔什芬暂时收兵，回到了非洲，但穆拉比特王朝很快就卷土重来，在统一了信奉伊斯兰教的西班牙诸国后，开始向北扩张领土。

▽ 北宋的水运仪象台

1092 年
中国修建水运仪象台

中国的博学大师、工程师苏颂在北宋的首都开封主持修建水运仪象台。水运仪象台是一座高 12 米的塔楼，用水流在一系列水桶之间自上而下的流动来为计时装置提供动力，可以展示时间和天象变化。1126 年，水运仪象台被女真入侵者摧毁。

1080 年

1088 年 欧洲最古老的大学**博洛尼亚大学**在意大利成立

1092 年 苏丹马立克沙去世后，**塞尔柱帝国**开始土崩瓦解

1085 年
"征服者"威廉下令编写《末日审判书》

诺曼底公爵威廉下令进行大规模的土地调查，想要以此为手段，搞清楚自己刚刚征服的英格兰王国到底能提供多少税收。调查专员奉命前往全国各地，记录每片领地现在领主的姓名，以及他们的领地上都生活着多少农奴、饲养着多少牲畜，就连"忏悔者"爱德华在位时的领主的姓名也都必须记录在案。调查的结果由中央政府汇总起来，名为《末日审判书》。

◁《末日审判书》

《末日审判书》总共收录了 13 418 个定居点的情况

1080—1109年

1099年
第一次东征的十字军攻陷耶路撒冷

1096年，图卢兹伯爵雷蒙德、布永伯爵戈弗雷、塔兰托领主博希蒙德响应教皇乌尔班的号召，率领十字军踏上了前往耶路撒冷的旅途。他们的目标是为基督徒夺回对圣地的控制权。这支十字军先是一路作战，横穿小亚细亚，后又对安条克进行了长时间的围城战，最终攻陷耶路撒冷，把城内的穆斯林和当地基督徒屠戮殆尽。

◁ 十字军攻陷耶路撒冷

1098年 原本属于本笃会的修士创建**熙笃会**

1100年前后 秘鲁北部的**西坎文化**迁都土库美，重新走向繁荣

◁ **图勒人**制作的梳柄

1100年
大津巴布韦建成

位于非洲南部的大津巴布韦城很有可能是某个王国的首都，其财富的来源是非洲内陆地区与东非海岸地区之间的黄金贸易。该城由高大的干垒石墙围护，最多可以容纳2万名居民，直到1400年前后，一直都是当地最主要的城市中心。

△ 大津巴布韦遗址

1100年前后
因纽特人的祖先图勒人开始迁徙

图勒人离开祖先居住的阿拉斯加，开始向东迁移，进入现在属于加拿大的北极地区。他们拥有先进的鱼叉、用海豹皮缝制的皮艇，可以前往深海区捕猎弓头鲸和海豹。他们取代了生活在北极东部、创造了多尔塞特文化的古爱斯基摩人，在1200年前后抵达格陵兰岛。

1121 年
穆瓦希德王朝开始对外征服扩张

穆瓦希德伊斯兰改革运动由穆罕默德·伊本·图马特在北非发起，很快就得到了生活在阿特拉斯山区的柏柏尔人的支持。伊本·图马特（1130 年时，他率军进攻马拉喀什，兵败身死）和他的后继者推翻摩洛哥的穆拉比特王朝，到了 12 世纪 70 年代的时候，已经控制了伊比利亚半岛上属于伊斯兰势力范围的绝大部分土地。

▷ **穆瓦希德王朝**的军事会议

1110 年 拜占庭帝国开始在巴尔干地区把鲍格米勒派当作异端进行迫害

1112 年 阿隆悉都成为国王，蒲甘王国（位于现在的缅甸）进入了国力最为强盛的时期

1113 年 姆斯季斯拉夫王公下令在诺夫哥罗德修建俄国最古老的大教堂——圣尼古拉大教堂

▷ 吴哥窟建设工程

吴哥窟占地 82 公顷，是世界上规模最大的宗教建筑

1113 年
吴哥窟建成

吴哥窟位于高棉帝国的王都吴哥，是一座巨大的寺庙，在苏利耶跋摩二世在位期间（1113—1150 年）完成修建。该寺供奉印度教的神明毗湿奴，庙顶的五座宝塔象征须弥山的五座山峰，而寺内长长的回廊两侧则饰有再现了印度教神话场景的浮雕。

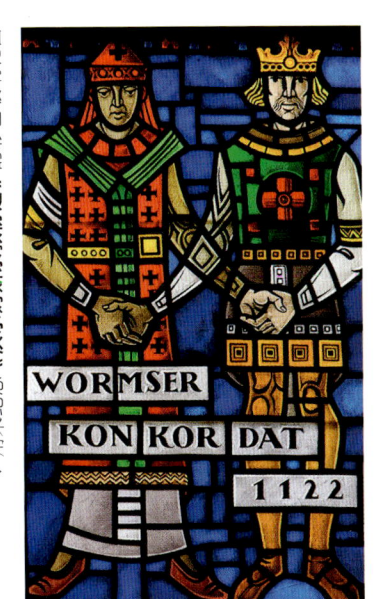

1122年
《沃尔姆斯宗教协定》

教皇卡利克斯特二世与神圣罗马帝国皇帝亨利五世签订名为《沃尔姆斯宗教协定》的条约,结束了叙任权之争。协定规定,主教的人选应当由教皇确定,代表主教宗教权力的权戒和牧杖也应当由神职人员授予,但与此同时,主教必须向皇帝效忠,才可以获得与主教职位挂钩的领地;此外,如果主教的选举过程出现意见分歧,那么皇帝就有权裁决。

▷ 用来纪念《沃尔姆斯宗教协定》的彩色玻璃花窗

1139年
英格兰内战

英格兰国王亨利一世去世后,英格兰的统治阶层分成两派,分别支持他的女儿玛蒂尔达(她是神圣罗马帝国皇帝亨利五世的遗孀)和他的外甥斯蒂芬,引发了王位争夺战。中央的权力分崩离析,英格兰进入了所谓的"无政府时代"。直到1153年,斯蒂芬在《温彻斯特条约》上签字,承认玛蒂尔达的儿子亨利(她再嫁安茹伯爵后所生)是王位继承人后,动乱才终于尘埃落定。

◁ 玛蒂尔达皇后(又称莫德)像

1125年 洛泰尔二世当选神圣罗马帝国皇帝,在意大利引发了**归尔甫派与吉伯林派之间的内战**

1127年
女真人占领中国北部

女真人由生活在中国东北部的部落联盟组成,他们在1127年的时候攻陷开封,俘虏了宋徽宗和宋钦宗。亲王赵构逃到长江以南,建立南宋王朝,定都临安。在差不多同一历史时期,女真人在北方建立金朝,渐渐地接受了汉人的习俗。此后,金朝一直统治着中国北方,直到1234年被蒙古人消灭。

▷ 描绘**女真人**骑手的画作

1143 年
阿方索一世葡萄牙国王的地位获得承认

1139 年，阿方索·恩里克斯在欧里基击败摩尔人，之后自称"葡萄牙国王"——要知道，当时的葡萄牙仍然是莱昂王国的一部分。四年后，卡斯蒂利亚国王阿方索七世承认了阿方索葡萄牙国王的地位。

▷ 阿方索一世的雕像

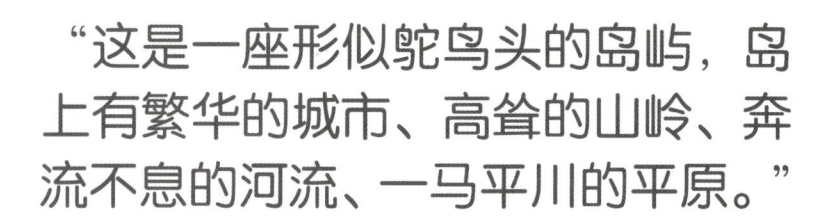

> "这是一座形似鸵鸟头的岛屿，岛上有繁华的城市、高耸的山岭、奔流不息的河流、一马平川的平原。"
>
> 《鲁杰罗之书》（1154 年）所附说明文字对不列颠的描述

1140 年

1145 年 吴哥王朝的国王苏利耶跋摩二世入侵占城王国，洗劫其首都毗阇耶

1148 年 围攻大马士革的战斗失败后，**第二次十字军运动**的军队陷入混乱

1147 年 穆拉比特王朝败给基督教诸国后，**穆瓦希德王朝入侵西班牙**

1145 年
教皇发起第二次十字军运动

摩苏尔总督伊马德丁·赞吉占领十字军要塞埃德萨后，教皇尤金三世发起第二次十字军运动。此次东征由法国国王路易七世、德意志国王康拉德三世率领，于 1147 年出兵前往黎凡特。十字军在多里莱乌姆吃了大败仗，折损了许多兵力，之后又搞砸了大马士革围城战，导致此次东征没能实现任何预定目标。

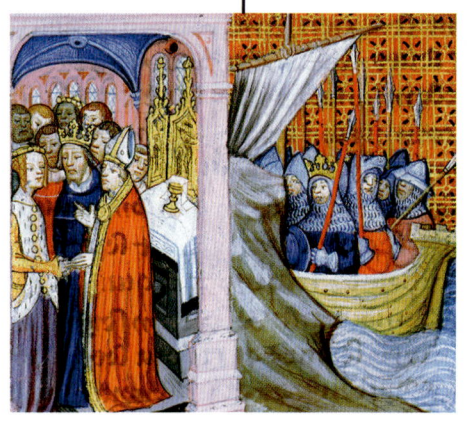

△ 路易七世路上东征之旅

1150 年
卡霍基亚城进入巅峰时期

12 世纪时，卡霍基亚拥有 2 万居民，是密西西比土墩建筑文化（因修建用于仪式的巨大夯土平台而得名）的主要定居点。卡霍基亚人除了种植玉米、豆类、西葫芦，还能够制作精美的黏土烟斗和陶器。14 世纪时，卡霍基亚文化逐渐衰落，最终土崩瓦解，原因多半是对自然资源的过度开发。

△ 哺乳俑——在卡霍基亚出土的陶俑

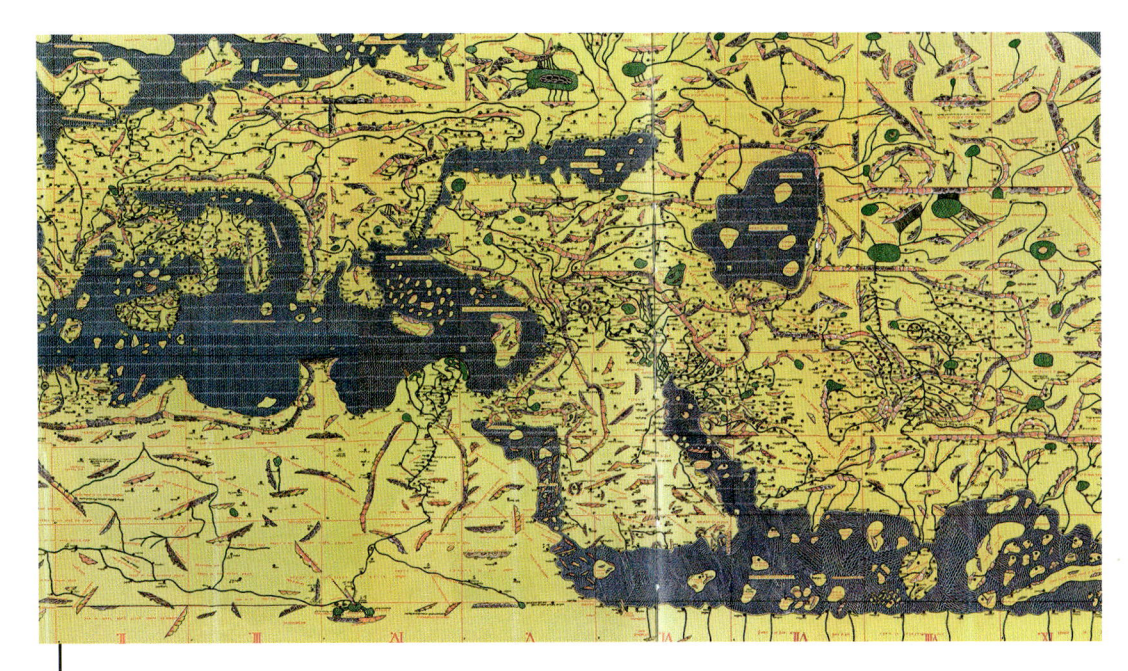

1154 年
《鲁杰罗之书》完成

《鲁杰罗之书》是一幅精确度极高的世界地图，由西西里伯爵鲁杰罗一世下令绘制，作者为阿拉伯地理学家穆罕默德·伊德里西。在绘制地图的过程中，伊德里西不仅进行了广泛的研究，还与不计其数的旅人交谈，向他们了解情况。在之后的两个多世纪，《鲁杰罗之书》一直都是最可靠的世界地图。

◁《鲁杰罗之书》(部分细节)

1161 年 南宋水军在采石之战中击败金军，挡住了金朝侵略中原南部的步伐

1161 年 格鲁吉亚国王乔治三世从沙达德王朝的库尔德人埃米尔手中夺走了重要城市阿尼

1163 年 巴黎圣母院开始兴建

1169年

1169 年
盎格鲁-诺曼人入侵爱尔兰

被对手赶下王位，流亡国外后，伦斯特国王迪亚马特·麦克穆尔查达召集了一支由盎格鲁-诺曼骑士组成的军队，想要夺回王位。在绰号"强弓手"的彭布罗克伯爵理查·德·克莱尔的率领下，骑士大军帮助麦克穆尔查达夺回了失地。此后，"强弓手"迎娶麦克穆尔查达之女伊菲厄，成为伦斯特王国的王位继承人。英格兰国王亨利二世担心爱尔兰出现由盎格鲁-诺曼人统治的独立王国，于是便出兵爱尔兰，迫使主要的爱尔兰贵族屈膝投降，开启了英格兰对爱尔兰长达 750 年的统治。

▷ 丹尼尔·麦克利斯创作的《"强弓手"与伊菲厄的婚礼》

◁《托马斯·贝克特殉教图》——雪花石膏浮雕

1175 年
古尔的穆罕默德入侵印度

古尔王朝（现位于阿富汗境内）的苏丹穆罕默德入侵印度北部，之后又南下到旁遮普地区，建立了一个伊斯兰帝国。1192 年，穆罕默德在塔拉因克敌制胜，之后攻占德里。在穆罕默德军中服役的奴隶库特布丁·艾伊拜克被任命为德里总督，开始在德里城内修建顾特卜塔，用以纪念穆罕默德的丰功伟绩。此后，古尔王朝与统治波斯的花剌子模王朝爆发战争，被迫放慢了扩张的步伐；1206 年，穆罕默德去世后，古尔王朝土崩瓦解。

▷ 印度德里的**顾特卜塔**

1170 年
托马斯·贝克特遇刺身亡

坎特伯雷大主教托马斯·贝克特在坎特伯雷大教堂遇刺身亡，凶手是几个自作聪明的骑士——他们认为自己是在执行英格兰国王亨利二世的命令。亨利二世想要加强王权对教会的控制，结果与自己亲手提拔的挚友贝克特反目成仇，被他逐出教门。亨利也许并没有下达杀死贝克特的命令，那几个行凶的骑士多半是误解了他的意图。

1170年

1175 年 净土宗在日本完成本土化

1171 年 英格兰国王亨利二世率兵登陆爱尔兰，目的是确立英格兰国王对爱尔兰的宗主权

1176 年
伦巴第同盟击败"红胡子"腓特烈

意大利北部不愿服从神圣罗马帝国皇帝"红胡子"腓特烈统治的城市组成伦巴第同盟，在 1176 年的莱尼亚诺战役中击败了腓特烈。在之前的 20 年间，腓特烈连续四次入侵意大利，想要迫使意大利诸城服从神圣罗马帝国的统治；1176 年，腓特烈第五次入侵意大利，却因为麾下的骑兵遭到伦巴第同盟步兵部队的拼死抵抗而遭到灾难性的失败。战斗结束后，腓特烈撤回德意志，之后又在 1183 年的时候被迫承认了伦巴第同盟加盟城市的自治权。

△ 莱尼亚诺战役

1187 年
萨拉丁攻占耶路撒冷

埃及苏丹萨拉丁连战连捷，对巴勒斯坦的十字军国家造成了毁灭性的打击。1187 年，他先是在哈丁消灭了十字军的主力部队，之后又接连攻克包括阿卡、雅法、西顿、贝鲁特在内的要塞，最终在进行了短暂的围城战后攻占耶路撒冷。耶路撒冷陷落的消息在信奉基督教的欧洲掀起轩然大波，促使教廷发出进行第三次十字军运动的号召。

△ **萨拉丁麾下的士兵**占领耶路撒冷

1138—1193 年
萨拉丁

萨拉丁先是成为法蒂玛王朝的维齐尔，之后又推翻了法蒂玛王朝。他征服叙利亚、击败盘踞在巴勒斯坦的十字军，成了中东实力最强大的统治者。

1192 年 英格兰国王理查一世与萨拉丁签订《拉姆拉条约》

1199 年

1180—1185 年 源氏与平氏两大武士家族之间爆发源平合战

1185 年 彼得和阿森发动反抗拜占庭帝国统治的**起义**，建立保加利亚第二帝国

1192 年
镰仓幕府建立

自 1160 年起，平氏就一直把持着日本的朝政。源氏发起叛乱，取得源平合战的胜利，推翻了平氏的统治。1192 年，源氏的首领源赖朝在京都以北的镰仓建立镰仓幕府。源赖朝向日本的各个令制国派遣幕府官员，以此确保镰仓幕府能够代代统治日本，而源氏的统治也的确持续到了 14 世纪才宣告终结。

△ **源赖朝像**

1206 年
成吉思汗建立蒙古帝国

13世纪初，一个名叫铁木真的战士统一了生活在亚洲草原上的蒙古、鞑靼诸部。他自称"成吉思汗"（意为"拥有四海的强大者"），命令麾下的草原骑兵进行对外征服扩张。他们所到之处，敌人无不望风披靡。到了他去世的时候，蒙古人已经建立起了一个东起太平洋、西至里海的庞大帝国。

▷《史集》中描绘**成吉思汗领兵作战**的细密画（1430年前后）

1206年 库特布丁·艾伊拜克在印度北部建立**德里苏丹国**

1200 年

1209年 教皇宣布对法国南部的阿尔比派异端发动**十字军"圣战"**

1204 年
君士坦丁堡遭到洗劫

教皇英诺森三世发起的第四次十字军运动陷入混乱，变成了一场雇佣兵抢夺战利品的肮脏战争。十字军没有前往埃及与穆斯林作战，反倒把矛头指向信奉基督教的拜占庭帝国，把帝都君士坦丁堡洗劫一空。拜占庭帝国虽然得以复国，却没能收复全部失地，也无法恢复之前强大的财政实力。

△ 展示第四次十字军运动场景的**马赛克拼花地板**

1209 年
圣方济各创建方济各会

意大利人阿西西的方济各出身商人家庭，在经历了一系列宗教启示后放弃财富，过上了清贫生活。1209年，他获得教皇英诺森三世的授权，建立修会，规定修会的成员应当云游四海，一边化缘，一边传道。在中世纪天主教会沉迷于财富、腐败严重的大背景下，方济各会被视为一股清流，发展十分迅速。

△ 桑德罗·波提切利创作的《阿西西的圣方济各与天使》（1475年前后）

1215 年

《大宪章》

《大宪章》是人权史上的一座里程碑，是英格兰王国实力强大的贵族阶层反抗在位的国王约翰取胜后获得的成果。贵族阶层迫使约翰签署《大宪章》，承诺国王既不得任意囚禁臣民，也不可以在未征得臣民同意的情况下征收税款。在之后的历史中，《大宪章》就好似压舱石，成为所有英格兰法律都必须参考的标准。

△《大宪章》（1300 年版）

1218 年

高棉帝国的统治者阇耶跋摩七世驾崩

柬埔寨高棉帝国在 9 世纪时建国，在 15 世纪时灭亡，其间阇耶跋摩七世被认为是帝国最伟大的统治者。他对外击败了邻国占城王国，对内把大乘佛教奉为国教，下令在首都吴哥城修建巴戎寺。

◁ 阇耶跋摩七世的青铜头像

1212 年 西班牙的基督徒在拉斯纳瓦斯·德·托洛萨战役中击败信奉伊斯兰教的穆瓦希德王朝

1234 年 蒙古人征服中国北方，消灭金朝

1235 年 松迪亚塔·凯塔在西非建立**马里帝国**

1239年

1221 年

日本爆发承久之乱

1185 年，镰仓幕府成立后，武家政权掌握实权，天皇沦为傀儡。1221 年，想要重树皇权的后鸟羽上皇起兵讨伐大权独揽的镰仓幕府执权北条义时。北条氏当机立断，派大军攻陷京都，把后鸟羽上皇的支持者一网打尽。后鸟羽上皇被流放到了日本西部孤悬海外的隐岐岛。

△ 歌川国芳创作的《后鸟羽上皇铸剑图》（1840 年前后）

"他们横扫整座城市……好似狼入羊群。"

14世纪时，波斯史家瓦撒夫对蒙古人洗劫巴格达的描述

1258年
蒙古人洗劫巴格达

自公元750年起，首都位于巴格达的阿拔斯王朝就一直是伊斯兰世界的领袖。1258年，伊儿汗国的建立者旭烈兀在击败阿拔斯王朝的军队后包围巴格达，只用了很短的时间就攻陷了城池。蒙古人残忍无情，不仅处死了阿拔斯王朝的哈里发，还屠杀了巴格达城内的所有居民。

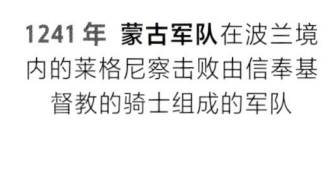

1240年

1241年 蒙古军队在波兰境内的莱格尼察击败由信奉基督教的骑士组成的军队

1244年 道元禅师创立日本的首座曹洞宗寺庙——永平寺

1242年
冰湖战役

1242年4月，俄罗斯的民族英雄亚历山大·涅夫斯基率领诺夫哥罗德大公国的军队在楚德湖冰封的湖面上与普鲁士的条顿骑士团交战。经过激烈的战斗后，骑士团被迫撤退，许多身着沉重铠甲的骑士踩破冰面，变成了水下冤魂。此战结束后，条顿骑士团彻底失去了征服俄国的希望。

▷ 位于俄国普斯科夫城的亚历山大·涅夫斯基像

△ 阿尔比十字军运动期间的米雷战役

1244年
阿尔比派异端遭到镇压

阿尔比派又称卡特里派，在法国南部拥有大量的追随者，属于非正统的基督教信仰。1209年，天主教会对阿尔比派发起十字军"圣战"。1244年3月，十字军攻陷了阿尔比派的最后一个要塞蒙塞居尔，总共有大约250个阿尔比派成员在城破后被处以火刑。

1265 年
托马斯·阿奎那编写《神学大全》

1265 年，中世纪最伟大的基督教思想家托马斯·阿奎那开始在罗马编写名著《神学大全》。他把古希腊的哲学思想与基督教信仰融合到一起，用理性的方式证明灵魂不灭以及上帝的存在。他的著作为现代西方哲学奠定了基础。

▷ 弗朗西斯科·特拉伊尼创作的《圣托马斯·阿奎那》（1363 年）

◁ 蒙古人围攻巴格达（14 世纪时的波斯绘画）

1250 年 第七次十字军运动期间，法国国王路易九世在埃及被穆斯林俘虏

1260 年 马穆鲁克王朝的统治者**拜巴尔**在艾因·贾鲁战役中击败入侵巴勒斯坦的蒙古人

1260 年 **忽必烈**成为可汗（大汗），也就是蒙古帝国的最高统治者

1269 年

1250 年
马穆鲁克王朝统治埃及

马穆鲁克是一个由奴隶士兵组成的武士阶层，效力于历史上统治埃及的多个苏丹王朝。1250 年，马穆鲁克阶层的将领在击败入侵埃及的十字军后夺取政权，占领首都开罗，推翻了阿尤布王朝。此后，马穆鲁克王朝开始了对埃及将近三个世纪的统治。

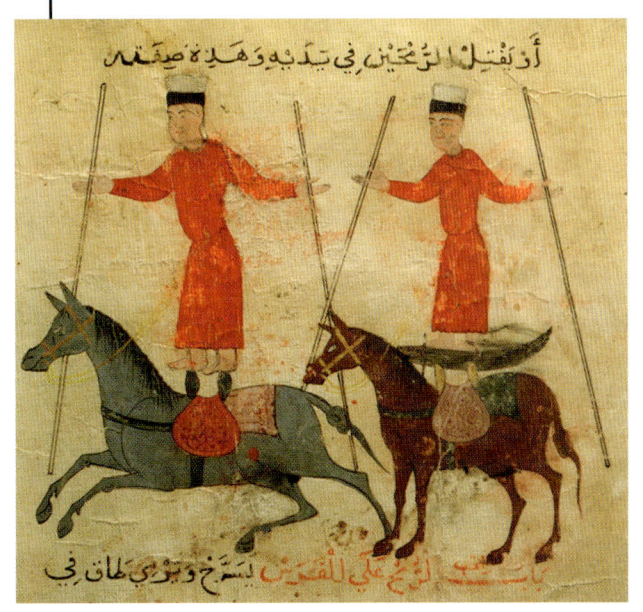

△ **马穆鲁克**骑兵

1215—1294 年
忽必烈

忽必烈是成吉思汗的孙子。1260 年，他成为蒙古帝国大汗，之后征服中原，于 1271 年定国号为元。在定都大都（今北京）后，他继续对外扩张，派兵远征日本及爪哇。

1270 年
圣路易驾崩

法国在路易九世的统治下进入了黄金时代，但路易领导的十字军运动却全是不折不扣的大灾难。1250 年，他入侵埃及，大败而归。20 年后，他又率兵攻打北非的哈夫斯王朝，结果在登陆突尼斯后患病去世。1297 年，他被册封为圣徒。

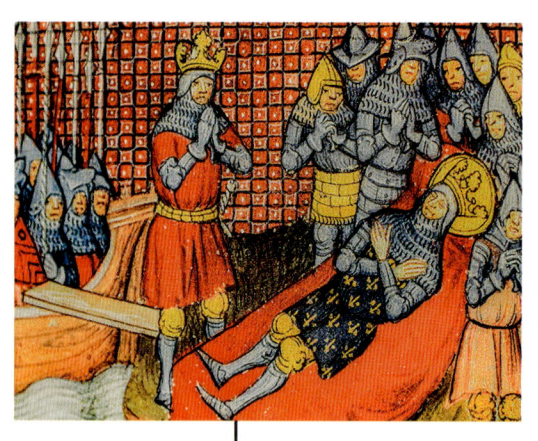

△ 路易九世之死

△ 蒙古弓骑兵

1279 年
南宋灭亡

1234 年时，蒙古人已经控制了中国的北方，但南宋却仍然统治着中国南方富庶的半壁江山。1260 年，忽必烈成为蒙古大汗，之后蒙古人在他的率领下继续进攻南宋，不仅派出了规模庞大的陆军，还建立了可以在河上作战的水军。经过数次规模庞大的战役后，元军于 1276 年攻陷南宋首都临安，最终在 1279 年的崖山海战中击败了南宋最后的抵抗力量，南宋的末代皇帝、年仅 7 岁的赵昺与丞相陆秀夫跳海殉国。至此，元朝统一了全中国。

1270 年 耶库诺·阿姆拉克建立所罗门王朝，其后代将一直统治埃塞俄比亚，直至 1974 年

1271 年 忽必烈称皇帝，定国号为元

1280 年
火药武器

自 11 世纪起，甚至是在更早的时候，中国人就开始在战争中使用火药。结构简单的炸弹、爆竹渐渐地演变成了火焰喷射器，以及能够发射投射物的管状火器。火枪很有可能是在 13 世纪后期南宋与蒙古人的战争中首次被大规模投入使用。当时的火枪实际上是使用金属枪管的手铳，虽然原始，却十分有效。仅仅过了半个世纪的时间，模仿中国手铳的火器就出现在了欧洲的战场上。

△ 元朝的手铳

1299 年前后

《马可·波罗游记》成书

出身威尼斯商人家庭的马可·波罗随父亲沿着丝绸之路前往中国,受到忽必烈的接见,之后在中国逗留了 17 年,其间走遍了中国的山川大河。13 世纪 90 年代,他返回威尼斯,结果在战争中被热那亚人俘虏。他在狱中向狱友口述了自己的旅行见闻,而狱友则把他的叙述编写成书,出版了影响力巨大的《马可·波罗游记》。

◁ 马可·波罗离开威尼斯

> "我在书中提到的事情连我所见所闻的一半都不到。"
>
> 马可·波罗的临终遗言(1324 年)

1299 年

- **1282 年** 哈布斯堡家族成为奥地利的统治者
- **1290 年** 阿富汗的卡尔吉王朝夺取德里苏丹国的政权
- **1291 年** 马穆鲁克王朝攻占了**最后一个十字军据点阿卡**

1281 年

日本击退蒙古入侵

占领中国和朝鲜后,忽必烈想要把日本也并入帝国的版图。1274 年,他派兵对日本进行了试探性的进攻,之后又在 1281 年对日本发起全面入侵。两支蒙古舰队分别从朝鲜和中国的江南出发,总兵力很有可能达到了 15 万人。日本武士奋力抵抗先头登陆部队,导致蒙古人只能在离岸的岛屿上登陆。接下来,蒙古舰队遭到台风——这场台风成了日本人口中所谓的"神风"——袭击,被吹得七零八落,损失惨重。此后,蒙古人再也没有出兵征服日本。

◁ 描绘**蒙古入侵**的日本绘卷(1300 年前后)

◁ 乔托为帕多瓦竞技场礼拜堂绘制的湿壁画

1306—1309 年
乔托引领艺术进入新时代

14 世纪初，意大利艺术家乔托·迪·邦多内完成代表作——帕多瓦竞技场礼拜堂（又名斯克罗威尼礼拜堂）的湿壁画。壁画描述了圣母马利亚和耶稣的故事，画面充满情感，人物的动作、表情全都十分真实，对当时大行其道却十分呆板的拜占庭艺术传统形成了巨大冲击。现如今，学界在回顾历史的时候，会把乔托的作品视为意大利文艺复兴的开山之作。

> "愿那些无端指责我们的人立即遭到报应：上帝会为我们报仇的。"
>
> 1314 年，圣殿骑士团的大团长雅克·德·莫莱在临刑前说的话

1300 年

1302 年 佛兰德步兵在**科特赖克**大胜法国骑士

1309 年 在阿维尼翁教廷时期，教皇克雷芒五世受制于法国，被迫把圣座从罗马迁到了阿维尼翁

1314 年 圣殿骑士团覆灭，大团长雅克·德·莫莱被法国国王腓力四世处死

1314 年
但丁创作《神曲》

意大利诗人但丁·阿利吉耶里卷入政治斗争，被迫离开故乡佛罗伦萨，开始流亡生活，之后很有可能在 1314 年的时候开始创作巨著《神曲》。但丁做出了一个重要的决定——他背离中世纪时期的传统，在创作时放弃拉丁语，转而使用意大利语。史诗《神曲》共计 14 233 行，讲述了主人公游历地狱、炼狱、天堂的过程。《神曲》被誉为西方文学最伟大的著作之一，在但丁去世前一年，也就是 1320 年时完成创作。

▷ 多梅尼科·迪·米切利诺创作的《但丁与三重世界》（1465 年）

1274—1329 年
罗伯特·布鲁斯

罗伯特是令人望而生畏的战士，于 1306 年成为苏格兰国王。1314 年，他击败英格兰国王爱德华二世，之后更是率兵袭扰英格兰，最终确立了苏格兰王国作为独立国家的地位。

1324 年
曼萨·穆萨踏上朝觐之旅

1324 年，西非马里帝国的统治者曼萨·穆萨踏上朝觐之旅，前往圣城麦加。他在抵达当时伊斯兰世界最大的城市麦加后引起轰动。他的随从服饰华丽，他携带的黄金数量庞大——从来没有人见识过如此巨大的财富。结束朝觐返回马里后，穆萨开始在以廷巴克图、加奥为首的城市修建清真寺、大学、图书馆，令马里帝国成了伊斯兰世界的重要宗教及学术中心。

▽《加泰罗尼亚地图集》中对**曼萨·穆萨**的描绘

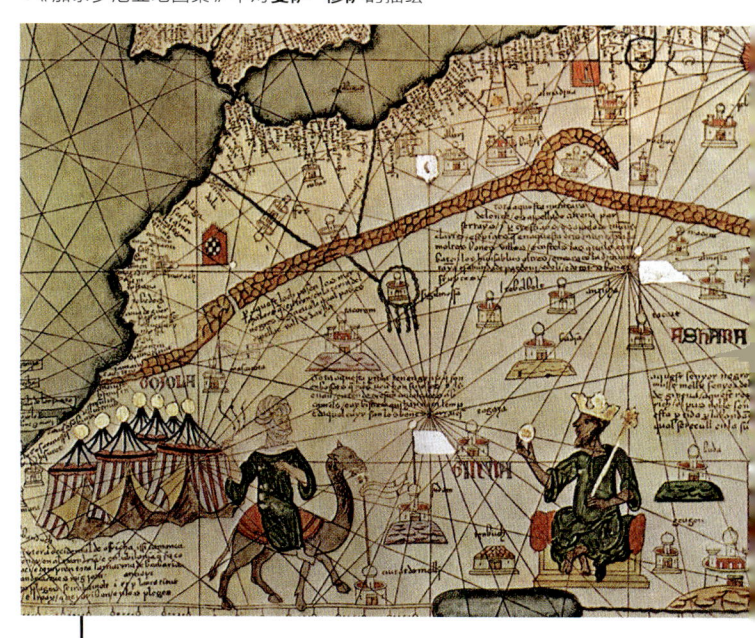

1314 年 罗伯特·布鲁斯率领苏格兰人在班诺克本击败英格兰

1324 年 奥斯曼帝国的创建者**奥斯曼**去世

1329 年

▷ 毛利人用鲸牙制作的 V 形线条吊坠

1320 年前后
毛利人开始在新西兰定居

虽然具体的日期永远也无法确定下来，但第一批大规模的波利尼西亚人移民很有可能在 1320 年前后抵达之前一直都无人居住的新西兰，并在那里定居下来，成了现代的毛利人。学界认为，毛利人乘坐独木舟从社会群岛出发，横穿南太平洋，航行了差不多 4 000 千米，才终于抵达目的地。安家落户后，毛利人发展出了独特的文化和社会制度，几乎不受外界影响，直到 19 世纪时才结束了与世隔绝的生活。

▷ 墨西哥画家迭戈·里维拉描绘的**特诺奇蒂特兰**

1325 年
阿兹特克人建立特诺奇蒂特兰

1325 年，四处游荡的阿兹特克人（或称墨西加人）在特斯科科湖中的一个遍地沼泽的岛上（现位于墨西哥城地下）定居。他们之所以会在这样的地点建立城市，是因为有预言宣称，他们应当在老鹰停歇在仙人掌上的地方定居。此后，特诺奇蒂特兰不仅发展成了中部美洲最大的城市，还成了强大的阿兹特克帝国的首都。

1337 年
百年战争开始

1337 年，英格兰国王爱德华三世宣称自己拥有对法国王位的继承权，结果引发了一场打打停停、总共持续了 116 年的战争。英格兰人率先发动进攻，先是在 1340 年的斯勒伊斯海战中取得胜利，之后又在 1346 年的克雷西会战中击败法军。法国骑士根本就不是英格兰长弓手的对手，直到 1364 年，法国人才终于开始在查理五世的率领下反败为胜。

△ 纪念斯勒伊斯海战胜利的**英格兰金币**

△ 1346 年发生在法国境内的**克雷西会战**

◁ 足利尊氏的头盔

1338 年
足利幕府建立

1185 年，镰仓幕府建立后，天皇变成了没有实权的傀儡。1333 年，后醍醐天皇发出呼吁，提出天皇应当重新掌权。足利尊氏帮助后醍醐天皇推翻了镰仓幕府，但之后很快就对天皇失望至极。1338 年，他夺取权力，建立足利幕府，开始了对日本长达两个世纪之久的统治。

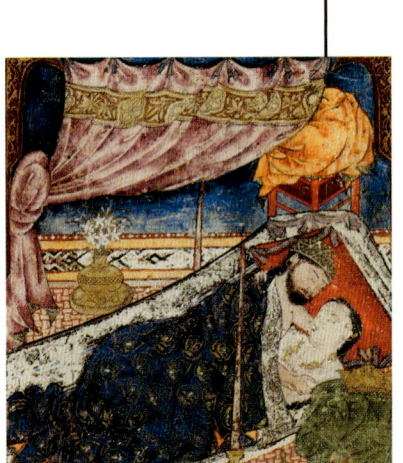

1330 年

1347 年 克里米亚半岛成为西方世界首先出现**黑死病**病例的地区

△《列王纪》中的细密画

1335 年
波斯文化最美丽的图书

14 世纪 30 年代，插画本《列王纪》在大不里士完成制作，成为波斯细密画制作技术的最高成就之一。这一版本的《列王纪》由伊儿汗国的蒙古统治者下令制作，现名为"大蒙古版《列王纪》"。

1354 年
伊本·白图泰开始撰写游记

出生在摩洛哥城市丹吉尔的穆斯林学者伊本·白图泰是个不知疲倦的旅行家。他用了 30 年的时间周游世界，从东非到苏门答腊岛，从斯里兰卡到撒马尔罕，从耶路撒冷到元大都（今北京），全都留下了他的足迹。1354 年，他返回故乡摩洛哥，把自己在旅途中的所见所闻撰写成了一本著名的游记。

◁ 伊本·白图泰来到波斯城市大不里士

在 30 年间，伊本·白图泰总共旅行了 11.7 万千米

1351 年 中国爆发**红巾军起义**，起义农民开始以游击战的方式反抗元朝的统治

1355 年 波希米亚国王**查理四世**加冕成为神圣罗马帝国皇帝

1356 年 英格兰取得**普瓦捷会战**的胜利，再次在百年战争中击败法国

1356 年 红巾军攻陷**集庆**（今南京）

1358 年 法国的**扎克雷农民起义**遭到贵族的残酷镇压

1359 年

1336 年
毗奢耶那伽罗帝国

1336 年，哈里哈拉一世在印度南部的德干高原建立了一个独立的帝国。帝国定都毗奢耶那伽罗城（"胜利之城"），总共延续了两个多世纪的时间，其间靠着商业活动——包括与地中海沿岸地区的长距离国际贸易——变得国力强盛。1500 年前后，毗奢耶那伽罗城已经成为印度最大的城市之一，城内的宫殿和印度教寺庙个个都是建筑杰作。

◁ 毗奢耶那伽罗古城遗址内的**维鲁巴克沙神庙**

1346—1351年
黑死病

1346年，金帐汗国可汗率军围攻热那亚共和国位于克里米亚半岛的贸易城市卡法，当时，军中暴发腺鼠疫，引发了一场名为黑死病的大瘟疫。虽然蒙古人撤围收兵，但卡法城的疫情却并没有平息下来。此后，热那亚的商船成了疫情传播的媒介，很快就把疫情传播到地中海沿岸地区，叙利亚、埃及、意大利和法国南部陆续变成了疫区。

欧洲的城市发展迅速、人口密集，尤其容易受到黑死病的侵袭。黑死病既可以通过黑鼠身上的跳蚤传播，又可以以空气为媒介发生人际传播，它于1348年传入英格兰，之后又在1350年时传入波罗的海沿岸地区。黑死病的死亡率高得吓人，也许有80%的染病者因病死亡。许多村庄都因为疫情而不复存在，在那些受疫情影响最严重的地区，人口数量的下降幅度甚至能够高达四分之三。到了1351年疫情平息下来的时候，欧洲也许有大约2 500万人因疫死亡，这个数字相当于当时欧洲总人口的三分之一。

黑死病席卷欧亚大陆，1353年时在中国导致数百万人死亡。14世纪六七十年代，黑死病在欧洲死灰复燃，在第一次大流行期间幸免于难的地区受到了尤其沉重的打击。据估计，1400年时，英格兰的人口已经下降到了疫情暴发前的一半，而欧洲的总人口则更是到了15世纪末的时候才恢复到了疫情前的水平。

关键时刻

14世纪初 丝绸之路
中亚的地方病腺鼠疫沿着连接中国与欧洲的丝绸之路（见左图）传播。15世纪时，贸易的衰落导致黑死病的传播强度开始减弱。

1349—1351年 屠杀犹太人
面对黑死病造成的大规模人口死亡，德意志诸国及欧洲其他地区的基督徒宣称，犹太人在水井里下毒，是引发瘟疫的罪魁祸首。他们以此为理由，屠杀了数以千计的犹太人。在以斯特拉斯堡、科隆、法兰克福为代表的城市，犹太社区被连根拔起，犹太人无一幸免（见左图）。

1358年 扎克雷农民起义
黑死病对社会结构造成了广泛的冲击，在欧洲引发了长达数年的动乱。疫情刚刚结束，法国就爆发了扎克雷农民起义（见左图），造成严重的生命及财产损失，最终，起义遭到血腥镇压。

黑死病 | 115

黑死病大流行期间，**乱葬岗**在欧洲变得十分常见——本页背景图描述的就是 1349 年时，图尔奈城的居民在乱葬岗埋葬病死者的景象。黑死病最明显的症状为，出现在脖子、腹股沟、腋窝等部位的淋巴结肿大。古人既不了解黑死病的起因，也没有任何可以预防及治疗疫病的手段。

1374 年
能乐兴起

日本的能乐是世界上最古老的传统戏剧之一，在能乐演员观阿弥清次及其子世阿弥元清为日本的统治者、幕府将军足利义满表演后受到追捧。世阿弥在成为朝中宠臣后创作了许多能剧，为现代的能乐奠定了基础。能乐巧妙地把台词、音乐、动作融合到一起，由头戴面具的演员表演，在日本的独特文化中占据着核心地位。

▷ 能面三日月（代表男性神祇）

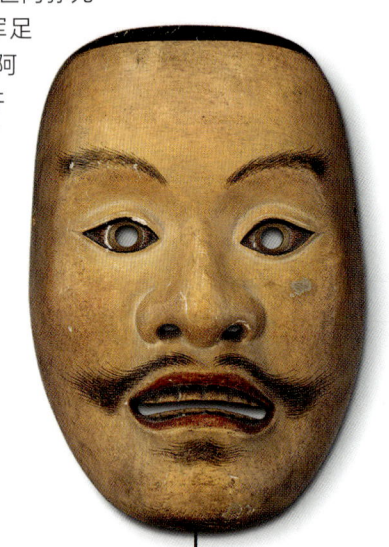

◁ 法国阿维尼翁的教皇宫

1360 年

1380 年 莫斯科大公德米特里在**库里科沃**击败马麦率领的金帐汗国部队

◁ 明朝的钱币

1368 年
明朝建立

14 世纪 50 年代，出身贫苦农民家庭的朱元璋成了抗元起义军的领袖。1368 年，朱元璋称帝，定年号为洪武，随后占领元朝的首都大都。他推翻元朝的统治，恢复了中国的儒家传统，同时加强政府的中央集权，用铁血手段树立起皇帝的权威。他建立的明朝持续了将近 300 年的时间。

◁ 明朝的开国之君**洪武皇帝**画像

1387年
乔叟的《坎特伯雷故事集》

英格兰诗人杰弗里·乔叟是爱德华三世、理查二世在位时期的廷臣、外交官、官员。他最著名的著作《坎特伯雷故事集》借前往坎特伯雷大教堂托马斯·贝克特圣祠的朝圣者之口，讲述了一系列的故事。该书是英语文学的奠基之作，把当时丰富多彩的社会群像展现在了读者的眼前。乔叟于14世纪80年代开始编写《坎特伯雷故事集》，直到1400年，也就是他去世的时候也没能完成全部创作工作。

△ 乔叟创作的《坎特伯雷故事集》的埃尔斯米尔手抄本

1378年
天主教会大分裂

自1309年起，教皇就一直受制于法国国王，被迫把圣座迁往阿维尼翁。1378年，罗马人提出要求，认为圣座应当按照传统，回归罗马。乌尔班六世在罗马当选教皇，与阿维尼翁的教皇克雷芒七世分庭抗礼。1409年，比萨大公会议又选出第三个教皇，形成了教廷三足鼎立的局面。天主教会大分裂严重地削弱了教皇的权威，直到1417年才终于宣告结束。

1383年 波兰和立陶宛结成由瓦迪斯瓦夫二世·雅盖沃统治的共主邦联

1385年 葡萄牙在阿尔茹巴罗塔击败卡斯蒂利亚，确立了**阿维什王朝**的独立地位

1381年 瓦特·泰勒领导的**英格兰农民起义**在伦敦遭到镇压

1389年 塞尔维亚人和波斯尼亚人组成的联军在**第一次科索沃战役**中与奥斯曼帝国的军队交战

1389年

帖木儿的对外征服扩张也许造成了1700万人死亡

1336—1405年
节节胜利的帖木儿

"跛子"帖木儿出生在撒马尔罕，是突厥化的蒙古贵族。他征服了东起印度、西至安纳托利亚的土地，建立了帖木儿帝国。

1387年 帖木儿**在波斯及亚美尼亚作战**，其间洗劫了伊斯法罕城，据传城内共有7万名居民成了刀下鬼。

1395年 帖木儿在帖列克河战役中**击败宿敌脱脱迷失**，金帐汗国（见上图展示的头盔）从此一蹶不振。

1398年 帖木儿入侵印度，击败德里苏丹，洗劫德里城，把战利品运回了撒马尔罕。

1402年 帖木儿西征，在安卡拉克敌制胜，狠狠地**羞辱了奥斯曼帝国**——他俘虏了奥斯曼帝国的苏丹巴耶塞特一世，把他关进了牢笼。

1392年
朝鲜王朝统治朝鲜半岛

1388年,朝鲜半岛的统治者高丽禑王命令手下的将领李成桂攻打明朝,但李成桂却认为与明朝作战是自取灭亡,于是便起兵造反,夺取政权。四年后,李成桂称王,建立统治朝鲜半岛500余年的朝鲜王朝。

△ **朝鲜王朝**时期的漆盒

▷ 扬·马泰伊科创作的《格林瓦尔德之战》

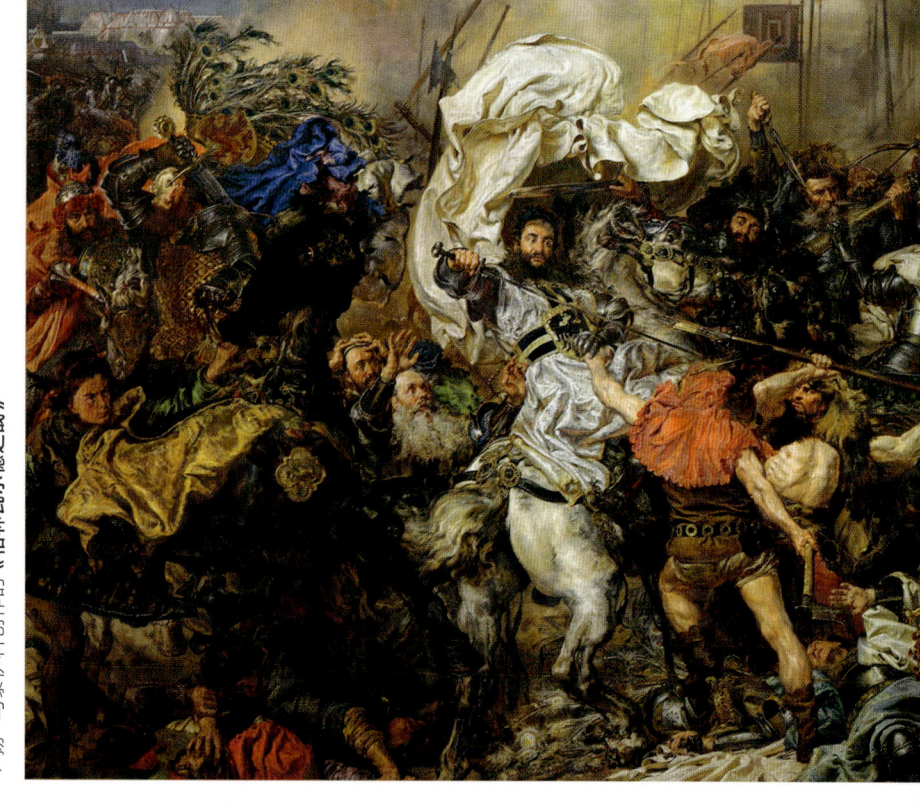

1390年

1396年 奥斯曼帝国取得**尼科波利斯战役**的胜利,来自欧洲的十字军骑士伤亡惨重

1402年 **朱棣称帝**,定年号为永乐,他被认为是明朝的再造者

1408年 朱棣下令编修的《**永乐大典**》成书,全书共计11 095册

1405年,郑和率领一支由317艘船组成、总人数为2.78万人的舰队第一次下西洋

1405年
郑和下西洋

1403年,永乐帝下令建造舰队,想要扬帆远航,在东南亚和印度洋扬大明国威。自1405年起,到1432年为止,三保太监郑和率领这支由"宝船"组成的舰队总共七次下西洋,最远抵达非洲东岸和红海海口,沿途收集了包括珍兽在内的各类财宝。

▷ 郑和船队带回的**长颈鹿**

1410 年
条顿骑士团在格林瓦尔德遭受重创

波兰、立陶宛联军在格林瓦尔德战役（又称坦能堡战役）中击败由大团长乌尔里希·冯·容宁根率领的普鲁士条顿骑士团，取得决定性胜利。条顿骑士团是一个志在传播基督教信仰的军事修会，此前已经在东欧进行了长达两个世纪的对外征服扩张。在格林瓦尔德遭遇决定性失败后，条顿骑士团江河日下，再也没能恢复元气。

1386—1422 年
亨利五世

亨利五世于 1413 年继位成为英格兰国王，之后在争夺法国王位继承权的战争中连战连捷。1420 年，他对法国王位的继承权获得承认，但之后却突然离世，没能成为法国国王。

1417 年 教皇马丁五世结束天主教会大分裂，**圣座回归罗马**

1419 年 法国人刺杀勃艮第公爵"无畏的"约翰

1415 年
阿金库尔战役

1415 年 8 月，英格兰国王亨利五世入侵法国，想要把自己对法国王位的主张变成现实。他率军围攻阿夫勒尔，虽然获胜，却损兵折将，只得向英格兰位于欧洲大陆的飞地加来撤退。10 月 25 日，英军在阿金库尔被一支兵力占据绝对优势的法军挡住了去路。在接下来的战斗中，英格兰的骑士和长弓手以少胜多，大批法国贵族战死沙场。

▷ 亨利五世的宝剑

1415 年
扬·胡斯被处以火刑

波希米亚（位于现在的捷克共和国）的宗教改革运动领袖胡斯声讨腐化堕落的教廷及天主教神职人员。康斯坦茨大公会议宣布他犯有异端罪，把他送上了火刑柱。在之后的 20 年间，他在捷克境内的支持者组成"胡斯派"，击败了奉教廷的命令前来镇压的十字军。

◁ 扬·胡斯被处以火刑

约1400—1600年
文艺复兴

15、16世纪期间，艺术和新的理念在意大利的各个城邦百花齐放，令意大利成为重要的文化中心。这一运动被称作文艺复兴，原因是其核心理念为，以重见天日的古希腊、古罗马的思想和文化为基础，实现知识的"重生"。

以佛罗伦萨、威尼斯、米兰为代表的意大利城邦依靠贸易、银行业、奢侈品制造业来积累财富，实现了繁荣富强，为文艺复兴提供了物质基础。这些城邦的精英统治阶层——比如佛罗伦萨的美第奇家族——出手阔绰，资助了许多学者、画家、雕塑家和建筑师。他们愿意支持各类创新，比如绘画领域的交点透视法，又比如非宗教题材的绘画作品，再比如展现人体美的裸体雕塑作品。虔诚的基督徒不断地向教廷敬献贡金，一代又一代的罗马教皇因此富得流油，这也成为另一个重要的资助来源。教皇尤里乌二世出资请米开朗琪罗在西斯廷礼拜堂的大厅天顶上绘制的壁画，也许是文艺复兴时期最伟大的艺术作品。尽管文艺复兴对某些基督教禁忌，比如禁止以解剖尸体的方式研究解剖学的禁令形成了挑战，但文艺复兴时期的思想家却仍然认为，古典时期的异教思想家提出的思想理念是基督教信仰的附属品。文艺复兴培育出的自由探索精神传遍欧洲，不仅催生出了反抗天主教的新教，还打开了现代科学的大门。

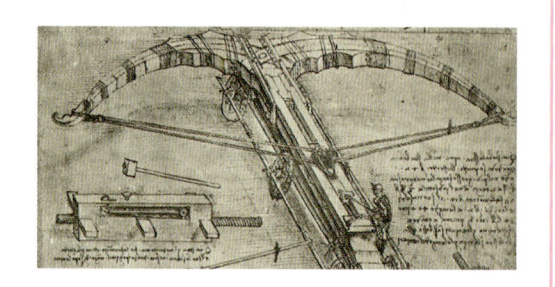

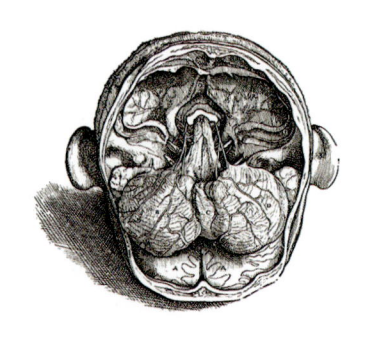

关键时刻

1485 年 《维纳斯的诞生》
《维纳斯的诞生》（见左图）由佛罗伦萨艺术家桑德罗·波提切利创作，是文艺复兴时期的艺术作品拥抱希腊及罗马神话题材的典型代表。艺术资助人不仅喜欢卖弄学问，沉迷于研究此类作品蕴含的寓意，还乐于欣赏一丝不挂的爱神那令人神魂颠倒的人体之美。

约 1487—1510 年 《达·芬奇笔记》
列奥纳多·达·芬奇是彻头彻尾的"文艺复兴之人"，同时也是灵感源源不断的画家、工程师、发明家和研究者。他主要在佛罗伦萨和米兰工作和生活，会用笔记本（见左图）记录观察结果和创新思想，比如飞行器和新式武器的设计图。

1543 年 《人体的构造》
佛兰德医生安德烈亚斯·维萨里出版《人体的构造》（见左图），在书中记录了他以解剖尸体的方式获得的研究成果。维萨里的研究工作大多是在帕多瓦大学完成的，令人类对人体构造的理解前进了一大步。

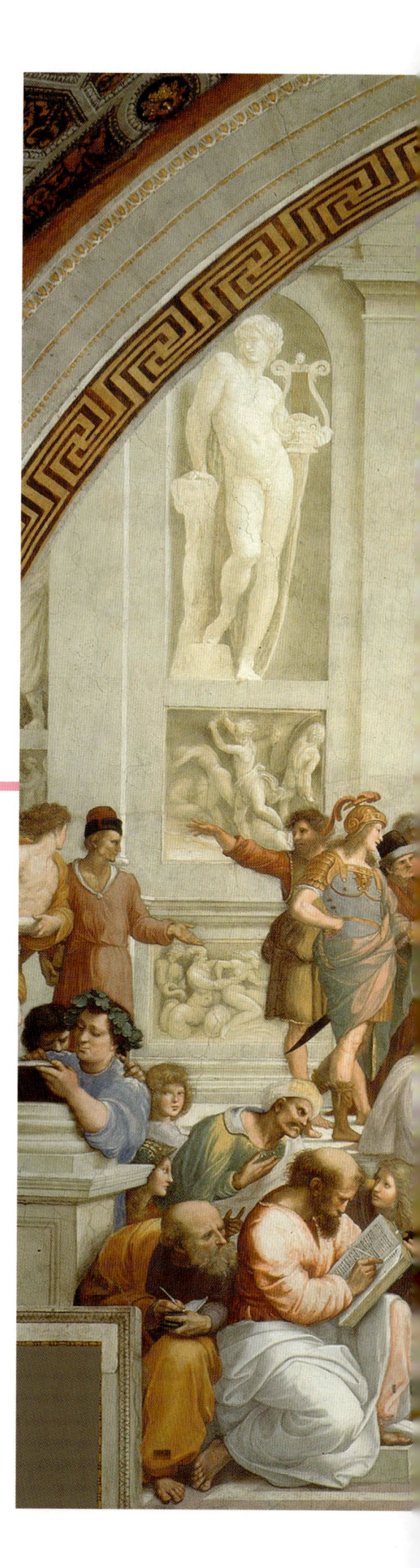

文艺复兴 | 121

1509—1511 年，**拉斐尔为梵蒂冈教皇宫创作了壁画《雅典学院》**。画作以柏拉图和亚里士多德为中心，登场人物包括为文艺复兴提供了灵感的那些古典时代最伟大的哲学家、数学家和科学家。

◁ **紫禁城**——明代的绘画作品

1420 年
紫禁城建成

永乐帝决定把明帝国的首都迁往北京，下令全面开展北京的重建工作。新首都的核心紫禁城既是一座令人叹为观止的宫殿，也是中央政府的驻地。总共有超过 10 万名的工匠以及不计其数的工人参加了紫禁城的修建工作。北京以紫禁城为中心，很快就发展成了全球最大的首都城市——据估算，到了 15 世纪 40 年代的时候，北京的居民人数已经达到了近 100 万。

> 紫禁城的修建工作使用了超过 1 亿块砖瓦

1422 年 南印度的**毗奢耶那伽罗帝国**在德瓦·拉亚二世的统治下国力走向巅峰

1428 年 越南人发动反抗明朝的叛乱，叛军领袖**黎利称帝**，建立后黎朝

1428 年 三个阿兹特克城邦建立**三国同盟**，成为墨西哥谷地的统治者

1420 年

1421 年 胡斯派起义者在**库特纳霍拉战役**中击败神圣罗马帝国

1427 年 葡萄牙航海家抵达位于大西洋中部的亚速尔群岛

1428 年 撒马尔罕的统治者**兀鲁伯修建天文台**

> "13 岁时，我听到了上帝的声音……"
>
> 1431 年 2 月，贞德在接受公审时给出的证言

◁ 纪念圣女贞德的彩色玻璃花窗（位于法国城市富热尔）

1429 年
奥尔良围城战

英格兰人围攻奥尔良，眼看就要取得百年战争的胜利。农家女贞德来到法军营地，宣称自己获得上帝的命令，将会率领法国人奋起反抗。法军士气大振，击退了围城的英军，一举扭转战局。1430 年，贞德被俘，她于 1431 年被敌人送上了火刑柱。

1438年
印加帝国建立

1438年，成为位于安第斯山脉秘鲁段的小国库斯科王国的国王后，帕查库特克·印卡·尤潘基开始对外征服扩张，为幅员辽阔的印加帝国打下了基础。15世纪50年代，帕查库特克下令修建王室疗养地马丘比丘，也就是那座我们现代人最为熟悉的印加遗迹。15世纪末时，印加帝国已经拥有了北起厄瓜多尔、南至智利的巨大版图。

◁ 印加帝国的"萨帕·印卡"（独一无二的君主）帕查库特克的雕像，位于秘鲁境内的马丘比丘附近

1434年
航海家王子

1434年，葡萄牙航海家吉尔·埃阿尼什穿越博哈多尔角，沿西非海岸南下，航程超过了之前所有的欧洲航海家的航程。对绰号为"航海家"、大力推进远洋探索航行从而开启了欧洲"地理大发现"时代的葡萄牙王子恩里克来说，这是一场重大胜利。

▷ 航海家恩里克画像

1434年 科西莫·德·美第奇成为佛罗伦萨的实际统治者

1436年
布鲁内莱斯基穹顶

1296年，佛罗伦萨城的居民开始修建宏伟壮丽的大教堂，但直到一个多世纪以后，大教堂的穹顶也一直都没能完工。1418年，建筑师菲利波·布鲁内莱斯基击败竞争对手，获得了主持大教堂封顶工作的机会。他展现出无与伦比的技术天赋，为大教堂设计出跨度为42米的六角形穹顶，整个设计没有用到任何外部扶壁来支撑穹顶的重量。穹顶于1436年完工，是意大利文艺复兴时期的早期建筑成就之一。

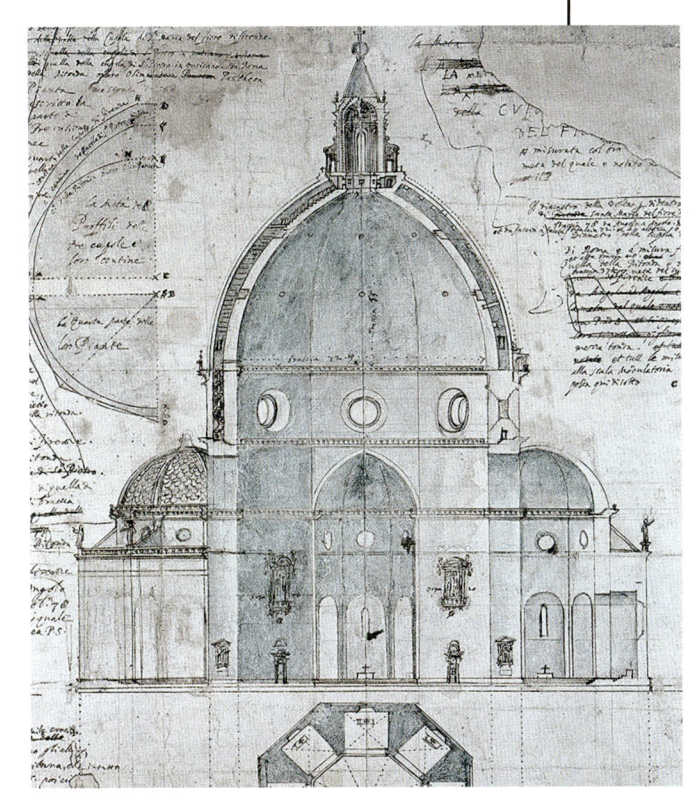

▷ 16世纪的**佛罗伦萨大教堂建筑结构图**

1389—1464年
科西莫·德·美第奇

科西莫出身于富可敌国的银行家家庭，是利用财富统治佛罗伦萨城邦长达30年的僭主。他大力资助艺术家、学者，令佛罗伦萨成了文艺复兴早期的文化中心。

1453 年
君士坦丁堡陷落

1453 年，基督教国家拜占庭帝国的首都君士坦丁堡被奥斯曼帝国攻陷。苏丹穆罕默德二世用重炮轰击城墙，突破了在之前的 1 000 年间抵挡了无数围城大军的君士坦丁堡城防。拜占庭帝国的末代皇帝君士坦丁十一世冲入敌阵，战死沙场，而君士坦丁堡城内信奉基督教的居民则遭到了屠杀。奥斯曼帝国的这场胜利同时也是伊斯兰教的胜利——从此往后，欧洲门户大开，将会进一步遭到奥斯曼帝国的入侵。

△ 苏丹穆罕默德二世麾下的士兵

1449 年 土木之变，明英宗战败，被蒙古瓦剌部的太师也先俘虏

1453 年 百年战争的最后一役**卡斯蒂永战役**打响，法军取得胜利

1440 年

1444 年 **葡萄牙奴隶贩子**从西非运来了第一批黑奴，在阿尔加维地区的城市拉古什出售

1432—1481 年
苏丹穆罕默德二世

穆罕默德二世率军消灭拜占庭帝国，把巴尔干半岛的大片土地并入奥斯曼帝国的版图。他是一位文化品位高雅的统治者，经常出资赞助文艺复兴时期的意大利艺术家。

▽ 贝宁王国制造的青铜牌饰

1440 年
贝宁崛起

西非的贝宁王国由埃多人建立，位于现在的尼日利亚南部。1440 年，埃瓦雷发动暴力政变、夺权成为奥巴（国王）后，贝宁王国开始扩张领土，成为一个版图相当可观的区域性帝国。在之后的 100 年间，当地的治炼匠人制造了许多精美的青铜牌饰，用来装饰贝宁王国的首都。

共有 48 本《谷登堡圣经》存世至今

△ 印刷在羊皮纸上的《谷登堡圣经》

1454 年
《谷登堡圣经》

1454 年，约翰内斯·谷登堡在德意志城市美因茨印刷的《圣经》是欧洲第一批使用金属活字技术印刷的图书。《谷登堡圣经》大获成功，在欧洲引发了一场文化革命。自 15 世纪 70 年代起，许多欧洲国家都出现了印刷厂，这极大地提升了图书的普及程度。印刷版图书传播了知识，读书写字不再是传统精英阶层的特权，这促使越来越多的人开始对现有权力者发起挑战。

1459年

1456 年 奥斯曼帝国想要征服匈牙利，却在围攻贝尔格莱德的时候被匈雅提·亚诺什率领的军队击退

△ 阿兹特克人祭

1454 年
阿兹特克人开始荣冠战争

蒙特祖马一世在位时，（由特诺奇蒂特兰、特拉科潘、特斯科科组成的）阿兹特克三国同盟开始进行"荣冠战争"，把矛头指向了附近的居民，比如特拉斯卡拉人、韦霍钦戈人和乔卢拉人。阿兹特克人发动战争的目的是，在展现自身英勇的同时，抓捕用于人祭的俘虏。此类以人祭为目的的战争把特拉斯卡拉人变成了与阿兹特克人不共戴天的死敌。

1455 年
玫瑰战争

使用红玫瑰纹章的兰开斯特家族与使用白玫瑰纹章的约克家族争夺英格兰王位，引发了一场持续时间长达 30 年的内战。1461 年，约克家族的爱德华四世取得陶顿战役的胜利，取代兰开斯特家族无法亲自理政的国王亨利六世，成为英格兰国王。1485 年，亨利七世击败理查三世，夺取王位，为兰开斯特家族赢得了玫瑰战争的最终胜利。

△ 亨利·佩恩在 1908 年创作的画作《红白玫瑰之争》

1468年
桑尼·阿里占领廷巴克图

15世纪时，西非的马里帝国走向衰落。桑海人的领袖桑尼·阿里抓住机会，占领了马里城市廷巴克图、杰内。到了1492年桑尼去世的时候，他创建的桑海帝国国土面积已经超过了马里帝国的最大版图。桑海帝国总共维持了一个世纪的时间。

1467年
日本进入战国时代

分别以山名宗全、细川胜元为首的势力围绕着将军继承人的人选问题发生争执，结果在首都京都引发战乱，史称应仁之乱。应仁之乱虽然持续时间不长，却严重地削弱了足利幕府的权力。中央的权力荡然无存，割据一方、名为大名的军阀相互攻伐，日本就此进入混乱不堪的内战时期。

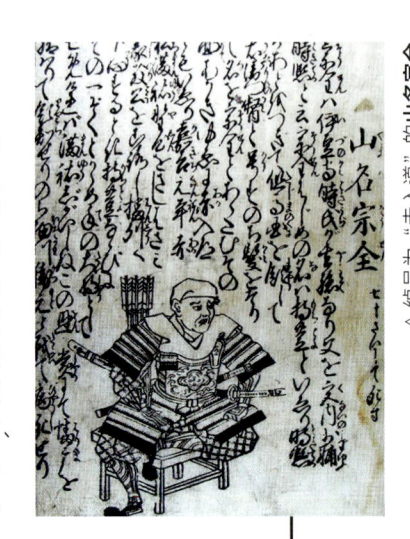

△ 绰号为"赤入道"的山名宗全

△ 桑海帝国的第二任统治者**阿斯基亚的泥砖陵墓**

1461年 法国诗人弗朗索瓦·维庸创作名著《大遗言集》

1471年 越占战争，位于越南南部的占城国的首都被大越攻陷

明长城总长超过 8 850 千米

1472年
明朝扩建长城

1449年，明军经历土木之变、大败于蒙古瓦剌部后，生活在边境线以北草原上的游牧民族给明朝造成了越来越严重的威胁，令明朝的统治者惴惴不安。1472年，明朝开始扩建位于西北方鄂尔多斯地区的古长城，以此来加强边防。鄂尔多斯长城大获成功，阻挡了游牧民族，促使明朝做出了继续开展长城扩建及修复工作的决定。

△ **明长城**局部图

1476年
伊凡大帝挑战金帐汗国的权威

自13世纪起，俄国的诸多王公就承认突厥化的蒙古人拥有宗主权。1476年，莫斯科大公伊凡三世拒绝继续向金帐汗国的阿黑麻汗纳贡。1480年，伊凡与阿黑麻汗在乌格拉河两岸隔河对峙，他迫使鞑靼人撤退，不仅确立了莫斯科大公国的独立地位，还进一步让自己成了所有俄国王公的领袖。伊凡为现代俄国奠定了基础，被尊为"伊凡大帝"。

△ 尼古拉·舒斯托夫创作的《伊凡三世撕毁鞑靼可汗的诏书》（1862年）

1476年 威廉·卡克斯顿在威斯敏斯特创办了**英格兰的第一家印刷厂**

1474年 文艺复兴时期的艺术家**曼特尼亚**利用错觉艺术为曼托瓦公爵宫的婚礼房创作湿壁画

1477年 瑞士长枪兵在**南锡战役**中阵斩勃艮第公爵查理

1479年

1479年
西班牙实现统一

1469年，阿拉贡王国的王位继承人斐迪南与卡斯蒂利亚王国的王位继承人伊莎贝拉成婚。1474年，二人共同继承卡斯蒂利亚王位，在事实上把阿拉贡、卡斯蒂利亚这两个同属于西班牙的王国合并成了一个强大而统一的西班牙。他们被称作"天主教双王"，利用宗教裁判制度无情地迫害非基督徒，在1492年的时候驱逐了国内所有的犹太人。他们击败信奉伊斯兰教的格拉纳达埃米尔国，实现了对西班牙全境的统治。

▷ 阿拉贡国王斐迪南二世与卡斯蒂利亚女王伊莎贝拉一世

△ 刻有斐迪南及伊莎贝拉头像的**西班牙钱币**

1480—1499年

1486 年
特诺奇蒂特兰的大神庙

1486 年，阿兹特克帝国的特拉托阿尼（君主）蒂索克去世，其弟阿维索特尔继位。次年，也就是 1487 年，阿维索特尔重新开放了位于帝国首都特诺奇蒂特兰的大神庙，在庆祝仪式上进行大规模的人祭，把祭品的心脏献祭给阿兹特克诸神。

◁ **阿兹特克帝国的祭石**
（约 1481—1486 年）

1492 年
克里斯托弗·哥伦布横渡大西洋

热那亚航海家克里斯托弗·哥伦布获得西班牙女王的支持，计划向西航行，寻找前往亚洲的航路。他指挥旗舰克拉克帆船"圣马利亚号"及其他两艘船在海上航行了将近六周的时间，最终抵达巴哈马群岛。到了 1504 年的时候，哥伦布又进行了另外三次横跨大西洋的航行，但他迟迟没有意识到，他抵达的那个大陆是一片欧洲人此前闻所未闻的土地。哥伦布的跨大西洋航行把美洲大陆和亚欧大陆永远地联系到了一起。

▷ 约翰·范德林创作的《**哥伦布登陆美洲**》（1842—1847 年）

1480年

1488 年 葡萄牙航海家巴尔托洛梅乌·迪亚士绕过好望角，进入印度洋

1485 年
都铎王朝建立

约克家族与兰开斯特家族双雄争霸的玫瑰战争接近尾声的时候，兰开斯特家族的成员亨利·都铎入侵英格兰，向约克家族的国王理查三世发起挑战。理查遭到怀疑，被认为谋杀了上一位国王，也就是年幼的爱德华五世，结果引发普遍的不满，给了亨利可乘之机，让他获得了广泛的支持。理查在博斯沃思原野战役中兵败身亡。亨利在夺取王位成为亨利七世后，迎娶约克家族的伊丽莎白，以此为手段巩固了都铎王朝的统治。

◁ **亨利七世**即位后签发的第一项议会法令

> "我现在渐渐地开始认为，这也许是一片未知的大陆。"
>
> 克里斯托弗·哥伦布在第三次跨大西洋航行期间留下的日志（1498 年）

1494 年 法国国王查理八世入侵意大利，引发了一场持续时间长达 65 年的战争（意大利战争）

1495 年 梅毒传入欧洲，导致驻扎在那不勒斯的法国军队中暴发瘟疫

1497 年 意大利航海家乔瓦尼·卡博托从布里斯托尔出发，开始探索北美洲的海岸

1499 年

1492 年
格拉纳达陷落

伊比利亚半岛上的最后一个伊斯兰国家格拉纳达埃米尔国在抵抗了西班牙的"天主教双王"长达 10 年的进攻后，于 1492 年 1 月开城投降。虽然投降协议书规定，穆斯林可以享受宗教宽容，但他们很快就受到压力，被迫皈依基督教。那些不愿改变宗教信仰的穆斯林全部被驱逐出境。

◁ 格拉纳达的阿尔汗布拉宫

1481—1520 年
葡萄牙的航海探索

若昂二世在位时（1481—1495），葡萄牙航海家踏上发现之旅，重新开始由航海家王子恩里克发起的远洋探索航行。

1488 年 巴尔托洛梅乌·迪亚士绕过位于非洲最南端的好望角，找到了通往印度的航路。

1497—1498 年 瓦斯科·达·伽马率舰队绕过非洲南端，在抵达印度后返航，完成了当时人类航程最长的远洋航行。

1500 年 佩德罗·卡布拉尔率领一支由 13 艘船组成的舰队在巴西东北部登陆，宣布巴西是葡萄牙的王室领地。

1519 年 费尔南多·麦哲伦率船队从西班牙出发，横渡大西洋和太平洋，抵达亚洲。整个船队仅有一艘船完成了这次环球航行。

1503年
文艺复兴教皇

1503—1513年在位的教皇尤里乌二世不仅老于世故，还经常亲自率领教皇国的士兵上战场。他不仅出资雇用以拉斐尔、米开朗琪罗为代表的文艺复兴艺术大家，请他们创作用来装饰梵蒂冈的美术作品，还计划修建一座全新的圣彼得大教堂。他大手大脚地资助艺术创作，资金来源全靠教廷大量出售"赎罪券"获得的收入。如此腐败的行为引发了宗教改革运动。

▷ **摩西像**，位于米开朗琪罗为教皇尤里乌二世修造的陵墓处

1517年
奥斯曼帝国攻陷开罗

塞利姆一世于1512年继位，到了1520年他去世的时候，奥斯曼帝国的版图几乎已经翻倍。1517年，他攻陷开罗，结束了马穆鲁克王朝对埃及及叙利亚的统治，让奥斯曼帝国获得了对伊斯兰世界核心地带（包括圣城麦加和麦地那）的控制权。这样的结果让塞利姆能够以哈里发——伊斯兰世界的领袖——自居。塞利姆阻止什叶派信仰的传播，不仅大肆屠杀什叶派，还与统治伊朗的萨非王朝刀兵相向。

△ **苏丹塞利姆一世的加冕仪式**

1513年 苏格兰国王詹姆斯四世在**弗洛登战役**中被英格兰军队击败，战死沙场

1510年 葡萄牙人在印度果阿建立永久基地

1517年 葡萄牙商人乘船抵达广州港

1501年
萨非王朝开始统治伊朗

萨非王朝起源于推崇神秘主义的苏非派，该派属于伊斯兰教的什叶派。1501年，沙阿（伊朗古代君主头衔，相当于"皇帝"）伊斯玛仪一世宣称自己对政治上四分五裂的伊朗拥有统治权，开始领兵作战，获得了对伊朗大片地区的控制权，最终于1510年在梅尔夫击败乌兹别克人的军队，取得了最后的胜利。伊斯玛仪建立的萨非帝国开始争夺伊斯兰世界的领导权，对信奉逊尼派的奥斯曼帝国形成了直接挑战。

◁ **梅尔夫战役**——伊斯法罕城的湿壁画

1517 年

路德发起宗教改革

教会大肆售卖赎罪券，德意志修士、神学家马丁·路德对此极为不满，发表《九十五条论纲》，批评了天主教的信仰和惯例。后世之人认为，《九十五条论纲》的发表是那场把信奉基督教的欧洲一分为二的宗教改革运动的发令枪。1521 年，路德被教皇逐出教门，神圣罗马帝国皇帝查理五世对教皇的这一决定表示了支持，但天主教当局镇压改革运动的企图却依旧徒劳无功。

△ **马丁·路德**张贴《九十五条论纲》

> "这就是我的立场，我只能这样做，上帝助我。"
>
> ——马丁·路德 1521 年时发表的演讲

1519 年 西班牙征服者
埃尔南·科尔特斯率领探险队前往墨西哥

1485—1547 年

埃尔南·科尔特斯

西班牙人科尔特斯是个野心勃勃的小贵族，他先是作为殖民者在古巴定居，之后又在 1519 年时率领一小支军队前往墨西哥。在墨西哥登陆后，他自作主张，征服了阿兹特克帝国。

1519 年

哈布斯堡王朝的成员当选神圣罗马帝国皇帝

1519 年，哈布斯堡王朝的查理五世当选神圣罗马帝国皇帝。在此之前，他已经是西班牙、奥地利、尼德兰以及大片意大利土地的统治者。手握如此大权的查理想要成为全欧洲所有基督教国家的领导者。然而，不仅新教徒因为反对他的天主教信仰而成了他称霸之路上的绊脚石，法国国王也站出来与他唱反调。在经过了 30 余年的战争后，查理终于放弃了统一全欧洲的计划。

▷ **查理五世**——莱昂内·莱昂尼创作的半身像

为了赢得选举、成为皇帝，查理五世支付了总额高达 85 万弗罗林的贿选金

1521 年
征服阿兹特克帝国

1519 年，西班牙指挥官埃尔南·科尔特斯在抵达墨西哥后向阿兹特克帝国的首都特诺奇蒂特兰进军。他的第一次进攻被阿兹特克人击退，损失惨重，但他很快就与阿兹特克帝国的敌人结成同盟，于 1521 年卷土重来，率兵包围了特诺奇蒂特兰。同年 8 月，阿兹特克人因为受到疾病的侵袭而无力抵抗，联军攻破了城池。帝国的统治者瓜特穆斯成了阶下囚，之后被西班牙人处死。

◁ 1520 年，**埃尔南·科尔特斯率军撤离**特诺奇蒂特兰

1520 年

1525 年 法国国王弗朗索瓦一世在**帕维亚战役**中吃了败仗，被神圣罗马帝国皇帝查理五世俘虏

1521 年 教廷宣布马丁·路德是异端，**新教与天主教的分裂**从此无可挽回

1526 年
莫卧儿帝国建立

信奉伊斯兰教的将领巴布尔是成吉思汗的后裔，他从阿富汗出兵，入侵印度，在 1526 年 4 月的帕尼帕特战役中击败了德里苏丹。到了 1530 年，也就是巴布尔去世的时候，他已经成为印度北方大部分土地的统治者，创建了莫卧儿帝国。在他的后代的统治下，印度进入了和平稳定、文化繁荣发展的黄金时代。

▷ **巴布尔**的朝堂

△ 苏莱曼一世在位时奥斯曼帝国的廷臣佩带的**宝剑**

▽ 汉斯·荷尔拜因为**亨利八世**创作的肖像画

1526 年
奥斯曼帝国入侵欧洲

1520 年，苏莱曼一世成为奥斯曼帝国的苏丹，之后他开始频繁用兵，多次入侵信奉基督教的欧洲。1526 年，他率军进入欧洲，在摩哈赤大败匈牙利人，开始对奥地利的边境线造成威胁。三年后，他派兵围攻奥地利首都维也纳。维也纳抵挡住了奥斯曼帝国的进攻，关闭了伊斯兰教向欧洲传播的大门。

1534 年
亨利八世与罗马教廷决裂

由于教皇克雷芒七世拒绝废除英格兰国王亨利八世与阿拉贡的凯瑟琳的婚姻关系，亨利勃然大怒，决定与教廷决裂，不再承认教皇的权威，宣布自己是英格兰教会的最高首领。在之后的数年间，他解散修道院，没收了原本属于教会的土地。以前任大法官托马斯·莫尔为首，许多坚决反对宗教改革的人都成了亨利的刀下鬼。

1527 年 信奉新教的**德意志士兵**洗劫圣城罗马

1533 年 印加帝国的统治者**阿塔瓦尔帕**成了西班牙征服者的阶下囚，被处以极刑

1534 年 依纳爵·罗耀拉创建旨在传播天主教信仰的**耶稣会**

1539 年

1534 年 布列塔尼的航海家**雅克·卡蒂埃**开始探索北美洲的圣劳伦斯河

> "我是苏丹中的苏丹，真主在世间的影子……"
>
> ——苏莱曼一世

1522—1791
中国的四大名著

印刷术的出现降低了书籍的生产成本，为小说在明朝开始流行创造了条件。最著名的小说当然是"四大名著"了。

1522 年《三国演义》由罗贯中创作，成书于 1400 年之前，最早的印刷版本在 1522 年时出现（见上图展示的印刷版插画）。

1589 年《水浒传》取材于北宋末年宋江起义的故事，情节生动，塑造了梁山好汉的形象，在 1589 年印刷出版后大受欢迎。

1592 年《西游记》由吴承恩创作，因为美猴王孙悟空（见上图）的冒险故事而脍炙人口。

1791 年《红楼梦》由清代文学家曹雪芹创作，以权贵家庭贾家的故事为切入点来描述社会百态。

1542年
欧洲人探索北美

埃尔南多·德·索托——他是西班牙军人，曾参加征服秘鲁印加帝国的战争——率领探险队前往现属于美国南部的地区开展探索活动。他从佛罗里达出发，穿过原住民居住区，在1541年时成了第一个抵达密西西比河的欧洲人。次年，他在密西西比河岸边去世。

▽ 埃尔南多·德·索托的雕像

1543年
哥白尼革命

波兰天文学家尼古拉·哥白尼在1543年出版的《天体运行论》一书中提出，地球和所有的行星都围绕太阳运转——地球并不是宇宙的中心。自16世纪末起，他的理论得到了天文学界的认可，却遭到了天主教会的抵制。

△ 哥白尼的日心说体系（1600年绘制的示意图）

1540年

1541年 米开朗琪罗完成梵蒂冈西斯廷礼拜堂天顶壁画的创作

1541年 传教士约翰·加尔文在日内瓦建立新教共和国，**加尔文主义**开始传播

1545年 天主教会的领袖在**特伦托大公会议**（1563年结束）上制订了反宗教改革计划

1543年
葡萄牙人对日本造成巨大影响

葡萄牙商人是第一批抵达日本的欧洲航海家。1543年，他们到访日本，受到日本人的热烈欢迎，原因是他们带来了中国生产的商品。明朝的皇帝禁止中国与日本直接进行贸易活动，结果把葡萄牙人变成了不可或缺的中间人。此外，葡萄牙人把火枪技术引入日本后，日本人很快就开始生产火枪，从而彻底改变了武士战争的规则。自1549年起，耶稣会的传教士抵达日本，把数以千计的日本人变成了基督徒。然而，在之后的历史中，日本的掌权者镇压了基督教。

▷《葡萄牙船只到港》——创作于1620年前后的日本屏风画

西班牙人在美洲开采银矿，在 200 年间总共开采了 4 万吨白银

▷ 西班牙的银质教堂礼器（16 世纪）

1545 年
南美洲的白银

1532 年，西班牙征服者占领了印加帝国。1545 年，他们在现位于玻利维亚境内的波托西发现了世界上储量最大的银矿。西班牙人使用残忍无情的手段强迫当地人开采银矿，西班牙王室因此获得了数不清的财富，而西班牙国王则利用雄厚的财力组建了一支称霸欧洲的军队。此外，西班牙人掠夺的白银还远渡太平洋，来到了明朝，被用来购买丝绸、瓷器等商品。

1553 年 明朝官员允许葡萄牙商人在澳门半岛南部居住

1559 年

1552 年 伊凡雷帝击败喀山汗国，俄国开始在西伯利亚扩张版图

1556 年
阿克巴大帝成为印度的统治者

阿克巴于 1556 年继位，一直统治到 1605 年去世，是莫卧儿帝国最伟大的皇帝。在他的统治下，莫卧儿帝国控制了南亚次大陆的大部分土地，版图相当于他继位前的三倍。阿克巴奉行宗教宽容政策，会主动向那些不信奉伊斯兰教的印度人伸出橄榄枝，设法让他们支持帝国的伊斯兰政权。他不仅为成分复杂的莫卧儿帝国建立了统一的行政机构，还利用税收带来的财富资助艺术家、建筑师和学者。

△ 阿克巴发行的金币

△ 阿克巴——摘自《沙贾汗图画集》（1630 年前后）

◁ **圣克鲁斯侯爵**在勒班陀海战中所乘战舰的船灯

1571 年
奥斯曼帝国海军折戟沉沙

由西班牙、威尼斯、热那亚等基督教国家组成的联盟派出舰队，在勒班陀海战中击败奥斯曼帝国。勒班陀海战发生在希腊的近海，是欧洲历史上最后一次把桨帆船当作主力舰船的海战。交战双方总共派出了大约 400 艘桨帆船，参战总兵力达到了 15 万人。

▷ 安德里斯·范·埃特维尔创作的《勒班陀海战》（1640 年）

1566 年 低地国家的**荷兰人发动**反抗西班牙国王腓力二世的**起义**

1572 年 **万历帝**继位，开始了对中国长达 48 年的统治

1560 年

1562 年 **法国宗教战争**爆发，交战双方分别是天主教势力和信奉新教的胡格诺派

1569 年 《**卢布林联合协议**》生效，波兰和立陶宛正式组成波兰－立陶宛联邦

1572 年
胡格诺派惨遭屠杀

法国的胡格诺派（新教徒）前往大多数居民是天主教徒的巴黎，准备庆祝胡格诺派成员纳瓦拉的亨利与法国国王查理九世之妹的婚礼。胡格诺派的领袖惨遭谋杀（这多半是查理九世的命令）后，天主教徒发起暴乱，开始屠杀新教徒。这起名为"圣巴托罗缪惨案"的事件是法国宗教战争（1562—1598 年）中最臭名昭著的一个篇章。

◁ 圣巴托罗缪惨案

据估计，法国宗教战争总共造成 300 万人死亡

1575 年
织田、德川联军取得长篠合战的胜利

织田信长建立霸权，迫使所有其他的大名（封建领主）俯首称臣，日本的战国时代就此进入尾声。1575 年，他指挥由织田家及德川家组成的联军，巧妙地部署兵力，利用装备了名为"铁炮"的原始火器的步兵，在长篠城外击败了武田家的军队。火器技术令日本战国时代的战争规则发生了翻天覆地的变化，而织田信长则利用这一变化扩张势力，在 1582 年，也就是他去世前，基本上统一了日本。

◁ 长篠合战

1576 年 因国王拖欠军饷而发动兵变的**西班牙士兵洗劫安特卫普**

1578 年 摩洛哥的统治者艾哈迈德·曼苏尔在**马哈赞河之战**中击败葡萄牙军队，葡萄牙国王在逃跑时淹死在了马哈赞河之中

1579 年

1572 年
印加帝国的末代皇帝

16 世纪 30 年代，西班牙征服印加帝国后，一部分印加人逃往秘鲁的边远山区，以比尔卡班巴为中心，建立了一个新的印加国家。1571 年，图帕克·阿马鲁继承皇位，成为萨帕·印卡。次年，西班牙人决定彻底消灭印加人的国家。他们派兵占领比尔卡班巴，对踏上逃亡之旅的图帕克·阿马鲁紧追不舍。西班牙人俘虏了图帕克·阿马鲁，把他押送到库斯科，于 1572 年 9 月将他斩首示众。

▷ 图帕克·阿马鲁像

约1560—1700 年
莫卧儿建筑

莫卧儿帝国自 1550 年起开始统治印度北部大部分地区，帝国皇帝挥金如土，修建了大量融合中亚、印度和波斯风格的精美建筑。

1565—1573 年 **阿格拉红堡**是一座用砖块和砂岩修建的巨大要塞城市，总共有 4 000 个工人参加了修建工作，历时八年完工。

1607—1620 年 **谢胡布尔的鹿塔**是贾汗吉尔皇帝下令修建的建筑群，目的是纪念他的宠物羚羊。

1632—1654 年 位于阿格拉的**泰姬陵**由沙贾汗皇帝下令修建——他最宠爱的妻子蒙塔兹·玛哈尔去世后，他伤心欲绝，想要以修建陵墓的方式来纪念亡妻。

1671—1673 年 位于拉合尔的**巴德夏希清真寺**由奥朗则布皇帝下令修建，因寺内精美的大理石雕刻而闻名于世。

1587年
阿拔斯沙阿成为伊朗的统治者

1587年，被后世尊称为"大帝"的阿拔斯一世成为波斯沙阿，萨非王朝就此进入黄金时代。他是铁血无情的战士，率军击败奥斯曼帝国和乌兹别克人，扩大了帝国的疆域。波斯艺术得到他的资助，开始繁荣发展。他迁都伊斯法罕，在城内修建了许多美轮美奂的建筑物。

▷ 伊斯法罕城内沙阿清真寺（现名伊玛目清真寺）的**天顶**

1580年

1582年 教皇格列高利十三世用更准确的**格列高利历**取代儒略历

1587年 英格兰女王伊丽莎白一世下令**处死信奉天主教的表侄女玛丽**

1580年 葡萄牙被西班牙国王腓力二世吞并，失去独立国家地位

1584年 罗阿诺克岛成为英格兰在北美建立的第一个（但同时也是十分短命的）殖民地

1588年
伊丽莎白击退无敌舰队

西班牙国王腓力二世打算命令驻扎在尼德兰的军队入侵英格兰。他派出一支由130艘战舰组成的无敌舰队，命其为横渡英吉利海峡的运兵船护航。英格兰女王伊丽莎白一世斗志昂扬，在她的鼓舞下，英格兰海军的将士采用袭扰战术，迫使无敌舰队向北海驶去。腓力被迫放弃了入侵计划。在环绕不列颠群岛返回西班牙的路上，无敌舰队遭遇恶劣天气，损失了许多舰船。

▷ **英格兰舰船**与西班牙的无敌舰队交战

1564—1616 年
威廉·莎士比亚

英格兰剧作家莎士比亚虽然在埃文河畔斯特拉特福出生，也在埃文河畔斯特拉特福去世，却始终在伦敦进行创作工作。自1589年起，到1613年为止，他总共创作了38部戏剧、154首十四行诗，成了享誉世界的大文豪。

1599 年
莎士比亚的戏剧登上环球剧场的舞台

环球剧场位于伦敦城内，紧邻泰晤士河，是莎士比亚所在的宫内大臣剧团的专用剧场。莎翁的《亨利五世》（1599年首演）可能是环球剧场上演的首部戏剧。伦敦的剧院既能满足文化精英的需求，也能为普通民众提供娱乐，是当时欣欣向荣、被誉为"英格兰文艺复兴"的文化舞台的中心。

△ 莎士比亚的环球剧场（截取自英国发行的邮票）

"整个世界都是舞台……"

莎士比亚所著的《皆大欢喜》（1599年左右）

1591 年 摩洛哥的军队于发生在北非的**通迪比战役**中击败桑海帝国

1599 年

△《南特敕令》（1598年）

1594 年
"好国王"亨利

1594年，法国宗教战争中胡格诺派的领袖纳瓦拉的亨利加冕成为法国国王亨利四世。他设法结束宗教冲突，一方面宣布自己皈依天主教，另一方面又签署《南特敕令》，规定胡格诺派享有宗教宽容。他心系人民福祉，被誉为"好国王"亨利，最终于1610年被天主教狂热分子刺杀。

1598 年
朝鲜击败侵略者

日本实际上的统治者丰臣秀吉接连两次派兵渡海入侵朝鲜。朝鲜海军将领李舜臣发挥海上作战天赋，为击败日军的入侵做出了很大的贡献。他率领由包括"龟船"——装备有火炮的铁甲船——在内的舰艇组成的舰队，与明朝援军协同作战，接连击败兵力占据优势的日本海军。1598年11月，李舜臣在露梁海战中中弹身亡，此战是万历朝鲜战争的最后一场决定性战斗，朝鲜在获胜后保住了独立国家的地位。

△ 海军将领李舜臣（铜像）

1600年
德川家取得关原合战的胜利

1598年，日本的统治者丰臣秀吉去世后，野心勃勃的德川家康蠢蠢欲动，想要夺取大权。丰臣秀吉设立五大老制度，命令五大老（摄政）共同辅佐自己年仅5岁的儿子。五大老中的其他四人都十分反对同为大老却怀有不臣之心的德川家康。关原合战打响后，反对德川家的大老遭到关键盟友的背叛，德川家大获全胜。1603年，德川家康受封为征夷大将军，建立德川幕府。德川家就此开始了对日本长达250余年的统治。

▷ **关原合战**——日本的屏风画

1600年

1600年前后 丰人在西非建立**达荷美王国**

1600年 秘鲁境内的于埃纳普蒂纳火山喷发，对全球气候产生大规模的影响

1603年 萨非王朝的君主阿拔斯一世向奥斯曼帝国宣战，并取得了战争的胜利

1600—1602年
东印度公司之争

"东印度"（包括现在的印度及东南亚）盛产香料及许多其他的奢侈品，欧洲的海军强国为争夺利润巨大的东印度贸易路线而爆发了激烈的冲突。1600年，英格兰商人获得英格兰王室的授权，成立东印度公司，垄断了亚洲贸易。两年后，英格兰人的商业竞争对手荷兰人也成立了东印度公司。这两家东印度公司竞争心态极强、手段极具侵略性，分别组建武装力量，成为英荷两国进行帝国主义对外扩张的主要推手，占领了大片亚洲土地。

△ 身在印度的**英国东印度公司**官员

◁ **荷兰东印度公司**及巴达维亚的**纹章**

1600—1609年

1607年
殖民者在弗吉尼亚建立詹姆斯敦

弗吉尼亚公司派往北美的殖民者在一条注入切萨皮克湾的河流的下游修建要塞，为讨好英格兰国王詹姆士一世，殖民者把要塞命名为詹姆斯敦。尽管因为饥饿和疾病，早期的殖民者十有八九都成了异乡冤魂，但幸存者的人数仍然相当可观，足以令詹姆斯敦成长为英格兰在北美的第一个永久定居点。

△ 詹姆斯敦要塞（1607年）

1605年 阿克巴皇帝去世，其子**贾汗吉尔**继位，成为莫卧儿帝国的新皇帝

1609年

1605年 **沙皇鲍里斯·戈东诺夫去世**，俄国进入"混乱时期"

1605年 天主教徒策划"**火药阴谋**"，想要炸毁英格兰议会，却以失败告终

1606年 荷兰航海家**威廉·扬松**成为第一个抵达澳大利亚的欧洲人

> "我发现天空中有许多人类之前从来都没有观察到的天体……"
>
> 伽利略·加利莱伊在写给托斯卡纳大公夫人克莉丝汀的信中如此说道
> （1615年）

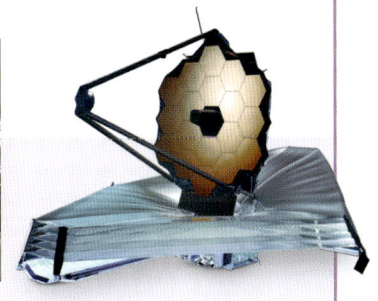

1609—2021年
望远镜技术的发展

17世纪，欧洲人发明望远镜后，望远镜技术就一直在持续发展，让天文学家得以观察更遥远的星空，不断地改变人类对宇宙的认识。

1609年 意大利天文学家**伽利略·加利莱伊**成了第一个用望远镜观测行星的人。

1789年 出生在德国的英国天文学家**威廉·赫歇尔**建造了强大的使用反射镜而非透镜的望远镜，用这种新型望远镜来观测星星。

1919年 埃德温·哈勃使用架设在加利福尼亚州境内威尔逊山天文台的**胡克望远镜**探索星空，发现了许多银河系外星系。

2021年 **詹姆斯·韦布空间望远镜**检测到了到目前为止距离最远的宇宙辐射。

1613 年
罗曼诺夫王朝开始统治俄国

1598 年，留里克王朝灭亡，俄国进入"混乱时期"。1605 年，鲍里斯·戈东诺夫短暂而残暴的统治结束后，诸多觊觎皇位之人开始争夺大权。1613 年，全俄国缙绅会议（议会）把年仅 16 岁的米哈伊尔·罗曼诺夫推举为沙皇。米哈伊尔沙皇受益于广大臣民对秩序的渴望，一直都稳坐皇位，直到 1645 年因病去世，开创了统治俄国长达 300 余年的罗曼诺夫王朝。

◁ 描绘米哈伊尔·罗曼诺夫被推举为沙皇时场景的**装饰盘**

1616 年
努尔哈赤挑战明帝国

努尔哈赤是生活在长城以外的女真人（后来改称满洲人）部落酋长，他统一女真诸部，建立起把社会结构与军事建制合二为一的"八旗制度"，宣称自己是中国北方的统治者。到了 1626 年他去世的时候，他麾下的军队已经在与明军的战斗中取得了许多重大胜利。他的后继者最终征服了明帝国。

△ 后金大汗努尔哈赤画像

1611 年 年仅 16 岁的**古斯塔夫·阿道夫**继承王位，成为瑞典国王

1610 年 法国国王亨利四世被天主教狂热分子弗朗索瓦·拉瓦亚克刺杀

1612 年 北美殖民地弗吉尼亚开始向英格兰**出口烟草**

1615 年 西班牙作家米格尔·德·塞万提斯完成讽刺小说《堂吉诃德》的创作

▽ 大坂之阵（17 世纪的屏风画）

1615 年
大坂之阵

1603 年，德川家康成为征夷大将军，德川家开始统治日本，但丰臣家却一直都不愿承认德川幕府的统治权。丰臣秀赖以大坂城（今大阪）为基地，召集大军，准备与德川幕府对抗。1614 年冬，德川幕府开始围攻大坂。在经过了长期的围城战后，幕府的军队在 1615 年 5 月的决战中击败丰臣家，占领了大坂城。

1547—1616 年
米格尔·德·塞万提斯

塞万提斯的一生惊险不断，他参加了 1571 年的勒班陀海战，与土耳其人作战，之后又被北非的海盗俘虏。进入晚年后，塞万提斯开始文学创作，发表了包括小说《堂吉诃德》在内的诸多作品。

1618年
布拉格的掷出窗外事件

1618年5月，波希米亚王国的首都布拉格发生掷出窗外事件，引爆了令欧洲血流漂杵的三十年战争。波希米亚王国的臣民大多信奉新教，与信奉天主教且得到神圣罗马帝国皇帝马蒂亚斯支持的斐迪南国王针锋相对。帝国皇帝派出的两位信奉天主教的钦差大臣在布拉格城堡与波希米亚人的领袖起了冲突，结果被掷出窗外。虽然这两位大臣都大难不死，但新教徒无视君主权威的做法还是引发了宗教战争。

◁ 瓦茨拉夫·布罗日克创作的《布拉格的掷出窗外事件》（1890年）

1619年 德意志天文学家约翰内斯·开普勒发表用数学方法描述行星运动的第三个定律

1619年 荷兰人征服雅加达，以屠杀原住民的方式确立了对印度尼西亚部分地区的统治权

1619年

1616年
蓝色清真寺

宏伟壮丽的苏丹艾哈迈德清真寺于1616年竣工，因为室内使用了大量的蓝色瓷砖，所以又名"蓝色清真寺"。这座清真寺由艾哈迈德一世下令修建，于1603年开工，1617年完工，拥有六根高耸入云的尖塔，是奥斯曼帝国首都伊斯坦布尔的天际线上最引人注目的建筑，透露出奥斯曼帝国巨大的信心，表明帝国的权力与威望将会永世长存。

◁ 蓝色清真寺的天顶

苏丹艾哈迈德清真寺的天顶总共使用了2万块瓷砖

1615—1868年
浮世

经过数个世纪的内战后，日本于17世纪在德川幕府的统治下进入了长时间的和平时期，其间几乎没有发生任何战乱。德川幕府定都江户（今东京），牢牢地控制住了之前为了争夺权力而不断挑起战争的地方军阀（大名）。天皇设在京都的朝廷变成了无关紧要的摆设。武士阶级——日本传统的战士阶层——虽然失去了实际作用，却存留了下来，他们仍然是大名的仆从，可以继续领取俸禄。

德川幕府维持和平、维护秩序，为经济的繁荣发展创造了条件。尽管商人遭到鄙视，其社会地位要低于农民，但他们还是靠着商业活动积累了大量的财富，就连幕府严格限制对外贸易的政策也没有对他们造成太大的影响。精英阶层开始不断地向城镇及城市聚集，为日本的手工艺人和艺术家提供了大显身手的环境。到了17世纪末的时候，日本已经变成了全世界城市化程度最高的国家之一，而江户则更是拥有100万左右的人口。日本出现了生机勃勃、名为"浮世"的城市文化，这不仅让商人阶层获得了消费金钱的机会，就连不再需要上战场拼杀、闲来无事只想着享乐的武士阶层也乐在其中。

尽管农民起义时有发生，那些对现状不满的武士也在不断地玩弄阴谋，但德川幕府还是维持了社会的稳定，直到250余年后，日本的社会才因为西方列强施加的压力而发生了根本性的变化。

关键时刻

1629年 只准男性出演的歌舞伎
歌舞伎（见左图）剧情夸张、台词诙谐、服装华丽，成了大受日本城市居民欢迎的表演艺术。1629年，幕府颁布命令，禁止女性参与歌舞伎表演，从此往后，所有的歌舞伎角色，无论男女，都由男性演员饰演。

1689年 松尾芭蕉的旅途
俳句是德川幕府时期日本的文学艺术形式之一。1689年，俳谐师松尾芭蕉踏上旅途，前往本州岛遥远的北方，他在代表作《奥之细道》（见左图）中记录了旅行的经历。

1829—1832年 葛饰北斋的《富岳三十六景》
葛饰北斋创作的系列版画《富岳三十六景》（见左图）是江户时代末期日本最著名的艺术作品之一。19世纪60年代，葛饰北斋的部分作品流传到了欧洲，对西方艺术的演化产生了巨大的影响。

| 浮世 | **145**

本页的背景取自**歌川广重**创作的**系列版画**《箱根七汤图会》。这套版画创作于1852年，描绘了富人享乐的景象。以歌川广重、葛饰北斋为代表的版画师主要描绘特权阶层如何无忧无虑地享受生活，因此被称作"浮世绘艺术家"。

1620 年
朝圣先辈

1620 年秋，一批想要逃离宗教迫害的英格兰清教徒登上"五月花号"帆船，用了 10 周的时间横渡大西洋，在 11 月的时候抵达科德角。这批"朝圣先辈"共有 102 人，其中只有不到一半的人活到了 1621 年的丰收时刻，他们邀请原住民共同庆祝，这就是第一个感恩节。他们建立了普利茅斯殖民地，也就是英格兰人在北美洲建立的第二个永久定居点。

▷ 珍妮·布朗斯科比创作的《普利茅斯的感恩节》（1925 年）

1620 年 天启皇帝明熹宗不理朝政，**宦官魏忠贤**擅政

1623 年 **荷兰东印度公司**在印度尼西亚的安汶岛处决商业竞争对手

1620 年 **英格兰哲学家弗朗西斯·培根**在《新工具》一书中阐述了全新的逻辑体系

◁ **米开朗琪罗**为圣彼得大教堂绘制的**设计图**（1569 年）

△ 白山战役

1620 年
白山战役

1619 年，波希米亚议会把信奉新教的普法尔茨选帝侯腓特烈五世推举为国王。信奉天主教的神圣罗马帝国皇帝斐迪南二世派出大军，准备一举击溃想要独立的波希米亚王国。腓特烈的军队在布拉格城外的白山吃了败仗，溃不成军。取得胜利的斐迪南皇帝使用铁血手段，在波希米亚强推天主教信仰，但新教与天主教的冲突却并没有就此平息，而是化作了三十年战争的绵绵战火。

1626 年
圣彼得大教堂竣工

罗马的圣彼得大教堂结束了长达 120 年的修建工作，于 1626 年 11 月竣工。圣彼得大教堂是世界上最大的教堂，凝结了许多建筑大师的心血，比如绘制了初版图纸的多纳托·布拉曼特，又比如主持设计了巨大圆顶的米开朗琪罗，再比如负责设计立面的卡洛·马代尔诺。这座大教堂不仅是文艺复兴时期最具代表性的建筑之一，也是天主教会用来展示自身权力与财富的工具。

荷兰人出价 60 荷兰盾（相当于现在的 2 000 美元），从原住民手中购得曼哈顿岛的所有权

1628 年
哈维的解剖学研究

英格兰医生威廉·哈维进行了上千次的解剖研究，研究对象除了人类的遗体，还有活体动物。1628 年，他发表《心血运动论》，指出人体中的血液是循环运行的，而为血液循环提供动力的则是心脏。《心血运动论》也许是自古希腊时代以来，人类在人体解剖学方面取得的最重要的进步。

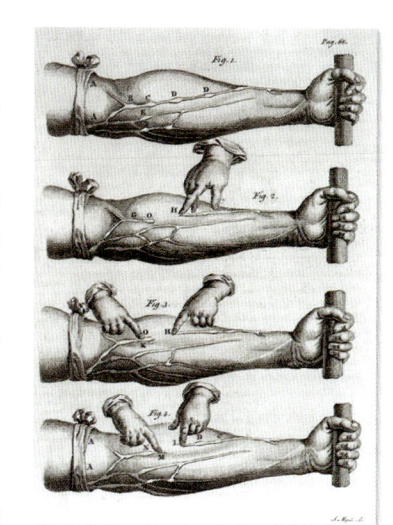

▷ 展示哈维如何进行实验的**木版画**

1626 年 **荷兰皮货商**在曼哈顿岛上建立名为新阿姆斯特丹的定居点

1626 年 三十年战争期间，由阿尔布雷希特·冯·瓦伦斯坦率领的**天主教军队**在德绍击败新教军队

1629 年

1628 年 法国首相**枢机主教黎塞留**围攻拉罗谢尔，镇压新教起义

△ 沙贾汗的登基仪式——《帕德沙本纪》中的细密画

1628 年
沙贾汗成为莫卧儿帝国皇帝

沙贾汗于 1628 年继位，一直统治到 1658 年，是莫卧儿帝国的第五位皇帝。他在位的时候，莫卧儿帝国的朝廷极尽奢华之能事，修建了大量宏伟壮丽的建筑物，比如沙贾汗为纪念爱妻蒙塔兹·玛哈尔修建的泰姬陵。尽管莫卧儿帝国财力雄厚，但 1630—1632 年时在印度南部的德干高原暴发的大饥荒却仍然夺走了数百万人的生命。

1585—1642 年
枢机主教黎塞留

黎塞留是路易十三在位时的法国首相，他加强了君权，并在削弱贵族阶层的同时，镇压了胡格诺派的起义。他屡次成为刺杀对象，却每次都能化险为夷。

△ 约翰·瓦尔特创作的《在布莱登菲尔德指挥战斗的古斯塔夫·阿道夫》（1632年）

1631年
瑞典人取得布莱登菲尔德战役的胜利

瑞典在国王古斯塔夫·阿道夫的统治下跻身欧洲军事强国的行列。1630年，瑞典加入新教阵营、成为三十年战争的参战国后，古斯塔夫率军支援萨克森，与信奉天主教的神圣罗马帝国作战。1631年，他在布莱登菲尔德战役中展现出超群的指挥才能，帮助瑞萨联军取得战斗的胜利，却在次年的战斗中战死沙场。

1630年

1631年 三十年战争期间，天主教军队**洗劫马格德堡**，2万名新教徒惨遭屠杀

1633年 意大利天文学家伽利略因为支持日心说而遭到宗教裁判所的审判，被判有罪

1630年 清教徒不堪迫害，逃离斯图亚特王朝统治的英格兰，在**美洲殖民地马萨诸塞**定居

1632年 瑞典国王古斯塔夫·阿道夫在吕岑阵亡

有大约800万平民和士兵死于三十年战争

1636年
清朝建立

1636年，满洲人的首领皇太极建立清朝，宣布自己是全中国的统治者。尽管以北京为首都的明朝仍然统治着华夏大地，但满洲人越来越强大的军事实力却也为皇太极的野心提供了坚实的基础。1636年冬，清兵进入朝鲜，迫使朝鲜国王称臣纳贡。不久之后，清朝加强了对明朝的攻势。

▷ 清朝皇帝使用的头盔

1637 年
笛卡儿的哲学思想

1637 年，法国思想家勒内·笛卡儿的著作《谈谈方法》在荷兰出版。笛卡儿在这部为启蒙运动奠定了基础的著作中指出，理性是打开知识之门的钥匙，并进一步提出，身体只是一台机器，思想可以独立于身体存在。他提出"怀疑一切"的理论，促使人类以科学的方法探究世界。

▷ 笛卡儿像

1639 年
奥斯曼帝国收复伊拉克

奥斯曼帝国的苏丹穆拉德四世于 1623 年继位，于 1640 年去世，是一个反复无常、残忍好杀的统治者。尽管如此，他仍然在一场从他继位时开始，到他去世前才结束的战争中击败了统治伊朗的萨非王朝。1638 年，他进行了长时间的围城战，从萨非王朝手中夺回了巴格达。次年，他与萨非王朝签订和平协议，把中东一分为二——现如今，和平协议划定的分界线仍然存在，是伊拉克与伊朗的边境线。

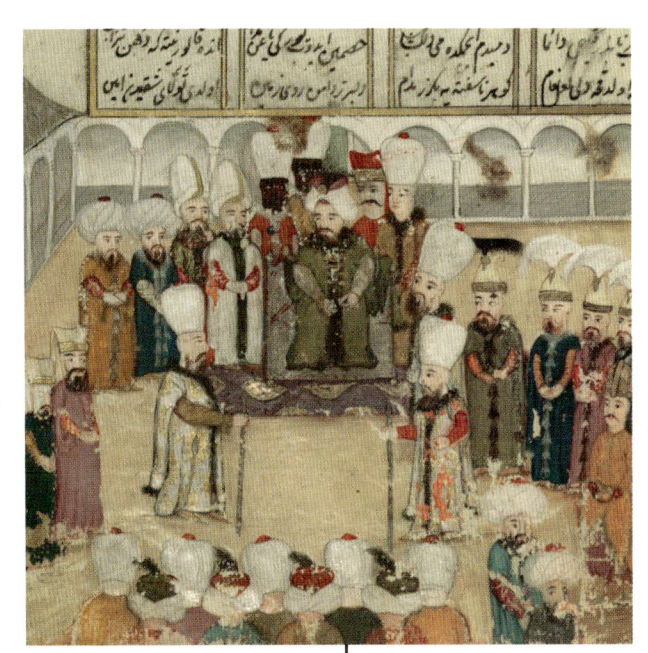

△ 苏丹穆拉德四世接受朝拜

> "我思故我在。"
>
> 勒内·笛卡儿在《谈谈方法》（1637 年）中提出的观点

1639 年 荷兰海军取得**唐斯海战**的胜利，在英格兰南部的沿岸海域歼灭西班牙舰队

1639 年
日本闭关锁国

欧洲商人和传教士的影响力对日本社会造成了冲击。1637—1638 年，日本爆发了一场参与者主要为基督徒的大规模起义，起义严重地动摇了德川幕府的统治，导致幕府做出禁止基督教传播及限制对外交往的决定。从此往后，荷兰成了唯一可以与日本进行国际贸易的欧洲国家，而长崎则成了全日本唯一可以进行对外贸易的港口。

▷ **天主教徒**在长崎**殉教**

1642年
英国内战爆发

在英格兰和苏格兰,斯图亚特王朝的国王查理一世因为税收和宗教问题与许多臣民针锋相对。他想要撇开议会,独自统治国家,不仅如此,在许多臣民看来,他还是一个支持天主教的君主。1642年,查理和英格兰议会分别举兵,吹响内战的号角,双方于同年10月在埃奇山进行了第一场大规模会战。由于双方都无法迅速取得胜利,内战演变成了持久战。

1640年

1640年 葡萄牙摆脱西班牙的统治,**赢得独立**

1643年 年仅4岁的**路易十四**成为法国国王,他的母亲奥地利的安妮担任摄政

▷ 荷兰人描绘毛利人的画作(1642年)

▷ 帕斯卡计算器

1642年
荷兰人抵达新西兰

荷兰东印度公司派出探险家、商人阿贝尔·塔斯曼去探索南太平洋。1642年12月,塔斯曼率领的探险队成了第一批发现新西兰的欧洲人。他们在南岛附近的海域下锚,结果与乘独木舟前来的毛利战士起了冲突。塔斯曼探险队与毛利人的接触十分短暂。直到1769年,欧洲人才再一次乘船抵达新西兰。

1642年
帕斯卡发明加法器

为了减轻担任税务官的父亲进行大量计算的负担,年仅18岁的布莱兹·帕斯卡发明了一种机械计算器,它能够通过滚轮和齿轮系统计算加减法,并能通过重复加减运算以达到乘除运算的目的。这台机器是世界上最早的机械计算器之一。

1640—1644年 | 151

△ 查尔斯·兰西尔创作的《埃奇山战役前夕》（1845年）

▽ 欧洲人所绘崇祯皇帝及其皇后

1644年
明朝灭亡

17世纪40年代时，明朝已经日暮途穷。连年的干旱和肆虐的疫病在明帝国的部分地区引发了农民起义。1644年2月，实力最强的起义军领袖李自成称帝，定国号为大顺，之后于4月攻陷北京。崇祯皇帝在万岁山麓的一株老槐树下自缢身亡。只不过，李自成建立的新王朝很快就走向了灭亡。

1644年 在英国内战中，议会派击败保王党，取得**马斯顿荒原战役**的胜利

1643年 法国击败西班牙，取得**罗克鲁瓦战役**的胜利，成为欧洲头号强国

1643年 意大利物理学家埃万杰利斯塔·托里拆利使用水银气压计测量大气压

1644年

英国有多达 4% 的人口死于内战

△ 摄政王多尔衮肖像

1644年
清军入关

清朝利用明朝灭亡所造成的混乱派兵入关，开始争夺中华大地的统治权。在敌视李自成的明军将领吴三桂的帮助下，清军取得山海关之战的胜利，攻陷北京。此后，清军在摄政王多尔衮的率领下发动一系列军事行动，得以入主中原。

1645年
达荷美的首位国王

17世纪初，西非的丰人建立了强大的达荷美王国。1645年，胡格巴贾称王，被认为是达荷美王国的首位国王。他为达荷美王国建立了独具特色的制度机构，比如由被称作"美浓"（我们的母亲）的女战士组成的作战部队。在之后的百年间，达荷美王国与居住在沿海地区的欧洲人开展了广泛的贸易活动。

▽ 达荷美王国的女战士

1645年 在英国内战中，议会派的新模范军击败保王派的军队，取得**内斯比战役**的胜利

1647年 耶稣会会士被视为**破坏分子**，遭到马萨诸塞湾殖民地的驱逐

1648年 清军攻入华南地区，占领广州

1648年 奥斯曼苏丹易卜拉欣**被废黜**，苏丹之位由他年仅6岁的儿子穆罕默德四世继承

1645年
清军南下

李自成占领北京后，南方的明朝官员和皇族在南京重建朝廷，是为南明。1645年春，清军在南明政权内讧之际大举南下，相继攻克归德、扬州、镇江等地，兵部尚书史可法被俘就义。清军随后进攻南京，赵之龙、王铎等率众臣出降，弘光帝潜逃不久即被俘虏。江南被占领后，多尔衮下达了剃发令。

△ 率领清军南下的豫亲王多铎肖像

1600—1649年
查理一世

查理于1625年成为英格兰和苏格兰的国王，他对君权神授理论深信不疑。他不仅迎娶信奉天主教的亨利埃塔·玛丽亚，更是不愿在宗教及政治问题上做出任何让步，最终落得个身首异处的下场。

1649年
查理一世被处决

查理一世输掉了内战，成了议会派的阶下囚。1648年，保王派在苏格兰人的支持下发动的叛乱以失败告终后，奥利弗·克伦威尔和新模范军掌握了实权。克伦威尔下令审判查理一世，国王被控犯有叛国罪。一场走过场的公审做出有罪判决后，查理于1649年1月30日在伦敦的白厅被处决。在之后的11年间，英格兰成了共和国。

▷ **查理一世**被押上断头台

1648年
投石党运动

法国国王路易十四成年前，国政由他的母亲奥地利的安妮和首相枢机主教马萨林把持。在此期间，法国爆发投石党运动，高等法院和贵族阶层以传统自由权利的守护者自居，对中央政府的权威发起了挑战。经过长达五年的斗争后，马萨林最终恢复了君主的绝对权力。

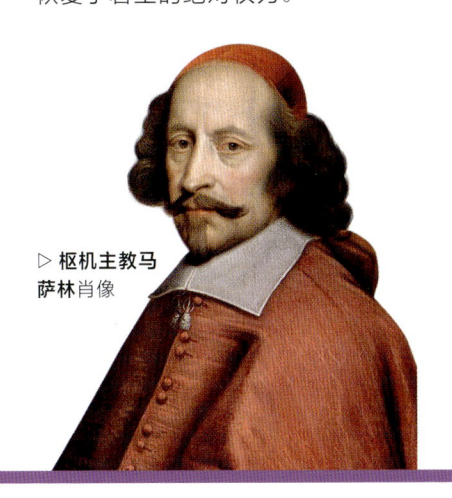

▷ 枢机主教马萨林肖像

1648年
《威斯特伐利亚和约》

在威斯特伐利亚地区的城市奥斯纳布吕克和明斯特签订的和约，为天主教徒与新教徒之间的三十年战争，以及荷兰人与西班牙人之间的八十年战争画上了句号。这两项和约的签订是欧洲国际关系史上具有里程碑意义的事件，不仅让德意志诸国得以自行决定本国的宗教政策，还承认了尼德兰联省共和国（荷兰）和瑞士的完全独立地位。

◁《明斯特条约》的签约现场

1649年 波斯沙阿阿拔斯二世从莫卧儿帝国手中夺走了坎大哈

1649年 克伦威尔率领英格兰议会军入侵爱尔兰，在德罗赫达大肆屠杀信奉天主教的爱尔兰人

1649年

> "我们应该让他的脑袋和王冠一起搬家。"
>
> 1648年12月，奥利弗·克伦威尔在查理一世接受公审时的发言

1653 年
克伦威尔成为护国公

查理一世被处决后，议会派在内战中的主要将领奥利弗·克伦威尔成了英国的实权人物。他使用铁血手段镇压爱尔兰人和苏格兰人的反抗，于 1653 年成为英格兰共和国的护国公，获得了几乎与独裁者相当的权力。此后，他一方面使用极具侵略性的手段在国际舞台上维护英国的利益，另一方面又在国内维持了社会秩序，但他却没能创建稳定的共和制度。1658 年他去世后，君主制度很快就在英国复辟。

▷ 奥利弗·克伦威尔像

1650 年

1651 年 波兰军队在别列斯捷奇科击败哥萨克起义军

1654 年 葡萄牙殖民者从荷兰人手中夺走了巴西的甘蔗种植园

1650 年 苏尔坦·本·赛义夫占领港口马斯喀特，把葡萄牙人赶出了阿曼

1652 年 法国国王路易十四进入巴黎，投石党运动就此结束

1652 年
英荷战争

17 世纪 50 年代时，英国与荷兰互为商业竞争对手，在世界范围内对海上贸易路线和殖民基地展开了激烈的争夺。1652 年，竞争升级成战争，英荷两国的海军在北海和英吉利海峡爆发战斗。1653 年，英国海军在斯海弗宁恩附近的海域击败荷兰海军，取得第一次英荷战争的胜利。此后，两国又爆发了两次海上战争，直到 1674 年才终于签订和平协议。

◁ 斯海弗宁恩海战

1657年
明历大火

日本首都江户的建筑不仅密集，而且还都把木材和纸张当作建材，这极易引发火灾。1657年3月，有人在城内做法事，引发了一场大火灾，史称明历大火。大火持续了三天，烧毁了江户三分之二的城区，据传共造成10万人死亡。

◁ 描绘**明历大火**的卷轴画（1814年）

1655年 瑞典国王卡尔十世率兵入侵波兰－立陶宛联邦，**波兰进入"大洪水时代"**

1656年 科普鲁律家族那些虽残暴，却也精明强干的成员接连担任大维齐尔，**奥斯曼帝国**在他们的铁腕统治下开始**复兴**

1659年

1656年
准确的计时工具

荷兰科学家克里斯蒂安·惠更斯是从天文学到光学等许多领域的领军人物。1656年，他以伽利略提出的理论为基础，设计出了人类历史上的第一台摆钟。这台摆钟由钟表匠萨洛蒙·科斯特按照惠更斯的设计制作，准确度远超之前所有的计时工具。准确的计时工具最终令人们的日常生活发生了翻天覆地的变化。

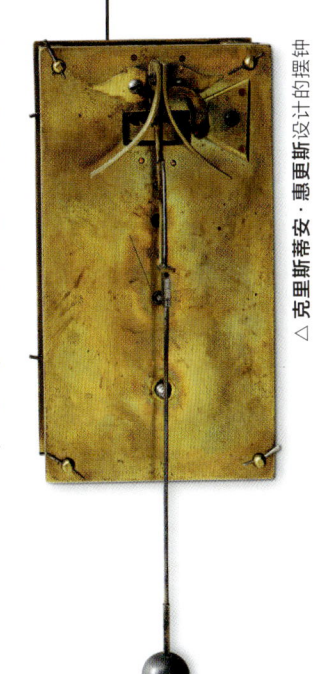

◁ 克里斯蒂安·惠更斯设计的摆钟

◁ 奥朗则布皇帝的宫廷

1658年
奥朗则布夺权

莫卧儿帝国的皇帝沙贾汗疾病缠身，已入暮年，他的四个儿子开始争夺帝国的控制权。1658年，沙贾汗的三子奥朗则布取得了胜利。他不仅杀死自己的兄弟，还把父亲囚禁了起来。奥朗则布总共在位49年，其间虽然扩大了帝国的版图，却因为笃信伊斯兰教而与一部分臣民起了冲突。

在奥朗则布的统治下，莫卧儿帝国的国土面积达到了 400万平方千米

1662 年
太阳王的宫殿

1661 年，22 岁的路易十四亲政，自号"太阳王"，宣称自己是绝对君主，从上帝那里得到的权力不应受到任何限制。他下令在巴黎城外的凡尔赛修建宫殿，把新建的宫殿当作朝廷的驻地，以此来向世人展示自己对王权的看法。凡尔赛宫拥有宏伟的建筑、壮丽的花园，其大部分的修建工作在 17 世纪 80 年代末的时候宣告完成。

◁ 皮埃尔·帕特尔创作的《**凡尔赛宫**》（1668 年）

"朕即国家！"
路易十四的名言

1660 年

1661 年 英属巴巴多斯颁布《**奴隶法**》，规定奴隶没有任何权利

▷ 郑成功（国姓爷）像

◁ 一位瑞士旅行者绘制的郑成功进攻热兰遮城的场景

1662 年
郑成功收复台湾

1624 年，荷兰东印度公司侵入台湾，建立殖民统治。1661 年，郑成功自厦门率大军数万人、战船数百艘前往台湾，围攻荷兰殖民者。经过数月的激战，1662 年 2 月 1 日，荷兰总督揆一向郑成功投降，台湾被收复。

1664年
纽约诞生

1626年，荷兰人在曼哈顿岛上建立了名为新阿姆斯特丹的贸易站。在新尼德兰总督彼得·史蒂文森充满活力的领导下，新阿姆斯特丹不断地扩张发展。1664年，英格兰海军派出舰队，想要占领新阿姆斯特丹。史蒂文森无兵可用，只得不战而降。由于英格兰当时的王位继承人是约克公爵，所以英格兰人把新阿姆斯特丹的名字改成了纽约（"新约克"）。

◁ 1664年纽约的规划图

1665年 马拉地人签订《普兰达尔条约》，被迫接受莫卧儿帝国的统治

1666年 波斯沙阿阿拔斯二世去世，萨非王朝的黄金时代就此终结

1668年 世界最早的中央银行**瑞典中央银行**成立

1669年 取得坎迪亚围城战的胜利后，**奥斯曼帝国征服了克里特岛**

1662年
渡渡鸟灭绝

没有飞行能力的渡渡鸟是印度洋岛屿毛里求斯岛的特有物种。1598年，荷兰水手开始在毛里求斯定居。人类最后一次目击到渡渡鸟是在1662年（另一说是在1681年）——造成渡渡鸟灭绝的原因除了有荷兰人的猎杀，还有远洋船上的老鼠在登岛后对原生物种的侵害。渡渡鸟的灭绝成了具有象征意义的事件，代表着人类对大自然造成的威胁。

◁ 渡渡鸟

1660—1685年
斯图亚特王朝复辟

1660年，被处决的国王查理一世的儿子结束流亡生涯，返回英格兰，恢复了君主制度。他在位25年，其间发生了许多重大事件。

1661年 **即位后**的查理二世对清教主义嗤之以鼻，不仅拈花惹草，还允许剧院合法营业。

1665年 **伦敦暴发瘟疫**，导致城内六分之一的人口死亡。这是英格兰最后一次发生鼠疫流行。

1666年 9月的**伦敦大火**烧毁了大量建筑物，为伦敦城区的大规模重建工作扫清了障碍。

1675年 **格林尼治天文台**建立，极大地促进了天文学和航海学的发展。

▽ **斯捷潘·拉辛**被押赴刑场

1671年
哥萨克起义失败

哥萨克人生活在俄国的边境地区，十分崇尚自由。自1667年起，被称为"斯坦卡"的斯捷潘·拉辛率领武装的哥萨克人在伏尔加河流域及里海沿岸地区横冲直撞。由于俄国农民也纷纷举起义旗，加入起义者的行列，拉辛起义对俄国造成了严重的威胁。帝国派出训练有素的军队，击败哥萨克人，镇压了农民起义。拉辛战败被俘，于1671年6月在莫斯科红场被刽子手肢解。

1670年

1671年 葡萄牙人吞并恩东戈王国，**征服了安哥拉**

1670年 为了在加拿大开展贸易活动，**英格兰人成立哈得孙湾公司**

1672年
英国的奴隶贸易越做越大

英格兰王家非洲公司获得了斯图亚特王朝的支持，于1672年成立，目的是促进西非沿海地区的贸易活动，尤其是把非洲黑奴运送到新大陆英国殖民地的跨大西洋奴隶贸易。包括布里斯托尔的爱德华·科尔斯顿在内的许多豪商巨贾都参与了王家非洲公司的业务。其他欧洲国家也参与了跨大西洋奴隶贸易，而英国则变成了最大的奴隶贩子。

△ 爱德华·科尔斯顿——乔纳森·理查森创作的肖像画

自1740年起，英国商船每年都要把大约4.2万名非洲黑奴运送到美洲

1672年
荷兰的"灾难年"

自1650年起,尼德兰联省共和国在约翰·德·维特、科内利斯·德·维特兄弟的领导下国力一直十分强盛。1672年,法国国王路易十四得到英格兰海军的支持,派兵入侵荷兰。荷兰连战连败,德·维特兄弟成了替罪羊,被暴民用私刑处死。此后,奥兰治亲王威廉成为荷兰的统治者。他下令决堤放水,淹没地势较低的地区,用洪水挡住了法军前进的步伐。虽然尼德兰联省共和国挨过了"灾难年",但荷兰黄金时代却一去不返。

◁ 刻有**德·维特兄弟**肖像的钱币

1673年
三藩之乱

1673年,中国南方爆发了大规模的反清事件。协助清军入关的明朝降将被封为藩王,可以把所辖地区当作私人领地统治。镇守云南的平西王吴三桂、镇守广东的平南王尚可喜、镇守福建的靖南王耿精忠发动叛乱,对康熙帝的统治造成严重威胁,史称三藩之乱。清廷用了八年的时间才终于平定三藩,巩固了统治。

◁ **吴三桂**肖像

1675年 莫卧儿皇帝奥朗则布处死
锡克教第九代祖师得格·巴哈都尔

1678年 荷兰与法国在奈梅亨和会上签订条约,**法荷战争宣告结束**

1679年

1674年
马拉地帝国崛起

马拉地人生活在南印度,信奉印度教,骁勇善战。17世纪40年代时,马拉地人的邦塞尔部落出了一个名叫希瓦吉的名将。他在1665年的时候被迫臣服于莫卧儿皇帝奥朗则布,但很快就重新发动战争,在1674年时建立了马拉地帝国。到了1680年希瓦吉去世的时候,马拉地帝国已经控制住了南印度的大片土地。此后,马拉地帝国顶住了奥朗则布反攻,在之后百年间进入了繁荣时期。

◁ **希瓦吉·邦塞尔**像

1681年
宾夕法尼亚殖民地建立

1681年，英格兰国王查理二世把北美洲的一大片土地敕许给了贵格会的成员威廉·佩恩，原因是他欠佩恩的父亲一大笔钱，想要用土地抵债。佩恩以允许所有的基督教派别拥有信仰自由为基本原则，建立了宾夕法尼亚殖民地。1683年，他与当地的美洲原住民莱纳佩人签订条约，为殖民地建立了发展势头十分强劲的首府费城。

▷ 爱德华·希克斯特创作的《佩恩与印第安人签订条约》（1847年）

1681年 法国南运河竣工，打通了连接法国大西洋近岸海域与地中海的航道

1682年 年仅10岁的彼得一世（彼得大帝）继位，成为俄国沙皇

1680年
普韦布洛起义

在新墨西哥，自1598年起就开始接受西班牙统治的普韦布洛人遭到宗教迫害，最终在1680年时忍无可忍，发动起义。他们在宗教领袖波普的率领下奋起反抗，把西班牙殖民者彻底赶出了新墨西哥。到了波普去世的时候，也就是12年后，西班牙人虽然卷土重来，却再也没有对普韦布洛人的信仰横加干涉。

◁ 波普——克利夫·弗拉瓜创作的雕像

1644—1718年
威廉·佩恩

佩恩是贵格会的成员，在离开英格兰，成为宾夕法尼亚殖民业主之前经常因为信仰问题遭到迫害。他在《宾夕法尼亚政府施政大纲》中提出的原则深刻地影响了美国宪法。

> "只要人是好的，那么政府就坏不到哪里去。"

威廉·佩恩所著《宾夕法尼亚政府施政大纲》（1682年）

1680—1684年 | 161

1683年
维也纳围城战

奥斯曼帝国的大维齐尔卡拉·穆斯塔法率领大军从匈牙利出发，包围了神圣罗马帝国的首都维也纳。由波兰人、奥地利人和德意志人组成的军队在波兰国王扬·索别斯基的率领下驰援维也纳，向奥斯曼帝国的营地发起进攻，把土耳其人打得落荒而逃。此战的失利加快了奥斯曼帝国的衰落。

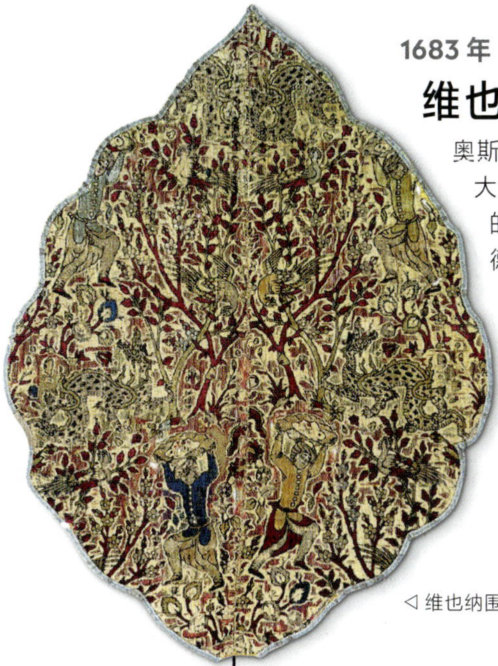

◁ 维也纳围城战期间**奥斯曼帝国军队的帐篷碎片**

1683年 清朝取得澎湖海战的胜利，**统一台湾**

1684年

1684年 罗兹韦帝国的**绍纳族战士**把葡萄牙人赶出了津巴布韦

1682年
拉萨莱宣布法国对路易斯安那拥有主权

法国探险家勒内-罗贝尔·卡弗利耶·德·拉萨莱励志在北美洲为祖国开疆拓土。他先是在伊利诺伊河流域探险，之后又在1682年时乘独木舟沿密西西比河顺流而下，抵达墨西哥湾。他宣布法国对整个密西西比河流域拥有主权，把那块土地命名为路易斯安那。1687年，他再次踏上探险之旅，结果因为探险队发生哗变而遭到谋杀。

▽ 纪念卡弗利耶·德·拉萨莱的玻璃花窗

▽ 伦敦人在泰晤士河的冰面上举办的**"冰雪大集"**

1683年
小冰期

自1650年前后开始，名为"小冰期"的气候周期达到顶点，欧洲的气温屡创新低。在伦敦，市民在泰晤士河的冰面上举办"冰雪大集"；在阿尔卑斯山中，不断扩张的冰川摧毁了许多村庄；在欧洲各地，歉收导致饥荒频发。1683年的冬天大雪漫天，尤其寒冷。到目前为止，人类仍然没能搞清楚小冰期的产生原因。

不下80万胡格诺教徒因为宗教迫害而逃离路易十四统治的法国

1685年
《南特敕令》被废除

17世纪80年代,路易十四重拳出击,想要消灭法国境内的新教信仰。他废除1598年的《南特敕令》,剥夺了胡格诺派(法国的新教徒)按敕令的规定享有的宗教宽容。胡格诺派遭到残酷迫害,如果不愿改宗天主教,就只能移民国外。大部分胡格诺派信徒离开了法国,其中有超过5万人选择在英格兰定居。胡格诺派信徒大多是熟练的手工艺人,他们的离去令法国的经济受到了沉重的打击。

◁ 伦敦法国新教教堂的龛楣

1686年 莫卧儿皇帝奥朗则布 征服南印度的比贾普尔苏丹国,扩大了帝国的版图

1687年 东山天皇 继位,日本进入元禄时代,其间城市开始发展,经济十分繁荣

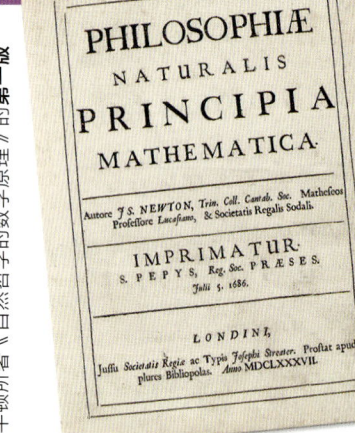

1685年 蒙茅斯公爵发动的叛乱 失败,没能推翻英格兰国王詹姆士二世

▽ 牛顿所著《自然哲学的数学原理》的第一版

▽ 帕提侬神庙被炸毁

1643—1727年
艾萨克·牛顿

牛顿是剑桥大学的数学教授、王家学会会长,在数学、物理学、光学领域取得了许多重大研究成果。他晚年时被任命为王家铸币厂的厂长。

1687年
牛顿的著作《自然哲学的数学原理》出版

1687年,艾萨克·牛顿爵士的《自然哲学的数学原理》出版,人类对物理学的认知向前迈出了一大步。该书不仅阐述了牛顿运动定律,还提出了万有引力定律,指出万有引力不仅是让行星绕轨道运行的力量,也是令物体落向地面的力量。

1687年
帕提侬神庙被毁

1687年,威尼斯共和国与奥斯曼帝国争夺对希腊的控制权。威尼斯的军队向雅典发起进攻后,城内的土耳其守军退守历史悠久的帕提侬神庙所在的高地。威尼斯人用火炮轰击土军阵地,结果点燃了弹药库,引发爆炸,把这座著名的神庙炸成了废墟。

1688 年
英国发生"光荣革命"

1685 年,詹姆士二世继位。他不仅信仰天主教,还想要抛开议会独自统治国家,结果在国内引发了危机。英国的政治精英决定把他赶下王位。他们把目光投向詹姆士的女婿,也就是玛丽公主的丈夫、信奉新教的奥兰治亲王威廉,想要把他推举为国王。威廉率兵在英格兰登陆,没有遭到任何抵抗,成功夺权,成为威廉三世,而詹姆士则逃之夭夭,被迫流亡国外。这场"光荣革命"彻底把英国变成了一个信奉新教的议会制国家。

◁ 展示威廉三世纹章的挂毯

1689 年 英格兰、荷兰和奥地利组成"**大同盟**",共同对抗路易十四统治的法国

1689 年 中国与俄国签订《**尼布楚条约**》,规定格尔必齐河、额尔古纳河及外兴安岭为中俄东段边界后,双方开始在西伯利亚地区开展贸易活动

1688 年
暹罗革命

17 世纪 80 年代期间,暹罗(现在的泰国)的阿瑜陀耶王朝与欧洲交流广泛,其国王那莱不仅派使节前往法国觐见路易十四,还对法国的商人、士兵、传教士敞开了国门。暹罗的民族主义者反对外国的影响力,于 1688 年发动宫廷政变,推翻了那莱王的统治。此后,阿瑜陀耶王朝把法国人驱逐出境,开始全面限制与欧洲的交流。

▷ **阿瑜陀耶城**的俯瞰图(1665 年前后)

1690 年
博因河战役

1688 年，英国发生"光荣革命"后，爱尔兰的天主教徒发动起义，开始反抗英格兰信奉新教的新国王威廉三世。被赶下王位的詹姆士二世得到法国的支持，成为爱尔兰天主教军队的领袖，爱尔兰天主教军队很快就控制了爱尔兰的大部分地区。1690 年，威廉率军在爱尔兰登陆，在博因河位于德罗赫达附近的河段击败詹姆士。詹姆士逃往法国后，威廉重新确立了新教势力在爱尔兰的主导权。

▷ **威廉三世**率兵参加博因河战役

1690 年

1690 年 英国海军、荷兰海军取得**比奇角海战**的胜利，重创法国舰队

1692 年 西班牙殖民者重新占领新墨西哥，**普韦布洛起义失败**

1690 年 **东印度公司**的代理人乔布·查诺克在加尔各答建立要塞基地

1692 年
塞勒姆审巫案

17 世纪末时，由于以科顿·马瑟为代表的清教徒不断地散布恐慌气氛，北美殖民地仍然有很多人对巫术的存在深信不疑。1692 年，在马萨诸塞湾殖民地的城镇塞勒姆，有两个 10 岁上下的女孩宣称自己中了巫术，经常瘫倒在地，抽搐不止。认为女孩被魔鬼附体的传言迅速传播开来，导致 200 余人遭到使用巫术的指控。到了事件平息下来的时候，已经有 14 名女性、6 名男性被处死。

△ 汤普金斯·马特森创作的《审查一名"女巫"》（1853 年）

> "告诉人类，世间到处都是魔鬼和巫师……"
>
> 科顿·马瑟所著《难忘的天意》（1689 年）

1690—1694年 | 165

1693年
巴西的淘金潮

1693年，巴西的东南部发现金矿，这引发了人类历史上的第一次"淘金潮"。数以万计的葡萄牙人做起了一夜暴富的美梦，纷纷移民到了葡萄牙的这块海外殖民地。到了1730年的时候，巴西的黄金年产量已经达到了10吨。

△ **非洲黑奴**在巴西淘金

1694年 英格兰银行成立，将会成为给英帝国的扩张提供资金的机构

1694年 在巴西，由数以千计的逃亡奴隶组成的政权"**帕尔马里斯基隆布**"遭到镇压

1694年

1693年
西西里大地震

1693年1月11日，西西里岛的东南部发生大地震。卡塔尼亚和拉古萨是受灾最严重的两座城市，不仅有过半的居民死亡，大部分房屋也被地震摧毁。地震引发了海啸，就连距西西里岛有一段距离的马耳他岛也受到了波及。据估算，这次地震总共导致近6万人死亡。

△ 描绘**西西里大地震**的版画

1690—1775年
早期蒸汽机

把蒸汽当作动力的装置自古有之，但能够推动工业革命的蒸汽机却是从17世纪90年代开始才渐渐发展完善的。

1690年 出生在法国、后来因为自己的胡格诺派信仰被迫在德意志诸国生活的**物理学家德尼·帕潘**设计出了人类历史上的第一台活塞式蒸汽机原型机。

1698年 英格兰工程师**托马斯·萨弗里**发明蒸汽水泵，在商业上大获成功。

1712年 英格兰发明家**托马斯·纽科门**发明具有划时代意义的"纽科门蒸汽机"，用于矿井排水。

1763年 苏格兰发明家**詹姆斯·瓦特**改进纽科门蒸汽机的设计，后来发明出了用途更广、可以为工厂提供动力的蒸汽机。

1696 年
康熙帝亲征准噶尔

巩固了对明朝旧有疆域的统治后，清朝开始对长城以北的蒙古诸部用兵。1696年，康熙帝御驾亲征，率领一支兵力为8万人的军队跨过戈壁沙漠，向蒙古诸部中强大的准噶尔部发起进攻，取得了昭莫多之战的胜利。此战结束后，清朝重新统一了外蒙古的全部土地。

清王朝的疆域约占地球陆地面积的 10%

▷ 清朝的骑兵

1695 年

1697 年《赖斯韦克条约》生效，欧洲的九年战争（又名大同盟战争）宣告结束

1696 年
亚速要塞陷落

励志把俄国打造成一流强国的彼得大帝想要获得黑海的出海口，导致俄国与当时掌握着黑海制海权的奥斯曼帝国爆发战争。1695年，他率军围攻奥斯曼帝国位于黑海之滨的亚速要塞，却因为海军兵力不足而宣告失败。1696年，他率领一支由桨帆船组成的舰队卷土重来，攻下了要塞。此战结束后，俄国开始向南大举扩张。

◁ 罗伯特·克尔·波特创作的《攻占亚速要塞》

1654—1722 年
康熙皇帝

康熙帝1661年继位，在位61年，其间实现了中国国土的统一。他把儒家学说当作治国之本，同时推动经济发展，从而促进了满汉民族融合。

1697 年
奥斯曼帝国再遭败绩

1683 年，输掉了维也纳围城战后，奥斯曼帝国一直都在设法挽回损失。1697 年，苏丹穆斯塔法二世率大军北上，准备攻打哈布斯堡君主国。奥斯曼大军准备在现位于塞尔维亚境内的城镇森塔横渡蒂萨河，结果被萨伏依的欧根亲王指挥的军队半渡而击，被打得溃不成军。森塔战役结束后，哈布斯堡王朝确立了对匈牙利的控制权，把奥斯曼人赶出了中欧。

◁ 森塔战役（1697 年）

1698 年 在俄国，**射击军**（一个军人阶层）**发起的叛乱**被彼得大帝镇压

▷ 位于蒙巴萨的**耶稣堡**

1698 年
阿拉伯人统治东非

17 世纪下半叶，位于阿拉伯半岛的国家阿曼苏丹国取代葡萄牙，成为东非斯瓦希里海岸的地区霸主。17 世纪 90 年代时，位于蒙巴萨（现位于肯尼亚境内）的耶稣堡成为葡萄牙在这一地区的最后一座堡垒。1698 年，阿曼苏丹国派军队围住耶稣堡，在经过长时间的围城战后攻破了城池。在此后的近 200 年间，阿拉伯人一直控制着东非的大部分地区。

△ 卡尔萨教团的成立仪式

1699 年
锡克教徒成立卡尔萨教团

莫卧儿皇帝奥朗则布信奉伊斯兰教，出台极端宗教政策，令生活在北印度的锡克教徒如坐针毡。与奥朗则布有杀父之仇的锡克教祖师哥宾德·辛格决定成立一个由战士组成、名为卡尔萨教团的组织，想用教团的力量来捍卫锡克教徒的宗教自由。1699 年，第一批教团成员在旁遮普地区的城镇阿南德普尔接受"洗礼"。卡尔萨教团在服装和行为方面遵守严格的戒律，逐渐成了锡克教的核心。

1701—1901 年
阿散蒂王国

阿散蒂王国位于现在的加纳境内，在17世纪时登上历史舞台。阿散蒂人是讲阿坎语的民族的一支，由一系列17世纪末时以库马西为中心建立的小酋邦组成。自1701年起，奥塞·图图统一了酋邦，成为阿散蒂王（绝对君主），即西非几内亚湾沿岸在政治及军事上最强大的国家的统治者。黄金是阿散蒂王国最主要的产品，而金粉则成了流通货币，即便是最贫穷的阿散蒂人也拥有金饰品。然而，阿散蒂人同样也变成了奴隶贩子，会袭击敌对的邻国，在战争中抓捕俘虏，用他们与英国人、荷兰人、法国人交换奢侈品，而火器则更是成了最重要的进口商品。阿散蒂人得以利用火器提供的技术优势来加强实力。王国在奥波库·韦尔的统治下扩张到了最大版图，除了横跨加纳的中东部及西部，还包括象牙海岸和多哥的部分地区。

19世纪初时，领土的扩张导致阿散蒂人与在海岸角殖民的英国人爆发冲突。从1824年起，到1899年为止，阿散蒂王国与英国及其盟友发生了五场战争。英国人渐渐地占据上风，于1874年攻占库马西，纵火烧城，之后又废黜阿散蒂王，迫使他流亡海外，并最终于1900年正式吞并了阿散蒂王国。

关键时刻

1701年 奥塞·图图实现了阿散蒂人的民族统一
作为新成立的阿散蒂王国的国王，奥塞·图图用"金凳子"来象征自己的权威。金凳子每年都要在仪式中接受净化，而净化仪式则成了阿散蒂山药节（见左图）——庆祝第一批山药收获的节日——的组成部分。

1720—1750年 贸易与扩张
阿散蒂王国在奥塞·图图的后继者奥波库·韦尔的统治下继续扩张，扩大了向北穿越撒哈拉沙漠的商业网络，贸易品除了有象牙、可乐果，还有最为重要的黄金——用来称量黄金的砝码个个精美无比（见左图）。

1824—1901年 与英国的战争
阿散蒂人对属于芳蒂人的土地提出领土主张（芳蒂国家繁荣，是英国的仆从国），结果与英国人爆发了冲突（见左图）。此后，阿散蒂人又与英国人发生了四场战争，而英国人则在取得最后一场战争——起因是英国人不尊重阿散蒂王国的金凳子——的胜利后获得了对整个黄金海岸的支配权。

阿散蒂王国 | 169

本页的背景图是一张拍摄于 1896 年的照片。在照片中，**阿散蒂国王科比纳和他身边的部落成员**都身着传统的肯特布服装。18 世纪时，阿坎人的王室成员疯狂地喜欢上了肯特布，会像罗马人穿着托加长袍那样，把整块布料裹在身上。19 世纪时，阿散蒂王国的首都库马西成为生产肯特布的纺织中心。

1701年
西班牙王位继承战争爆发

1701—1713年，法国和西班牙以争夺西班牙王位为目的，与由英格兰、荷兰、奥地利等国组成的大同盟交战。在战争开始前，法国国王路易十四的孙子安茹公爵腓力继承卡洛斯二世的王位，成为西班牙国王腓力五世。

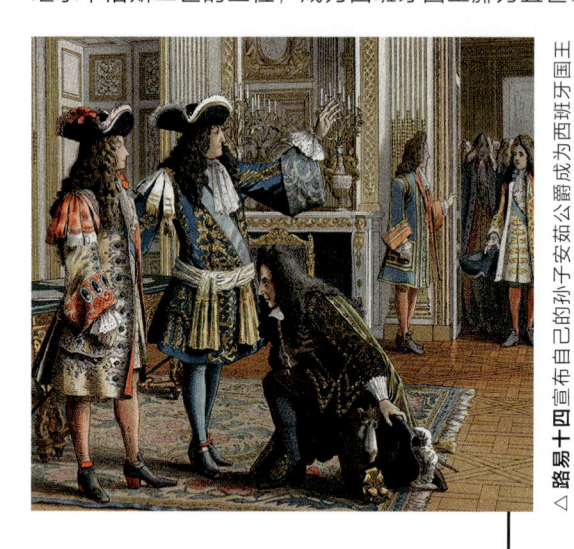

△ 路易十四宣布自己的孙子安茹公爵成为西班牙国王

1709年
焦炭首次被用于生铁冶炼

亚伯拉罕·达比发明了用焦炭——用煤生产的燃料，与用木材生产的木炭不同——冶炼铁矿石的技术，给冶炼业带来了革命性的变化。焦炭冶炼技术的出现不仅为规模更大的高炉的出现创造了条件，还缓解了因为森林的减少而日渐紧张的木炭供应问题给英国造成的困扰，从而为工业革命提供了强大的动力。

△ 什罗普郡科尔布鲁克代尔村用来冶炼生铁的**高炉**

1704年 基督教领袖比阿特丽斯·金帕·维塔发起运动，反对葡萄牙人在刚果王国境内的奴隶贸易

1708年 锡克教的最后一任祖师哥宾德·辛格遇刺身亡

1700年

1701年 阿散蒂王国在现在的加纳境内兴起

1700年
大北方战争爆发

俄国及其盟友对瑞典帝国在北欧及东欧的霸权发起挑战，引起了大北方战争（1700—1721年）。瑞典国王卡尔十二世连战连捷，到了1706年的时候已经击败大部分敌国，之后又在1707年时率兵入侵俄国。1709年，彼得大帝在波尔塔瓦击败卡尔，把瑞典人赶出了波罗的海沿岸地区。1721年，瑞典与俄国签订《尼斯塔特和约》，把波罗的海诸省割让给俄国，为大北方战争画上了句号。

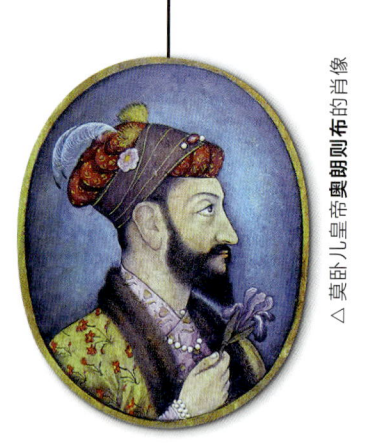

▷ 保罗·德拉罗什创作的《**彼得大帝**》

△ 莫卧儿皇帝奥朗则布的肖像

1707年
奥朗则布去世

奥朗则布（生于1618年）是莫卧儿帝国最后一位伟大的皇帝，他在1658年的时候夺取父亲沙贾汗的皇位，宣称自己是"世界的征服者"。他是个虔诚的穆斯林。莫卧儿帝国在他的统治下扩张到了最大版图，在此期间经常与马拉地帝国发生战争。奥朗则布去世后，莫卧儿帝国土崩瓦解——虽然存续到了1857年左右，却早已名存实亡。

1709 年
阿富汗起义

1709 年，米尔维斯·霍塔克把阿富汗南部的坎大哈地区从萨非王朝的波斯统治者手中解放了出来。他建立的霍塔克王朝统治着包括今天阿富汗、伊朗、巴基斯坦西部在内的地区，其统治一直持续到了 1738 年，也就是坎大哈被波斯的新统治者纳迪尔沙重新征服的那一年。

> "愿纯洁的道路铺满全世界。"
>
> 哥宾德·辛格（1699 年前后）

△ 坎大哈城内的米尔维斯·霍塔克陵

1709 年 大寒潮席卷西欧，北海出现冰川

1710 年 德意志城镇迈森生产出了**欧洲的第一批瓷器**

1714 年

1713 年
英国的奴隶贸易出现爆炸性增长

1713 年，西班牙与英国签订黑奴运输合同。按照合同的规定，在之后的 30 年内，英国商船应当每年向西班牙的美洲殖民地运送 4 800 个非洲黑奴。借着这一纸合同，再加上自 1698 年起非洲向所有的英国商人全面开放，以及新大陆的甘蔗种植园对劳动力日渐增长的需求，18 世纪的英国变成了全世界最大的奴隶贩子。据估计，从 1640 年起，到 1807 年为止，英国总共向新大陆输送了 310 万名非洲黑奴，这让伦敦、布里斯托尔和利物浦这三座港口城市赚得盆满钵满。

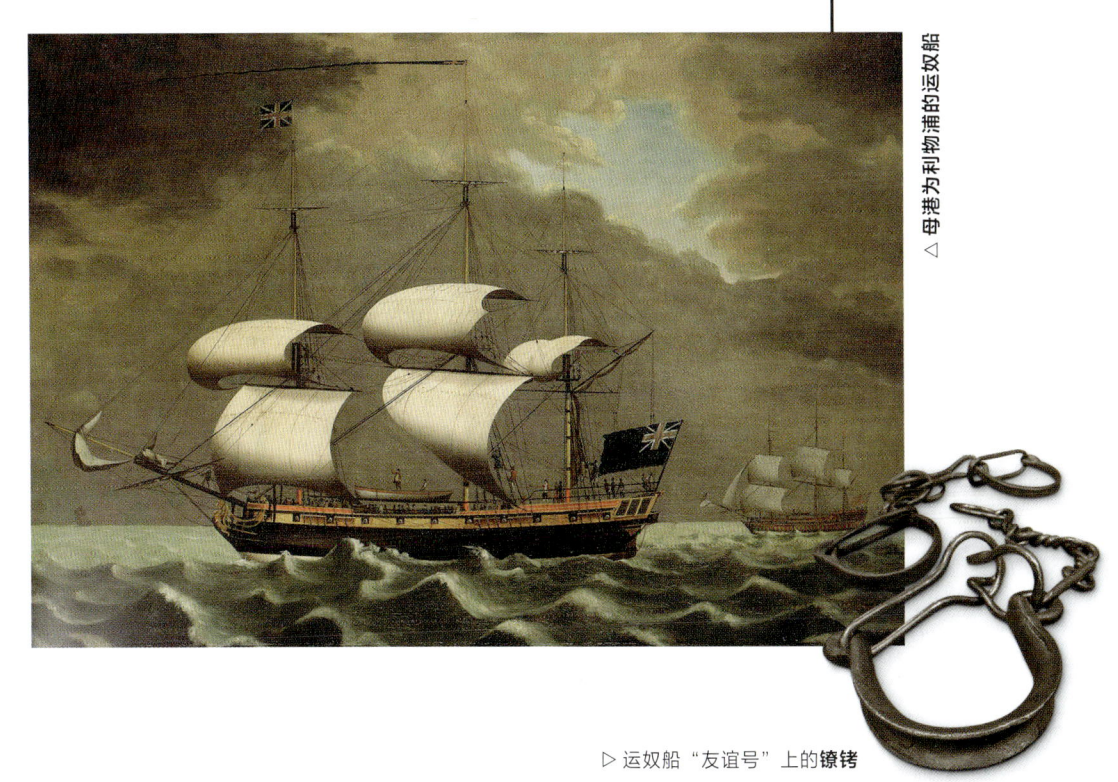

△ 母港为利物浦的运奴船

▷ 运奴船"友谊号"上的**镣铐**

1774 年，塞缪尔·克朗普顿发明**骡机（走锭精纺机）**，给棉纺织业带来了革命性的变化。骡机不仅能够一次生产上百锭的纱线，更是可以生产出不同品质、不同类型的纱线。1812 年时，骡机的数量已经超过 400 万台，纺织品进入了大规模生产时代。

1700—1799年
工业化

18世纪时，技术创新和广泛的社会变迁碰撞出火花，令英国的经济发生了翻天覆地的变化。更先进的农耕技术提升了农场的生产效率，为农业劳动力向其他行业的流动创造了条件，而新的银行业务形式则盘活了资本，让更多的资金流向了投资领域。蒸汽机不仅取代了水车和提供畜力的马匹，开始为工厂和运输工具提供动力，还提升了采矿业的生产效率，使其可以为英国快速发展的冶炼业提供充足的原材料。1709年，煤炉取代炭炉，给钢铁冶炼业带来了革命性的变化。1783年，用来去除生铁中杂质的普德林法和轧制法出现，开启了钢铁的大规模生产时代。以珍妮纺纱机、阿克莱特的水力纺纱机为代表的发明令纺织业离开工匠的小作坊，进入了大工厂。炼铁厂、纺织厂迁往米德兰兹地区、英格兰北部、威尔士南部的煤矿附近后，英国出现了由运河和道路组成、覆盖全国、能够把工业产品运送到各个地区的运输网络。

工业化增强了英国的经济实力，而经济实力的增强则一方面让英国获得了更强的政治权力，另一方面带来了社会变革，工人们开始团结起来，把罢工或毁坏机器当作常用的斗争方式来争取更高的薪水、更好的工作环境。19世纪时，德国、法国、美国和日本也加入了工业革命，从而彻底地改变了现代世界的面貌。

关键时刻

1712年 纽科门蒸汽机引发采矿业革命
煤炭作为工业革命的燃料，是钢铁生产不可或缺的原料。1712年，托马斯·纽科门发明纽科门蒸汽机，让英国的煤矿获得了廉价而又高效的排水设备，使煤矿可以不断地刷新煤炭开采的深度纪录，令采矿业发生了革命性的变化。到1729年时，在英国和其他欧洲各国，已经有超过100台纽科门蒸汽机被用于矿井排水，这大幅提升了煤炭产量，引发了工业生产领域的巨大变化（见右图）。

1779年 世界上第一座用铸铁建造的拱桥竣工
横跨塞文河的"铁桥"（见右图）位于英格兰的什罗普郡，是人类工程史上的一个转折点，展示了铸铁——这种能够给新兴工业时代下定义的材料——都能实现什么样的工程奇迹。由于生产蒸汽机需要大量的铸铁，再加上拿破仑战争拉高了各国的军械需求量，英国的铁产量增长迅猛，在1793年到1815年之间翻了两番。

1715年
雅马西战争

英国殖民者与生活在南卡罗来纳殖民地境内的美洲原住民雅马西人爆发战争。战火不仅几乎摧毁了殖民地，还催生出了强大的马斯科吉-克里克联盟、卡托巴联盟。

▽ 描绘**雅马西战争**的木版画（1844年）

1720年
巴吉拉奥成为佩什瓦

1720年，年仅20岁的巴吉拉奥成为由信奉印度教的战士组成的马拉地帝国的第七任佩什瓦（首相）。他是天才的骑兵将领，一生未尝败绩。他的骑兵战术包括迅速包围敌军、从出其不意的角度发起进攻，这会令敌人惊慌失措，从而保证马拉地人拥有战场主动权。马拉地帝国的军队迅疾如风，会就地解决粮草问题，在巴吉拉奥的指挥下不断地征服扩张，对莫卧儿帝国造成了严重的威胁。

◁ **巴吉拉奥一世**（1700—1740）人物像

1716年 为了应对路易斯安那的法国人对得克萨斯东部造成的威胁，**西班牙人修建了圣安东尼奥要塞**

1715年

1721年 日本剧作家近松门左卫门的代表作《情死天网岛》首演

▷ 位于伊斯坦布尔托普卡帕宫的**苏丹艾哈迈德三世喷泉**

1718—1730年
奥斯曼帝国的郁金香时期

进入郁金香时期后，奥斯曼帝国的艺术和文化百花齐放，建筑和装饰不仅变得越来越精美，还开始受到西方艺术风格，比如巴洛克风格的影响。这一时期之所以被称作郁金香时期，是因为郁金香在当时的奥斯曼帝国大受欢迎，经常成为艺术设计的主题。

1653—1725年
近松门左卫门

近松门左卫门创作了100余部歌舞伎作品及净瑠璃木偶剧，剧中人物复杂而又真实，剧情更是注重对人性本质的探究，而他也因此成了日本最具影响力的剧作家之一。

1722年
雍正帝继位

1722年，康熙帝驾崩后，其子爱新觉罗·胤禛继位，定年号为雍正。雍正帝一方面通过设立军机处加强中央集权，另一方面设法减少欧洲对中国的影响，所采取的措施包括驱逐基督教传教士、禁烟（鸦片）、把广州定为唯一的对外通商口岸。

▷ 雍正皇帝肖像

1721年
西方国家开始使用人痘接种法

人痘接种法在亚洲和非洲十分普及，指把天花患者的痘痂制浆，用刀拭在受种者皮肤的切口之下，以达到免疫之效。英国作家玛丽·沃特利·蒙塔古夫人在自己的孩子身上种痘，成功地使自己的孩子免疫天花后，人痘接种法开始在欧洲普及开来。尽管种痘后受种者必须自我隔离，但许多欧洲的医生却无视这一规定，允许有传播天花病毒能力的受种者自由地参与社交活动。

△ 玛丽·沃特利·蒙塔古夫人肖像

1722年 马哈茂德·霍塔克率领阿富汗的军队**推翻了伊朗的萨非王朝**

1724年 印度的莫卧儿帝国**进一步分裂**，阿瓦德地区、海得拉巴地区落入敌对势力之手

> "只拥有陆军的君王只有一只手臂，要加上海军，他才能双臂齐全。"
>
> 彼得大帝（1700年前后）

1721年
彼得大帝成为"全俄罗斯皇帝"

取得大北方战争的胜利后，彼得大帝主导了俄国由沙皇国转变为帝国的过程，成为现代俄国的奠基者。他用西欧的理念来帮助俄国实现现代化；他修建了圣彼得堡，创建了俄国海军，唯才是用，破除了子承父业的用人制度。在彼得的统治下，俄国成为世界强国，对奥斯曼帝国和波斯帝国构成了威胁。

◁ **彼得大帝**站在波罗的海岸边，思考着如何修建圣彼得堡

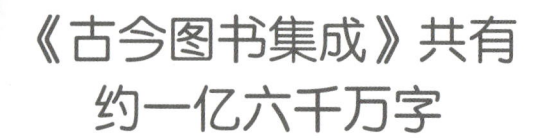

1725年
提琴制作师斯特拉迪瓦里的黄金时期

自1700年起,意大利提琴制作师安东尼奥·斯特拉迪瓦里制作了许多音色、工艺和外观都无与伦比的小提琴、中提琴、大提琴。目前总共有大约650把斯氏制作的提琴存世。

▷ 斯特拉迪瓦里制作的小提琴

《古今图书集成》共有约一亿六千万字

1725年 奥地利与西班牙签订《维也纳条约》,改变了欧洲的势力平衡

1726年《古今图书集成》出版。该书共1万卷,是中国前现代时期篇幅最大的百科全书

1728年
大北极探险

俄国皇帝彼得大帝决定搞清楚帝国的东部疆域到底有多么辽阔。他命令丹麦航海家维图斯·白令从堪察加半岛出发,沿西伯利亚地区的海岸线向北航行。1728年,白令的船队抵达把西伯利亚和阿拉斯加分隔开来的海峡——现在的白令海峡,发现这道海峡就是西伯利亚的东部边境。1733—1743年,俄国政府发起第二次北极探险,派出一支规模为3 000人的探险队,对帝国北部绵延不绝的海岸线进行地图测绘工作。

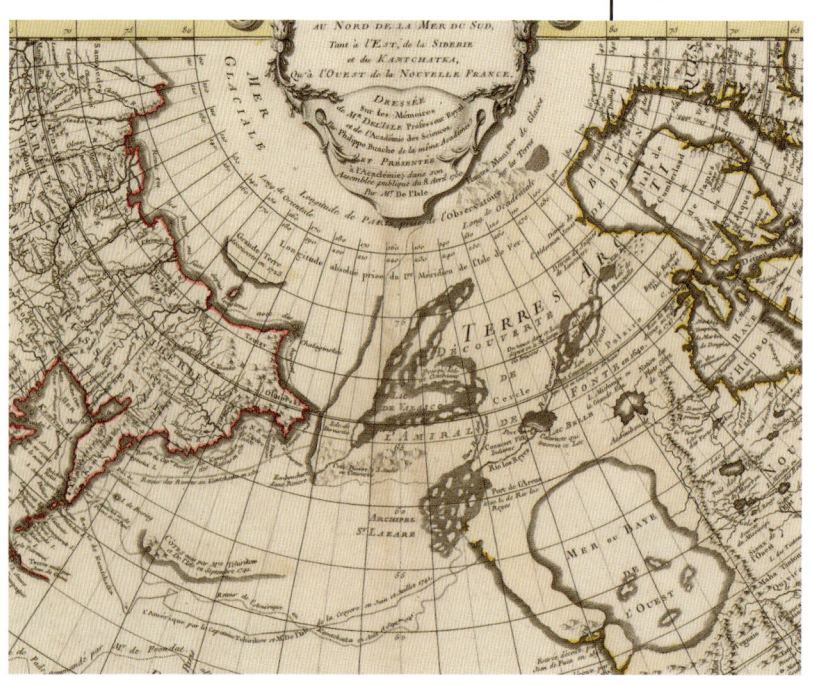

△ 1750年绘制的大北极地区地图,展示了**俄国探险队的路线**

1730 年
神道教复兴

18 世纪时，神道教已经偏离了自然崇拜的本质，与佛教和儒家思想融合到了一起。18 世纪 30 年代期间，荷田春满、贺茂真渊发起改革运动，试图消除佛教和儒家思想对神道教的影响，转而强调神道教朴素的道德观，想要恢复古老的神道教仪式。神社像雨后春笋一样涌现了出来，到了 19 世纪初的时候，日本政府甚至出台法令，规定国内的每个家庭都必须属于某个神社的辖区。

◁ 严岛神社

1731 年 达荷美王国承认约鲁巴人在西非建立的奥约帝国是本国的宗主国

1733 年 飞梭的发明提升了纺织业的生产效率

1729 年
纳迪尔沙统一伊朗

1722 年，萨非王朝的末代沙阿苏尔坦·侯赛因被推翻后，纳迪尔沙先是趁乱获得对伊朗北部的控制权，之后又击败阿富汗霍塔克王朝的统治者，取得达姆甘战役（1729 年）的胜利，最终成了伊朗全境的统治者。1736 年，纳迪尔沙自立为沙阿，开创了阿夫沙尔王朝。此后，他把俄罗斯帝国和奥斯曼帝国的军队赶出伊朗，建立了一个庞大的帝国。阿夫沙尔王朝的统治一直持续到了 1796 年。

△ 战场上的**纳迪尔沙**

△ 佐治亚殖民地的建立者詹姆斯·奥格尔索普

1732 年
英国在北美洲的最后一个殖民地佐治亚建立

1733 年建立的佐治亚殖民地得名于英国国王乔治二世，是英国在北美洲大西洋沿岸建立的十三个殖民地中成立时间最晚的。英国政府建立佐治亚殖民地的目的是加强英国在北美洲南部的影响力。

◁ 波兰国王奥古斯特三世像

1735 年
波兰王位继承战争结束

1733 年，波兰国王奥古斯特二世去世后，波旁王朝统治的法国联合西班牙，哈布斯堡王朝统治的奥地利联合普鲁士、俄国，分别推出本方支持的王位继承人，由此引发了一场大战。战争一直持续到了 1735 年，也就是交战双方签订和平协议的那一年。1738 年，奥古斯特三世——奥地利支持的人选——的国王地位获得正式确认。

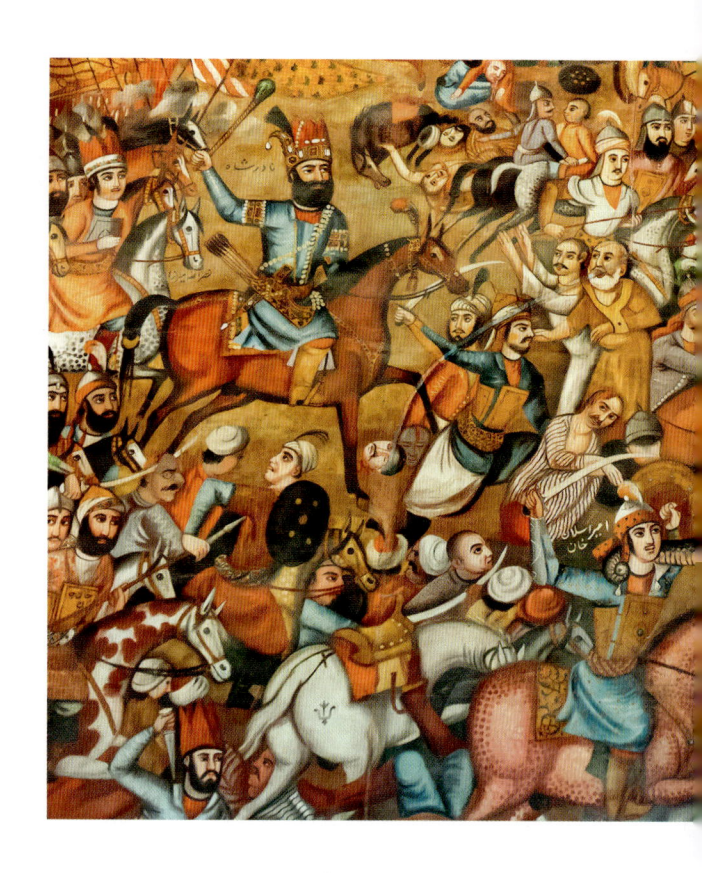

1735 年 信奉伊斯兰教的富拉尼人在西非建立由信奉伊斯兰教的省份组成的邦联国家富塔贾隆

1735 年 夏尔·马里·德·拉孔达米纳对亚马孙河所有能够行船的河段进行首次科学考察

1707—1778 年
卡尔·林奈

被誉为"分类学之父"的瑞典自然科学家林奈建立了一套统一的、系统层次结构分明的分类体系，按照物种间的差异，对所有已知的物种进行分类。

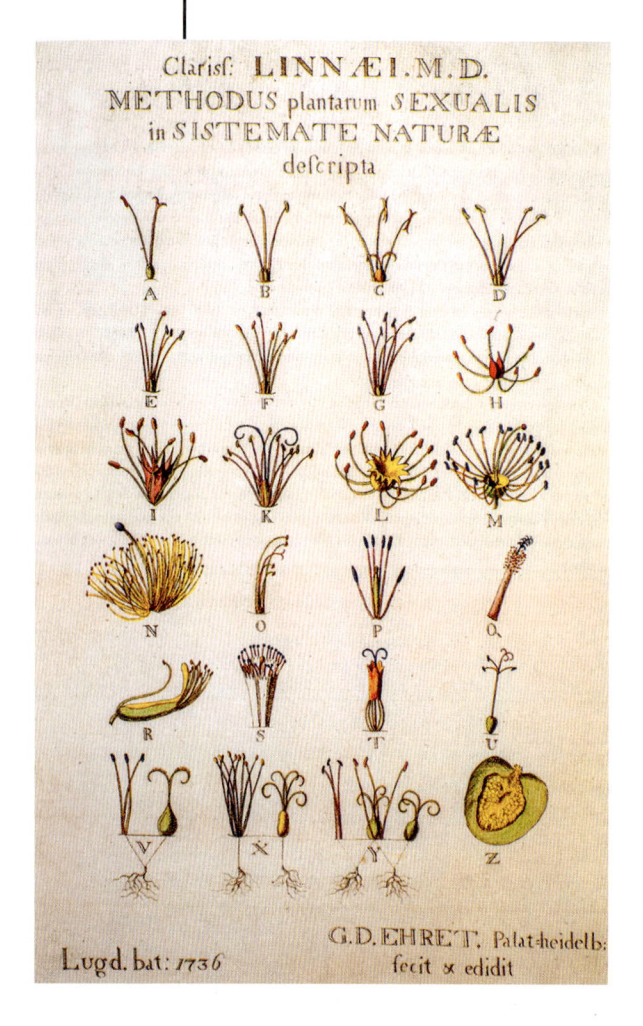

1735 年
卡尔·林奈发表《自然系统》

林奈在《自然系统》一书中提出了分类体系，该体系以结构和特征为依据，把生物划归到了不同的组别中去。他提出标准化的双名法，规定所有物种的名称都应当由两个拉丁文单词组成。此后，林奈又出版了包括《植物属志》(1737 年)、《植物种志》(1753 年)在内的一系列著作，进一步完善了自己提出的分类体系。林奈把生物分为植物界、动物界，并进一步按照纲、目、属、种这几个分类单位来对物种进行分类。现如今，林奈的分类体系仍然具有指导意义，能够引导我们以有条有理的方式来认识自然世界。

◁《自然系统》的插图

1738 年
纳迪尔沙入侵印度的莫卧儿帝国

征服阿富汗境内的坎大哈后，波斯统治者纳迪尔沙入侵印度的莫卧儿帝国，当时的莫卧儿帝国已经因为与锡克教徒和信奉印度教的马拉地人作战而焦头烂额。1739 年，他在卡纳尔击败拥有兵力优势的莫卧儿帝国军队，俘获皇帝穆罕默德·沙。战斗结束后，他洗劫了德里城，掠走了包括孔雀宝座、"光明之山"钻石在内的总价值高达 7 亿卢比的财宝。这笔巨大的财富提供了充足的军费，让纳迪尔沙能够继续东征西讨，在与奥斯曼帝国作战的同时在北高加索地区用兵。

◁ 描绘**卡纳尔战役**的壁画

> "如果连名字都搞不清楚，那么我们对事物的了解也会荡然无存。"
>
> ——卡尔·林奈所著《植物哲学》（1751 年）

1739 年 俄土战争结束，俄国放弃了对克里米亚半岛的领土要求，但获得了亚速的海港

1735 年 法国开始在印度洋的岛屿上建立甘蔗种植园

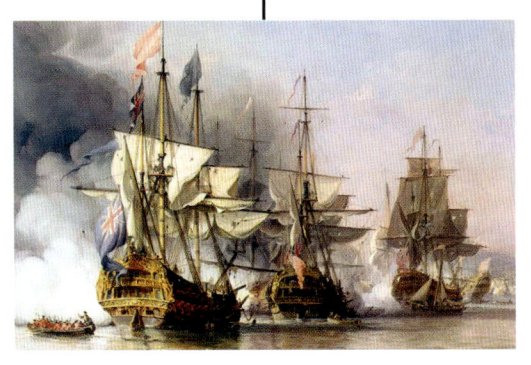

1739 年
詹金斯之耳战争爆发

防止走私商品进入新大陆殖民地的西班牙海岸警卫部队在登船检查的时候，割了英国商船船长罗伯特·詹金斯的一只耳朵，结果触怒英国，引发了战争。英国政府派兵攻击西班牙的海外殖民地，占领了位于巴拿马的波托韦洛海军基地。詹金斯之耳战争一直持续到了 1748 年，在奥地利王位继承战争爆发后成为这场规模更大的战争的一部分。

△ 攻占波托韦洛

1735—1796 年
乾隆盛世

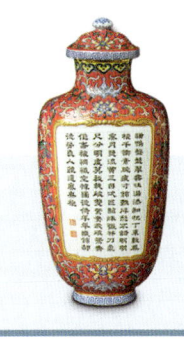

乾隆皇帝在位 60 年，其间中国发展成了一个庞大的多民族国家，这种多样性深受乾隆帝喜爱。

1735 年 雍正皇帝驾崩，**爱新觉罗·弘历继位，定年号为乾隆**，免民欠丁赋及额赋。

1750 年 乾隆皇帝因为拥有很高的书法、诗文造诣而名扬天下，同时他还出资赞助文学创作，命人编写著作来颂扬满洲人的文化和历史。

1755 年 乾隆皇帝平定准噶尔部（"十全武功"之一），将清朝的版图扩张至最大，但同时也造成了巨大的财政负担。

1770 年 乾隆皇帝在圆明园**收集大量艺术品**，其中包括他自己的御笔书法作品，比如烧制在上图花瓶上的御笔。

1740年
腓特烈大帝成为普鲁士国王

腓特烈大帝彻底地改变了普鲁士王国，令其跻身欧洲强国的行列，并在此过程中扩大了普鲁士的版图——尤其在第一次瓜分波兰（1772年）的过程中获得了大量的土地。腓特烈是一位开明君主，会出版自己的著作，并大力资助科学研究、艺术创作，不仅让以约翰·塞巴斯蒂安·巴赫为代表的音乐家获得财政支持，还出资修建了柏林国家歌剧院。

> "……腓特烈就像明亮的北极星，不仅是德意志诸国的中心，全世界似乎也都在围着他旋转。"
>
> 德国作家约翰·沃尔夫冈·冯·歌德对腓特烈大帝的评价（1833年前后）

△ **腓特烈大帝**在无忧宫吹奏长笛

1740年 在波兰，**巴尔·谢姆·托夫**提出哈西德主义——一个影响力很大的犹太复兴运动

1741年 约翰·塞巴斯蒂安·巴赫发表巴洛克音乐名作《哥德堡变奏曲》

△ 多瑙河岸边的奥军营寨

1742年
摄氏温标

瑞典物理学家安德斯·摄尔西乌斯提出了使用水银温度计，把水的冰点与沸点之间的温度差分为100个刻度的测温方法。摄尔西乌斯把水的沸点定为0摄氏度，把冰点定为100摄氏度，直到1750年，他的同事马丁·施特勒默把沸点和冰点的位置颠倒了过来，摄氏温标才变成了我们熟知的样子。

△ 1790年前后的**水银摄氏温度计**

1740年
奥地利王位继承战争爆发

1740年，神圣罗马帝国皇帝查理六世驾崩后，各国对他女儿玛丽亚·特蕾西亚是否拥有对奥地利领土的继承权，以及特蕾西亚的丈夫是否有权获得他的头衔各执己见，结果引发了一系列一直持续到1748年的武装冲突。普鲁士、巴伐利亚、法国、西班牙、瑞典、俄国、英国等都卷入了这场战争。玛丽亚·特蕾西亚最终保住了继承权，她的丈夫和儿子也先后成为神圣罗马帝国皇帝。玛丽亚·特蕾西亚的统治一直持续到了1780年，也就是她去世的时候，但奥地利却受困于许多尚未解决的问题，国力走了下坡路。

1740—1749年 | 181

▽这张挂毯描绘了欧洲人在印度的战争

1744 年
第一次卡纳蒂克战争

英法两国因为奥地利王位继承战争而进入战争状态后，英国东印度公司与法国东印度公司开始在卡纳蒂克地区争夺对贸易站的控制权。英国首先发难，攻击了法国的舰队，而法国则向英国控制的马德拉斯及圣大卫堡发起进攻，之后英军又开始围攻驻扎在本地治里的法军。双方虽然在1748年时签订了和约，但之后很快又刀兵相向。

1749年

1744 年 德拉伊耶酋长国（第一沙特王国）的埃米尔穆罕默德·本·沙特与穆罕默德·伊本·阿卜杜勒·瓦哈卜一起建立了第一个沙特政权

1746 年 海啸及地震摧毁了秘鲁城市利马及卡亚俄

1746 年 艾哈迈德沙·杜兰尼实现阿富汗的民族统一，成为现代阿富汗的国父

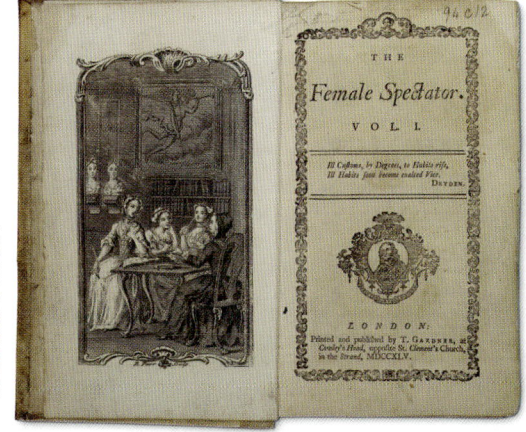

▽《女观察家》的扉页

1745 年
伊丽莎·海伍德创办《女观察家》

1745年，有史以来第一份由女性编写、以女性读者为受众的期刊发行了创刊号。每一期《女观察家》都会聚焦某个特定议题，由"观察家"和数个分别代表不同年龄段女性的"助手"发表相关评论。

1746 年
卡洛登战役

自从1688年詹姆士二世流亡国外时起，他的支持者詹姆士党就一直在设法复辟斯图亚特王朝，想要把该王朝的成员扶上英国的王位。1745年，"英俊王子"查理（查尔斯·爱德华·斯图亚特）率领詹姆士党的军队占领苏格兰，之后攻入英格兰，在被迫撤退前已经兵临德比城。此后，詹姆士党的军队在因弗内斯附近的卡洛登与英军决战，被杀得片甲不留——卡洛登战役是发生在英国本土的最后一场大会战。

◁查尔斯·爱德华·斯图亚特肖像

1700—1789年
启蒙运动

启蒙运动是涵盖面极广的哲学及文化运动，在18世纪期间对欧洲和北美的知识及艺术活动产生了决定性的影响。启蒙运动以科学革命及以约翰·洛克——他认为人人生而平等自由——为代表的政治理论家发表的著作为根基，涉及政治、宗教和经济等人类生活的方方面面。启蒙运动的思想家提倡理性和自由思考，反对把人类笼罩在"黑暗"中的教条、宗教信仰、迷信。以伏尔泰、让-雅克·卢梭、伊曼努尔·康德、托马斯·潘恩为代表的启蒙运动理论家认为，理性是权威和合法性的最主要来源。他们探索了包括自由、平等、进步、宽容和立宪政体在内的理念，对欧洲的君权及教权发起挑战，引发了18世纪的革命大潮。潘恩和卢梭反对君主专制和君权神授理论，对法国大革命和《独立宣言》产生了重要的影响。尽管启蒙运动的思想家一直都把平等和自由挂在嘴边，但至于到底是谁才有资格享受到平等和自由，可就多半是另一回事儿了。女性和有色人种迟迟都无法实现平权。实际上，启蒙运动注重科学的特点反倒给种族主义提供了虚假的科学理论基础，被用来为奴隶制和殖民压迫辩护。

关键时刻

1751—1772年 狄德罗主编的《百科全书》出版
法国哲学家德尼·狄德罗组织编写《百科全书》（左图展示了书的内页），试图分门别类，收录人类在科学、哲学、政治和宗教领域积累的所有知识。狄德罗在书中指出，政府应当把平民百姓的利益摆在首位，这为法国大革命提供了理论基础。

1784年 康德发表《什么是启蒙运动？》，给启蒙运动下了定义
1784年，德国哲学家伊曼努尔·康德发表题为《什么是启蒙运动？》的文章，提出启蒙是指"人类脱离自己所加之于自己的不成熟状态"。他认为，人类之所以安于现状，感到脱离不成熟状态的过程困难重重，原因在于人类缺乏独立思考的勇气。康德用"敢于求知"这样一句格言总结了启蒙思想的精髓，即对思想的培育。

启蒙运动 | 183

本页的背景图是英国画家约瑟夫·赖特的画作《气泵里的鸟实验》（1768年）。画作用生动形象的方式把启蒙运动展现在观众眼前——画中科学家使用理性的方式探索世界，这就好似一盏明灯，给目睹实验的观众带来光明，让他们得到"启蒙"。

▽ 瓜拉尼印第安人的生活——耶稣会会士弗洛里安·鲍克的画作

1750 年
《马德里条约》

《马德里条约》于 1750 年 1 月 14 日签订，取代了签订时间更早的《托德西利亚斯条约》（1494 年），目的是为西班牙和葡萄牙的新大陆殖民地划定边界。为了控制住葡萄牙的扩张势头，西班牙做出让步，把（现代）巴西的大部分土地让给了葡萄牙。耶稣会设在南美的分支机构和南美原住民瓜拉尼人都强烈反对《马德里条约》。1777 年，西葡两国第一次签订《圣伊尔德丰索条约》，最终敲定了两国南美殖民地的边界线。

1750 年 女扮男装的汉娜·斯内尔 结束了长达数年的军旅生涯，光荣退役，不再为英军效力

1751 年 英国东印度公司的部队在**第二次卡纳蒂克战争**中占领法国据点阿尔果德

1752 年 雍籍牙统一缅甸，创立贡榜王朝，贡榜王朝对缅甸的统治一直持续到了 1885 年

1751 年
金酒风靡英国

18 世纪初，英国的金酒消费量一飞冲天。金酒售价低廉、唾手可得，在英国引发了社会危机。画家威廉·贺加斯创作版画，讽刺迷上了金酒的英国人，宣称啤酒益处多多，比坏处多到数不清的金酒强百倍。限制金酒消费的措施接连失败，直到 1751 年，英国议会通过《金酒法案》，控制住了金酒的销售后，英国人才终于渐渐地摆脱了对金酒的依赖。

> "金酒就好像被诅咒的恶魔，它怒气冲冲，把所有的人类都当成猎物。"
>
> 詹姆斯·汤利为贺加斯的版画《金酒小巷》创作的配诗（1751 年）

△ 威廉·贺加斯创作的讽刺金酒危机的版画《金酒小巷》

1754 年
法国-印第安战争

为了争夺北美霸权，法国和英国爆发了多场战争，1754—1763 年的法国-印第安战争就是其中的一场。英国先是在战争的头几年丢了好几座要塞，之后在 1758 年时转守为攻，于 1759 年 9 月取得魁北克战役的胜利。这场战争成了七年战争的一部分，在 1763 年时与七年战争一起结束。英国虽然获得胜利，取得了对北美的控制权，但同时也因为盘剥太过严重而引起了美洲殖民者的不满。

▷ 法国-印第安战争的战场

1706—1790 年
本杰明·富兰克林

费城人本杰明·富兰克林是成功的作家、科学家，他不仅揭示了雷电的真相、发明了双焦距眼镜，还是美国宪法的起草者之一。

1753 年 苏格兰医生詹姆斯·林德提出理论，认为橘子可以治疗水手的坏血病

1754 年
本杰明·富兰克林主张北美殖民地组成联盟

本杰明·富兰克林在 1754 年 6—7 月召开的奥尔巴尼会议上提出"联盟计划"，认为英国的北美殖民地应当组成一个松散的联盟。按照富兰克林的设想，联盟应当由主席领导，并且拥有税款征收权。"联盟计划"并没有付诸实施，但仍然种下了美国独立的种子。

△ 本杰明·富兰克林绘制的卡通画（画中文字的意思是：不团结起来，就只有死路一条）

1750—1785 年
面向公众的艺术

18 世纪时，欧洲各国的王室成员开始展出私人藏品，在欧洲修建了许多大型博物馆。

1750 年 卢森堡博物馆展出了路易十五的藏品，比如上图展示的这幅达·芬奇的作品。

1753 年 约翰·索恩爵士向英政府捐献了 7.1 万件藏品，这些藏品为世界上第一座面向公众的国家博物馆大英博物馆奠定了基础。

1764 年 为了存放俄国皇室数量巨大的藏品，叶卡捷琳娜大帝在圣彼得堡修建了**艾尔米塔什博物馆**。

1785 年 普拉多博物馆修建的初衷是为存放西班牙国王卡洛斯三世（见上图）的"珍奇屋"藏品，该博物馆于 1819 年向公众开放。

1755 年
里斯本发生地震，并遭到海啸袭击

1755 年 11 月 1 日，里斯本发生大地震，数千座房屋和大型建筑被摧毁，就连教堂也没能幸免——那天刚好是诸圣节，教堂里聚集了大量庆祝节日的信众。地震造成的海啸席卷大西洋，在 10 个小时后影响到了马提尼克岛。在里斯本，地震、地震引发的海啸及持续六天的大火总共造成大约 6 万人死亡。

△ 描绘里斯本地震和海啸的图画

1756 年 著名作曲家**沃尔夫冈·阿马多伊斯·莫扎特**在奥地利萨尔茨堡出生

1756 年 七年战争拉开帷幕，**普鲁士**在波希米亚境内的罗布西茨**击败奥地利**

> "我可以明确地告诉你，这座宏伟壮丽的大城市已经变成了一片废墟。"
>
> ——一位名叫查尔斯·戴维的牧师对里斯本地震和海啸的描述（1755 年）

1755 年
塞缪尔·约翰逊出版《约翰逊词典》

塞缪尔·约翰逊在六个助手的帮助下只用了 9 年的时间，就完成了《约翰逊词典》（两卷本）的编写工作——与这本词典相似的法语词典用了整整 40 年的时间才完成编写工作。《约翰逊词典》收录了超过 4 万个释义、大约 11.4 万个引例。约翰逊的释义通常比较主观，会反映出他本人的幽默感和偏见。直到 1884 年《牛津英语词典》问世为止，《约翰逊词典》一直是最优秀的英语词典。

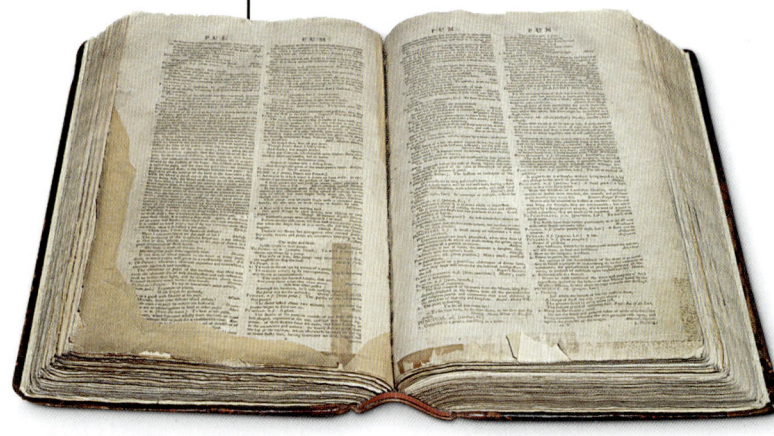

△ **塞缪尔·约翰逊**编写的词典

1756 年
七年战争爆发

法国与英国的殖民竞争问题,以及奥地利王位继承战争的遗留问题在 1756 年集中爆发,引发了一场席卷全球的海陆大战,印度、北美、南美、加勒比地区、欧洲和西非都卷入了战争。1763 年战争结束后,普鲁士变成了欧洲的一流强国,而英国则在北美及印度的殖民争夺中占据了上风。

△ 参加魁北克战役的英军

1759 年
英国的奇迹年

1759 年,英国在七年战争中取得了数场重大胜利。9 月 10 日,英国舰队取得本地治里海战的胜利,把法国海军赶出了印度。9 月 12—13 日,詹姆斯·沃尔夫少将率领一支兵力仅有 3 000 人的军队占领魁北克,确立了英国对加拿大的所有权。11 月 20 日,皇家海军在基伯龙湾海战中摧毁法国舰队,挫败了法军入侵英国本土的计划。

△ 描绘基伯龙湾海战大胜的寓意画

1758 年 哈雷彗星再次出现,这佐证了埃德蒙·哈雷提出的彗星绕日理论

1757 年 穆罕默德三世平定摩洛哥,不仅结束了长达 30 年的战乱,还控制住了柏柏尔人的海盗行为

1758 年 欧土布部落联盟把萨巴赫·本·贾比尔推举为埃米尔,**萨巴赫王朝开始统治科威特**

1759 年 欧洲各国开始镇压殖民地的**耶稣会**分支机构,原因是实力强大的耶稣会只忠于教皇,引起了欧洲国家的猜忌

▽ 普拉西战役中的纳瓦卜军

1757 年
英军在普拉西击败孟加拉的纳瓦卜

1757 年 6 月 23 日,罗伯特·克莱武率领英国东印度公司的军队取得普拉西战役的胜利,击败了孟加拉纳瓦卜(南亚土邦的半自治穆斯林世袭统治者)拥有绝对兵力优势的大军。取得此战的胜利后,英军占领孟加拉地区,开始把南亚次大陆的大片土地并入帝国的版图。

1725—1774 年
罗伯特·克莱武

英国将领、官员克莱武是个极具争议的人物。一方面,他把孟加拉地区并入了英帝国的版图,而另一方面,他又因为贪污腐败以及人为地加剧 1770 年的孟加拉大饥荒而备受指责。

1762年
叶卡捷琳娜大帝在俄国政变夺权

1745年，作为一个德意志诸侯国的公主，叶卡捷琳娜嫁给了俄罗斯帝国的皇帝彼得三世。她深深地爱上了俄国这片土地，并于1762年6月28日发动政变，推翻反复无常、立场反动的彼得三世，成为俄国的女皇。她是一位开明君主，不仅改革了帝国的行政机构，还一边提升俄国在欧洲的国际地位，一边扩张帝国的版图。

▷ 俄国女皇叶卡捷琳娜二世像

1760年 牙买加的西非黑奴发动大规模起义，引发**塔奇战争**，最终遭到残酷镇压

1763年 **约翰·哈里森**发明能够测量经度的精密计时器，引发了航海技术大变革

△ 发生在北印度的第三次帕尼帕特战役

1761年
帕尼帕特战役

艾哈迈德沙·杜兰尼率领阿富汗军队与拥有印度大部分土地的马拉地帝国血战帕尼帕特，取得了战斗的胜利。帕尼帕特战役为（1757年开始的）阿马战争画上了句号，粉碎了马拉地人接替莫卧儿帝国成为印度统治者的希望，但同时也在北印度留下了危险的权力真空，给了英国人乘虚而入的机会。

▷《社会契约论》第一版的扉页

1762年
让-雅克·卢梭出版《社会契约论》

卢梭指出，"人生而自由，却无往不在枷锁之中"，并进一步提出，人类如果想要获得真正的自由，就必须生活在文明社会，因为只有文明社会才能确保所有公民的权利和福祉——这在当时是革命性的理念。

1769 年
詹姆斯·库克抵达新西兰

1768 年 8 月 25 日，詹姆斯·库克指挥拥有 96 名船员的"奋进号"扬帆远航，前去寻找传说中未知的南方大陆。1769 年 10 月 6 日，库克抵达新西兰，之后在北岛的波弗蒂湾第一次接触毛利人，结果引发暴力事件，导致四到五个毛利人死亡。在绘制了新西兰南北两岛的地图后，库克指挥"奋进号"继续向西航行。

◁ 位于新西兰吉斯伯恩（波弗蒂湾沿岸）的詹姆斯·库克像

> "我满怀雄心……凡是人力可及之处，都会成为我的目的地。"
>
> 詹姆斯·库克（1774 年）

1765 年 清军在**清缅战争**第一阶段的战斗中失利

1766—1769 年 **第一次英迈战争**爆发，交战双方分别是英国殖民者和南印度由海德尔·阿里苏丹统治的迈索尔王国

1766 年 植物学家珍妮·芭蕾女扮男装，成为**第一个完成环球航行的女性**

1765 年
《印花税法》在北美引发抗议

1764—1765 年，英国政府通过一系列税法，想要让美洲殖民地民众缴纳税款，其中就包括《印花税法》——按照该法规定，殖民地民众使用的所有纸张都必须缴纳印花税。美洲殖民地民众因为在税收问题上没有任何话语权而勃然大怒，开始不断地递交请愿书并发起抗议活动。尽管英国政府最终迫于压力撤销了《印花税法》，但殖民地的反英情绪却仍然越发强烈。

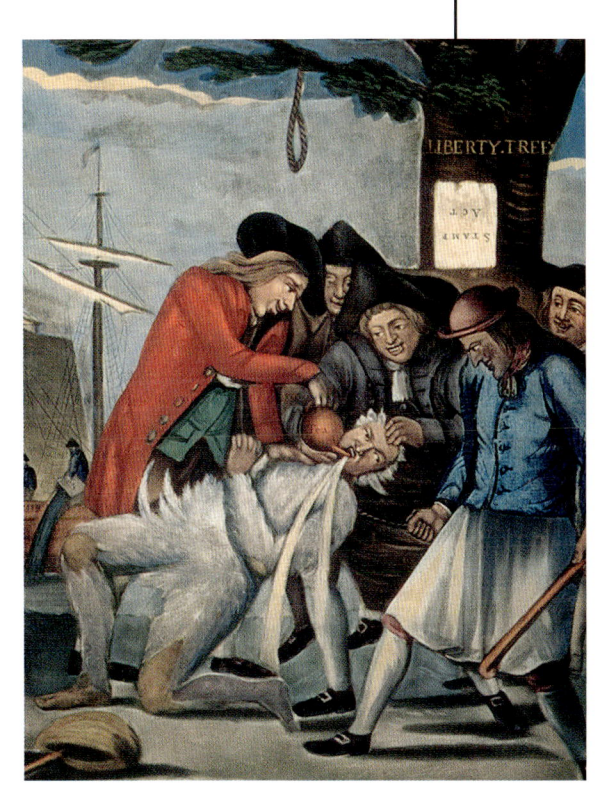

△ **美洲殖民地民众发起抗议**，把税吏浑身涂满柏油，再粘上羽毛

1728—1779 年
詹姆斯·库克

詹姆斯·库克是本领高超的航海家、制图师。1768—1779 年，他指挥船队三下太平洋，开展探索活动。1779 年，他与夏威夷岛的居民发生冲突，遇害身亡，在身后留下了不小的争议。

1770 年
库克探险队抵达澳大利亚大陆

1770 年 4 月 29 日，库克指挥的"奋进号"探险队在克内尔半岛登陆。探险队的随船植物学家约瑟夫·班克斯、丹尼尔·索兰德在旅途中一共收集了 3 万份植物标本，其中有 1 600 个标本属于首次发现的物种，所以库克把探险队首次登陆澳大利亚大陆的地方命名为植物学湾，以此纪念如此重大的科学进展。探险队在植物学湾的沿岸地区第一次见到了澳大利亚的原住民。

▽ 库克探险队的随船植物学家约瑟夫·班克斯像

1772 年
第一次瓜分波兰

18 世纪时，曾经国力强盛的波兰－立陶宛联邦几乎已经陷入无政府状态。1772 年，波兰－立陶宛联邦的邻国奥地利、普鲁士、俄国达成协议，吞并了联邦的部分领土，以此来避免相互间因为对外扩张而爆发战争，导致波兰损失了一半的人口和近三分之一的领土。此后，波兰又在 1793 年、1795 年时再次遭到瓜分，最终失去了所有的领土。

△《瓜分波兰》（版画）

1770 年

1771 年 乾隆大海啸 袭击琉球群岛，造成 1.2 万人死亡

1771 年 莫斯科暴发瘟疫，导致 20 万人死亡；当局出台强制隔离措施，结果引发了暴乱

> "只要相信自己，你就能学会生活的艺术。"
>
> 约翰·沃尔夫冈·冯·歌德所著《浮士德》（第一部）（1808 年）

1770—1850 年
浪漫主义运动

浪漫主义运动由启蒙运动催生，是发生在欧洲的艺术及文化运动，注重对感情和天性的探索。

1774 年 约翰·沃尔夫冈·冯·歌德发表伤感小说《少年维特的烦恼》，引起了极大的反响。

1781 年 亨利·富泽利完成画作《梦魇》的创作，用令人不安的画面暗示了自己对超自然现象和阴暗欲望的痴迷。

1790 年 威廉·布莱克出版《天堂与地狱的婚姻》，在书中用预言一样的语言描述了自己的浪漫主义及革命思想。

1801 年 路德维希·范·贝多芬突破传统的束缚，用音乐表达感情，完成了《月光奏鸣曲》的创作。

1774 年
路易十六成为法国国王

年仅19岁的路易在祖父路易十五去世后继位,成为法国大革命爆发(1789年)前的最后一位法国国王。此时的法国债台高筑,臣民越发痛恨君主制度。路易十六生性软弱、优柔寡断,无法克服重重阻力进行刻不容缓的经济及社会改革。他下令召开三级会议(由神职人员、贵族、平民的代表出席的大会),这点燃了法国大革命的导火索。

◁ **路易十六**的半身像

1774 年 俄土战争结束,**奥斯曼帝国把克里米亚半岛割让给了俄国**

1774 年

1772 年 乾隆皇帝下令编写《**四库全书**》——中国古代规模最大的丛书

1773 年 詹姆斯·库克第二次下太平洋,完成了**横跨南极圈**的壮举

◁ 描绘波士顿倾茶事件的版画

1773 年
波士顿倾茶事件

美洲殖民地民众对英国最大的不满之处是,他们虽然必须缴纳税款,却无权选举代表出席英国议会。1773年12月16日,马萨诸塞湾殖民地的一小群民众登上停靠在波士顿港的英国商船,把船上的茶叶倒入大海,以此来表达抗议。此后,英国政府采取反制措施,导致殖民地代表召开第一届大陆会议(1774年),在会上讨论美洲殖民地的未来。

1738—1820 年
乔治三世

波士顿倾茶事件爆发后,大不列颠国王、爱尔兰国王乔治三世采取强硬措施,想要镇压殖民地的不同意见,结果引发美国独立战争,导致英国失去了十三个殖民地。

1775 年
美国独立战争打响

美洲殖民地的不满情绪变得越来越强烈,英国政府开始担心殖民地民众会发动武装叛乱。1775 年 4 月 19 日,托马斯·盖奇将军率领的英军士兵想要没收美洲"爱国者"手中的枪支弹药。殖民地的民兵发动叛乱,在列克星敦和康科德与英军交火。此后,战火很快就在新英格兰蔓延开来。乔治·华盛顿被任命为大陆军的总司令,率军为独立而战,直到大陆军在 1783 年取得最终的胜利。

▽ 美国独立战争的第一战**列克星敦战役**

1775 年 印度爆发**第一次盎格鲁-马拉地战争**

1775 年

福田千代尼(加贺千代女)去世

日本最负盛名的俳句诗人之一加贺千代女出生在加贺国,父亲是个裱褙匠。她 7 岁的时候就开始写诗,在学习松尾芭蕉的诗作后发展出了自己独有的风格。1754 年,她削发为尼,法名素园。

◁ 加贺千代女(木版画)

△ 宾夕法尼亚州费城的**自由钟**

1776 年

北美洲的英属十三殖民地宣布独立

1776 年 7 月 4 日,第二届大陆会议通过《独立宣言》,宣布生命权、自由权、追求幸福的权利是"不言自明的事实",把乔治三世指为"暴君",决定切断英国与英属北美殖民地的"一切政治联系"。包括"自由钟"(见上图)在内的大钟的声音响彻大地,向民众宣布《独立宣言》获得通过的消息。

▷ 燧发枪

1779 年
科萨战争爆发

从 1779 年起，到 1879 年为止，在南非东开普定居的欧洲殖民者总共与科萨王国进行了九次战争。战争的起因既包括科萨酋长间的矛盾，也有殖民者与科萨人间的摩擦。1779 年，布尔人指责科萨人是偷牛贼，由此引发了第一次科萨战争。

◁ 殖民者画笔下的科萨战争

1781 年 威廉·赫歇尔发现**天王星**——人类自古典时期结束以来发现的第一颗行星

1782 年 暹罗的拉玛一世创建至今仍然统治着泰国的却克里王朝

1776 年 亚当·斯密发表《**国富论**》，为现代西方资本主义奠定了基础

1783 年
冰岛的拉基火山爆发

拉基火山的喷发是有史以来规模最大的火山喷发。这次喷发持续了近一年的时间（从 1783 年 6 月起，到 1784 年 2 月止），所产生的熔岩覆盖面积达到了 565 平方千米。喷发释放出的气体遮天蔽日，就连叙利亚、西伯利亚的西部、北非也被厚厚的烟雾笼罩。冰岛的家畜几乎全部因灾死亡，结果引发了一场导致岛上五分之一人口死亡的大饥荒。

△ 拉基火山口（冰岛拉基裂缝的一部分）

> "最开始的时候大地……四分五裂，被撕扯得面目全非，就好像有什么动物发了疯，非要找点东西来出气。"

一位名叫琼·斯泰因格里姆松的牧师对拉基火山喷发的描述（1783 年）

1787 年
俄土战争再次爆发

第五次俄土战争结束后，俄国女皇叶卡捷琳娜把克里米亚半岛并入帝国的版图。奥斯曼帝国的统治者担心她想要联合哈布斯堡王朝统治的奥地利来瓜分奥斯曼帝国，于是决定再一次发动战争。这一次俄土战争在 1791 年时尘埃落定，奥斯曼帝国再次战败，被迫把乌克兰西部所有黑海沿岸的领土割让给了俄国。

△ 俄罗斯帝国的军队围攻土耳其港口城市奥恰科夫

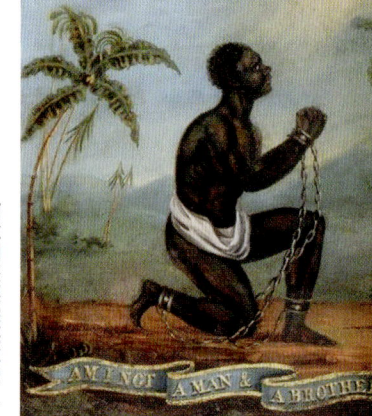

1787 年
废奴的呼声日渐强烈

随着越来越多的人——尤其是教友派（贵格会）——开始质疑奴隶制的道德合理性，欧洲出现了多个呼吁废奴的团体，比如法国的黑人之友协会，又比如英国的废除奴隶贸易协会。

▷ 广为传播的废奴宣传画

1785 年

- **1785 年** 动力织布机问世，给纺织业带来了革命性的变化
- **1785 年** 英国社会改革家杰里米·边沁提出把同性恋合法化
- **1786 年** 大渡河在地震后形成的堰塞湖溃决，导致大约 10 万人死亡
- **1787 年** 获释奴隶离开英格兰、新斯科舍、牙买加，在塞拉利昂定居

1732—1799 年
乔治·华盛顿

《美利坚合众国宪法》的起草者之一、美国的首位总统（1789—1797 年在任）乔治·华盛顿在结束了两届任期后隐退，回到了弗吉尼亚州的家族庄园弗农山庄。

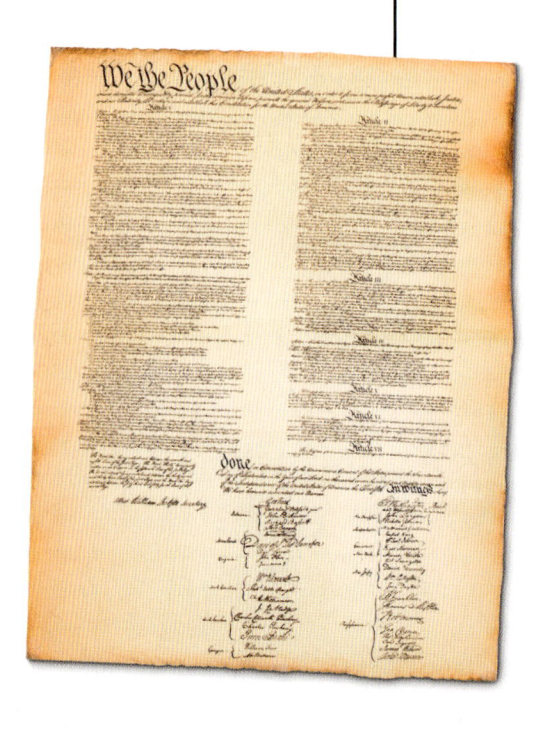

1787 年
《美利坚合众国宪法》签署

1787 年 9 月 17 日，制宪会议的 39 位代表齐聚宾夕法尼亚州政府礼堂，举行《美利坚合众国宪法》的签署仪式。《美利坚合众国宪法》以"我们合众国人民"开篇，除了列出美国公民的权利，还给三权分立的联邦共和制下了定义：国会拥有立法权，总统拥有行政权，最高法院及其他的联邦法院拥有司法权。

◁ 写有《美利坚合众国宪法》的羊皮纸原件

1785—1789年 | 195

▷ 被视为革命象征的**弗里吉亚无边便帽**

1789 年
法国大革命

1789 年 6 月,（法国）三级会议的代表宣布成立国民议会,在凡尔赛的一个网球场发表《网球场誓言》,宣布国民议会在完成成文宪法的编写工作前绝不解散。同年 7 月 14 日,起义民众攻占巴士底狱（君主暴政的象征）,政府被迫同意废除贵族制度。这一天标志着"旧制度"——法国存在时间长达数百年的社会政治制度——宣告结束。

△ 奥古斯特·库代创作的**《网球场誓言》**

1789年

1788 年 匈牙利人发动起义,反抗神圣罗马帝国

1788 年 由 732 个罪犯和 22 个儿童组成的**第一批殖民地居民抵达澳大利亚。**

1789 年 法国革命者发表**《人权宣言》**

1787 年
第一艘蒸汽轮船在美国试航成功

1787 年 8 月 22 日,美国发明家、工程师约翰·菲奇建造的蒸汽轮船"坚韧号"在特拉华河上首次试航,取得成功。此后,他创立了美国历史上首个提供班轮客运服务的公司,为美国河流上蒸汽轮船客运的黄金时代奠定了基础。

△ **约翰·菲奇建造的轮船**在特拉华河上试航

1788—1807年
奴隶贸易的终结

据估计，从16世纪起，到19世纪为止，总共有1 200万非洲人被掳走，在乘船横渡大西洋抵达美洲后被卖为奴隶。18世纪时，跨大西洋的奴隶贸易越做越大，贸易量在1750—1800年达到顶峰，但与此同时，从道德和经济两方面出发提出应当禁止奴隶贸易的呼声也越发强烈。奴隶制度以营利为目的，有组织地把黑人当作商品，所以黑人当然会挺身而出，站在废奴斗争的最前列。恩东戈王国的统治者洛伦索·达·席尔瓦·门东萨前往罗马，想要说服教皇，让他废除奴隶贸易；

1792年，《约克先驱报》在报道中指出，非洲人在几内亚沿海引爆了运奴船"色彩号"。

奴隶开展游击战，以纵火、下毒等方式对种植园主造成了严重的威胁，而以圣多明各起义为代表的大规模起义（见下文）则更是使奴隶制度大受质疑。获释奴隶不断发出呼吁，令废奴运动的声势变得更加浩大。1807年，英国宣布奴隶贸易非法，但此后奴隶贩子每年仍然会通过非法途径，把超过100万非洲人运送到美洲。

关键时刻

1788年 《奴隶贸易法案》
由包括奥拉达·艾奎亚诺（见左图）在内的12个黑人组成的组织"非洲之子"与废除奴隶贸易协会联合起来，开展游说活动，促使英国议会通过《奴隶贸易法案》，以立法的形式给英国船只的跨大西洋黑奴运输量设定上限。

1791—1804年 海地革命
获释黑奴杜桑·卢维杜尔领导数以千计的黑奴在法国殖民地圣多明各发动起义（见左图），击败了欧洲殖民者的军队，在美洲建立了历史上第一个独立的黑人共和国——海地。

1807年 《废除奴隶贸易法案》
1807年3月，英国成为第一个废除奴隶贸易的欧洲大国。只不过，英国的奴隶贩子钻了法律的空子，以与中间商（见左图）合作的方式来避开禁令的管辖，而更糟糕的则是，到1833年为止，蓄奴在英国的殖民地一直都是合法行为。

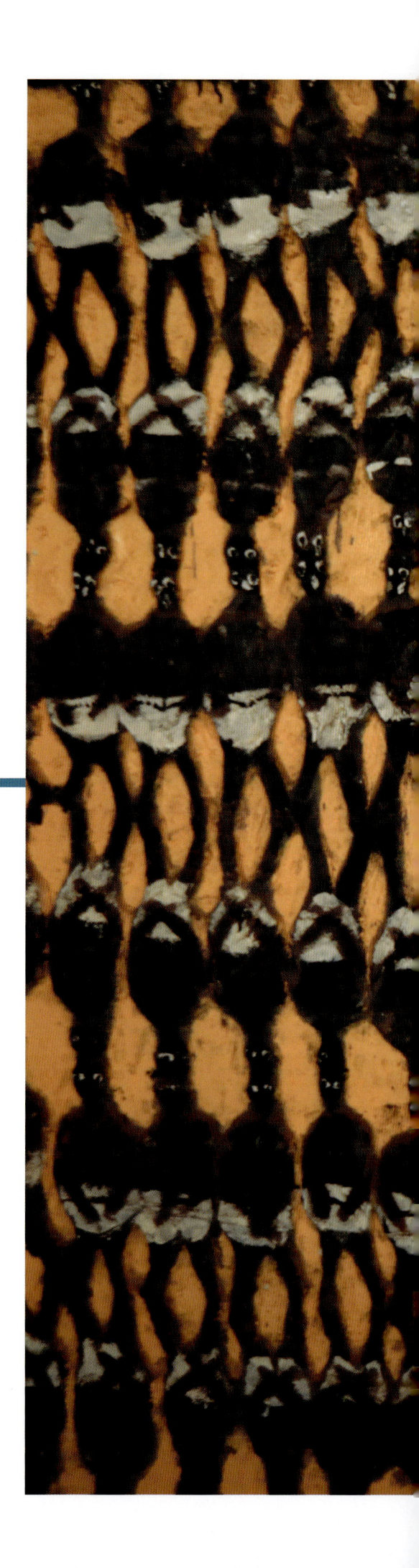

奴隶贸易的终结 | 197

本页的背景图是**藏于贝宁的达·席尔瓦博物馆的雕塑作品**，描绘了黑奴的跨大西洋之旅。运奴船人满为患，黑奴都戴着镣铐，受到身体和心理上的双重虐待，许多人在抵达目的地前就已命丧黄泉。

1791年
《红楼梦》

曹雪芹创作的小说《红楼梦》于1791年出版，是中国的四大名著之一。《红楼梦》被人们认为是一部半自传体小说，登场人物数以百计，叙述了富贵人家贾府的故事，能够让读者深刻地体会到当时中国社会的世态百相。

◁ 四大名著之一《红楼梦》的插图

1792年 丹麦成为世界上第一个**禁止奴隶贸易**的国家

1790年

1791年 海地爆发革命，起义奴隶推翻奴隶制度，而后在美洲建立了历史上第一个黑人共和国

1792年 玛丽·沃斯通克拉夫特发表女权主义早期著作《女权辩护》

> "我并不打算让女性拥有凌驾于男性之上的权力，而只是想要让女性拥有支配自己的权利。"
>
> 玛丽·沃斯通克拉夫特所著《女权辩护》（1792年）

1792年
第一次反法同盟战争

从1792年起，到1802年为止，法国与英国、神圣罗马帝国、普鲁士、俄国爆发了一系列的战争，原因是这些国家的统治者惶惶不安，都想要阻止法国向外输出革命。奥地利和普鲁士派出联军，攻入法国境内，打响了第一次反法同盟战争（1792—1797年），但很快就于1792年9月在瓦尔密吃了败仗，被赶出了法国。此后，法国在经历了一系列失败后，终于在1794年及之后的数年间连战连捷，取得数场大胜，比如1794年时在弗勒吕斯击败奥地利人的战役。1796—1797年，奥军在意大利遭到法国将领拿破仑·波拿巴的毁灭性打击，奥地利被迫乞和。

△ 瓦尔密战役（1792年9月20日）

▽ 攻占杜伊勒里宫

1792 年
法兰西第一共和国成立

1792 年 9 月，法国大革命达到了最高潮。革命立法会议通过的激进措施被路易十六否决后，革命者拿起武器，于 8 月 10 日攻占杜伊勒里宫，把国王和王室成员软禁了起来。9 月 21 日，革命者正式废除君主制度。次日，法兰西共和国宣告成立。

1793 年 清政府拒绝了英国提出的进一步开放通商口岸的要求

1794 年 伐木之战为西北印第安战争画上了句号，白人殖民者开始入侵俄亥俄

1794 年 波兰人发动**华沙起义**，从俄国手中夺回了对首都华沙的控制权

1794年

▷ 刻有**阿瑟·菲利普海军上将**头像的韦奇伍德（英国的瓷器品牌）瓷罐

1794 年
霍克斯伯里 – 尼平战争爆发

英国人想要在澳大利亚悉尼的周边地区殖民，结果引发了（一直持续到 1816 年的）霍克斯伯里 – 尼平战争。第一任新南威尔士总督阿瑟·菲利普试图与澳大利亚的原住民维持友好关系，但由于原住民不断地袭扰英国人的殖民定居点，第三任新南威尔士总督菲利普·吉德利·金下达命令，允许殖民者对原住民格杀勿论。

◁ 卡扎尔王朝时期的马赛克拼画

1794 年
卡扎尔王朝成为伊朗的统治者

1794 年，穆罕默德·汗·卡扎尔推翻赞德王朝（统治伊朗大片地区及亚美尼亚、伊拉克部分地区的王朝）的末代沙阿卢图夫·阿里汗。此后，他先是征服信奉基督教的格鲁吉亚王国，后又把纳迪尔沙开创的阿夫沙尔王朝的发源地、一直被阿夫沙尔王朝视为重要据点的呼罗珊地区并入版图，统一伊朗的全部土地，开创了到 1925 年为止一直统治着伊朗的卡扎尔王朝。

1796 年
乔治·居维叶提出并证实物种灭绝的概念

18世纪时，自然学家并不相信物种会灭绝，因为当时大多数人认为生物由万能的上帝创造，不可能完全消失。法国动物学家居维叶对动物化石和活体动物进行比较，证明了许多物种的确已经彻底消失。换言之，物种灭绝是不争的事实。

▷ 乔治·居维叶像

1795年 英国从荷兰手中夺走了南非的**好望角**

1796年 乾隆皇帝退位，**清朝由盛转衰**

1797年 第一次反法同盟战争期间，**法军在威尔士的菲什加德登陆**

◁ 东晋时慧远、刘遗民等创立白莲社，被视为白莲教的起源

1796 年
白莲教起义

存在了上千年的白莲教在清朝建立后誓要推翻清朝的统治。饥荒和迫害引发民怨后，白莲教发动反清起义。清廷用了整整八年的时间，耗费了巨额军费，才终于镇压了起义。在这场起义战争中，总共有大约10万起义民众就义，但清军不可战胜的神话同样也被起义者彻底打碎。

△ 华冈青洲（《奇疾外疗图卷》的插图）

1796 年
日本出现全身麻醉技术

日本江户时代的外科医生华冈青洲研发了一种用植物提取物制成、名为"通仙散"的麻醉药，该药能够让病人昏睡6—24小时。他完善通仙散的配方，在1804年时完成了人类历史上第一例使用全身麻醉技术的手术。

1798 年
拿破仑·波拿巴入侵埃及

1798 年 5 月，拿破仑率军乘船前往埃及，打算把奥斯曼帝国统治的埃及并入法国的版图，同时削弱英国在当地的影响力。他取得了金字塔战役的胜利，却输掉了尼罗河河口海战（8 月 1—2 日）。此后，他远征叙利亚（1799 年），在失败后躲过了在阿布基尔湾布防的英国海军，率军逃回了法国（1799 年 7 月）。

◁ 金字塔战役（1798 年 7 月 21 日）

1799 年 拿破仑·波拿巴推翻法兰西第一共和国的督政府，**成为第一执政**

1799年

1798 年 爱尔兰人联合会发动反抗英国统治的起义，想要建立共和国

1799 年 "迈索尔之虎" 蒂普苏丹坚守斯里伦格伯特纳要塞，遭到英军、马拉地人、海得拉巴人的围攻，力战而死

1799 年
罗塞塔石碑出土

1799 年，法国士兵在埃及城镇拉希德（又名罗塞塔）发现了罗塞塔石碑。1801 年，罗塞塔石碑被英军缴获。石碑上刻有一份颁布时间为公元前 196 年的法令。由于碑文分别使用了古希腊语、古埃及世俗体文字、象形文字这三种文字，学界得以通过对比不同语言的碑文来破译古埃及的象形文字。

破译罗塞塔石碑的工作用了整整 20 年的时间

△ **罗塞塔石碑** —— 破译象形文字的密钥

1801年
第一次巴巴里战争爆发

在地中海进行贸易活动的国家必须向北非的巴巴里海盗政权缴纳保护费，才能免遭袭扰。美国不愿被敲竹杠，结果与奥斯曼帝国的黎波里行省爆发了战争。直到1805年，美军占领的黎波里的港口城市德尔纳后，这场战争才终于落下了帷幕。

◁ 美国海军陆战队登上的黎波里的炮艇

1802年
阮福映统一越南，称帝

1788年，阮福映占领嘉定（位置大约相当于现在的胡志明市），在越南的南方获得了稳固的基地后，开始北上攻打统治越南的西山朝。他渐渐地统一了数世纪以来一直都深陷内战泥潭的越南，于1802年称帝，定年号为嘉隆，此后直到1820年去世，一直都稳坐帝位。他开创的阮朝是越南的最后一个朝代；1883年，越南沦为殖民地，变成了法属印度支那的一部分。

◁ 嘉隆皇帝（1762—1820）像

1800年

1800年 拿破仑翻越阿尔卑斯山，击败奥地利人，取得马伦哥战役的胜利

1801年 《联合法案》生效，大不列颠王国与爱尔兰王国合二为一，成为大不列颠及爱尔兰联合王国

> "法语里没有不可能这个词。"
>
> 拿破仑·波拿巴（1813年）

1800—1991年
电池技术

能够把化学能转化成电能的电池发明问世后，便携电源成了一种可以实现的技术。

1800年 意大利物理学家**亚历山德罗·伏特**发明能够产生稳定电流的伏打电堆。

1859年 法国物理学家加斯顿·普朗忒发明**铅酸电池**。铅酸电池是一种可以重复充电的可逆化学电池，很快就得到了广泛的应用。

1886年 乔治·勒克朗谢发明了寿命更长的干电池。这种电池用碳做正极，锌做负极，氯化铵做电解液。

1991年 锂离子电池实现商业生产。这种电池可重复充电、重量轻、电量大，可以为便携式电子设备供电。

◁ 特拉法尔加海战（1805年10月21日）

1769—1821年
拿破仑·波拿巴
拿破仑·波拿巴是世界历史上最著名的军事领袖之一，他在1792—1802年击败强敌，挽救了法国的革命政权，之后于1804年称帝，建立了法兰西第一帝国。

1803年
拿破仑战争爆发

1803年，英国向法国宣战，想要控制住拿破仑·波拿巴的对外扩张势头。奥地利、俄国、瑞典全都卷入战争，欧洲的主要国家组成了各式各样的联盟，接连与法国交战，在之后的12年间，战火烧遍全球，就连远在东方的印度和远在西方的美洲也都变成了战场。战争刚刚开始后，英国海军在1805年的特拉法尔加海战中取得辉煌的胜利，但之后战争的主动权就一直掌握在法国手中，直到1812年，拿破仑才终于陷入被动。

1804年 海地起义军在韦蒂耶尔击败法军，取得海地革命战争的胜利，建立**海地共和国**

1803年 瓦哈比派支持的**第一沙特王国**占领麦加

1804年

1803年
路易斯安那购地案

1803年时，法国已经失去了对新大陆法属殖民地的兴趣，而与此同时，与英国的战争正在不断地拉高法国的军费需求。拿破仑根据上述情况做出决定，把路易斯安那的所有土地——夹在密西西比河与落基山脉之间的土地，总面积为214.45万平方千米——以6 000万法郎（约合1 500万美元）的价格出售给了美国。路易斯安那易手后，美国的国土面积翻了整整一倍。

▷ 购买路易斯安那后，美国政府派遣**刘易斯和克拉克探险队**考察新获得的大片领土

△ 拿破仑在奥斯特利茨指挥战斗

1810—1826 年
拉丁美洲独立战争

在忍受了西班牙长达 300 年的殖民统治后，西班牙的美洲殖民地几乎全在 1810—1826 年取得独立，只有古巴和波多黎各没能摆脱殖民枷锁。在这场独立战争中，功劳最大的当数在南美洲北部领兵作战的西蒙·玻利瓦尔，以及在南美洲南部作战的何塞·圣马丁。他们率领军队在秘鲁及玻利维亚会合，于 1826 年迫使最后一支西班牙军队撤离南美。

1805 年
法国取得奥斯特利茨战役的胜利

1805 年 10 月 21 日，法国海军在特拉法尔加海战中被英国海军打得落花流水后，拿破仑扭转逆势，于同年 12 月 2 日在奥斯特利茨击败俄奥联军，取得了军事生涯中最辉煌的一次胜利。拿破仑展现出惊人的战术天赋，率领法军奋勇作战，用计谋战胜了兵力占有明显优势的俄奥联军。战斗结束后，奥地利被迫求和，第三次反法同盟就此瓦解。

▷ 何塞·圣马丁指挥查卡布科战役（1817年）的作战行动

1808—1814 年 在**半岛战争**中，西班牙、葡萄牙、英国与法国交战

1805年

1807 年 **英国禁止奴隶贸易**（但奴隶制度仍然合法）。1808 年，美国同样也开始禁止奴隶贸易

1810 年
墨西哥独立战争

1810 年 9 月 16 日，一位名叫米格尔·伊达尔戈·伊·科斯蒂利亚的神甫发表了一份题为《多洛雷斯的呼声》的小册子，在文中宣扬革命思想，呼吁西班牙结束对墨西哥的殖民统治。伊达尔戈组织起一支农民起义军，差点占领了墨西哥城，但之后在 1811 年 1 月的卡尔德龙桥战役中被西班牙军队击败。此后，墨西哥人发动了更多的起义，先是建立了国祚只有不到两年的墨西哥第一帝国，之后又在 1823 年的时候成立了墨西哥合众国。

▷ 米格尔·伊达尔戈发表《多洛雷斯的呼声》（壁画）

1783—1830 年
西蒙·玻利瓦尔
委内瑞拉的军事及政治领袖玻利瓦尔领导委内瑞拉、玻利维亚（玻利维亚的国名取自玻利瓦尔）、哥伦比亚、厄瓜多尔、秘鲁和巴拿马摆脱西班牙的殖民统治、独立建国，被誉为"解放者"。

1810 年
红旗帮接受招安
自 1808 年起，海盗大联盟在盟主郑一嫂的领导下把南海搅得不得安宁。郑一嫂麾下的红旗帮海盗舰队由数百艘中式战船组成，实力强大到能够对东印度公司、葡萄牙帝国、清朝造成威胁的程度。1809 年 11 月，由葡萄牙海军和大清水师组成的联合舰队把红旗帮堵在了东涌湾内。1810 年 4 月，郑一嫂终于决定接受招安，海盗大联盟就此土崩瓦解。

△ 清军在南海与海盗船队作战

1812 年 埃及帕夏穆罕默德·阿里出兵收复被瓦哈比派占领的麦加、麦地那，想要遏制住瓦哈比派在阿拉伯地区的权势

1812—1814 年 英国海军查没美国船只，**英美两国爆发战争**

1812 年
拿破仑入侵俄国
1812 年，拿破仑率大军团入侵俄国，想要以最快的速度击败俄罗斯帝国，拿破仑战争就此迎来转折点。俄军并没有被轻易击败，而是采用诱敌深入的战术，令大军团因为饥饿、缺水、酷热、严寒而大量减员。1812 年 9 月，大军团在博罗季诺与俄军交战，没能取得决定性的战果。此后，拿破仑不得不冒着严寒从俄国撤兵，大军团在抵达巴黎的时候已经只剩下了区区 5 万人。

△ 拿破仑时期的法国军服

1812 年，在拿破仑从莫斯科向巴黎撤退的路上，总共约有 8.5 万名大军团士兵客死他乡

1815年
滑铁卢战役

1815年6月18日，由威灵顿公爵率领、以英军为首的联军及由布吕歇尔将军率领的普鲁士军队在滑铁卢（比利时境内）附近与拿破仑血战，取得胜利，为拿破仑战争画上了句号。战斗开始后，威灵顿的军队顶住了法军的猛攻，在布吕歇尔率领的普军抵达战场后发起反攻，把法军赶出了战场。拿破仑成了阶下囚，被流放到了圣赫勒拿岛。

▷ 滑铁卢战役

1816—1858年 塞米诺尔战争（美国与佛罗里达地区塞米诺尔部落的战争）是所有北美印第安战争中最为血腥的

1815年

> "相信我，战败的确是悲伤的事情，但战胜却令人心碎百倍。"

威灵顿公爵阿瑟·韦尔斯利对滑铁卢之战的评价 —— 摘自韦尔斯利在滑铁卢战场上写的信（1815年6月）

1769—1852年
威灵顿公爵

威灵顿公爵阿瑟·韦尔斯利久经沙场，指挥了半岛战争，是拿破仑的宿敌。滑铁卢战役场面血腥，令他深受触动——此后，他再也没有指挥过战斗。

1816年
恰卡开始建立祖鲁王国

祖鲁国王辛赞格科纳之子恰卡开展一系列军事、社会、政治改革，彻底改变了祖鲁王国的面貌。在他的统治下，祖鲁军队不仅兵力增长到了之前的四倍，还建立了不看出身只看能力的晋升制度，变得训练有素、军纪严明。他率领着这支军队征服了非洲南部的大片土地，对英军形成了严峻的挑战。

▷ 祖鲁国王**恰卡**的画像

1817 年
第一次霍乱大流行

1817 年，孟加拉地区暴发霍乱，疫情很快就传遍了印度全境，在造成数十万印度人及大约 1 万名英军士兵死亡后引起了西方世界的关注。疫情在结束前已经传播到了中国、印度尼西亚和里海沿岸地区。19 世纪时，全球暴发了多次霍乱疫情，本次疫情仅仅是其中的第一次。

◁ "怪物浓汤" —— 当时的漫画对伦敦糟糕水质的评价

1819 年 第一批自行车问世。卡尔·德莱斯发明的这种脚踏两轮车大受欢迎，引发了第一次自行车运动热潮

1819 年 斯坦福德·莱佛士爵士在新加坡为英国建立贸易站

1819 年 西班牙把太平洋西北地区和佛罗里达割让给美国，重新确定了新西班牙（墨西哥）边界线

1819年

1817 年
俄罗斯吞并北高加索

俄罗斯帝国入侵高加索地区，与原住民切尔克斯人发生了一系列一直持续到 1864 年的冲突。许多生活在高加索地区的穆斯林要么惨遭屠杀，要么被赶出家园 —— 这部分背井离乡的穆斯林大多逃到了安纳托利亚。

◁ 切尔克斯人的匕首

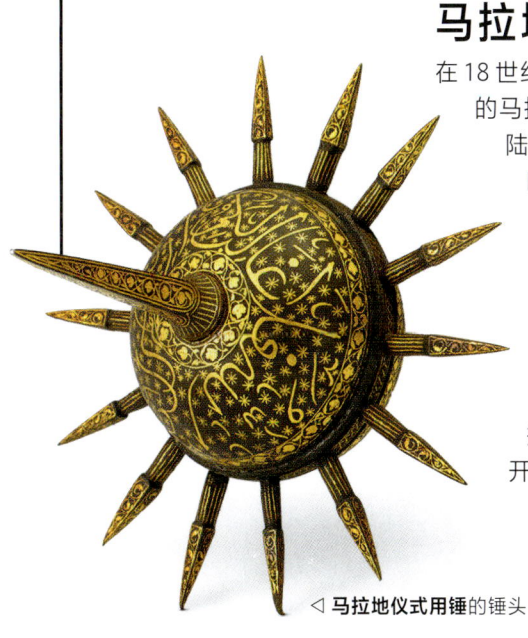

1818 年
马拉地帝国解体

在 18 世纪的大部分时间内，信奉印度教的马拉地帝国一直都控制着南亚次大陆的大片土地，但到了 19 世纪的时候，帝国越来越感受到了英国殖民扩张带来的压力。1803 年，马拉地帝国失去对德里的控制权，之后又因为佩什瓦（首相）巴吉拉奥二世在第二次盎格鲁-马拉地战争中向英国东印度公司投降而瓦解。马拉地帝国解体后，印度门户大开，渐渐地沦为英国的殖民地。

◁ 马拉地仪式用锤的锤头

1820年
"埃塞克斯号"捕鲸船失事沉没

1820年,一头抹香鲸冲撞美国的"埃塞克斯号"捕鲸船,把船头撞得粉碎。船员弃船逃生,乘上三艘捕鲸小艇,开始了寻找陆地的求生之旅。他们在海上漂流了三个月,其间受到暴风雨的袭击,甚至还不得不用同伴的尸体来果腹,最终只有五人死里逃生。"埃塞克斯号"的故事为美国小说《白鲸》提供了创作灵感。

△ **抹香鲸**冲撞"埃塞克斯号"

1821年
利比里亚殖民地建立

1820年,由白人组成的美国殖民协会开始在美国的获释黑奴中征募志愿者,次年他们在西非的胡椒海岸建立了殖民地。第一批殖民者的死亡率高达50%,但之后仍然有殖民者陆续抵达。1847年,利比里亚殖民地宣布独立,成为利比里亚共和国。

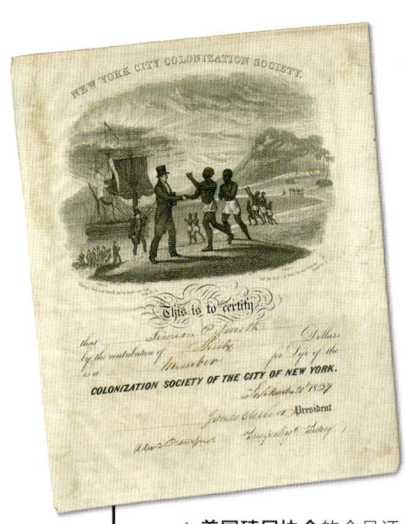

△ **美国殖民协会**的会员证

1821年 墨西哥成为主权国家,但西班牙直到1836年才终于承认其独立国家的地位

△ 别林斯高晋探险队的画师描绘的南极光景象

1820年
人类首次看到南极大陆

古希腊人提出,南半球有一片未知的大陆,而詹姆斯·库克船长则更是于1773年在并不知情的情况下完成了横穿南极圈的壮举,但第一个看到南极大陆真面目的人却是俄国探险家撒迪厄斯·冯·别林斯高晋——1820年1月28日,他观测到了南极冰盖的边缘。两天后,爱尔兰人爱德华·布兰斯菲尔德发现了南极大陆的最北端。

1822—1943年
早期计算机技术

19世纪时,计算机理论开始发展,为现代计算机技术奠定了基础,最终在20世纪上半叶为数字计算机原型机的出现铺平了道路。

1822年 英国发明家**查尔斯·巴贝奇**设计出了"差分机",即使用蒸汽动力的算术机器——我们很有理由认为,这是人类历史上的第一台计算机。

1820—1824年 | 209

1821年
希腊独立战争爆发

1821年2月21日，希腊独立战争爆发——此时，从15世纪希腊被奥斯曼帝国吞并时算起，希腊人已经在土耳其人的统治下生活了近400年的时间。1827年10月，英国、法国和俄国伸出援手，在纳瓦里诺海战中全歼了土耳其-埃及联合舰队，胜利的天平开始向希腊人倾斜。俄军攻入奥斯曼帝国后，土耳其人被迫接受了希腊人的独立地位——1830年2月，俄、法、英三国签订《伦敦议定书》，正式承认希腊是一个独立的国家。

◁ 希腊独立战争中的爱国领袖
拉扎罗斯·康托里奥蒂斯像

1822年 巴西宣布独立，成为由佩德罗一世统治的巴西帝国

1824年 英国与西非的阿散蒂王国爆发战争

1824年 英国殖民当局把新荷兰更名为澳大利亚

1824年

"分析机能够准确地排列出代数式，精巧程度足以与能够绘制出花朵、树叶的雅卡尔提花机媲美。"

意大利数学家路易吉·梅纳布雷亚对巴贝奇设计的"分析机"做出了这样的评价（1843年）

1843年 英国数学家阿达·洛芙莱斯为巴贝奇设计的比"差分机"更先进的"分析机"编写出了第一套算法。

1854年 英国数学家、哲学家乔治·布尔提出布尔代数，为计算机编程提供了坚实的基础。

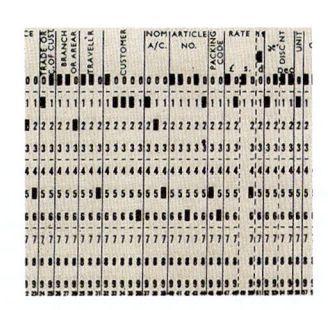

1890年 赫尔曼·何乐礼发明的穿孔制表机被用来处理美国的人口普查数据，就此开创了数据处理行业。

1936年 艾伦·图灵对自己发明的"通用图灵机"做出了这样的评价：一个由规则和状态组成的体系，可以用来测定计算的极限。

1943年 巨人计算机是第一台可编程的数字电子计算机，在第二次世界大战（简称"二战"）中极大地帮助了英国的密码破译工作。

1825—1900年
运输革命

19世纪时，蒸汽动力、钢铁生产、工程技术的发展引发了一场运输革命。以把纽约市和美国中西部连接起来的伊利运河、把地中海和红海连接起来的苏伊士运河为代表的诸多宏大工程为美国国内的商贸活动及跨大洲贸易活动提供了全新的发展机遇。蒸汽轮船不仅在美国的五大湖和河流上进行商贸、客运活动，还把旅客运送到了世界各地，让帝国主义者变得更加野心勃勃。只不过，要是非要选出19世纪时对运输业产生最大影响的技术，那么当选者肯定是铁路技术。英国工程师乔治·斯蒂芬森是铁路技术的引领者——他设计的蒸汽机车令1825年时投入运营的斯托克顿-达灵顿铁路成了有史以来第一条使用蒸汽动力的公共客运铁路路线。在之后的数十年间，铁路路线横穿各大洲，给客货运输的速度带来了革命性的变化。运输技术的上述发展引发了移民潮：数以千计的契约工人离开日本和中国，前往美国修建铁路；爱尔兰的穷人为了躲避饥荒而登上远洋轮船，前往大西洋彼岸的目的地；许多其他的人同样也踏上旅途，梦想着在印度和南非一夜暴富。

关键时刻

1838年 "大西方号"完成跨越大西洋的旅程
伊桑巴德·金德姆·布律内尔主持建造的"大西方号"（见左图）是有史以来第一艘专门为跨大西洋航行设计的蒸汽轮船。该船从英格兰出发，只用了15天半的时间就抵达了纽约，成为第一艘提供跨大西洋班轮客运服务的客船。

1859年 苏伊士运河开工
苏伊士运河由法国工程师费迪南·德·雷赛布主持修建，总长193千米，打通了连接地中海港口塞得与红海港口苏伊士的航道（见左图）。运河的修建工作动用了数以千计的强征劳工，于1869年完成。此后，远洋轮船再也不需要绕过好望角，而是可以直接从地中海进入红海。

1869年 连接美国大西洋沿岸及太平洋沿岸的铁路建成
"跨大陆铁路"（见左图）由"中太平洋铁路"（以旧金山为起点）、"联合太平洋铁路"（以内布拉斯加州的城市奥马哈为起点）组成，把美国的东海岸与西海岸连接到了一起。这条铁路是一条价值无可估量的贸易通道，极大地促进了美国的跨太平洋及跨大西洋出口贸易。

本页的背景图是**"长锅炉"机车的设计图纸**（绘制时间为1841年），绘制者为"铁路之父"乔治·斯蒂芬森的儿子罗伯特·斯蒂芬森。"长锅炉"机车虽然速度较慢，但动力强、效率高，所以即便是到了数十年后，也仍然有大量此类机车在役。

1829 年
路易·布莱叶发表"布莱叶点字法"

3 岁时因事故失明的法国发明家路易·布莱叶在年仅 15 岁的时候开始发明点字盲文，最终提出了一套由六个点组成方块点字的盲文体系，让盲人能够靠触觉来阅读。此后，他又发明了使用 100 个点的"十乘十点字法"，让盲人能够写出视力健全的人可以读懂的文字。

▷ 用来印刷"十乘十点字"的福柯印刷机

1830 年
《摩门经》出版问世

美国宗教领袖约瑟夫·史密斯在年仅 24 岁的时候发表《摩门经》，宣称自己得到天使的启示，在书中记录了某个美洲古文明的历史。史密斯创建的新宗教摩门教吸引了成千上万的追随者，其中有不少人在 1847 年时前往犹他州，建立了一个以摩门教信仰为基础的社会。

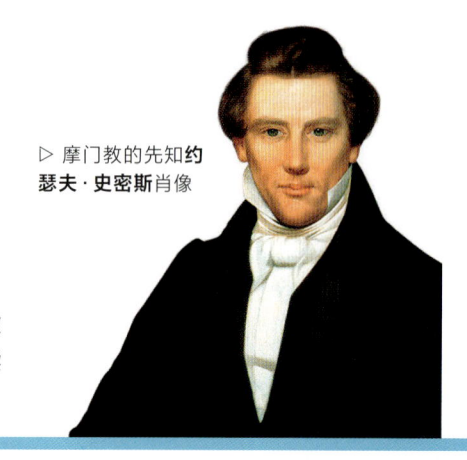

▷ 摩门教的先知约瑟夫·史密斯肖像

1825 年 反抗荷兰殖民帝国统治的游击战**爪哇战争**持续了五年的时间，共造成 20 万人死亡

1830 年 **法国入侵**奥斯曼属阿尔及利亚，双方的战斗一直持续到了 1847 年

1828 年 **腊纳瓦洛娜一世**即位，成为马达加斯加女王，开始残暴的统治，导致岛上一半人口死亡

1826 年
照相技术出现

法国发明家约瑟夫·尼塞福尔·涅普斯发明了"日光胶版术"，把涂有光敏感沥青的感光板放置在照相暗盒内，经过数天的曝光，获得了一张影像——这是迄今为止存世时间最久的相片。路易·达盖尔对涅普斯的技术进行改良，直到 1952 年涅普斯拍摄的照片《勒格哈的窗外景色》重见天日之前，达盖尔一直都被誉为照相技术的发明者。

◁《勒格哈的窗外景色》——迄今为止存世时间最久的实景相片

△ 涅普斯发明的照相机

◁ 欧仁·德拉克鲁瓦创作的纪念七月革命的画作
《自由引导人民》

1830 年
1830 年的革命浪潮

1830 年时，革命的浪潮席卷欧洲，除了受到冲击最大的法国和比利时，波兰、意大利诸国、葡萄牙、瑞士也都受到了影响。在这次革命浪潮中，比利时摆脱尼德兰联合王国，成为由利奥波德一世统治的独立国家，而法国人则发动七月革命，推翻波旁王朝的国王查理十世，把他的远房亲戚奥尔良公爵推举为国王。

1831 年 佩德罗一世把皇位让给了自己年仅 5 岁的儿子，也就是佩德罗二世。此后，佩德罗二世作为皇帝统治了巴西近 59 年的时间

1833 年 卡洛斯战争爆发。在这场王位争夺战争中，交战双方分别是女王伊莎贝拉二世的支持者以及西班牙王子卡洛斯的支持者

1834 年

1830 年 《印第安人迁移法》生效，美国境内的原住民部落被迫迁往保留地居住

1831 年 穆罕默德·阿里与奥斯曼帝国交战，在战争结束后创建穆罕默德·阿里王朝，该王朝对埃及的统治一直持续到了 1952 年

"我把画笔留在东方，就此踏上旅途。"

歌川广重的辞世诗（1858 年）

1833—1834 年
歌川广重发表《东海道五十三次》

歌川广重是日本最后一位伟大的浮世绘画师，他创作了一系列木版画，用画作记录了自己以江户为起点、以京都为终点的东海道之旅。他的作品在 19 世纪中叶引发了日本主义审美热潮：欧洲人开始疯狂地收集日本艺术品，包括凡·高、德加、惠斯勒在内的艺术大家都受到了他的影响。

▷ 歌川广重创作的木版画**《庄野：白雨》**

1836年
查尔斯·狄更斯发表小说处女作

1836年，早已成为知名作家的查尔斯·狄更斯开始以连载的形式发表小说处女作《匹克威克外传》。该书共连载20个月，大获成功，不仅令狄更斯成为英国历史上最伟大的作家之一，还让他跻身世界大文豪的行列。

▷《匹克威克外传》早期版本的封面

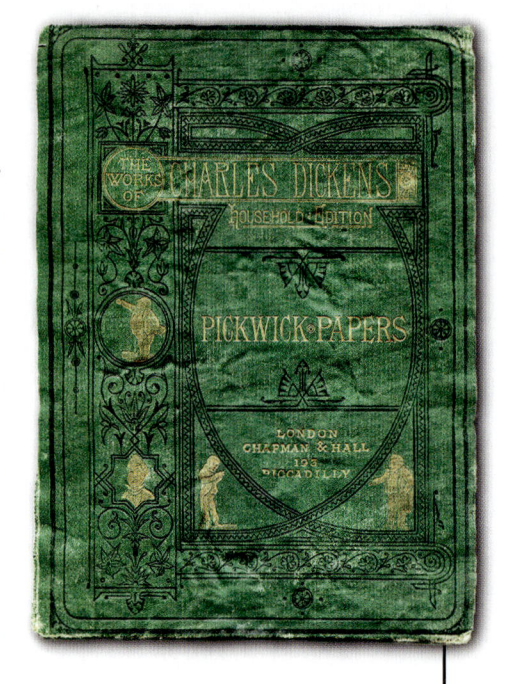

1839—1842年
第一次英阿战争

在"大博弈"——英国与俄国在中亚争夺势力范围的斗争——引发的第一场大规模武装冲突中，英国干涉阿富汗内部事务，把沙阿舒亚·杜拉尼推举为埃米尔。1842年，英军从喀布尔撤出，结果在路上遭到截杀，全军覆没。英国派出的第二支远征军虽然摧毁了喀布尔的部分城区，但很快就从阿富汗撤兵。此后，杜拉尼的死对头多斯特·穆罕默德成了阿富汗的埃米尔。

▷ 沙阿舒亚·杜拉尼画像

1835年

1835年 英国殖民者与塔斯马尼亚澳大利亚原住民之间的**黑色战争**落下帷幕

1835年 荷兰殖民者离开英国的开普**殖民地**，踏上"牛车大迁徙"的旅途，北上前往南非的内陆地区

1837年 维多利亚成为**英国女王**，开始了长达63年的统治

◁ 纪念**阿拉莫城防军**的檐壁饰带

1836年
得克萨斯革命成功

1835年10月，墨西哥合众国与在得克萨斯定居的美国及西班牙殖民者爆发战争。次年3月，墨西哥派兵围攻阿拉莫，全歼了驻守在城内的得军。此后，得克萨斯的军队击败墨军，取得圣哈辛托战役的胜利，为得克萨斯共和国确立了独立国家的地位。

1838—1953年
生物学的发展

19世纪期间，人类在细胞生物学和遗传学领域取得了数项有助于解开生命之谜的重大发现，为20世纪破译DNA的研究铺平了道路。

1838年 德意志生物学家马蒂亚斯·施莱登、西奥多·施旺提出假说，认为细胞是生命的基本单位，所有的生物都是由细胞组成的，**细胞学说**就此诞生。

△ 1841年，英国舰船向清朝水师发起进攻

1839—1842年
第一次鸦片战争

多年来，英国一直在向中国倾销鸦片，导致很多中国人鸦片成瘾，引发重大危机。钦差大臣林则徐奉命取缔非法的鸦片贸易，于1839年在广州没收了2万多箱鸦片。英国派兵入侵，先是占领广州，之后又于1842年8月兵临南京城下。

1819—1901年
维多利亚女王

维多利亚女王于1837年继位成为英国女王，于1876年成为印度女皇，最后于1901年去世。她与丈夫阿尔伯特亲王生育的九个子女全都与其他欧洲国家的王室成员成婚，而她也因此得到了"欧洲祖母"的外号。

1839年 查尔斯·**固特异**发明橡胶硫化技术，弹性好且防水的橡胶轮胎由此得以生产出来

1839年 龙卷风第二次袭击印度港口城市科林加，造成30万人死亡。该城在灾后遭到废弃，没有重建

1839年

"何忍更以害人之物，恣无厌之求乎？"

1839年，林则徐致信维多利亚女王，谴责鸦片贸易

1859年 查尔斯·达尔文受到加拉帕戈斯群岛（科隆群岛）上雀形目鸣鸟形状大小各异的喙的启发，提出了**自然选择进化论**。

1866年 奥斯定会的修士格雷戈尔·孟德尔研究**豌豆遗传学**，发现豌豆通过看不见的"因子"来传递遗传性状。

1869年 瑞士生物学家弗里德里希·米歇尔从血细胞中分离出名为"核素"——现被称为**脱氧核糖核酸（DNA）**——的化学物质，他认为核素具有遗传功能。

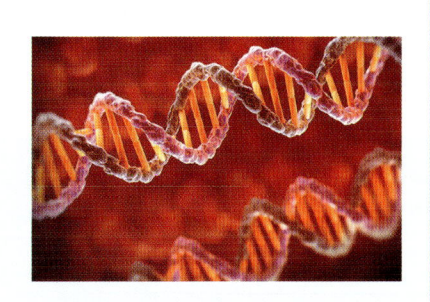

1953年 科学家罗莎琳德·富兰克林、弗朗西斯·克里克、詹姆斯·沃森发现DNA分子的**双螺旋结构**，解开了生物信息的传递之谜。

1842 年
《南京条约》

1842 年，第一次鸦片战争结束，清朝战败。《南京条约》的条款十分严苛——这是清朝被迫与列强签订的一系列"不平等条约"中的第一个——清政府除了必须向英国开放更多的通商口岸，还要支付 2 100 万银圆的战争赔款，更是要把香港岛割让给英国。此后，英国又扩大占领区，霸占了九龙半岛的部分土地。

▷《南京条约》（1842 年 8 月）

1841 年 越南吞并柬埔寨，废黜其高棉统治者后，**暹罗与越南在柬埔寨爆发战争**

1845—1852 年 爱尔兰出现马铃薯晚疫病，导致这种作物绝收，再加上英国政府管理不力，加重了危机，结果引发**爱尔兰大饥荒**，造成 100 万人死亡

1844 年 塞缪尔·莫尔斯发出有**史以来的第一封电报**。这封电报的发出地点是华盛顿，而接收地点则是马里兰州的巴尔的摩

1840 年
《怀唐伊条约》

英国女王与540位毛利"兰格蒂勒"（酋长）签订的《怀唐伊条约》是新西兰的建国文献。按照该条约的规定，毛利人把新西兰的领土主权让给了英国。此后，殖民政府开始对毛利人的内部事务进行越来越得寸进尺的干涉，结果在 1845 年时引发了一直持续到 1872 年的新西兰土地战争。

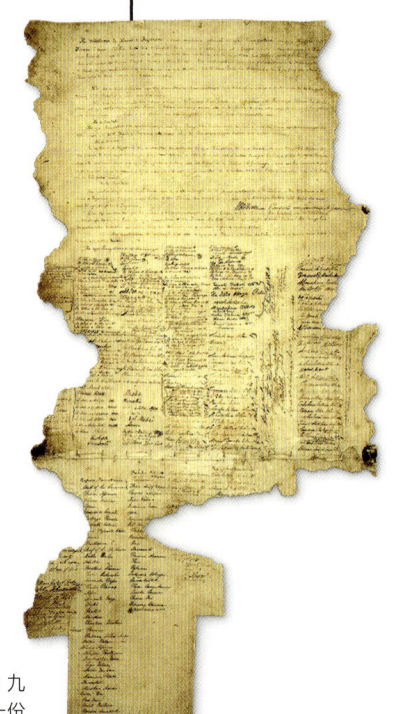

▷"怀唐伊残页"——《怀唐伊条约》九份复本中的一份

1848 年
革命之年

1848 年，革命的浪潮席卷欧洲，包括法国、意大利、匈牙利、奥地利和普鲁士在内的诸多欧洲国家都受到了影响。引发革命的因素多种多样，比如民族主义，又比如废除旧有的君主制权力架构的呼声。尽管各国的革命大多遭到镇压，但革命仍然取得了不小的成果：奥地利和匈牙利废除了农奴制度，丹麦废除了君主专制政体，法国建立了法兰西第二共和国。

1848年
卡尔·马克思和弗里德里希·恩格斯发表《共产党宣言》

马克思和恩格斯在《共产党宣言》中阐述了自己的历史观,提出人类的历史由一系列阶级斗争组成,并进一步指出,工人阶级(无产阶级)必将推翻资产阶级,取得最终的胜利。宣言发表后,欧洲各国很快就爆发论战,对革命所应采取的形式以及政府在革命中应扮演的角色进行激烈的讨论,从而促进了社会主义思想、共产主义思想和无政府主义思想的发展。

▷ 马克思和恩格斯的纪念雕像

1818—1883年
卡尔·马克思

德国哲学家、社会理论家、经济学家马克思是人类历史上最具影响力的思想家之一。他提出的理论塑造了人类的思想史、经济史和政治史。

1848年 美国历史上的第一次女权运动会议在塞尼卡福尔斯召开,为女性参政权运动拉开了帷幕

1847年 利比里亚脱离美国,宣布独立,成为非洲的第一个现代共和国

1848年 人们在科洛马一个名叫"萨特磨坊"的地方发现黄金,由此引发了**加利福尼亚淘金潮**

1849年

1849年
锡克帝国灭亡

锡克帝国是兰吉特·辛格在1799年时建立的国家。1839年辛格去世后,锡克帝国逐渐落入了英国的魔爪。英国先是发动第一次盎格鲁-锡克战争(1845—1846年),推翻了令人望而生畏的帝国摄政锦德·考尔,之后又在第二次盎格鲁-锡克战争(1848—1849年)中肢解了锡克帝国,把它分割成了数个土邦和由英国统治的旁遮普省。

◁ 匈牙利革命的战场景象

▷ 玛哈拉尼·锦德·考尔像

1851—1864 年
太平天国运动

洪秀全领导的太平天国运动以推翻清朝的统治为目标，波及了中国的 18 个省份。1853 年，太平天国定都天京（今南京），开始了一场提倡男女平等的乌托邦式社会实验。自 1856 年起，清军在曾国藩的率领下开始收复失地，最终于 1864 年攻占天京，结束了这场导致 2 000 余万人死亡的农民战争。

◁ 太平天国运动

1851 年 美国国会通过《印第安人拨款法》，规定美国境内的原住民必须在保留地内居住

1850 年

▽ 位于伦敦海德公园的**水晶宫**

1851 年
伦敦举办万国工业博览会

1851 年，英国在位于伦敦海德公园的水晶宫——以钢铁为骨架、以玻璃为主要建材的巨型展厅——举办万国工业博览会。博览会总共有 1.5 万个展商（其中有一半来自英国）参展，展品数量多达 10 万件。包括"光明之山"钻石、塞缪尔·柯尔特发明的左轮手枪、阿克明斯特机织地毯、精密机械在内的展品吸引了大约 600 万名观众前来观展。

伦敦的水晶宫共使用了 293 655 块玻璃

1851年
澳大利亚发现黄金

1851年2月，参加过加利福尼亚淘金潮的淘金老手爱德华·哈格雷夫斯在新南威尔士殖民地城镇巴瑟斯特附近的水源地发现了沙金。之后没过多久，维多利亚殖民地就发现了比沙金大得多的金块，结果引发淘金潮，来自英国、美国、德国、波兰和中国的大量淘金者纷纷赶往澳大利亚。此后，澳大利亚的人口数量仅仅用了20年的时间就翻了整整两番。

◁ 淘金

1814—1864年
洪秀全
宗教领袖、革命家洪秀全挑战清朝的统治，建立太平天国，自称"天王"、耶稣的弟弟。

1854年 伦敦医生约翰·斯诺发现霍乱是一种通过水传播的疾病，令人类对公共卫生的认识发生了翻天覆地的变化

1854年

1854年
克里米亚战争爆发

1853年，俄国占领奥斯曼帝国的土地后，英法两国决定保住奥斯曼帝国，把它当作防止俄国继续扩张的防波堤。1854年，两国入侵克里米亚，包围了俄国设在塞瓦斯托波尔的海军基地。在这场战争中，双方不仅都存在指挥层能力不足的问题，还都必须在十分艰苦的条件下作战。1855年，塞瓦斯托波尔陷落；1856年，俄国放弃了对奥斯曼帝国的领土主张。

▷ 参加了克里米亚战争的**英国老兵**

▷ 佩里舰队中的战船（日本的绘画作品）

1854年
日本放弃闭关锁国政策

1853年，海军准将马修·佩里率领一支美国舰队进入东京湾，想要迫使日本开放通商口岸，结束德川幕府已经奉行了200多年的闭关锁国政策。1854年，美国的炮舰外交手段让日本人意识到，面对已实现了工业化的西方列强的现代武器和舰船，自己的国家已经无力自保。

1857—1900年
帝国主义

19世纪末，西方国家开始疯狂争夺海外殖民地，殖民扩张的速度前所未有，令世界局势发生了翻天覆地的变化。国家间的竞争在这场争夺中起到了重要作用：英国希望在失去美洲殖民地后重振国威；法国想要走出拿破仑战争的阴霾，重新成为一流强国；俄国打算继续向东扩张，蚕食在清政府的统治下积贫积弱的中国；自19世纪60年代起，新生国家德意志帝国、意大利王国、美利坚合众国都想要成为世界强国。此外，放弃了闭关锁国政策、大踏步走上现代化之路的日本也迫不及待，想要攫取本国急需的土地和资源。不仅如此，殖民者还自以为占据道德高地，用传播文明的借口来给自己的对外征服辩护，来加强本国对位于亚洲、非洲、加勒比地区、澳大拉西亚的殖民地的控制。

工业化是推动帝国主义扩张的关键力量，原因是工业想要发展，就必须在获得原材料、劳动力的同时，不断地开辟新市场。此外，工业化也为帝国主义扩张创造了条件。现代化的兵器、快捷的运输方式意味着殖民者可以迅速镇压任何地区的反抗，有时甚至会在镇压的过程中犯下种族屠杀的罪行，而电报通信技术则让殖民者获得了轻而易举控制大片土地的手段。现代医药技术——尤其是能够治疗疟疾的奎宁的发现——降低了殖民者死于疾病的概率，也对帝国主义殖民扩张起到了助推作用。

关键时刻

1858年 英国政府接管印度
1857年爆发的印度民族大起义（见左图）于1858年遭到镇压后（1859年被完全镇压），英国政府宣布英属印度及其附属公国由女王直接统治。1876年，维多利亚女王加冕为印度女皇。

1876年 瓜分非洲
1876年，比利时国王利奥波德二世开始在刚果进行殖民活动，促使欧洲列强召开柏林会议（1884—1885年），商讨如何瓜分非洲的问题（见左图）。1900年时，欧洲国家已经把非洲超过90%的土地变成殖民地，夺取了殖民地宝贵的自然资源。

19世纪70年代 社会目标
西方的帝国主义得到了一种伪科学论断的支持，即白人是优秀人种，在道德上有义务统治"原住民"，让他们接受所谓文明教化（见左图）、成为基督徒。殖民者以这一理念为基础制定的政策大多糟糕透顶，令世界各地的原住民文化遭受到了灭顶之灾。

帝国主义 | 221

这幅插图上的徽章和旗帜展示了英帝国巅峰时期的势力，依靠强大的海军实力和经济实力，它的海外领地、殖民地及其他实施殖民统治的地区遍布全球，在全天的任何时刻都有土地能被阳光照耀到，因此自诩为"日不落帝国"。

1855年
特沃德罗斯二世加冕为埃塞俄比亚皇帝

现代埃塞俄比亚的建立者特沃德罗斯二世统一埃塞俄比亚诸王国，结束了皇帝只是傀儡的"王侯纷争"时期。他励志实现国家的现代化，却经常遇到阻力。1868年4月，特沃德罗斯二世率军在马格达拉与英军交战，兵败自杀。

▷ 皇帝特沃德罗斯二世像

1855年 大卫·利文斯通成为第一个抵达赞比西河中游莫西奥图尼亚瀑布的欧洲人。他把这座瀑布的名字改成了"维多利亚瀑布"

1855年

> "……这里的景色如此美丽，就连翱翔在空中的天使也肯定会目不转睛地欣赏此景。"
>
> 大卫·利文斯通对莫西奥图尼亚瀑布的描述（1855年）

▷ 安政江户地震中被毁城区的示意图

1855年
安政江户地震

1855年11月11日的安政江户地震是1854—1855年袭击日本的三场大地震中的最后一场。这场地震的震中距离江户不远，位于荒川的河口附近。江户的大片城区被地震引发的大火焚毁，城中除了有6 600余人死亡，还有2 700人受伤。市面上很快就出现了描绘这场地震的木版画，其中不少画作都把"大鲇"搬上了画面，认为它是引发地震的罪魁祸首。

1856—1860 年
第二次鸦片战争

从 1856 年起，到 1860 年为止，中国因为鸦片贸易问题与英帝国、法兰西帝国发生战争。清军虽然拥有远多于入侵者的兵力，却仍然无法阻止入侵者的步伐。英法联军攻陷北京，犯下了火烧圆明园的罪行。清政府输掉了战争，不仅被迫承认鸦片贸易合法化、开放更多的通商口岸，还必须把九龙司地方一区割让给英国。

◁ **英法联军**在北塘登陆

1856 年 德国尼安德特谷出土的**古人类化石**被鉴定为属于独特的人科物种——后来得名尼安德特人

1859 年 **西班牙**在其位于北非的飞地遭到攻击后向摩洛哥**宣战**

1858 年 **墨西哥改革战争**爆发，交战双方分别是自由派和保守派。这场战争一直持续到了 1860 年

1859 年 **法国**在交趾支那战争中**占领越南城市西贡**

1859 年

◁ 贝塞麦转炉

1855 年
贝塞麦改变钢铁工业

1855 年，英格兰发明家亨利·贝塞麦为自己发明的炼钢转炉申请了专利。贝塞麦转炉可以在铁水倒入其中后通过空气吹炼法去除铁中的杂质。这种方法效率极高，标志着钢铁冶炼进入了大规模生产时代。

1857—1858 年
印度民族大起义

1857 年 3 月 10 日，驻扎在密拉特的英军中的印度土兵因为对新式恩菲尔德步枪使用的子弹不满而发动兵变，最终在位于恒河流域的印度核心腹地引发了一场反抗英国统治的大起义。起义失败后，英国政府开始以女王的名义直接统治英属印度的所有土地。

△ 描绘印度士兵起义的画作

1860年

1861年
慈禧太后夺权

1861年，咸丰皇帝驾崩，懿贵妃叶赫那拉氏年纪尚幼的儿子爱新觉罗·载淳继位，叶赫那拉氏以载淳生母身份晋封皇太后，称圣母皇太后，上徽号"慈禧"（"母仪天下、幸福吉祥"）。慈禧在同一年发动辛酉政变，兵不血刃地夺取了政权，并宣布次年改元"同治"。此后，她用尽毕生精力设法维持摇摇欲坠的清帝国。她采用冷酷无情的手段，利用各种事件决定了后两任皇帝的人选，最终于1908年去世。

◁ 慈禧太后

1861年 撒丁国王**维克托·伊曼纽尔二世**成为意大利国王，意大利再次走上统一的道路

1862年 乌玛·塔尔征服马里境内的马西纳，建立图库洛尔帝国

1860年
弗洛伦丝·南丁格尔开办历史上第一所护士学校

弗洛伦丝·南丁格尔先是在克里米亚战争中组织伤兵的救护工作，获得了广泛赞誉，之后又在伦敦创办南丁格尔护士训练学校，不仅把护理工作变成了一种职业，还提升了女性的劳动参与率。

◁ 弗洛伦丝·南丁格尔（浮雕）

1861—1865年
美国深陷内战泥潭

1860年，美国的南方数州被总统亚伯拉罕·林肯反对奴隶制度的做法激怒，做出了退出美利坚合众国、建立美利坚联盟国的决定。合众国想要恢复国家统一，结果引发了南北战争。

1861年4月12—13日 南卡罗来纳的民兵炮击合众国在萨姆特堡（位于查尔斯顿附近）的驻军，打响了南北战争的**第一枪**。

1862年12月17日 合众国军（北军）击败联盟国军（南军），取得**安蒂特姆战役**的胜利，挡住了南军入侵马里兰的步伐。这场战斗是美国历史上单日伤亡最大的战斗。

1863年 林肯发表**《解放黑人奴隶宣言》**，改变了南方邦联境内受奴役黑人的法律地位，令350万非裔美国人获得自由。

▷ 加特林机枪

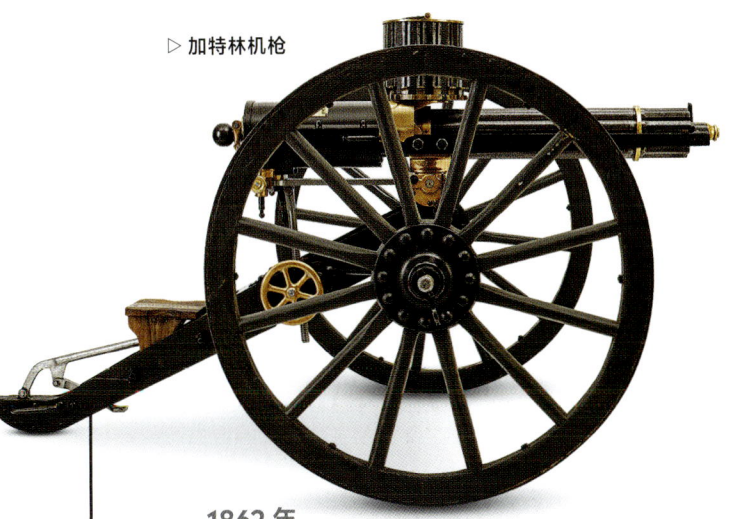

1862 年
加特林机枪获得专利

加特林机枪由理查德·加特林发明，是一款配有十个枪管的手动型多管旋转机枪，每分钟可以发射 400 发子弹。加特林的初衷是，这种威力强大的武器可以起到吓阻作用，防止战争发生，但事与愿违——殖民者把加特林机枪用于殖民扩张，在美国、非洲、亚洲屠杀原住民，欠下了累累血债。

1864—1870 年
三国同盟战争

三国同盟战争（又称巴拉圭战争）是拉丁美洲历史上最血腥的国家间战争。在这场战争中，交战双方分别是想要证明本国区域强国地位的巴拉圭，以及由阿根廷、巴西、乌拉圭组成的三国同盟。据估计，到了 1870 年战争结束的时候，巴拉圭已经损失了 60% 的人口（大约 27 万人），而三国同盟也有 5.6 万人死于战争。

▷ 巴拉圭战争

1864 年

1863 年 英格兰足球总会（FA）在伦敦成立。该组织为足球运动设立了统一的规则，是世界上第一个官方足球总会

1864 年 马西米连诺称帝，**墨西哥第二帝国**成立

在美国内战中，合众国和联盟国分别产生了高达 62 亿美元、40 亿美元的巨额军费支出

1864 年 北军将领谢尔曼在占领联盟国的重要据点亚特兰大后挥军南下，向大海进军，一路上破坏了联盟国大量的工业和基础设施。

1865 年 北军在弗吉尼亚包围南军，为**南北战争画上了句号**——4 月 9 日，南军统帅罗伯特·李将军在阿波马托克斯向北军投降。

1839—1915 年
罗伯特·斯莫尔斯

生而为奴的非裔美国人斯莫尔斯在盗走南军舰艇"种植园主号"后驾船突破南军的检查点，前往北军的封锁圈，为自己赢得了自由。

1866年
费奥多尔·陀思妥耶夫斯基发表《罪与罚》

俄罗斯文学史上最伟大的作品之一《罪与罚》以一贫如洗的杀人犯拉斯柯尔尼科夫的故事为切入点，探索了他从犯罪到悔罪，再到赎罪的心路历程。陀思妥耶夫斯基在创作该书时借鉴了自己在西伯利亚服流刑的经历。

◁《罪与罚》的首版封面

▽ **弗朗茨·约瑟夫**在布达佩斯宣誓登基

1867年
奥匈帝国成立

奥地利帝国在外交领域屡屡受挫，在战场上更是多次成为普鲁士的手下败将，以至于弗朗茨·约瑟夫皇帝不得不出台措施，设法稳住帝国的局势。为了安抚蠢蠢欲动、想要发动叛乱的匈牙利人，他宣布奥地利和匈牙利是拥有自治权的国家，而这两个国家组成的共主邦联则是一个"二元帝国"，即奥匈帝国。这套制度没有考虑到帝国境内包括克罗地亚人、塞尔维亚人和斯洛伐克人在内的其他少数民族的民族诉求，结果加剧了欧洲的紧张局势。

1865年

1865年4月15日 美国总统亚伯拉罕·林肯于4月14日遭到枪击，最终抢救无效身亡

1867年 美国从俄国手中购得阿拉斯加

1866—1871年
德意志统一

1866年，普鲁士首相奥托·冯·俾斯麦开始扫清最后的障碍，准备统一德意志诸国，建立一个以普鲁士为首的国家。他的第一步棋是发动"七周战争"（普奥战争，1866年6—7月），在取得胜利后，不仅把奥地利逼到了孤立无援、无力还手的境地，还成立了对普鲁士唯命是从的北德意志邦联。此后，普鲁士取得普法战争（1870—1871年）的胜利，清除了统一进程的最后一块绊脚石（法国）。1871年1月18日，普鲁士国王威廉一世加冕为德意志皇帝。

◁ 德意志帝国宣告成立

1868年
明治维新

1868年，一小群雄心勃勃的年轻武士在京都的皇宫聚集，计划推翻德川幕府，让天皇重新掌权。新政府军在戊辰战争中击败幕府军后，年纪轻轻的明治天皇主持改革工作，令日本面貌一新，从一个与世隔绝的封建国家变成了一个现代的工业化国家。

△ 明治天皇睦仁（1867—1912年在位）

1869年
门捷列夫编制元素周期表

俄国化学家德米特里·门捷列夫想要找到一种归纳总结已知化学元素的方法，最终编制出了元素周期表。他不仅把化学元素按照相对原子质量从小到大排列起来，还把特性相近的元素归为族。此外，他还注意到了元素特性的变化趋势，在周期表中为尚未发现的元素留出空位，并且对它们的特性做出了预测。

△ 德米特里·门捷列夫

1867年 由加拿大省、新斯科舍省、新不伦瑞克省组成的**英属加拿大自治领**成立

1868年 古巴人打响了反抗西班牙统治、争取独立的"十年战争"（1868—1878年）

1815—1898年
奥托·冯·俾斯麦

德意志帝国的设计师俾斯麦（人称"铁血宰相"）领导德国进行工业化、社会改革、殖民扩张，直到1890年被迫辞职。

△ 苏伊士运河的通航仪式

1869年
苏伊士运河开通

1869年11月17日，苏伊士运河开通（比计划时间晚了四年），打通了连接地中海与红海的航道。皇家游艇"鹰号"在接受基督教、伊斯兰教神职人员的祝福后从塞得港出发，带领船队通过运河。在运河通航后的第一个晚上，法国舰船"培琉喜阿姆号"在提姆萨赫湖的入口处搁浅，导致后面的船只无法参加在湖上举行的下一阶段庆祝活动。

1870年
纽约的布鲁克林大桥开建

连接曼哈顿岛和布鲁克林区的布鲁克林大桥横跨东河，在修建的时候是世界上最长的悬索桥。大桥的修建工作由埃米莉·罗布林主持——她的公公约翰·A.罗布林是大桥的设计者，在1869年的时候死于意外，而她的丈夫华盛顿·罗布林则出于身体原因无法亲临工地指挥工作。1883年5月24日，布鲁克林大桥交付使用，埃米莉·罗布林抱着雄鸡（象征着胜利），成了第一位乘坐马车通过大桥的旅客。

◁ 在尚未完工的布鲁克林大桥上走动的**建筑工人**

布鲁克林大桥长1 834米，高83米

1871年 继1867年发现钻石之后，**南非又发现了金矿**

1872年 美国女性参政权运动的领袖苏珊·B.安东尼因为在大选中投票而被逮捕

1872年 法国物理学家**路易·迪科·杜·奥龙**开创现代彩色照相技术

1871年 **罗马成为意大利王国的领土**，意大利实现国家统一

1872年
世界上第一座国家公园黄石公园开放

黄石地区的照片、图画引起公众对该地区的独特自然景观的关注后，美国总统尤利西斯·S.格兰特于1872年3月1日签署《黄石国家公园保护法》。该法律规定，"黄石河的水源地"不得"居住、占据、出售"，并宣布黄石地区是"供民众休闲娱乐的公园及游乐场"。

▷ 黄石大峡谷

1841—1895年
贝尔特·摩里索

法国画家贝尔特·摩里索是早期印象派画家中为数不多的女性。她的作品先是连续在法兰西艺术院举办的"巴黎沙龙"上展出，之后又成为印象派画家单独举办的"落选者沙龙"上的常客。

1874年
第一届印象派画展

1874年，一批多年来连续遭到法兰西艺术院的拒绝，无法参加"巴黎沙龙"展出的印象派画家主办了独立的画展。这次"落选者沙龙"总共展出了30位艺术家创作的165幅作品，其中包括克劳德·莫奈的《日出印象》。印象派的画作笔法粗犷、色彩鲜艳、不使用调色技术，遭到了传统艺术评论家的冷嘲热讽——有些评论家甚至宣称印象派画作是"疯子"和小丑的作品。

▷ 克劳德·莫奈创作的《日出印象》

1873年 在第三次卡洛斯战争（1872—1876年）中，阿马德奥一世退位，**西班牙成为共和国**

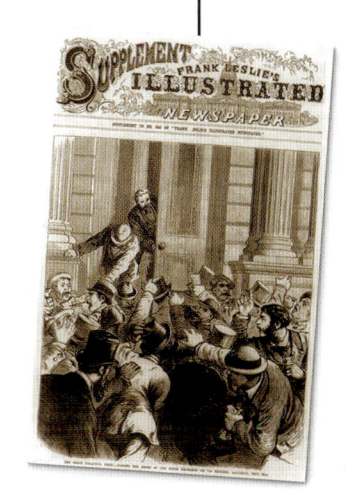

1874年

1873—1896年
世界经济大萧条

维也纳、纽约、巴黎的证券市场发生恐慌，法国与意大利爆发关税战，再加上各国的贸易保护主义倾向越发强烈，结果引爆了一场持续时间长达20余年的全球金融危机。危机引发全球经济大洗牌，美国作为第一个摆脱萧条的国家，取代英国，成为实力最强的工业国。

◁ **纽约证券交易所**陷入恐慌

1874年
阿散蒂王国的首都库马西被毁

从1824年起，到1900年为止，西非的阿散蒂王国总共与英国发生了五次战争。1874年，英国远征军攻陷库马西，不仅摧毁了阿散蒂王在城内修建的土石结构宫殿，还要求阿散蒂人支付总额高达5万盎司（约1 417.5千克）黄金的战争赔款。为了凑足赔款，阿散蒂人被迫交出黄金面具、珠宝以及许多其他的珍宝。

▷ 英军从库马西掠走的**纯金头像**

1876年
历史上的第一次电话通话

1876年3月10日，苏格兰裔美国发明家亚历山大·格雷厄姆·贝尔使用自己发明的"语音电报机"进行了人类历史上第一次电话通话。语音电报机能够把声波转换成大小不断变化的电流，而另一端的接收装置则能够把电流重新转换为声波。这一次通话的对象是他在隔壁房间等待接收信号的助手沃森，而通话的内容则是"沃森先生，快过来，我要见你"。

▷ 贝尔发明的电话

1879—1884年
南美太平洋战争

1879年，智利与玻利维亚、秘鲁爆发战争，目的是争夺位于太平洋沿岸、拥有大量硝石矿藏的阿塔卡马沙漠。该年2月，智利占领玻利维亚的港口城市安托法加斯塔，之后，上述三个国家在太平洋、秘鲁沙漠和安第斯山脉激烈交战。1883—1884年，战争宣告结束，智利取得胜利，吞并了玻利维亚太平洋沿岸的所有国土，以及秘鲁太平洋沿岸的部分国土。

1876—1878年 印度的中部、南部暴发**大饥荒**，共有5 800万人受灾，导致820万人死亡

1875年

1875年 埃塞俄比亚击退埃及的入侵，使国家免受外国的干涉，确保了国家独立

1876年 **波菲里奥·迪亚斯**夺取政权，在之后的31年间担任墨西哥总统，开始在国内推行现代化改革

1876年
小巨角河战役

1876年6月25—26日，美军将领卡斯特盲目冒进，率领骑兵600人向北美大平原印第安人酋长"坐牛"位于小巨角河岸边的营地发起进攻。卡斯特的部队很快就与苏族战争领袖"疯马"率领的2 000名战士陷入运动战。在战斗的最后阶段，卡斯特率领残部在俯瞰苏族村庄的高地上负隅顽抗，最终与手下210人被苏族战士击毙。

▷ **乔治·卡斯特**和他手下的侦察兵

1831—1890年
"坐牛"

"坐牛"是苏族拉科塔族群的战士，他统一了美国大平原的印第安部落，率领他们共同抵抗白人定居者。在他取得小巨角河战役的胜利后，美国政府下定了决心，准备彻底镇压美洲原住民。

△ 南美太平洋战争中的安加莫斯海战

1879 年
祖鲁王国击败英军，取得伊散德尔瓦纳战役的胜利

祖鲁国王开芝瓦约·卡姆潘达拒绝英国的要求，既不愿解散军队，也不同意加入南非英属殖民地联邦。此后，英军于1879年1月入侵祖鲁。1月22日，2万名祖鲁战士突袭英军位于伊散德尔瓦纳附近的营地，击杀英军1300余人。祖鲁军队训练有素、作战技巧高超，给了英国人极大的震撼，但同时也促使英军调整战术，开始采用更具侵略性的作战方式。

◁ 祖鲁国王**开芝瓦约·卡姆潘达**

1879年

1878年 《**圣斯特凡诺条约**》签订，俄土战争宣告结束，塞尔维亚、罗马尼亚、黑山脱离奥斯曼帝国，获得独立

"没有人会出售人民脚下的土地。"

迪·布朗所著《魂归伤膝谷》（1970年）中"疯马"的话

1879—1898年
现实主义

现实主义是一场寻求真实反映普通人日常生活的艺术运动。

1879年 "现实主义之父"亨利克·易卜生发表剧本《玩偶之家》，在剧中描述了女主人公在男权社会中的生活，引起了极大的争议。

1880年 爱弥尔·左拉提出"自然主义"小说的要素，指出"自然主义"文学应当拥抱决定论，强调文学的科学性、客观性，重视对社会现象的评论。

1896年 贾科莫·普契尼的现实主义歌剧《波希米亚人》首演，其最大特点是，剧中角色全是平平无奇的普通人。

1898年 康斯坦丁·斯坦尼斯拉夫斯基提出"形体动作方法"，鼓励演员在内心动机和情感上与剧中人寻找共鸣。

1880年
第一次布尔战争

1877年，英国吞并了布尔人在南非建立的德兰士瓦共和国后，当地的局势变得越发紧张。布尔人大多是荷兰殖民者的后代，他们重新宣布国家独立，之后采用游击战术，在一系列交锋中击败英军。1881年，英国被迫签订《比勒陀利亚协定》，承认了德兰士瓦共和国独立国家的地位。

▷ 英军与布尔人的小规模冲突

1882年
德意志帝国、奥匈帝国、意大利王国秘密结盟

上述三国缔结盟约，成立了所谓的"三国同盟"。按照盟约的规定，德意志帝国和奥匈帝国（从1879年起，这两个国家就已经是关系紧密的盟友）承诺，一旦法国无端攻击意大利，那么德奥两国就会向意大利提供军事支持。反之，如果法国向德国发难，那么意大利就应当向德国派出援军。此外，如果奥匈帝国与俄国爆发战争，那么意大利就应当保持中立。

▷ 刻有三国同盟国家领袖头像的"和平盾"

1881年 田纳西州州议会投票通过法案，规定铁路旅客必须按照肤色分乘不同的车厢。这是最早的一条"吉姆·克劳法"

1881年 具有开创精神的护士克拉拉·巴顿建立美国红十字会

1881年 法国入侵北非，占领突尼斯

1881年
面向非裔美国人的大学在亚拉巴马州城市塔斯基吉成立

获释黑奴布克·T.华盛顿为了接受教育而费尽周折，最终在1872年时得以进入汉普顿师范和农业学院学习。他认为教育是非裔美国人获得解放的必要条件，因而开办了建校时只有一间陋室的塔斯基吉师范学校——后来的塔斯基吉学院——向美国黑人提供教师培训。

▷ 布克·华盛顿

▷ 喷发前的喀拉喀托火山（木版画）

喀拉喀托火山喷发产生的气体和火山灰最高到达了24千米的高空

◁ 马赫迪起义军与英军交战

▽ 马赫迪起义军的外套（1880年前后）

1883 年
马赫迪起义军在苏丹与英埃联军交战

1881 年，伊斯兰教教士穆罕默德·艾哈迈德自称"马赫迪"（蒙真主引导的人），率领起义军与从 1819 年起一直占领着苏丹的埃及军队交战。1883 年，马赫迪起义军在欧拜伊德击败英埃联军。1885 年，起义军占领喀土穆。

1881 年 沙皇亚历山大二世遇刺后，犹太人成了替罪羊，俄国爆发**排犹运动**

1884年

1883 年
印度尼西亚的喀拉喀托火山爆发

1883 年 5 月 20 日，位于爪哇岛和苏门答腊岛之间的喀拉喀托火山岛在沉寂了约 200 年后再次喷发。到了 8 月的时候，接连发生的四次猛烈喷发几乎完全摧毁了这座火山岛。喷发不仅把大量的火山灰抛入大气层，还引发了剧烈的海啸，总共导致 3.6 万人死亡。

△ 出席柏林会议的各国代表

1884 年
欧洲列强瓜分非洲

1884 年 11 月，欧洲列强在柏林召开会议，瓜分非洲，将其划分成了不同欧洲国家的殖民地，这标志着欧洲列强的殖民扩张进入了全新的阶段。这场由德意志帝国的宰相奥托·冯·俾斯麦组织召开的会议一直持续到了 1885 年 2 月，总共有包括法国、比利时、葡萄牙和英国在内的 14 个国家参加。非洲国家的领袖既没有获得发表意见的机会，也没有得到出席邀请，不仅如此，与会各国在划分势力范围的时候竟然完全没有考虑非洲现存的文化、社会、种族和语言上的边界。会后仅仅过了几年的时间，欧洲列强就占领了非洲大陆超过 80% 的土地。

1885年
印度国民大会党成立

印度国民大会党简称国大党，是在被英国殖民的亚非国家出现的第一个现代民族主义政党。1885年12月，国大党在孟买召开第一次会议，会上确定党的目标为：为受过良好教育的印度人争取更大的参政权，让他们能够更有效地控制英属印度的政治进程。自1920年起，国大党在圣雄甘地的带领下先是呼吁殖民当局进行大规模的政治改革，之后又成为印度独立运动的急先锋。

◁ 国大党的**第一次会议**

1887年 "水牛比尔"携"狂野西部表演"前往英国，为维多利亚女王继位五十周年的庆典献礼

1885年 加拿大太平洋铁路的不列颠哥伦比亚段完工，整条线路就此全部开通

1888年 巴西废除存在了300余年的**奴隶制度**

◁ 建设中的**埃菲尔铁塔**

1885年
利奥波德二世把刚果据为己有

柏林会议结束后，比利时国王利奥波德二世把盛产橡胶的刚果据为己有，成立了所谓的"刚果自由邦"。他与其他的欧洲殖民者不同，并没有把殖民地与国家挂钩，而是把"自由邦"视为私人领地，把积累私人财富当作经营殖民地的目的。他建立的殖民地管理制度血腥残酷，把强迫劳动当作获取财富的惯常手段，不知虐待、屠杀了多少刚果人，很快就变得臭名昭著。

▷ 利奥波德二世

1889年
埃菲尔铁塔向公众开放

高达312米的埃菲尔铁塔俯瞰巴黎，在巴黎世界博览会上揭幕，目的是纪念法国大革命胜利一百周年。铁塔由工程师古斯塔夫·埃菲尔设计，建设工作由埃菲尔名下的公司耗时约两年完成，是当时世界上最高的建筑物。这座巨大的锻铁建筑物在建成前遭到了公众和艺术界的强烈批评，但在开放后却立刻博得满堂彩，每天都能吸引将近1.2万名访客。

1889年
列强在非洲的帝国主义扩张

随着意大利殖民厄立特里亚，以及英国加强对非洲南部的控制，欧洲国家在非洲的殖民活动迅速发展。以极富争议的帝国主义者塞西尔·罗得斯为代表的投机客成了引领殖民扩张的急先锋。获得成立英国南非公司的特许状后，罗得斯开始扩大英国在非洲南部的殖民地（也就是后来以他的名字命名的罗得西亚），同时勒索当地的非洲领袖，比如恩德贝勒人的国王洛本古拉，要求他们出让采矿权。

◁ 幽默杂志《笨拙》刊登漫画，把**塞西尔·罗得斯**描绘为象征帝国主义者贪得无厌的标志性人物

1889年 日本颁布《**明治宪法**》，依法推行有限的政治改革

1889年 美国记者内莉·布莱完成 **72天环游世界** 的壮举

1889年 来自 20 个国家的**社会主义者**在巴黎召开会议，成立第二国际

1889年

从 1913 年起，到 1927 年为止，福特公司的工厂生产了不下 1 500 万辆福特 T 型车

1886—1908年
早期汽车工业

在刚刚发明问世的那段时间，汽车的价格十分高昂，直到1908年汽车实现大规模生产后，价格才终于降了下来，汽车时代的帷幕就此拉开。

1886年 德国工程师卡尔·本茨为第一辆真正使用汽油作为动力的汽车申请了专利。本茨设计的汽车使用四冲程发动机，装有三个钢丝辐条轮，是历史上第一台能够上路行驶的汽车。

1890年 法国人勒内·庞阿尔、埃米尔·勒瓦索尔设计出了第一台发动机前置的汽车。这台汽车由后轮驱动，使用了滑动齿轮传动装置。

1908年 第一台**福特 T 型车**下线。T 型车由美国人亨利·福特设计制造，绰号"轻快小汽车"，是第一款大规模生产的平价汽车。

1891 年
西伯利亚铁路开建

西伯利亚铁路的修建计划由沙皇亚历山大三世提出，这是一条连接莫斯科及东亚港口符拉迪沃斯托克（海参崴）、全长 9 198 千米的铁路。铁路的修建工作分别以莫斯科、符拉迪沃斯托克为起点，在东西两个方向同时开工，总共动用了包括技术工人、农民和囚犯在内的数十万劳动力。在环贝加尔湖路段完工前，火车必须由渡轮运送至湖对岸。1904 年，西伯利亚铁路的所有路段全部完工，彻底打开了西伯利亚的大门。

▽ 西伯利亚铁路的火车头

1892 年
埃利斯岛移民站成立

随着越来越多的移民离开中欧、东欧、南欧，踏上前往美国的旅途，美国联邦政府在纽约港内紧邻自由女神像的埃利斯岛上设立移民站。在移民站设立的第一天，就有 700 名移民过站入境。在之后的一年间，总共有 45 万名移民通过移民站入境，其中既有因为排犹运动而逃离俄国的犹太人，也有因为贫穷而离开祖国的意大利人。1900—1914 年，移民站每天都要处理大约 1 900 个移民的入境事务。

▷ 抵达纽约的**移民**

1890 年

1891 年 荷兰古人类学家欧仁·迪布瓦在爪哇岛发现人类化石碎片。他把自己发现的古人类命名为"直立猿人"，即现在科学家口中的"爪哇猿人"

1890 年
伤膝河大屠杀

印第安人的苏族部落失去了土地和生计来源，受到了沉重的打击，于是决定举行"幽灵舞"仪式，想要借助仪式的力量来收复失地、复兴文化。美国政府认为这是苏族人的挑衅行为，于是派出军队前往南达科他州的伤膝河收缴苏族拉科塔族群的武器，结果引发了导致 150 到 300 个苏族人死亡的暴力事件。

◁ 伤膝河大屠杀后代表苏族人与美国政府谈判的**酋长"他们害怕他的马"**（意为：他十分勇猛，哪怕只是看到他的坐骑，敌人也会被吓破胆）

> "士兵砍倒了我的树木……杀死了我的水牛……我心痛欲裂。"

迪·布朗所著《魂归伤膝谷》中基奥瓦人的酋长桑塔纳在 1867 年时说的话

1893 年
新艺术运动开始

维多利亚式的建筑装饰过分烦琐，促使欧洲的建筑师提出一种名为新艺术的全新建筑风格。新艺术建筑的特点包括能够与建筑融为一体的流畅线条、自然的形式、现代的建筑材料。以比利时人维克托·奥太——他是塔塞尔公馆的设计者——为代表的建筑师成了新艺术风格建筑的推广者。新艺术建筑同样也在1900年的巴黎世界博览会上大放异彩。

▷ 比利时布鲁塞尔的**塔塞尔公馆**

1893 年 西非的大片土地沦为**法国殖民地**

1894年

1892 年 路易斯安那州的克里奥尔人**霍默·普莱西**以乘坐白人专用车厢的方式向美国的歧视性法律"吉姆·克劳法"发起挑战

1894 年 信奉基督教的**亚美尼亚人**要求奥斯曼帝国推行改革，结果遭到屠杀

◁ **纪念**凯特·谢泼德、梅丽·特·泰·曼加卡西亚以及其他女权活动家的雕像

1848—1934 年
凯特·谢泼德

凯特·谢泼德出生在利物浦，在20岁出头的时候移民到了新西兰。她致力于女权运动，为争取女性选举权而日夜操劳，要么开展游说活动，要么组织请愿活动，足迹遍布新西兰全国。

1893 年
新西兰女性赢得选举权

1893年9月，新西兰成为第一个允许女性在议会**选举**中投票的国家。以凯特·谢泼德为代表的女性不断地向议会递交请愿书，经过长期的斗争，终于促使议会通过法律，承认白人女性及毛利女性拥有选举权，取得了来之不易的胜利。只不过，直到1919年，新西兰女性才终于获得了作为候选人参加议会选举的权利。

19世纪40年代—2021年
女性选举权

女性为获得选举权进行了长期的斗争，在英国和美国，女性争取选举权的奋斗尤为突出。19世纪60年代，随着女性对平权的要求越发强烈，女性参政权运动在英美两国蓬勃发展。这场运动以完全合法的手段来为女性争取参政权，比如游说议员、向议员递交请愿书，又如召开会议、组织游行，再如在报刊上发表文章。不过，随着时间的推移，一部分参政权运动的参与者开始更多地采用公民不服从等更直接的方式来实现目标。

19世纪末，女性参政权运动渐渐地失去了原有的冲劲，但在1893年因新西兰女性争取到选举权又焕发了活力。1902年，澳大利亚女性赢得选举权；四年后，芬兰女性赢得选举权，使芬兰成为第一个允许女性参与选举的欧洲国家。在第一次世界大战（简称"一战"）结束后、"二战"爆发前的那段时间，大部分国家的女性都获得了选举权，在其中一些国家是通过宪政改革或革命运动而实现的。例如，俄国女性的选举权就是1917年革命的成果之一。

从1893年到2021年，世界上绝大多数国家的女性都获得了选举权，但这并不意味着她们都拥有平等的选举权。年龄、财产、文化水平和种族都有可能成为限制女性选举权的因素。在1918年的英国，只有年龄在30岁以上且拥有一定财产的女性才拥有选举权。直到1928年，英国女性才终于获得了与男性平等的选举权。在南非和澳大利亚，有色人种女性与原住民女性比白人女性更晚获得选举权。

关键时刻

1893年 投出第一票
1893年，新西兰的女性成了历史上第一批获得选举权的女性公民。其他国家的女性——尤其是中东国家的女性——争取选举权的道路仍然十分漫长。2005年，科威特女性获得选举权。2015年，沙特阿拉伯女性（见左图）获得选举权（但只能在市政选举中投票）。

1903年 斗争升级
自1903年起，英国的女权斗士——由埃米琳·潘克赫斯特（见左图）领导的"妇女社会政治联盟"的成员——开始采取更为激进的斗争方式。她们的斗争手段包括冲击议会、把自己锁在政府建筑的护栏上、砸碎窗户。总共有大约1 000个女权斗士遭到逮捕。

1917年 女性参政
女性获得被选举权的时间要比获得选举权的时间晚得多。1917年，珍妮特·兰金（见左图）当选美国众议员，成了第一个在独立主权国家赢得选举、获得议会席位的女性。现如今，在政坛上大显身手的女性已经大有人在，但女性政治家的人数仍然要比男性少得多。

女性选举权 | 239

> 1848 年，美国女性发起了**争取选举权的斗争**。1890 年，全美妇女选举权协会成为代表美国女性争取选举权的主要团体，除了会组织游行集会，还会去游说最高法院。1920 年，美国女性赢得了选举权，但绝大多数非裔女性、原住民女性却仍然被排除在外。

1895 年
日本取得威海卫之战的胜利

1894 年，日本挑起战端，甲午战争爆发。日军以极快的速度赢得多场战斗的胜利，最终于 1895 年 2 月取得威海卫之战的胜利，北洋水师全军覆没。同年 4 月，清廷与日本签订《马关条约》，甲午战争宣告结束。按照条约的规定，清廷不仅要承认朝鲜"完全无缺之独立自主"，还要割让台湾岛。日本就此成为东亚第一强国。

▷ "靖远号"是北洋水师最后的旗舰，沉没于威海卫之战中

1895 年 古巴革命者发动反抗西班牙殖民统治的起义

1895 年 斯塔尔·詹姆森率领英军进入德兰士瓦，想要推翻布尔人的政府，结果以失败告终

1895 年 意大利工程师古列尔莫·马可尼发明无线电报技术

◁ 伦琴 X 射线

1895 年
科学家发现 X 射线

德国物理学家威廉·伦琴在进行阴极射线实验时发现了一种只有高密度物质才能阻挡的射线。如果把射线对准物体，令其透射物体后在感光板上成像，就会得到物体致密部分的阴影。伦琴把人体的不同部分当作实验对象，发现这种射线能够穿透肌肉，却无法穿透骨骼，所以骨骼的阴影能够在感光板上清晰地成像。这种射线被他称作 X 射线（"X"的意思是未知的）。

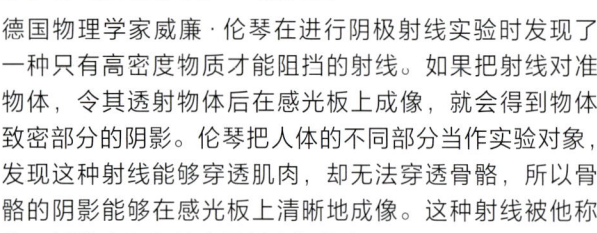

1896 年
埃塞俄比亚抗击意大利侵略者

自 1885 年起，意大利在非洲的殖民利益一直都在不断增长，它先是把厄立特里亚变成了殖民地，之后又把殖民扩张的目光投向了因为饥荒而国力衰弱的埃塞俄比亚。意大利曲解《乌查里条约》的条款，要求埃塞俄比亚成为保护国。埃塞俄比亚皇帝曼涅里克二世拒绝意方的要求，动员军队与意大利侵略者作战，取得了阿杜瓦战役的胜利。埃塞俄比亚保住了国家独立，是唯一没有成为欧洲国家殖民地的主要非洲国家。

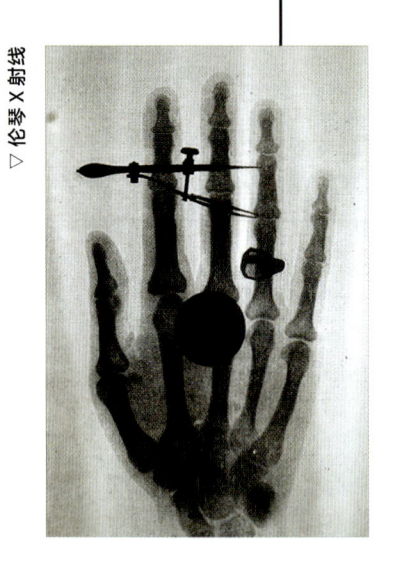

◁ 曼涅里克二世指挥阿杜瓦战役

◁ 奥运会的比赛场馆（1896 年）

1896 年
第一届现代奥运会

国际奥林匹克委员会致力于古代奥运会的复兴工作，于1896年在雅典举办了第一届现代奥运会。这届奥运会只允许男性参加，设有田径、射击、体操、自行车和击剑等比赛项目，吸引了世界各国（主要是欧洲国家，此外还包括智利、澳大利亚、美国）的运动员前来参赛。

总共有 241 名运动员参加了第一届现代奥运会的比赛

1896 年 美国最高法院对"**普莱西诉弗格森案**"做出判决，判定公共场所的种族隔离措施符合美国法律

1897 年 **希腊**为争夺克里特岛的归属权与**奥斯曼帝国**爆发战争

1899 年 奥地利精神分析学家**西格蒙德·弗洛伊德**出版《梦的解析》

1899 年

1898 年 物理学家**玛丽·居里**分离出放射性元素钋和镭

1867—1934 年
玛丽·居里（居里夫人）

出生在波兰的物理学家玛丽·居里因为在放射性研究领域取得开创性成果而闻名世界。她发现了放射性元素钋和镭，于1903年与丈夫共同获得诺贝尔物理学奖。

1898 年
美国向西班牙宣战

1898年，美国的"缅因号"战列舰在哈瓦那港发生爆炸，导致本就因为古巴问题而交恶的美西两国关系变得更加紧张。美国政府宣称西班牙应当对事件负责，并以此为借口出兵支持古巴人争取国家独立的斗争。10周后，西班牙承认战败，向美国求和。古巴赢得了独立，但美军却并没有撤走——1902年，古巴彻底沦为美国的附庸国。

▷ **美国骑兵**在古巴作战

> "对梦进行解析是一条宽阔的大道，可以让我们了解思想的无意识活动。"

西格蒙德·弗洛伊德所著《梦的解析》（1900 年）

1900年
义和团运动

19世纪末，欧洲列强已经在中国划分了各自的势力范围。在中国北部，愤怒的民众加入义和团，掀起了反抗侵略者的起义，不仅把外国的外交人员、侨民和基督教传教士当作打击对象，还大量破坏洋货。1900年，义和团在清廷的支持下进入北京，围攻外国使馆和教堂。同年8月，八国联军攻陷北京，义和团运动被镇压。

▷ 义和团的团牌

△ 英国海军中将**西摩尔率领的联军在廊坊被清军和义和团阻击**，被迫撤退

1900年

1900年 西非的阿散蒂人
发动反抗英国占领的起义，结果遭到镇压

1901年 意大利工程师古列尔莫·马可尼进行人类历史上的第一次跨大西洋无线电通信

1900年
第一艘齐柏林飞艇的处女航

经过数年的筹备工作，德国发明家斐迪南·冯·齐柏林设计建造的第一艘适航的飞艇"齐柏林飞艇一号"从康斯坦茨湖湖面上的漂浮机库起飞。这艘飞艇总长128米，采用圆柱形的硬式框架结构，配有17个气囊，使用两台内燃机提供动力，并设有前后两个方向舵。"齐柏林飞艇一号"的这一次处女航持续了17分钟。1909年，齐柏林设计建造了载客量20人、可以提供空中观光服务的"齐柏林飞艇六号"。

◁ "齐柏林飞艇一号"

1904 年
日俄战争

日俄两国因争夺对朝鲜和中国东北三省的控制权，关系不断恶化。1904 年，日本在突袭停靠在中国旅顺港的俄军舰队后对俄宣战。此后，日军在陆海两个战场上接连取得胜利，最终在 1905 年的对马海战中全歼俄国的第二太平洋舰队，赢得了整场战争的胜利。战后，日本先是侵占了中国旅顺，之后又在 1910 年时吞并了朝鲜。

▷ **对马海战**（意大利报纸的新闻图片）

1904 年 西南非洲（现纳米比亚）的**赫雷罗人和纳马人**发动反抗德国帝国主义统治的起义，遭到残酷镇压

1904 年 美国开始修建**巴拿马运河**。该运河的通航时间为 1914 年

1902 年
第二次布尔战争结束

第二次布尔战争持续了两年多的时间，其间英国与布尔人争夺对德兰士瓦及奥兰治自由邦的控制权，战争最终以英国取得胜利而告终。在战争初期，布尔人一度占据上风，在 1900 年时包围了莱迪史密斯、金伯利、梅富根等英军据点。只不过，英军渐渐扭转颓势，不仅迫使布尔人撤围，还实施"焦土"政策，摧毁布尔人的农场，把失去了生计的布尔人关进集中营。

△ **布尔战争**期间的复员证明书

1903—1958 年
动力飞行

想要制造飞行机器的发明家一直都拿不出什么像样的成果，直到 20 世纪早期才终于取得突破。20 世纪 20 年代时，航空公司已经开始提供客运服务。

1903 年 美国发明家威尔伯·莱特、奥维尔·莱特完成了人类历史上第一次飞行器机身比空气重的持续飞行，飞行器总共在空中停留了 12 秒。

1915 年 德国工程师胡戈·容克斯设计出了有史以来**第一架全金属机身的飞机**。这架飞机的最高速度是每小时 170 千米。

1939 年 德国工程师汉斯·冯·奥海恩在亨克尔 He-178 型飞机的原型机上安装喷气发动机，设计出了世界上的**首架喷气式飞机**。

1958 年 **波音 707 客机**为民航客机的设计定下了基调。这种机型配备四台喷气发动机，可以搭载 190 名旅客进行跨大洲飞行。

1905 年
东非起义

多年来，德国殖民当局在德属东非进行高压统治，经常强迫当地人劳动，终于引发了起义。起义民众拿起弓箭和长矛，一边攻击殖民地驻军，一边毁坏地里的庄稼。起义的浪潮传播开来，把 20 个不同种族的殖民地人民团结到了一起。数以千计参与马及马及起义的战士围攻驻有德军的马亨盖要塞，虽然没能取得成功，但仍然把起义推向了最高潮。到了 1907 年起义被殖民当局镇压下去的时候，已经有大约 7.5 万非洲民众死于战火。

◁ 围攻**马亨盖要塞**的战斗

1879—1955 年
阿尔伯特·爱因斯坦

爱因斯坦是有史以来最伟大的理论物理学家之一，他提出狭义相对论、广义相对论，令人类对空间、时间、运动和宇宙的认识发生了革命性的变化。

1905 年 出生在德国的物理学家**阿尔伯特·爱因斯坦**提出狭义相对论

1906 年 旧金山发生大地震，2 000 余人遇难

1906 年 厄普顿·辛克莱发表小说《屠场》，揭露美国肉类加工厂惨不忍睹的工作环境

1905 年
俄国爆发革命

在俄国，沙皇的专制统治、持续低迷的经济、在日俄战争中惨败的耻辱导致民众的不满情绪不断高涨，最终引发了抗议和罢工。维持秩序的士兵向手无寸铁的示威民众开枪后，一部分军人加入革命者的行列，"波将金号"战列舰的水兵更是发动兵变，夺取了舰船的控制权。革命者建立苏维埃，最终迫使沙皇尼古拉二世同意进行改革，建立杜马（由选举产生的立法机构）。

△ 描绘 **1905 年俄国革命**的海报

1906 年的旧金山地震导致 22.5 万人无家可归

1907 年
立体主义艺术流派出现

西班牙艺术家巴勃罗·毕加索、法国画家乔治·布拉克开创了一种名为立体主义的全新艺术风格。他们受到保罗·塞尚的作品的影响,放弃了传统的单一视角,转而在创作一张画作(比如《亚威农少女》)时从多视角观看同一物体,进行多点透视,得到了抽象的艺术形式。在 20 世纪期间,立体主义对艺术的发展产生了巨大的影响。

▷ 毕加索的立体主义重要作品《亚威农少女》

1906 年 美国的无政府主义者埃玛·戈德曼创办期刊《大地》

1909 年 在英国,**狱中的女权斗士**进行绝食抗议,结果被强制喂食

1906 年
海军军备竞赛愈演愈烈

1898 年,德皇威廉二世开始扩充军备,想要让德国成为超级军事大国。他命令海军将领蒂尔皮茨组建一支能够与当时世界上最强大的英国海军相匹敌的舰队。蒂尔皮茨把工作的重点放在了建造能够与英国的无畏舰——配备大口径舰炮的巨舰——对抗的大型战舰上。英国感受到了德国造成的威胁,同样也开始建造更多的战舰。海军军备竞赛愈演愈烈,导致欧洲的国际关系越发紧张。

◁ 海军元帅蒂尔皮茨

△ 青年土耳其党的旗帜

1908 年
青年土耳其党要求改革

由自由派人士、学生和革命者组成的青年土耳其党要求奥斯曼帝国放弃君主专制制度。他们发动起义,反抗解散议会、镇压异议者的苏丹阿卜杜勒-哈米德二世。青年土耳其运动吸引了许多公务员和军官,规模不断壮大。他们组织游行队伍,向伊斯坦布尔进军,迫使阿卜杜勒-哈米德二世重新召开议会。

1910年
墨西哥革命

墨西哥的独裁者波菲里奥·迪亚斯一方面造成了广泛的贫困问题，另一方面又残酷镇压反对派。改革家弗朗西斯科·I.马德罗宣布参选，与迪亚斯争夺总统职位，结果被打入大牢。马德罗在逃出监狱后呼吁民众进行武装革命。此后，农民拿起武器，组成游击队，在埃米利亚诺·萨帕塔、潘乔·比利亚的率领下打击大地主、占领城镇、与忠于迪亚斯的部队作战。1911年，迪亚斯被迫辞职，马德罗成为墨西哥的下一任总统。

△ 潘乔·比利亚和他手下的战士

1912年
"泰坦尼克号"沉没

"泰坦尼克号"于1911年建造完成，是当时世界上最大、最奢华的远洋客轮，其船身设有16个水密舱室，号称永不沉没。然而，1912年，该船开始处女航，从南安普敦出发后仅过了四天的时间，就与一座巨大的冰山相撞，没能抵达目的地纽约——"泰坦尼克号"的右舷被冰山撞出了多道裂口，仅过了不到三个小时就葬身海底，导致1 500人死亡。

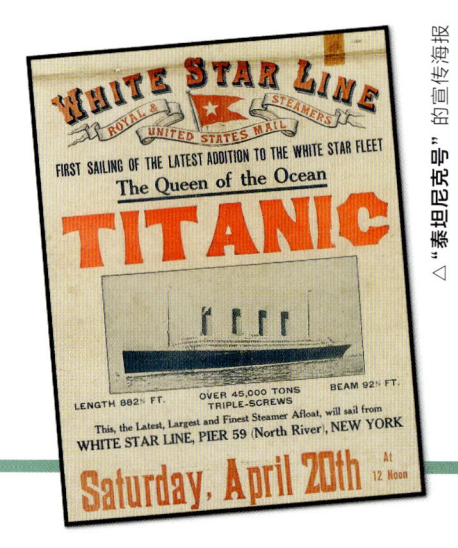

▷ "泰坦尼克号"的宣传海报

1910年

1911年 挪威人罗阿尔·阿蒙森击败英国人罗伯特·斯科特，成为**历史上第一个抵达南极点的人**

1910年 美国黑人活动家威廉·爱德华·布格哈特·杜波依斯成为全美有色人种协进会的创始人之一

1911年 美国考古学家海勒姆·宾厄姆主持发掘工作，**印加城市马丘比丘重见天日**

1911年
辛亥革命

清朝的统治腐化保守，无法抵御外侮，革命者和民族主义者的抗议声浪日渐增强，最终引发革命。中国同盟会在孙中山的领导下发动起义，革命之火燃遍中华大地，为中国持续了2 000余年的封建帝制画上了句号。1912年1月1日，革命者宣布成立中华民国，孙中山就任中华民国临时大总统；同年2月12日，清帝发布退位诏书。

◁ 印有革命领袖头像及战斗场面的**明信片**

1914 年
第一次世界大战爆发

1914 年 6 月 28 日，奥匈帝国的皇储弗朗茨·斐迪南大公遭塞尔维亚民族主义者加夫里洛·普林齐普袭击，遇刺身亡。奥匈帝国采取报复措施，向塞尔维亚宣战。接下来，当时的国际盟约体系把许多国家卷入战争。俄国动员部队，准备出兵支援塞尔维亚，导致德国向俄国及俄国的盟友法国宣战。此后，德军入侵比利时，导致按条约的规定应当确保比利时中立地位的英国于 8 月 4 日向德奥两国宣战。第一次世界大战就此全面爆发。此外，英法德等国位于世界各地的殖民地同样也卷入了战争。

▷ 弗朗茨·斐迪南大公

1912 年 南非非洲人国民大会的前身**南非原住民国民大会**成立

1913 年 俄国女性在 3 月 8 日庆祝**国际妇女节**。后来，3 月 8 日被确定为每年一度的国际妇女节的日期

1913 年 巴尔干同盟（希腊、塞尔维亚、黑山、保加利亚）与奥斯曼帝国爆发冲突

1914 年

1914 年
协约国挡住了德军的进攻

德国想要以最快的速度迫使法国退出战争，于是派大军取道比利时，攻入法国的东北部。此后，德军并没有包围巴黎，而是对不断撤退的法军紧追不舍，结果在马恩河遭到英法联军的反击，输掉了"一战"的第一场大规模战役，被迫后撤。此后，双方开始挖堑壕，到了圣诞节的时候，协约国与同盟国已经在西线形成了对峙局面，谁都无法突破北起比利时海岸、南至瑞士边境的战线。

△ 躲在堑壕里的德军士兵

"一战"总共有 6 500 万士兵参战，其中有 850 万人战死，2 120 万人负伤

1917年
协约国对伊珀尔的进攻失败

7月31日，协约国的部队开始进攻德军伊珀尔突出部的外围阵地，想要突破德军的防守，攻占比利时的各大港口，俘获港内停靠的德军U型潜艇。协约国的进攻是一场军事灾难。连续不停的炮击和大雨把战场变成了积水深度足以把人溺毙的泥沼。11月时，协约国在占领距离突出部7千米的帕斯尚尔后取消了进攻。此时，双方的总阵亡人数已经达到58万。

▷ **奥军士兵**穿越伊珀尔满目疮痍的战场

> "我在地狱战死，他们把那里叫作帕斯尚尔。"
>
> 诗人西格弗里德·沙逊（1918年10月）

1915年 600万美国黑人移居北方，开始为军工企业工作

1915年 国际妇女和平会议在荷兰海牙召开

1915年 意大利向奥匈帝国宣战，加入协约国阵营，成为"一战"的参战国

1916年 爱尔兰共和主义者发动起义，反抗英国统治，结果遭到残酷镇压

△ 凡尔登战役

1916年
德法两军争夺凡尔登

1916年2月21日，德军炮击法国要塞城镇凡尔登，打响了"一战"中持续时间最长的战役。法军被迫后撤，随后发起反攻，双方在几乎毫不停歇的炮击和机枪扫射下战斗了10个月的时间。在这一年的12月，法国守住了凡尔登要塞，取得了战役的最终胜利。双方总共有超过70万人在这场战斗中阵亡。

◁ "一战"时期的**马克沁303MkⅡ型机枪**

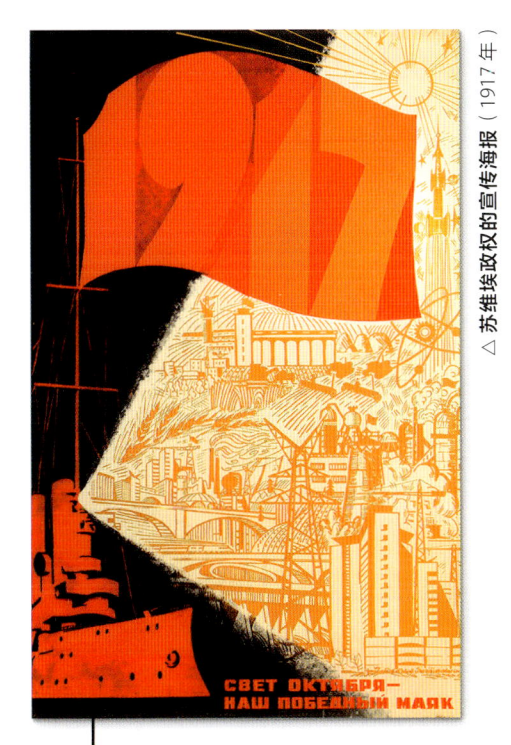

1917年
俄国沙皇被推翻

1917年2月，示威者走上彼得格勒街头，要求得到面包与和平，引发二月革命。在战争中伤亡惨重的俄军士兵与示威工人站到了一起。沙皇尼古拉二世宣布退位，改良派孟什维克组建了政府。同年10月，由共产主义革命者组成的布尔什维克攻占冬宫，夺取政权。此后，俄国在弗拉基米尔·列宁的领导下成为世界上第一个社会主义国家——苏俄。

△ 苏维埃政权的宣传海报（1917年）

1919年
阿姆利则惨案

1919年，英国人指挥的军队在旁遮普地区的圣城阿姆利则向札连瓦拉园内手无寸铁的印度人开枪，导致至少379人死亡。英国殖民当局因为印度民族主义的兴起而忧心忡忡，下令禁止公共集会，但数以千计的旁遮普人却并不知道禁令的存在，仍然在札连瓦拉园聚集，准备庆祝节日。戴尔准将在率领部队抵达现场后命令士兵开火。惨案发生后，印度各界义愤填膺，民族主义者开始要求印度独立建国。

◁ 印度札连瓦拉园内的**阿姆利则惨案死难者及负伤者纪念碑**

1917年 美国向德国宣战，成为"一战"的参战国，开始向法国派出军队

1919年 意大利记者、政客**贝尼托·墨索里尼**建立**"法西斯战斗团"**（后来的意大利国家法西斯党）

1917年 英国政府宣布支持犹太人在巴勒斯坦建立民族家园

1919年 美国进入**"红色夏季"**，全国各城市因为私刑和种族隔离法而爆发30余起种族骚乱事件

1918年
"一战"的参战国签订停战协议

1918年11月11日上午11点，世界各地的枪炮声平静了下来，持续了四年多、造成数百万人伤亡的"一战"宣告结束。此前，保加利亚、奥匈帝国、土耳其已经承认战败，只有德国仍然在继续作战，但其国内的反战情绪同样也越发强烈。德皇退位，德国承认战败后，德国政府于11月11日与协约国的代表团在法国城市贡比涅签订停战协议。之后只过了几分钟的时间，停战的消息就传遍了全世界。

△ 美国人庆祝停战

1919年
《凡尔赛和约》为"一战"正式画上句号

1919年6月28日，德国与协约国签订定于1920年1月生效的《凡尔赛和约》。《凡尔赛和约》引起了很大的争议。和约的内容完全由英国、法国、意大利和美国组成的"四巨头"决定，德国被迫承担所有的战争责任，必须向协约国支付巨额战争赔款。此外，德国还失去了所有的海外殖民地，德军的规模也遭到了大幅削减。

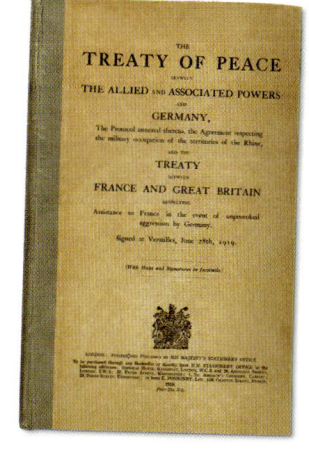

△《凡尔赛和约》的封面

1920年
美国颁布禁酒令

由于基督教禁酒运动、反酒吧联盟不断地施加压力，美国政府颁布禁酒令，禁止在美国境内生产、销售、运输"含酒精饮料"。禁酒令生效后，犯罪团伙开始争夺酒类的非法生产及销售业务，造成了严重的有组织犯罪问题，非法销售酒精饮料的"地下酒吧"也应运而生。

◁ 警察正在监督销毁**私酒**

1920年 牙买加政治活动家**马库斯·贾维**创建的世界黑人进步协会第一次召开会议

1921年 女权活动家**玛丽·斯托普斯**在伦敦开办英国的第一家计生诊所

1922年 意大利国家法西斯党党魁**贝尼托·墨索里尼**进军罗马，夺取政权，成为意大利总理

1920年 国际联盟在法国巴黎召开第一次理事会会议

1921年 查理·卓别林的第一部剧情长片《寻子遇仙记》在美国首映

1921年
苏俄暴发饥荒

1921年，苏俄暴发大饥荒。严重的干旱导致粮食短缺，而1917年的两次革命和之后爆发的内战更是令情况雪上加霜，最终引发了严重的后果。喀琅施塔得水兵暴乱及其他的反布尔什维克动乱平息后，弗拉基米尔·列宁吸取经验教训，一方面请求国际援助，另一方面结束战时共产主义政策，推行新经济政策，允许经济中存在一定程度的自由市场成分。

▷ **苏维埃政权的海报**，内容为呼吁人民不要忘记那些食不果腹的人

1870—1924年
弗拉基米尔·伊里奇·列宁

列宁是马克思主义革命家，他创建布尔什维克，于1917年夺取政权，建立了无产阶级专政制度。他稳定了苏俄的国内局势，实现了银行和工业的国有化，并且重新分配了土地。

> "我们要争取新的、更好的社会制度：在这个新的、更好的社会里不应该有穷有富，大家都应该做工。"

列宁所著《告贫苦农民》（1903年），摘自《列宁全集》

1923 年
德国马克崩溃

"一战"结束后,德国被迫按照严苛的要求来支付巨额战争赔款。1922 年,德国无力继续支付赔款,导致法国、比利时出兵占领其核心工业区鲁尔。此后,德国经济崩溃,政府开始滥印钞票,引发马克大贬值,马克变得几乎毫无价值。

▷ 面值为 10 万马克的钞票(1923 年发行)

> 在 1922 年时的德国,一块面包的售价是 163 马克,而到了 1923 年时,同样一块面包的售价已经上涨到了 2 亿马克。

1922 年 英国考古学家霍华德·卡特发现埃及法老图坦卡蒙的墓穴

1923 年 普里莫·德里韦拉将军推翻西班牙政府,夺取政权,成为独裁者

1924 年 美国作曲家乔治·格什温创作《蓝色狂想曲》

△《英爱条约》的签约现场

◁ 土耳其的首任总统**穆斯塔法·凯末尔·阿塔图尔克**肖像

1923 年
土耳其成为共和国

"一战"结束后,《色佛尔条约》把奥斯曼帝国的大片土地割让给了法国、希腊、意大利和英国,帝国已经名存实亡。土耳其的民族主义者在穆斯塔法·凯末尔·阿塔图尔克的领导下与占领军——尤其是希腊的军队——进行了一系列的战斗,取得了土耳其独立战争的胜利。奥斯曼帝国末代苏丹退位,凯末尔宣布建立土耳其共和国,成为共和国的首任总统。

1922 年
爱尔兰自由邦成立

1921 年,英国与爱尔兰签订《英爱条约》,确定建立爱尔兰自由邦,承认爱尔兰是英帝国拥有自治权的自治领,结束了爱尔兰共和军与英军近两年半的战争。北爱尔兰六郡留在了英国,仍然是联合王国的一部分。《英爱条约》撕裂了爱尔兰共和运动,引发了 1922—1923 年的爱尔兰内战。

1925年
三K党在华盛顿游行示威

三K党成立于19世纪60年代，是一个在美国宣扬白人至上主义的团体，曾使用恐怖手段迫害美国的获释黑奴。1871年，美国政府宣布三K党是非法组织；1915年，三K党死灰复燃，发展十分迅速。1925年8月，大约4万名三K党成员身着代表党员身份的白色制服，在华盛顿游行示威，要求把美国变成只有白人的新教国家。

◁ 三K党在华盛顿游行示威

1926年 在英国，工会大会（TUC）发起英国历史上的首次全国大罢工，支持深陷劳资斗争的矿工。罢工遭到英国政府的打压，在九天后失败

1926年
电视机问世

1926年，苏格兰发明家约翰·洛吉·贝尔德展示了世界上第一台能够传输动态影像的电视机。他把一个配有转盘的机械装置当作扫描仪，从位于伦敦的实验室发出信号，让接收端屏幕前由英国王家学会成员及《泰晤士报》的一位记者组成的观众看到了可识别的动态影像。

△ 约翰·洛吉·贝尔德

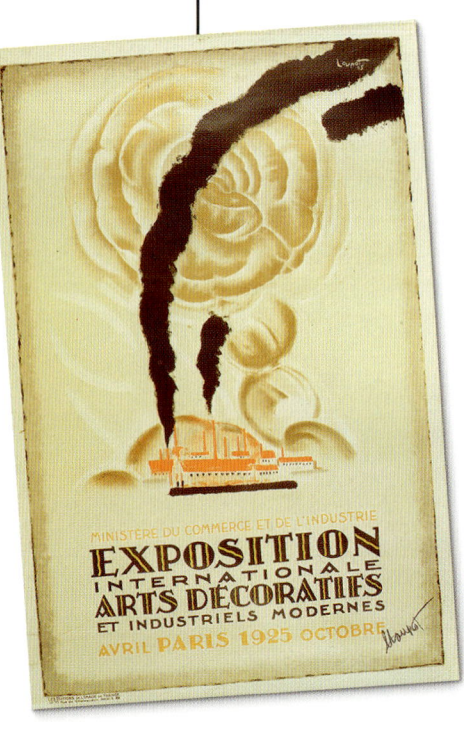

1925年
国际现代装饰与工业艺术博览会吸引了数以百万计的观众观展

1925年在巴黎举行的国际现代装饰与工业艺术博览会展示了来自20个国家的现代装饰艺术作品。展览推出了一种名为"装饰风艺术"的全新设计风格，总共吸引了1 600万观众参观展出。包括织物、瓷器、室内设计、建筑设计和玻璃制品在内的展品都采用了"装饰风艺术"色彩大胆的几何图形设计风格。

◁ 1925年**巴黎国际现代装饰与工业艺术博览会**的宣传海报

▽ **查尔斯·林德伯格**驾驶的飞机"圣路易斯精神号"

1927年
林德伯格独自完成跨大西洋飞行

1927年5月,美国飞行员查尔斯·林德伯格从纽约起飞,飞往巴黎,成为历史上第一个完成单人不间断跨大西洋飞行的飞行员。林德伯格驾驶"圣路易斯精神号"飞机,用时33小时30分钟,一路上经受住了狂风暴雨的洗礼,完成了5 793千米的航程。有超过10万人在巴黎机场见证了他降落的时刻。

1928年 美国人阿梅莉亚·埃尔哈特成为**第一个驾机飞越大西洋的女性**

1928年 苏格兰医生亚历山大·弗莱明发现**青霉素**

1929年 约瑟夫·斯大林在苏联开展经济改革,在全国范围内推行**农业集体化**

1929年

1928年 蒋介石领导**国民党进行二次北伐**,和平接收北京,南京国民政府在形式上完成了全国的统一

▽《爵士歌王》的宣传海报

1927年
"有声影片"问世

能够在展示影像的同时播放录音的技术彻底改变了电影业。世界上第一部有声影片记录了查尔斯·林德伯格从纽约起飞,开始跨大西洋飞行的景象,而历史上的首部有声故事片是阿尔·乔尔森主演的《爵士歌王》,获得了巨大成功。

▽ 正在出售爱车的股票经纪人(标牌上写着:仅售100美元;股市赔得精光,急需现金)

1929年
华尔街股灾

"一战"结束后,华尔街股市在经过了一段时间的炒作后,股价开始停滞不前。1929年10月24日——所谓的"黑色星期四"——股价开始急速下跌;10月29日,股价暴跌,股市交易量高达1 600万股。股灾不仅导致数以千计的投资者血本无归,还引发了世界性的经济大萧条。

1916—1929年
爵士时代

"一战"结束后的那10年有时被称作"爵士时代",又被称作"咆哮的20年代"。在这10年间,摆脱了战争困扰的年轻人追求享乐,开始推崇全新的时尚潮流、舞蹈和音乐(尤其是爵士乐),引发了巨大的社会及文化变化。爵士文化起源于新奥尔良,渐渐地在美国全国流行开来,之后又风靡伦敦、巴黎和新加坡以及其他城市。在爵士时代,限制社交活动的条条框框放松了下来,一种让人飘飘然的自由感取而代之。女性一方面沉浸在因为"一战"而变得更加自由的社会氛围中,另一方面又获益于女性参政权运动,结果变成了新时代最坚定的拥护者。她们抛弃了女性弱不禁风、必须依靠男性的刻板形象,开始追求独立,除了设法参与公共生活,还成了性自由的支持者,从而塑造出了"新女性"的形象:她们无视传统,不仅身着短裙,还会把头发剪短,甚至还养成了抽烟的习惯。

在美国,爵士时代恰巧也是禁酒令生效的时代,由于酒精饮料在全国范围内遭到禁止,想要一醉方休的年轻人都成了地下酒吧和舞厅的常客,结果让以阿尔·卡彭为代表的黑帮大佬通过贩卖私酒赚了个盆满钵满。此外,大众娱乐也得到录音、电影和无线电广播等领域科技进步的促进,开始蓬勃发展。1929年,华尔街暴发股灾后,世界经济陷入长达10年的大萧条时期,爵士时代戛然而止。

关键时刻

1916—1917年 爵士文化北上
糟糕的经济条件和种族歧视迫使数以百万计的非裔美国人离开美国南方的农村,去北方讨生活。在此后的数年间,以路易斯·阿姆斯特朗(见左图)为代表的音乐家把爵士乐带到了芝加哥和纽约,之后又让爵士乐登上了巴黎和伦敦的舞台。

1918年 哈勒姆文艺复兴
1918年前后,曼哈顿的哈勒姆社区成了美国的黑人文化中心。以兰斯顿·休斯为代表的诗人和以约瑟芬·贝克(见左图)为代表的艺人通过文学、音乐、戏剧、舞蹈等途径,让美国公众对黑人文化有了更加深入的认识。

1925年 《了不起的盖茨比》
司各特·菲茨杰拉德、泽尔达·菲茨杰拉德夫妇的(见左图)生活节奏快到令人眼花缭乱,成了爵士文化精神的代表人物。司各特·菲茨杰拉德的小说《了不起的盖茨比》(1925年)描绘了色彩斑斓,但又好似空中楼阁的爵士时代。

查尔斯顿舞节奏明快，以手臂运动和双腿摆动为主，是美国爵士时代最受欢迎的舞蹈。其他受欢迎的舞蹈还包括林迪舞、黑人扭摆舞——所有这些舞蹈种类都起源于非裔美国人社区的大众音乐。

> "以暴力为手段取得的胜利转瞬即逝，
> 与失败无异。"

摘自莫汉达斯·甘地编写的《非暴力不合作运动宣传册》的第 30 册（1919 年）

1930 年
甘地发起"食盐进军"

莫汉达斯·甘地把非暴力不合作手段当作斗争武器，领导成千上万的印度人发起抗议，反对英国的殖民统治。1930 年，甘地把矛头指向了殖民当局的《食盐法》——该法律规定，当局不仅有权对食盐征税，还可以禁止印度人生产食盐。甘地发起所谓的"食盐进军"，从古吉拉特地区的萨巴尔马蒂道场出发，步行 390 千米，前往海边"违法"煮盐。

◁ 走在"食盐进军"路上的莫汉达斯·甘地

1931 年 西班牙国王阿方索十三世被推翻，**西班牙成为共和国**

1931 年
日寇侵占中国东北三省

1931 年 9 月，日寇蓄意制造柳条湖事件，宣称中国军队炸毁南满铁路，因而发动侵华战争。日本政府无视国际联盟的警告，袭击奉天（今沈阳），以武力侵占中国东北三省，建立了以清朝末代皇帝溥仪为首的伪满洲国傀儡政权。

◁ 日寇侵占东北三省

1931 年
帝国大厦落成

1931 年 5 月 1 日正式落成的帝国大厦高 443 米，是当时世界上最高的建筑物。大厦的修建工作耗时 18 个月，参建的 3 500 余名工人大多是爱尔兰及意大利移民。美国总统赫伯特·胡佛在揭幕仪式上亲自按下按钮，为大厦点亮灯光。

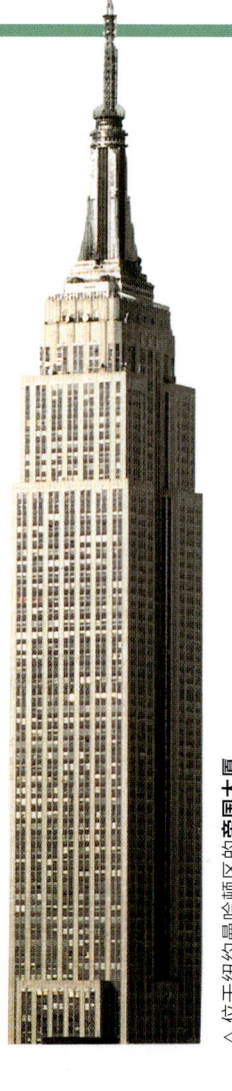

◁ 位于纽约曼哈顿区的帝国大厦

1933年
阿道夫·希特勒就任德国总理

民族社会主义德意志工人党（纳粹党）的领袖阿道夫·希特勒承诺恢复德国人的民族自豪感，在选举中率领自己的党派赢得足够的议会席位，被任命为德国总理。此后没过多久，德国国会大厦就被付之一炬。希特勒诬陷德国共产党是纵火案的幕后黑手，借机宣布全国进入紧急状态，建立起了纳粹党一党专政的独裁制度。纳粹党认为雅利安人是高等种族，疯狂地追求种族纯粹，不仅抵制犹太商铺，还公开焚毁在他们看来"非德意志"的书籍，更是使用暴力手段来镇压反对者。

▷ 阿道夫·希特勒受到支持者的热烈欢迎

1932年 玻利维亚与巴拉圭发生领土争议，引起**查科战争**

1933年 西班牙的无政府工团主义者发动大罢工，表达对恶劣生存条件的不满

1933年 新任美国总统富兰克林·德拉诺·罗斯福推行名为**"罗斯福新政"**的经济复苏计划

1934年

1932年
大萧条愈演愈烈

20世纪30年代初，全世界都受到了大萧条的冲击。在美国，失业人口的数量达到了1 500万上下，在德国也有大约500万人失业。贫困问题越发普遍，为穷人免费提供食物的施食处成了随处可见的街景。美国没有建立国家福利制度，导致成千上万的国民无家可归、流浪街头。美国的中西部地区接连遭到干旱和沙尘暴的袭击，致使大量农民失去土地，这令问题变得更加严重。

△ **"尘暴区"**——美国旱灾严重的中西部地区

1934年
红军开始长征

第五次反"围剿"失败后，中央红军（后改称红一方面军）离开江西，向西进行战略转移，在完成约二万五千里的行程后抵达陕北革命根据地。

△ 长征

1935年

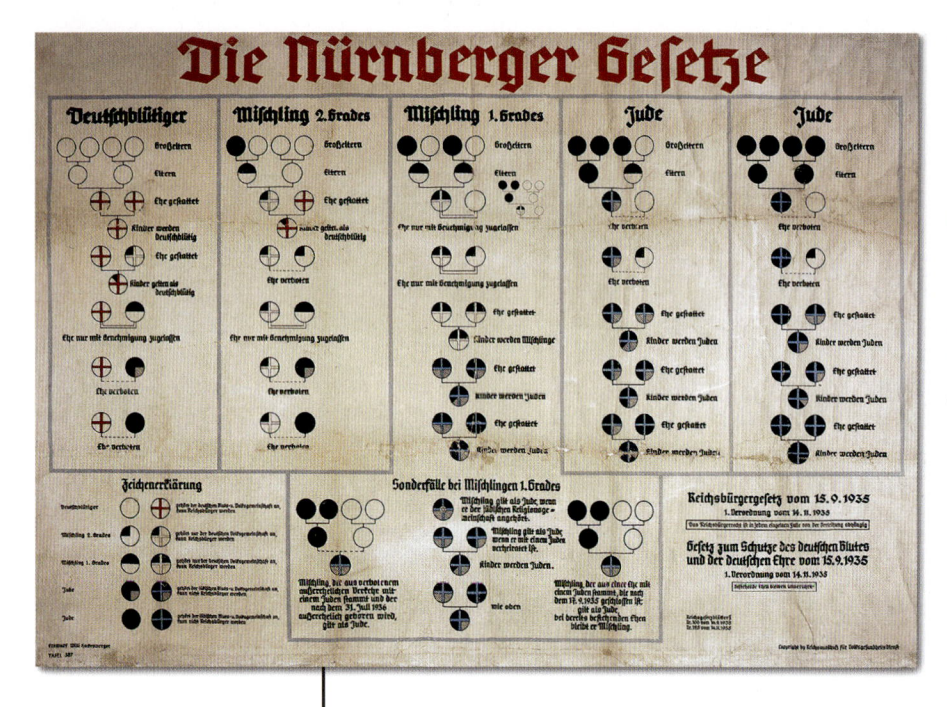

德国颁布《纽伦堡法》

纳粹党在纽伦堡党代会上召开国会特别会议，在会上通过法案，规定只有"拥有德意志或相关血统"的人才有资格获得德国公民权，同时规定德国人与犹太人既不能结婚，也不能发生性关系。此后，纳粹政权扩大《纽伦堡法》的适用范围，把罗姆人（吉卜赛人）和黑人也包含在内。所有被认为缺乏"德意志血统"的德国人都失去了平等的公民权。《纽伦堡法》导致少数族群遭到广泛的歧视与迫害，加害者不仅限于德国的国家权力机构，同样也包括德国的大部分普通民众，这导致少数族群失去了社交机会。

◁《纽伦堡法》中划分种族成分的图表

1935年 伊朗巴列维王朝统治者下达命令，该国在国际上正式由波斯改称伊朗

1936年 巴勒斯坦的阿拉伯人发动反抗英国占领军的起义

1935年
意大利入侵阿比西尼亚（埃塞俄比亚）

1935年，意大利的法西斯头子墨索里尼派出20万大军，对阿比西尼亚发动侵略战争。16个月后，阿比西尼亚的统治者海尔·塞拉西被迫流亡国外，阿比西尼亚沦为意大利的殖民地。总共有数十万阿比西尼亚平民在这场战争中死于非命。

△ 阿比西尼亚战士

1936年
西班牙内战爆发

人民阵线取得大选胜利后，以弗朗西斯科·佛朗哥将军为首的国民派发动政变。包括共产党、无政府主义者在内的共和派力量拿起武器，与叛军针锋相对。这场内战持续了近三年的时间，叛军最终靠着纳粹德国和法西斯意大利提供的军事援助，取得决定性胜利。此后，佛朗哥成为独裁者，始终掌握西班牙的国家大权，直到1975年去世。

△ 共和派的海报，内容为号召民众团结起来，共同对敌

△ 淞沪抗战期间，进入上海小巷的日军部队

1937 年
全面抗战

1931 年，在侵占了中国东北后，日寇妄图继续扩大占领区，发动了全面侵华战争。日寇攻陷北平、上海、南京，犯下禽兽不如的暴行，国民政府被迫向西南转移，前往重庆。中国人民一方面在正面战场与日军作战，另一方面开展敌后游击战，最终赢得了抗日战争的胜利，为"二战"的胜利做出了巨大的贡献。

1938 年
德国对捷克斯洛伐克发出战争威胁

德国宣称本国对捷克斯洛伐克的苏台德地区拥有主权，原因是该地区的许多居民是德意志人。希特勒放出狠话，宣布为了获取争议领土，德国将不惜动用武力。捷克政府向英法求助，但英法两国却迟迟不愿表态。此后，捷克政府下达总动员令，总共动员了超过 100 万名志愿者，但这并没有令希特勒知难而退。

△ 纳粹政权颁发的苏台德荣誉勋章

△ 阿道夫·希特勒向苏台德地区的德意志人致意

1937 年 印度国民大会党在印度的首次省级选举中获胜

1937 年 英国工程师弗兰克·惠特尔设计制造了世界上**首台能够正常运转的喷气发动机**

1938 年

> "我手中的这张纸代表着我们这个时代的和平。"
>
> 内维尔·张伯伦（1938 年）

1938 年
《慕尼黑协定》

英国首相内维尔·张伯伦、法国总理爱德华·达拉第采取绥靖政策，迫使捷克斯洛伐克政府在领土问题上对希特勒做出让步，之后更是双双前往慕尼黑，与希特勒签订协议，不仅同意德国占领苏台德地区，还决定成立一个委员会，解决捷克斯洛伐克其他的领土争端。《慕尼黑协定》生效后，捷克斯洛伐克惨遭肢解，失去了独立国家的地位。

▽ 从慕尼黑归来的**内维尔·张伯伦**

1939年8月23日

《苏德互不侵犯条约》

苏、德两国出人意料地放下敌意，签订互不侵犯条约，（至少暂时地）化解了对方的进攻意图，为本国争取到了增强实力的时间。条约包含一份秘密协议书，划定了两国在波兰、芬兰以及波罗的海诸国的势力范围。

△《苏德互不侵犯条约》的签约现场

1889—1945年

阿道夫·希特勒

希特勒于1919年加入纳粹党，之后开始呼吁进行民族革命，于1933年就任德国总理。他拥有等同于独裁者的权力，奉行种族主义的政策方针，令世界陷入战争的深渊。

1939年

1939年9月 美国总统罗斯福奉行中立政策，但同时又支持同盟国阵营

1939年11月30日 苏联入侵中立国芬兰，**冬季战争**爆发

▽德军进入华沙

1939年9月1日

德国入侵波兰

希特勒以伪造的证据为借口，向波兰宣战，命令德军多路并进，入侵波兰，迫使波军向东撤退。16天后，苏联自东向西攻入波兰。10月初，波兰正式放弃抵抗，苏德两国按照《苏德互不侵犯条约》的秘密协议书划界，波兰这个原本独立的国家消失了。

△内维尔·张伯伦发表全国讲话

1939年9月3日

英法对德宣战

德国入侵波兰后，使英法两国的领袖原本寄予厚望、认为能够确保"我们这个时代的和平"的绥靖政策彻底破产。英国首相内维尔·张伯伦、法国总理爱德华·达拉第发出最后通牒，要求德军立即撤出波兰，否则英法两国就会对德宣战。希特勒对通牒置若罔闻，命令军队继续进攻波兰，英法两国对德宣战，"二战"正式爆发。

1940 年 4—5 月
德军对西欧发动闪电战

英法对德宣战后，双方都只进行了十分有限的军事行动（后世把这一阶段的战争称为"假战"），直到七个月后，希特勒才终于发起大规模进攻。德军先是入侵丹麦和挪威，只用了几个月的时间就占领了这两个国家，之后又攻入比利时和荷兰。取道低地国家，德军南下入侵法国，最终在 6 月中旬的时候攻占巴黎。巴黎沦陷后，法国政府很快就与德国签订停战协议，法国的大部分地区就这样变成了德国占领区。

▷ **德军**进入巴黎

1940 年 3 月 23 日 全印穆斯林联**盟**提出巴基斯坦独立建国的要求

1940 年 3 月 30 日 日寇在南京建立**汪伪国民政府**

◁ **英国的喷火式战斗机**（由超级马林公司设计）

1940 年 9 月 27 日 日、德、意签订《**三国同盟条约**》，组成轴心国阵营

1940 年

"在人类战争的历史上，从来没有如此少的人做出了如此巨大的牺牲，保护了如此多的生命。"

——温斯顿·丘吉尔（1940 年）

1940 年 7 月 10 日
不列颠之战打响，英德两国争夺制空权

在低地国家抵抗德国进攻的英国远征军吃了败仗，被迫从敦刻尔克撤回英国。此后，希特勒命令德国空军大举进攻，与英国皇家空军争夺制空权，为入侵英国的登陆作战做准备。这场被新任英国首相温斯顿·丘吉尔称作"不列颠之战"的战争持续了近一年的时间，其间德军出动大量轰炸机，对伦敦及其他的英国城市进行了大规模轰炸。

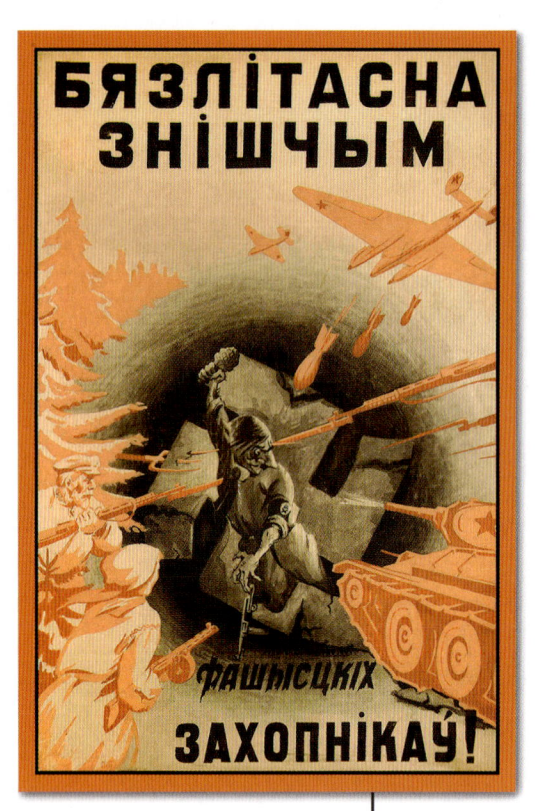

262 | 1941—1942年

1941年6月22日
德国入侵苏联

希特勒无视1939年的《苏德互不侵犯条约》，命令近300万德军在总长为2 900千米的战线上向苏联发起大规模进攻。虽然德军在最开始的时候占据了上风，但苏德战争很快就演变成了消耗战。与苏联开战后，德国被迫双线作战，同时又把苏联推入了同盟国阵营，希特勒很快就发现德军面临着巨大的压力。

◁ 苏联的宣传海报

1941年

1941年4月6日 德国入侵南斯拉夫，仅用10余天的时间就迫使南斯拉夫政府投降

1941年10月9日 美国启动曼哈顿工程，开始研制原子弹

1941年12月7日
日本偷袭珍珠港

日军的高层决定发动突然袭击，轰炸美国太平洋舰队的司令部——位于夏威夷的珍珠港海军基地。空袭击沉了10余艘战舰，导致2 400余名美国军人死亡。此后，美国向日德等国宣战，加入了同盟国阵营。

▷ 停靠在珍珠港海军基地的**美军舰船遭到空袭**

1941—1945年
太平洋战争

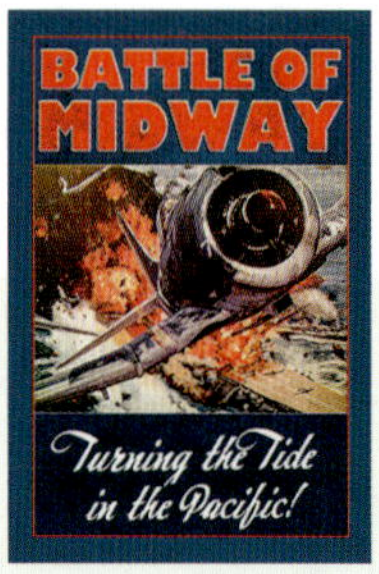

1941年，日本开始在太平洋侵略扩张，先后占领了新加坡、缅甸首都仰光、荷属东印度。

1942年4月 美国的菲律宾驻军在巴丹半岛向日军投降。

1942年5—6月 美国海军在珊瑚海海战、中途岛海战中击败日本海军，扭转了太平洋战场的战局。

1942年8月7日 美军在所罗门群岛的瓜达尔卡纳尔岛登陆，开始采取跳岛战术，一路北上，剑指日本本土。

1945年6月21日 美军激战约三个月，占领了日本最南端的领土**冲绳**。

> "昨天，也就是 1941 年 12 月 7 日，将永远是一个耻辱的日子……"

日本偷袭珍珠港后，美国总统富兰克林·德拉诺·罗斯福的国会演讲（1941 年）

◁ 英国将领伯纳德·蒙哥马利在阿拉曼指挥战斗

1942 年 10—11 月
阿拉曼战役

北非的战斗在 1940 年意大利成为"二战"的参战国后打响。同盟国阵营首先占据上风，之后战局因为德国非洲军团的加入而呈现出反复拉锯的态势。最终，盟军在埃及的阿拉曼取得决定性胜利，迫使轴心国军队后撤。1943 年 5 月，轴心国留在非洲战场上的残兵败将在突尼斯投降。

1942 年 1 月 20 日 纳粹党开始执行**"犹太人问题的最终解决方案"**，即以犹太人为对象的种族灭绝计划

1942 年 8 月 8 日 印度国大党发起**"退出印度运动"**，反对英国的殖民统治，许多运动的参与者被殖民当局逮捕

1942 年 河南大饥荒

1942 年

1942 年 1 月
大西洋之战进入新阶段

"二战"爆发以来，德国的 U 型潜艇就一直在攻击英国的跨大西洋补给线，想要通过切断补给迫使英国投降。美国加入战争后，大西洋之战进入了全新的阶段。尽管 1943 年时，盟军通过扩大空中掩护的范围、配备更先进的雷达、加强护航力度，渐渐地占据了上风，但德国潜艇对大西洋补给线的攻击还是持续到了 1945 年德国战败投降的时刻。

△ 在北大西洋**执行护航任务的盟军战舰**

1943年2月2日
德军兵败斯大林格勒

入侵苏联的纳粹德军妄图占领位于苏联南部的交通枢纽斯大林格勒（今伏尔加格勒），发起了惨烈程度在人类历史上数一数二的一场战斗。攻入斯大林格勒的德军在激战五个月后被迫投降。德军损失惨重，只得从其他的战场抽调兵力，而斯大林格勒战役也因此成了"二战"的重要转折点。

▷ 苏联政府颁发的铜质
保卫斯大林格勒奖章

▽ 正在安慰意大利婴儿的**盟军士兵**

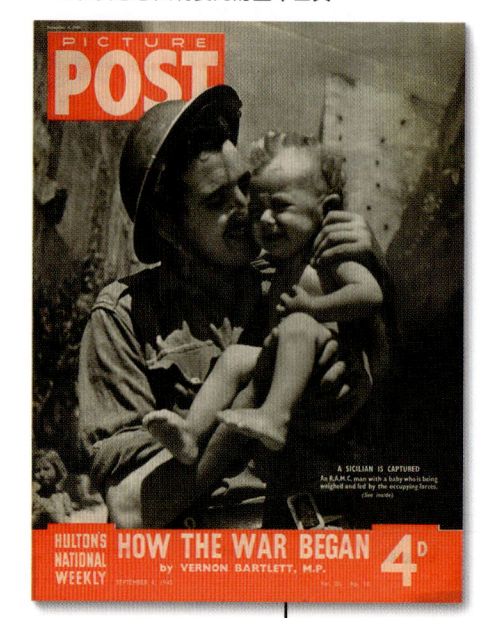

1943年7月
盟军在意大利登陆

刚刚在北非战场取得胜利的盟军先是用了六周的时间占领西西里岛，之后又跨过墨西拿海峡，在意大利本土登陆，把战火烧到了轴心国的核心腹地。10月初时，盟军已经占领了意大利南部，但之后在北上的过程中遭到了德军的猛烈阻击。直到1945年5月2日，驻守意大利的德军才终于放下武器。

1943年

1943年2月8日 由印度及**英国**士兵组成的特殊部队在缅甸与日军进行游击战

1943年7月12日 苏德两军在库尔斯克发生历史上最大规模的坦克会战，**德军在失利后被迫后撤**

1944年8—9月 盟军高歌猛进，解放巴黎及布鲁塞尔

1944年6月6日
霸王行动

同盟国阵营在战争中占据上风后，盟军指挥层命令部队于"D日"在诺曼底登陆，迈出在西欧发起大规模进攻、解放德占区的第一步。登陆成功后，盟军（最终有300万名盟军士兵在诺曼底登陆）开始向东进发，于1945年3月跨过莱茵河，攻入德国本土。

◁ **盟军在诺曼底**建立滩头阵地

1943—1945年 | 265

1945 年 4—5 月
德国战败

轴心国的军队在比利时和法国之间的阿登山区发起最后一次反击，反击失败后开始全线撤退。4 月 28 日，意大利法西斯头子墨索里尼被枪决——此时，苏军已经一路西进，包围了柏林。希特勒不想做俘虏，于 4 月 30 日自杀。八天后，德国向同盟国无条件投降。

◁ **苏联士兵把国旗插上**柏林的国会大厦

1945 年 4 月 12 日 美国总统**罗斯福去世**，哈里·杜鲁门成为新任总统

1945 年 10 月 24 日 由 51 个创始国组成的**联合国成立**

1945年

1945 年 1 月 27 日 苏军解放最大的纳粹集中营——**奥斯威辛集中营**

> "我们只能胜利，不能失败。祝好运！"

1944 年，美国将领德怀特·艾森豪威尔对即将在诺曼底进行登陆作战的士兵的讲话

△ 在美国战列舰"密苏里号"上举行的日本投降仪式

1945 年 8 月
日本投降

欧洲战场的战斗结束后，盟军开始把注意力集中到太平洋战场，迫使坚守太平洋岛链的日军节节败退。为了击败负隅顽抗的日寇，盟军开始对日本本土进行大规模轰炸，最终在广岛和长崎投下了两颗原子弹。9 月 2 日，日本正式投降。

1869—1948年
圣雄甘地

甘地是印度独立运动中最具人格魅力的领导人，曾因为反对英国的殖民统治而多次入狱。他不仅提倡非暴力不合作运动，还始终致力于促进社会公正。

1947年8月15日
印度赢得独立

1947年6月，英国的印度总督宣布英国即将结束殖民统治，计划建立两个独立的国家——印度和巴基斯坦。《印度独立法案》获得英国议会的批准后，印度和巴基斯坦成了完全独立的主权国家。然而，上述过程引发了宗教仇杀，导致上百万人死亡。

△ 印度领袖与殖民当局进行权力交接

1946年3月5日 温斯顿·丘吉尔发表**"铁幕"演说**，冷战拉开序幕

1946年8月16日 穆斯林联盟提出巴基斯坦独立建国的要求后，**印度发生暴乱**

1946年6月
中国人民解放战争爆发

"二战"期间，蒋介石领导的国民政府破坏国共合作，妄图消灭毛泽东领导的共产党。日本投降后，蒋介石开始大举进攻共产党根据地。中国人民解放军在战争的初期遭受了一些挫折，但很快就恢复了过来，与国民党军队形成了僵持之势。

△ 国民党军队离开广州

1948年5月14日
犹太人领袖宣布以色列建国

"一战"结束后，巴勒斯坦成了英帝国的托管地。自19世纪80年代起，犹太复国主义者就发出呼吁，希望把巴勒斯坦变成犹太人的家园。"二战"结束后，越来越多的犹太移民开始涌向巴勒斯坦。英国的托管期结束后，犹太复国主义的领袖宣布以色列是一个独立的犹太国家，导致不下75万巴勒斯坦人流离失所。之后，五个阿拉伯国家出兵攻打以色列，引发了第一次中东战争。

◁ 第一次中东战争期间的**耶路撒冷**

1948年1月30日 圣雄甘地遭到印度教民族主义者袭击，遇刺身亡

1948年4月3日 美国国会通过旨在帮助欧洲战后经济重建的"马歇尔计划"

1948年

▽ "死海古卷"片段的复制品

1947年
"死海古卷"重见天日

"死海古卷"沉睡于犹地亚荒野，直到上千年后，才在机缘巧合下，被贝都因牧羊人发现。学界意识到"古卷"意义重大，是已知存世最早的《圣经》文献抄本后，学者们开始开展考古工作，挖掘出了其他的"古卷"，把它们保存了起来。

◁ 南非发行的纪念**达尼埃尔·马兰**的邮票

1948年5月26日
达尼埃尔·马兰领导南非国民党赢得大选

南非国民党把种族隔离制度定为主要施政纲领，在南非获得了由白人定居者组成的阿非利坎人（Afrikaner）的支持。种族隔离制度禁止有色人种与白人结婚。此外，原本就没有选举权的有色人种就连活动范围都受到了限制，如果没有相应的通行证，他们就不能进入仅限白人生活居住的区域。

1941—1952年
核军备竞赛

1941年，美国启动曼哈顿工程，开始研究核武器技术。此后，美国先是在新墨西哥州的沙漠中进行了第一次核裂变武器试验，之后又于1945年8月在日本的广岛、长崎投下两颗原子弹，对这两座城市造成了巨大的破坏。尽管美国政府严格保密，不想让与本国在"二战"中并肩作战的苏联得知核武器研发计划的存在，但苏联政府还是通过间谍网络得到了消息。此后，苏联启动核武器秘密研发计划，在20世纪40年代末时完成了首次核武器试验，令西方的专家大吃一惊。与此同时，其他的国家也启动了核武器研发计划：英国、法国和中国分别在1952年、1960年、1964年完成了首次核试验。

美苏这两个超级大国开始核军备竞赛，研发出威力比核裂变武器大得多的核聚变武器，从而不断地升级本国的核武库。美国的科学家抢先一步，于1952年在埃内韦塔克环礁引爆了第一件热核武器，但苏联科学家也没有落后太久，仅仅在九个月后就引爆一件精密程度稍逊的热核武器。美苏两国的核军备竞赛令人类的未来变得更加危险。

关键时刻

1949年8月29日 苏联进行首次核试验
一架美国侦察机在北太平洋收集气象数据时发现，堪察加半岛周边海域的大气中存在放射性残留物，这令美国政府大吃一惊。接下来，美国的领导层发现了更令他们心惊胆战的事情——美国在冷战中的对手苏联取得核试验成功，引爆了一枚代号为"第一道闪电"的原子弹（见左图）。为了开采用于制造原子弹的铀矿，苏联投入了大量的资源，甚至还把劳改犯当作劳动力。

1950年1月 苏联间谍被捕
苏联之所以能够研制出原子弹，既是因为东欧发现了铀矿，也是由于德裔英国物理学家克劳斯·富克斯（见左图）暗地里把与原子弹相关的技术信息透露给了苏联政府。富克斯先是于1944—1946年在美国参与原子弹研制工作，之后又前往英国继续相关研究。他是信仰坚定的地下党员，在被捕后承认泄露技术机密，被判14年监禁。

核军备竞赛 | 269

本页的背景图是**世界上第一颗氢弹**在马绍尔群岛的埃内韦塔克环礁爆炸后产生的蘑菇云。这颗氢弹的威力相当于投放在长崎的原子弹的近500倍，位于其爆炸中心的伊鲁吉拉伯岛彻底蒸发，变成了海底的弹坑。

1949—1952年

▽ 开国大典

1949年

1950年2月 在参议员约瑟夫·麦卡锡的怂恿下，美国严查"非美活动"，**对疑似共产党人的迫害达到最高潮**

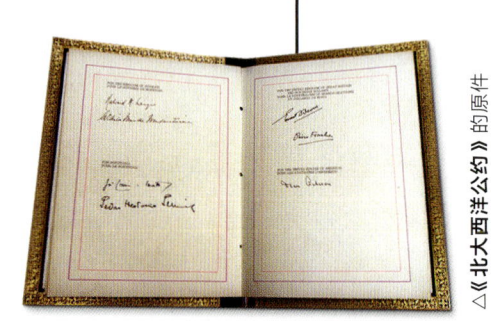

◁《北大西洋公约》的原件

◁ "联合国军"的"朝鲜战争服役奖章"

1949年4月4日
《北大西洋公约》签订

为了应对苏联干涉对西欧造成的威胁，美国、加拿大以及包括英国、法国、低地国家在内的10个欧洲国家签订《北大西洋公约》，成为北大西洋公约组织的创始国。此后，又有19个国家加入该组织。美国在遭到2001年的"9·11"恐怖袭击后启动了北约的集体防御机制——这是到目前为止北约唯一一次按照公约的约定启动集体防御机制。

1950年6月25日
朝鲜战争爆发

"二战"结束后，朝鲜半岛分裂成了两个国家，分别是朝鲜和韩国。双方都宣称自己才是半岛唯一的合法政府。1950年，朝鲜战争爆发，美国不久后加入了战争。战火烧到鸭绿江边后，中国人民志愿军奔赴朝鲜战场，投入了抗美援朝战争。交战双方最终于1953年签订《朝鲜停战协定》。

▷ 朝鲜战争中的**平民**

1949年10月1日

中华人民共和国成立

在"二战"结束后的四年间，中国共产党在毛泽东的领导下击败国民党反动派，取得了解放战争的胜利。1948年末，蒋介石领导的国民党放弃大陆，开始向台湾撤退。解放军取得多次决定性胜利后，占领了国民党统治中心南京。1949年10月1日，毛泽东在北京的天安门城楼宣布中华人民共和国正式成立。

1893—1976年

毛泽东

毛泽东是红军的主要创立者，之后又成为中国共产党的领导人，带领共产党人推翻国民党反动政府，解放了全中国。中华人民共和国建立后，他一直是国家的最高领导人，直至逝世。

1951年9月1日 澳大利亚、新西兰和美国签订《澳新美太平洋安全保障条约》

1951年9月8日 以美国为首的部分"二战"战胜国与日本签订《旧金山对日和约》，结束对日本的军事占领，承认日本主权

1952年11月4日 德怀特·戴维·艾森豪威尔赢得选举，成为美国的第三十四任总统

1952年

1951年4月18日

《巴黎条约》

"二战"令人恐惧的战争创伤促使法国、联邦德国、意大利、比利时、荷兰、卢森堡的领导人下定决心，建立跨国合作机制。上述国家在法国外交官让·莫内的倡导下签订《巴黎条约》，成立欧洲煤钢共同体。此后，欧洲煤钢共同体与欧洲经济共同体和欧洲原子能共同体组成欧洲共同体，之后又演变成了现在的欧洲联盟（EU）。

◁ 欧洲煤钢共同体的海报

▽ 遭到殖民当局夫押的茅茅起义疑似参与者

1952年10月3日

茅茅运动

英国的殖民统治在肯尼亚引起强烈的民愤，秘密军事组织"肯尼亚国土自由军"——又称"茅茅"——发动反抗白人定居者及殖民当局的起义。虽然起义遭到残酷镇压，但肯尼亚人民却并没有放弃争取多数人统治权的斗争，最终于1963年12月赢得胜利，让肯尼亚成为独立国家。

> "欧洲人必须团结起来，否则就没有未来。"
>
> 让·莫内（1950年）

1953年3月5日
斯大林去世

1953年3月初，苏联领导人斯大林突发脑出血，于四天后去世。此后，苏联共产党中央委员会确定由尼基塔·赫鲁晓夫担任苏联共产党中央委员会第一书记。

◁ 布加勒斯特的民众举行集会，**悼念斯大林**

1953年7月27日 《朝鲜停战协定》签订

1953年8月19日 美国情报机关策动政变，**推翻伊朗首相**穆罕默德·摩萨台

1954年5月7日 法军在奠边府向越南民主共和国投降，法国对印度支那的殖民统治就此结束

◁ 埃及的首任总统**穆罕默德·纳吉布**

1953年6月18日
埃及成为共和国

1952年8月，自由军官组织发动军事政变、推翻法鲁克国王，之后其领导层废除君主制度，宣布建立阿拉伯埃及共和国，穆罕默德·纳吉布成为埃及的首任总统，而他的副手贾迈勒·阿卜杜勒·纳赛尔则被任命为副总理。

△ 在开罗街头庆祝的民众

1954年11月1日
阿尔及利亚民族解放战争打响

阿尔及利亚民族解放战争是为殖民时代敲响丧钟的民族独立战争中最血腥、持续时间最长的战争之一。1954年11月1日，阿尔及利亚民族解放阵线发动袭击，攻击法国殖民当局的军事目标，同时发出呼吁，号召阿尔及利亚人民反抗殖民统治，打响了阿尔及利亚民族解放战争。这场战争在法国国内引发了剧烈的政治动荡，阿尔及利亚人民取得最终的胜利，于1962年7月赢得国家独立。

△ 驻扎在阿尔及利亚的**法国骑兵**

1878—1953 年
约瑟夫·斯大林

斯大林领导苏联约 30 年，他治下的苏联逐渐偏离了集体领导，走向个人专断。他在"二战"中领导苏联击败了纳粹德国，为世界反法西斯战争胜利做出了重要贡献。

1955 年
电视普及

黑白电视在 20 世纪 20 年代问世，但直到"二战"结束之后，电视才终于普及开来，成了中产阶级家庭的常用家用电器。1950 年时，只有 9% 的美国家庭拥有黑白电视，而到了 1959 年的时候，黑白电视在美国家庭的普及率已经超过了 80%；此后，彩色电视在 20 世纪 60 年代普及开来。

△ 格雷茨台式电视机，1953 年

1955 年 5 月 14 日 苏联和一些东欧国家签订《华沙条约》，组成防御性军事同盟

1955 年 9 月 阿根廷发生军事政变，总统胡安·庇隆被推翻

1955 年

> "敌军攻势如潮。我们正在炸毁一切。法国万岁。"
>
> 1954 年 5 月 7 日，奠边府的法军发出的最后一封电报

1954—1968 年
美国的民权运动

20 世纪 50 年代期间，美国人民争取社会公正及种族平等的斗争轰轰烈烈。草根团体把矛头指向社会不公现象，迫使各州及联邦政府修改法律。

1955 年 在亚拉巴马州，黑人民权运动家**罗莎·帕克斯**在乘坐公交车时拒绝给白人让座，引发了抵制公交公司的运动。

1962 年 詹姆斯·梅雷迪斯冲破重重阻碍，成为密西西比大学的首位黑人学生。

1963 年 马丁·路德·金发表"我有一个梦想"演讲。民权运动家梅德加·埃弗斯遇刺身亡。

1964 年《民权法案》签字生效，对有色人种的就业歧视成为违法行为。1968 年，美国总统又签署了第二部《民权法案》。

1956年10月29日
苏伊士运河危机爆发

埃及总统纳赛尔宣布苏伊士运河国有化后,英法两国与以色列勾结到一起,对埃及发动侵略战争。由于美苏两国出面干涉,英法两国不得不让步,被迫从埃及撤军。

▽ 埃及军队用沉船**封锁苏伊士运河**

1957年10月4日
"斯普特尼克1号"发射成功

"斯普特尼克(俄语意为卫星)1号"由苏联科学家设计制造,是第一颗在发射升空后突破大气层、进入近地轨道的人造卫星。"斯普特尼克1号"的成功令美国大吃一惊,引发了美苏这两个超级大国的太空竞赛。该卫星时速2.9万千米,在电池耗尽前的三周里一直在向地面发送无线电信号。1958年初,"斯普特尼克1号"在再入大气层的过程中烧毁。

▷ 莫斯科地铁里加站附近的**"斯普特尼克1号"纪念雕塑**

1957年3月6日 加纳在夸梅·恩克鲁玛的领导下摆脱殖民统治,成为第一个获得独立的撒哈拉以南非洲前殖民地国家

1956年6月 埃及总统**纳赛尔**接受苏联对修建阿斯旺水坝提供的援助

1957年3月25日
《罗马条约》

欧洲煤钢共同体(1951年建立)的六个创始国——法国、联邦德国、意大利、比利时、荷兰、卢森堡——在其基础上继续扩大合作范围,签订《罗马条约》,创建了一个交易商品及提供服务的单一市场,即后来为欧盟奠定了基础的欧洲经济共同体。

△ 出席**《罗马条约》签约仪式**的各国部长

1958年9月12日
集成电路诞生

美国工程师杰克·基尔比将一个晶体管、三个电阻和一个电容集成在一块锗半导体上,制作出了第一片集成电路。集成电路把很多晶体管组成的电路集中在一个小芯片里,具备更低的成本和更高的性能。到今天,一块集成电路已经能容纳数百亿个晶体管。

> "革命是新势力与旧势力的殊死搏斗。"
>
> 菲德尔·卡斯特罗的演讲（1961年）

1959年1月2日
菲德尔·卡斯特罗成为古巴最高领导人

古巴总统富尔亨西奥·巴蒂斯塔的腐败统治不得人心，菲德尔·卡斯特罗、切·格瓦拉于1953年发动起义，开展游击战争，在经历了包括战败、入狱、流放在内的诸多挫折后，逐渐获得人民的支持。他们在马埃斯特腊山区建立革命根据地，在与政府军的对抗中消耗反动统治者的有生力量，最终转守为攻，率领起义军进入首都哈瓦那。

△ 纪念1959年革命的**古巴纪念钞**

1958年7月29日 美国国家航空航天局（NASA）成立

1958年10月4日 法兰西第五共和国成立，夏尔·戴高乐成为共和国的首任总统

1959年

△ AMD（超威半导体）公司2019年推出的锐龙处理器的集成电路结构

1926—2016年
菲德尔·卡斯特罗

率领游击队取得革命胜利后，卡斯特罗先是成为古巴总理，之后又在1976年开始担任古巴国务委员会主席，直到2008年卸任。古巴在他的领导下成为社会主义国家。

1960—1970年
反正统文化

20世纪60年代中期，越来越繁荣的经济和良好的就业形势在英国和美国的中产阶级年轻人中催生出了声势越发浩大的反正统文化运动。这些年轻人质疑主流社会的价值观，聚集在一起，发起反正统文化活动，想要以爱、和平、共同价值观等理念为基础，创造出与当前社会不同的非传统社会。他们被冠以各种各样的名称，比如"怪胎""嬉皮士""地底人"，其中有不少人开始接触如LSD（麦角酸二乙酰胺）之类的迷幻药，尝试非传统宗教，追求性自由，想要以此来扩展人的意识、打破社会边界。我们能够在这一时期的音乐、文学和电影作品中看到这种实验性文化的影子。以杰克·凯鲁亚克、汤姆·沃尔夫、亨特·斯托克顿·汤普森为代表的作家开始探索新的自由风尚和新的主题，包括性、迷幻药、漂泊人生等，而音乐家则把民歌、摇滚和迷幻音乐融合到一起，为这种全新的文化提供了背景音乐。

反正统文化运动引发了一系列美国历史上规模数一数二的抗议活动，数十万美国民众喊着"要爱不要战争"的口号走上街头，希望政府销毁核武器、结束越南战争。此外，20世纪60年代期间出现的新自由风尚同样也促进了美国的民权运动，促使当局做出一系列重要的法律裁决，把某些以女性和非裔美国人为对象的歧视定为非法行为。

关键时刻

1966年 《激发热情、内向探索、脱离体制》
美国心理学家蒂莫西·利里（见左图）发表朗读专辑，阐述了自己对内心生活、LSD、和平等诸多问题的看法。1967年，这张专辑在旧金山引发了"爱之夏"活动。

1967年 《佩珀军士的孤独之心俱乐部乐队》
英国的披头士乐队拥抱反正统文化运动，在1967年的时候发表了一张以迷幻药、扩展内心、脱离体制为主题的专辑。由于披头士是当时世界上最受欢迎的乐队，《佩珀军士的孤独之心俱乐部乐队》（见左图）让数以百万计的乐迷接触到了嬉皮士价值观。

1969年 反战示威
1969年11月15日，50余万民众在华盛顿聚集（见左图），要求美国政府从越南撤军。尽管总的来说，这是一场和平的示威活动，但警方还是使用催泪瓦斯驱散示威人群。尼克松总统并没有对示威者的要求做出回应。

反正统文化 | 277

1969年8月15—18日，40万观众前往纽约州的贝塞尔镇，去参加在那里的一座奶牛农场举办的**伍德斯托克音乐节**，总共欣赏了32场演出，度过了献给"和平与音乐的三天"。1970年，音乐节的组织方发行了同名纪录片和原声专辑，确立了这次音乐节的传奇地位。

1960年5月1日
U-2侦察机击坠事件

1960年，美国飞行员加里·鲍尔斯驾驶的U-2侦察机在苏联境内远离边境线的地方被地对空导弹击落。U-2侦察机之前的多次间谍活动都取得了成功，导致美国政府过分自信，认为U-2侦察机飞行高度高，可以在敌方的防空火力射程外为所欲为。鲍尔斯跳伞逃生，被苏军俘虏。这次事件令冷战骤然加剧，导致计划于两周后在巴黎举行的四国首脑会议无果而终。

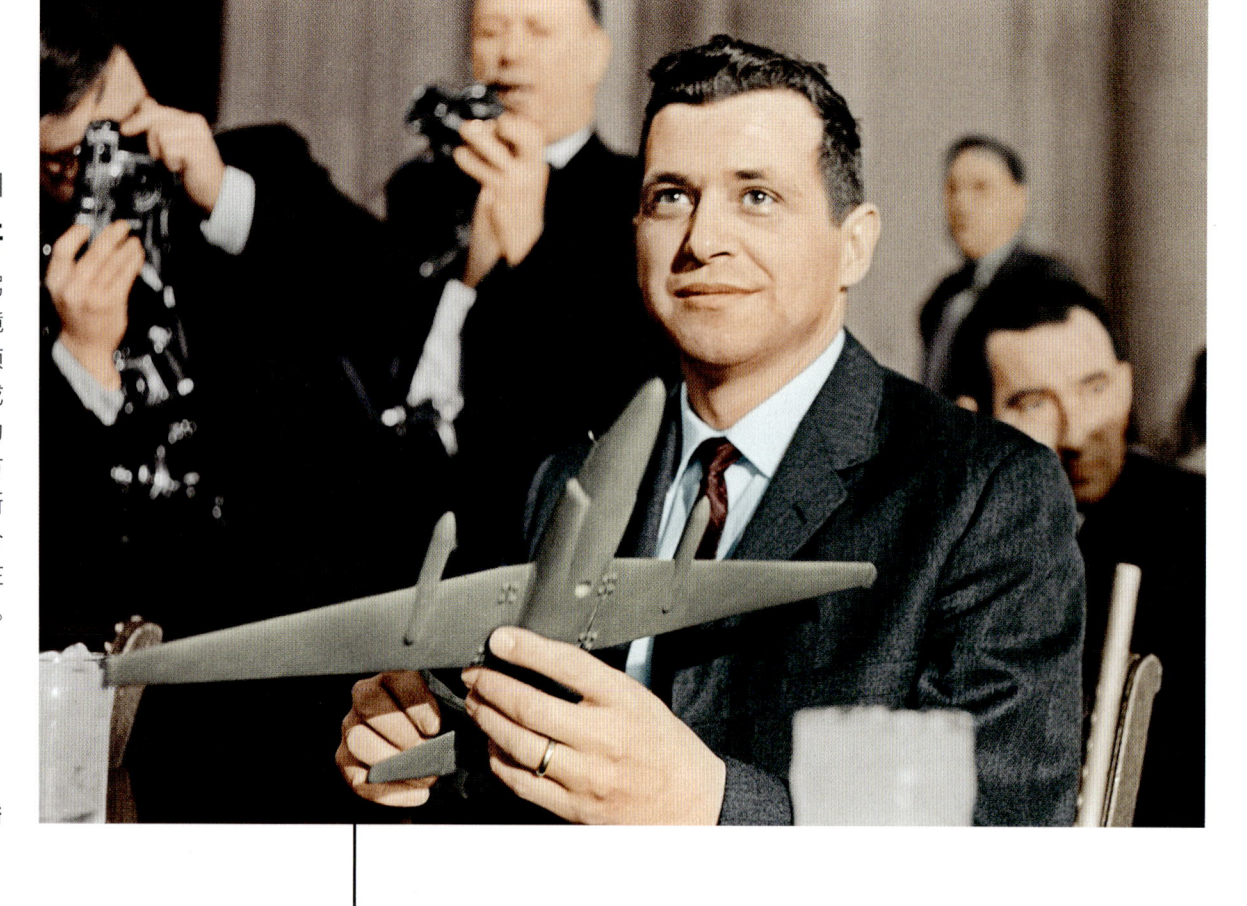

▷ U-2侦察机飞行员**加里·鲍尔斯**

1960年

1960年11月8日 约翰·菲茨杰拉德·**肯尼迪**赢得大选，成为美国的第三十五任总统

1962年7月5日 经过长达八年的艰苦战争后，**阿尔及利亚人民击败法国**，赢得国家独立

1917—1963年
约翰·菲茨杰拉德·肯尼迪

赢得大选后，肯尼迪成为美国历史上最年轻的当选总统，给美国总统这一职位贴上了魅力和帅气的标签。然而，1963年他遇刺身亡，打碎了美国人对他总统任期的所有期望。

1961年4月12日
第一个进入太空的人

1961年4月12日，"东方1号"宇宙飞船在哈萨克斯坦南部的拜科努尔发射场发射升空，飞船唯一的乘员苏联航天员尤里·加加林成为历史上第一个进入太空的人。加加林乘坐的太空舱在与推进火箭分离后绕地球飞行了一周。在返回地球的过程中，加加林以弹射的方式离开太空舱，最终使用降落伞安全返回地面。加加林的太空之旅被认为是苏联太空计划的又一次重大成功。

△ "东方1号"宇宙飞船的载人舱

> "我看到地球了！景色美不胜收！"
>
> 尤里·加加林对"东方1号"宇宙飞船窗外景色的评价（1961年）

1962年10月16—29日
古巴导弹危机

美军在土耳其和意大利部署导弹后，苏联部长会议主席尼基塔·赫鲁晓夫想要在距离美国本土不远的古巴部署导弹。美国要求苏联撤出部署在古巴的导弹部队，否则就要进行军事报复。赫鲁晓夫最终下令撤回导弹部队，避免了美苏两国直接的核对抗。

▽ 在波多黎各近海对峙的**美苏两国军舰**

1963年5月25日
非洲统一组织成立

1963年，31个非洲国家的代表齐聚埃塞俄比亚首都亚的斯亚贝巴，成立了一个旨在促进非洲国家的政治、经济合作以及应对殖民主义的组织。该组织没有任何军事机构，使用强制力执行决议的能力十分有限。2002年，拥有55个成员的非洲联盟成立，取代了非洲统一组织。

◁ 出席**非洲统一组织第一次会议**的代表

1963年8月5日 苏、美、英三国签订《部分禁止核试验条约》

1963年

1962年 美军进入越南，支持越南南部的政权与越南北部的越南民主共和国作战

1962年10月20日 中印边境自卫反击战爆发

1963年 中苏两党激烈论战，关系严重恶化

1963年11月12日
美国总统约翰·菲茨杰拉德·肯尼迪遇刺身亡

1963年11月，在任约三年的肯尼迪前往得克萨斯州达拉斯市，计划开展连任准备活动及选举募捐工作。肯尼迪的车队在经过市区时遇袭，一个刺客在临街建筑物的六楼开枪射击，肯尼迪连中两枪，遇刺身亡。刺杀案对美国造成了极大的冲击，在之后的多年间，解释刺杀动机的阴谋论层出不穷。副总统林登·贝恩斯·约翰逊接替肯尼迪，成为美国的第三十六任总统。

△ **约翰·菲茨杰拉德·肯尼迪**遇刺前不久的总统车队

1964年10月1日
新干线高速铁路开通

高速铁路是一种快捷、安全、大运量的现代铁路系统。日本东海道新干线（东京—大阪）在东京奥运会开幕前通车运营，成为世界上第一条高速铁路，当时列车最高运行速度为210千米/时。此后，西欧、中国也修建了大量高速铁路。

△ 新干线开通时使用的0系电力车组

1964年10月14日 列昂尼德·**勃列日涅夫**接替尼基塔·赫鲁晓夫，成为苏联领导人

1965年2月21日 非裔美籍伊斯兰教教长、民权运动者、伊斯兰民族组织的重要领导人**马尔科姆·艾克斯**在美国纽约遇刺身亡

▽ 支持越南民主共和国的中国宣传画

1965年8月
第二次克什米尔战争爆发

1947年印巴分治的时候，克什米尔地区被一分为二，分成了印控区和巴控区，但印巴两国却一直认为克什米尔地区是本国的领土。1965年，巴基斯坦发动"直布罗陀行动"，出动特种作战部队，准备发动群众在印控区开展游击战。印控区的民众没有响应开展游击战的号召，印巴两国在交战后各自退回了战争爆发前的实际控制区。

1964年8月2日
北部湾事件

1964年，越南民主共和国的鱼雷艇向侵入越南北部领海的美军舰船发射鱼雷后，美国国务院把袭击事件——以及美国人杜撰出的第二次袭击——当作借口，促使国会通过《北部湾决议案》。决议规定，美国总统可以使用武装力量来打击越南民主共和国，美军就此全面介入越战。

△ 瓦济里斯坦地地区与印军作战的部落成员

1964—1967年 | 281

1965年8月9日
新加坡独立

1963年，原英国殖民地马来亚、沙捞越、北婆罗洲和新加坡脱离英国统治，组成马来西亚联邦。但新加坡与联邦政府之间的关系并不和谐，1965年8月9日，新加坡被迫脱离联邦，建立新加坡共和国。新加坡独立后，首先借助出口加工工业实现经济快速发展，并逐渐将金融、物流、电子、石化等产业打造为支柱产业，成为"亚洲四小龙"中最富裕的一个。

△ 新加坡的标志**鱼尾狮**

1965年11月24日 **蒙博托将军**发动政变，结束了刚果民主共和国——原先的比属刚果——长达五年的内战

1967年4月21日 军人集团在**希腊夺权**，希腊持续了23年的民主制度宣告终结

1967年

◁ **罗得西亚总理伊恩·史密斯**

▷ 以军坦克入侵加沙地带

1965年11月11日
罗得西亚单方面宣布独立

英国政府提出条件，要求罗得西亚的殖民地当局承认多数人的统治权，否则就不会向殖民地当局移交权力。罗得西亚的白人殖民地当局单方面宣布独立，宣称罗得西亚是主权国家。此后，罗得西亚陷入长达15年的内战，直到1980年白人统治结束，津巴布韦共和国宣告成立，才终于恢复和平。

1967年6月5—10日
第三次中东战争（六日战争）

1967年，埃以两国间的紧张关系加剧后，以色列军方"先发制人"，袭击了埃及的机场。在此后发生的地面战争中，以军占尽优势，埃及及其盟友约旦、叙利亚毫无还手之力。到了双方接受停火协议的时候，以色列已经侵占了约旦河西岸、戈兰高地、西奈半岛和加沙地带。

◁ 抗议者包围进入布拉格的苏军坦克

1968年8月
"布拉格之春"

1968年1月，亚历山大·杜布切克当选捷克斯洛伐克共产党中央委员会第一书记后，开展一系列改革。在之后的七个月间，苏联对局势越来越不满，最终于同年8月派兵占领捷全境，恢复了改革前的局面。苏联的做法不仅在捷克斯洛伐克国内引起了强烈反对，同时也遭到了国际社会的强烈谴责。

1968年

1969年3月2日 珍宝岛
自卫反击战开始

△ 马丁·路德·金的葬礼（在亚特兰大举行）

1968年4月4日
马丁·路德·金遇刺身亡

浸信会牧师马丁·路德·金是美国民权运动最重要的领导人，同时也是种族主义分子的眼中钉、肉中刺。1968年，他访问孟菲斯，支持当地工人的罢工活动，结果遭到袭击，中弹身亡。凶手名叫詹姆斯·厄尔·雷，是个惯犯，曾经因为入室偷盗和持枪抢劫而被捕入狱。马丁·路德·金遇刺身亡后，许多美国人都既震惊，又愤怒，甚至还有很多美国城市因此发生了暴乱。

▷ "阿波罗11号"任务的臂章

1930—2012年
尼尔·阿姆斯特朗

1962年，试飞员阿姆斯特朗加入了美国国家航空航天局的宇航员训练计划。四年后（在"阿波罗11号"登月前），他乘坐"双子星座8号"载人飞船完成了第一次太空之旅。1971年，他离开美国国家航空航天局，开始在大学任教，教授航空工程学。

▽ 尼尔·阿姆斯特朗在月球表面行走

1969 年 8 月
北爱尔兰骚乱

1921 年爱尔兰分治后，生活在北爱尔兰的天主教徒成了少数派。新教多数派政府出台以天主教徒为对象的歧视性政策，虽然北爱尔兰民权组织对此提出抗议，但掌权的阿尔斯特忠诚主义者却不为所动。此后，北爱尔兰发生暴力事件，英国政府派兵介入。直到 1998 年相关各方签订《贝尔法斯特协议》后，骚乱才终于全面结束。

△ 阿尔斯特的警察正在发射催泪瓦斯

△ 比夫拉地区的示威活动

1970 年 1 月
尼日利亚内战（比夫拉战争）结束

1967 年，尼日利亚的比夫拉地区宣布独立。尼日利亚政府封锁比夫拉，引发了大规模的饥荒。1969 年 12 月，政府军发动总攻，比夫拉当局被迫投降。据估计，内战此时已经导致 200 万人死亡。

1969 年 10 月 联邦德国总理维利·勃兰特推出"**新东方政策**"，试图与苏联集团和解

1970 年 5 月 1 日 美军入侵柬埔寨

1970 年 9 月 28 日 埃及总统**纳赛尔去世**，安瓦尔·萨达特成为新任总统

1970 年 10 月 10 日 太平洋岛国**斐济**脱离英国，赢得完全独立

1970 年

> "这是个人的一小步，却是人类的一大步。"
>
> 1969 年，尼尔·阿姆斯特朗在踏上月球表面后说的话

1969 年 7 月 20 日
登月

苏联在太空探索领域连续取得重大进展后，美国大为震惊，美国总统约翰·菲茨杰拉德·肯尼迪于 1961 年宣布，美国将会在 20 世纪 60 年代结束前实现人类登月的目标。1969 年，"阿波罗 11 号"的登月舱成功降落，美国宇航员尼尔·阿姆斯特朗、巴兹·奥尔德林踏上月球表面，把肯尼迪的豪言壮语变成了现实。这一壮举把美国国家航空航天局的"阿波罗 11 号"任务推向了最高潮。

1971年12月16日
孟加拉国诞生

独立后的巴基斯坦分成了相隔1 600千米的两部分，即东巴基斯坦、西巴基斯坦。东巴基斯坦的孟加拉民族主义者对西巴基斯坦一手遮天的现状十分不满。此后，局势日渐紧张，最终引发了孟加拉国独立战争。孟加拉人得到了印度的军事援助，赢得了战争胜利，建立了独立的孟加拉国。

◁ **孟加拉国**的第一份报纸

1973年10月
第一次石油危机

第四次中东战争爆发后，石油输出国组织在沙特阿拉伯的牵头下对支持以色列的国家实施石油禁运。禁运导致国际油价上涨至原先的三倍，迫使遭到禁运的国家出台包括配给制在内的极端节油措施。上述因素拉高了燃料价格，令加油站出现了排队等待加油的汽车长龙，甚至还加剧了通货膨胀问题。

▷ **汽油零售价**上涨了近1.5倍

1972年5月26日 经过**第一阶段限制战略武器谈判**，美国总统尼克松与苏联领导人列昂尼德·勃列日涅夫签订了限制战略武器的协议

1972年2月21日 美国总统尼克松访华，2月28日，《中美联合公报》发表，标志着中美两国关系开始走向正常化

1973年1月1日 英国、爱尔兰、丹麦加入欧洲经济共同体

> "今天，孟加拉成了独立主权国家。"
>
> 谢赫·穆吉布·拉赫曼发表的独立宣言（1971年）

1973年10月6—24日
第四次中东战争（赎罪日战争）

埃及总统萨达特和盟国叙利亚从以色列在1967年六日战争的突袭行动中吸取经验，在1973年的犹太教赎罪日当天派兵跨过停火线，进入了被以色列侵占的领土。埃叙联军在战争开始后赢得了一些胜利，但之后又被以军击退，最终双方都没能取得任何重大战果。然而，这场战争仍然极大地撼动了以色列人对国家安全的信心。

▷ 在西奈半岛作战的**以色列装甲车**

1975年4月30日
越南战争结束

1973年,美国从越南撤军后,越南南方政权被迫独自与越南北方的越南民主共和国麾下的越南人民军作战。此后,双方和谈破裂,战争又持续了两年的时间,直到越南人民军发起春季总进攻,占领西贡后,越南南方政权才终于失去了抵抗能力。1976年7月,越南终于统一,越南社会主义共和国成立。

▷ 越南人民军占领西贡后,**越南人挥舞越南南方民族解放阵线的旗帜**庆祝胜利

1975年4月13日 黎巴嫩爆发内战,交战双方分别是亲巴勒斯坦的穆斯林势力和以色列支持的基督教势力

1975年

1975年11月11日 莫桑比克独立后不到五个月,**安哥拉脱离葡萄牙**,也成为独立国家

1975年11月20日 **独裁者佛朗哥去世**,西班牙走上恢复民主制度的道路

△ 尼克松宣布辞职

1974年6月17日
水门事件

尼克松总统竞选班子的五个成员潜入位于华盛顿水门大厦的民主党全国委员会办公室,想要窃取民主党的竞选策略情报,结果被警察逮捕。事件发生后,共和党政府拒绝承认与潜入者的关系。掩盖措施失败、真相大白后,理查德·米尔豪斯·尼克松总统因担心被国会弹劾成功而于1974年8月9日被迫辞职。

1892—1975年
弗朗西斯科·佛朗哥将军

领导国民派取得西班牙内战的胜利后,佛朗哥独揽大权,进行独裁统治,直至去世。他后来恢复了君主制度,把国王胡安·卡洛斯一世指定为国家元首之位的接班人。

1978 年 12 月
中国改革开放

1977 年，邓小平复出，推动思想路线的拨乱反正，支持真理标准的讨论。1978 年 12 月，中共召开十一届三中全会，确立了解放思想、实事求是的思想路线，决定将党和国家工作的重点转移到经济建设上来，实行改革开放，并提出健全社会主义民主和法制。此后中国进入了经济快速发展的时期。

▷ 1979 年，深圳蛇口建立了中国第一个**对外开放的工业区**

1976 年 9 月 9 日 毛泽东去世。10 月，以江青为首的"四人帮"被粉碎

1977 年 7 月 13 日 索马里入侵埃塞俄比亚，欧加登战争爆发

1978 年 9 月 17 日
戴维营协议

第四次中东战争结束后，美国总统吉米·卡特想要重启中东和平进程。他牵线搭桥，促使以色列总理梅纳赫姆·贝京与埃及总统安瓦尔·萨达特在马里兰州的戴维营会面。埃以双方在会上签订了一份框架协议。六个月后，两国以协议为基础，签订了和平条约。

△ **萨达特和贝京**在卡特的掌声中拥抱

1976—2007 年
电脑革命

20 世纪 70 年代时，原本只有大公司、机构和大学才能负担得起的电脑开始作为消费品，走进普通家庭。

1976 年 史蒂夫·乔布斯、斯蒂芬·沃兹尼亚克创立苹果电脑公司，推出了只使用一块电路板的 Apple-1 电脑。

1981 年 美国国际商业机器公司（IBM）推出 Acorn 电脑，即第一款使用微软公司开发的 MS-DOS 操作系统的个人电脑。

1990 年 蒂姆·伯纳斯－李制定超文本标记语言（HTML）技术规范，为万维网的出现铺平了道路。

2007 年 iPhone 及其他智能手机问世，把计算终端装进了消费者的口袋。

1979年2月11日
伊朗伊斯兰革命胜利

由于政权引发了普遍不满,沙阿巴列维于1979年1月16日被迫离开伊朗。16天后,反对派领袖阿亚图拉·霍梅尼返回德黑兰,受到英雄般欢迎。之后,伊朗爆发大规模抗议示威,甚至还发生了一些战斗,迫使君主制政府的最后一任首相逃往国外,革命者就此取得了对全国的控制权。

▷ 阿亚图拉·霍梅尼

> "我们给自己定下的目标是,向全世界传播伊斯兰教。"
>
> 阿亚图拉·霍梅尼在《霍梅尼语录》中关于救赎之路的言论(1986年)

1979年1月1日 中美正式建交

1979年5月4日 玛格丽特·撒切尔就任英国首相,自由市场经济思想在英国大行其道

1979年

1979年7月17日
尼加拉瓜革命

由于索摩查家族对尼加拉瓜长达42年的统治引发了越发强烈的不满,桑地诺民族解放阵线发动了反抗政府的游击战争。政府使用残暴的手段镇压起义者,最终失去了美国的支持。政府杀害知名报社编辑后,尼加拉瓜国内的局势更加动荡,革命力量渐渐地控制了全国,并于1979年7月17日进入首都马那瓜。总统索摩查被迫辞去职务,流亡国外,桑地诺民族解放阵线成功夺取政权。

△ **桑地诺民族解放阵线**的宣传海报

1980年8月31日
波兰团结工会成立

团结工会在格但斯克的列宁造船厂成立，成为波兰工人提升自身权益的主要组织。成立后仅仅用了不到一年的时间，工会就获得了波兰全国三分之一工人的支持。团结工会在东欧剧变中起到了重要作用。

▷ 团结工会的创始人之一**莱赫·瓦文萨**正在向人群发表演讲

1981年3月30日
里根遇刺

26岁的约翰·欣克利在街头向刚就任美国总统不久的里根连开六枪。里根被一发子弹击中肺部，子弹距心脏仅2.5厘米，他因为抢救及时而幸免于难。刺客没有政治动机，他痴迷于马丁·斯科塞斯的电影《出租车司机》，希望通过刺杀总统吸引女主角朱迪·福斯特的注意。事后他因被查出患有精神病而被判无罪。

▷ 约翰·欣克利在开枪后被特工扑倒在地

1980年11月4日 罗纳德·**里根**赢得大选，成为美国的第四十任总统

1980年4月19日 罗伯特·**穆加贝**成为津巴布韦独立后的首任总理

1980年9月22日
两伊战争爆发

伊拉克领导人萨达姆·侯赛因想要在盛产石油的波斯湾地区争夺霸权，于1980年9月22日命令军队攻入仍然因为1979年的伊斯兰革命而国力衰弱的伊朗。仅仅过了三个月的时间，伊拉克的进攻就停滞不前。此后，两国陷入了持续时间近八年、造成了重大伤亡的拉锯战，超过50万士兵及平民死于战火。

▷ 正在庆祝胜利的伊拉克士兵

1980—1983年 | 289

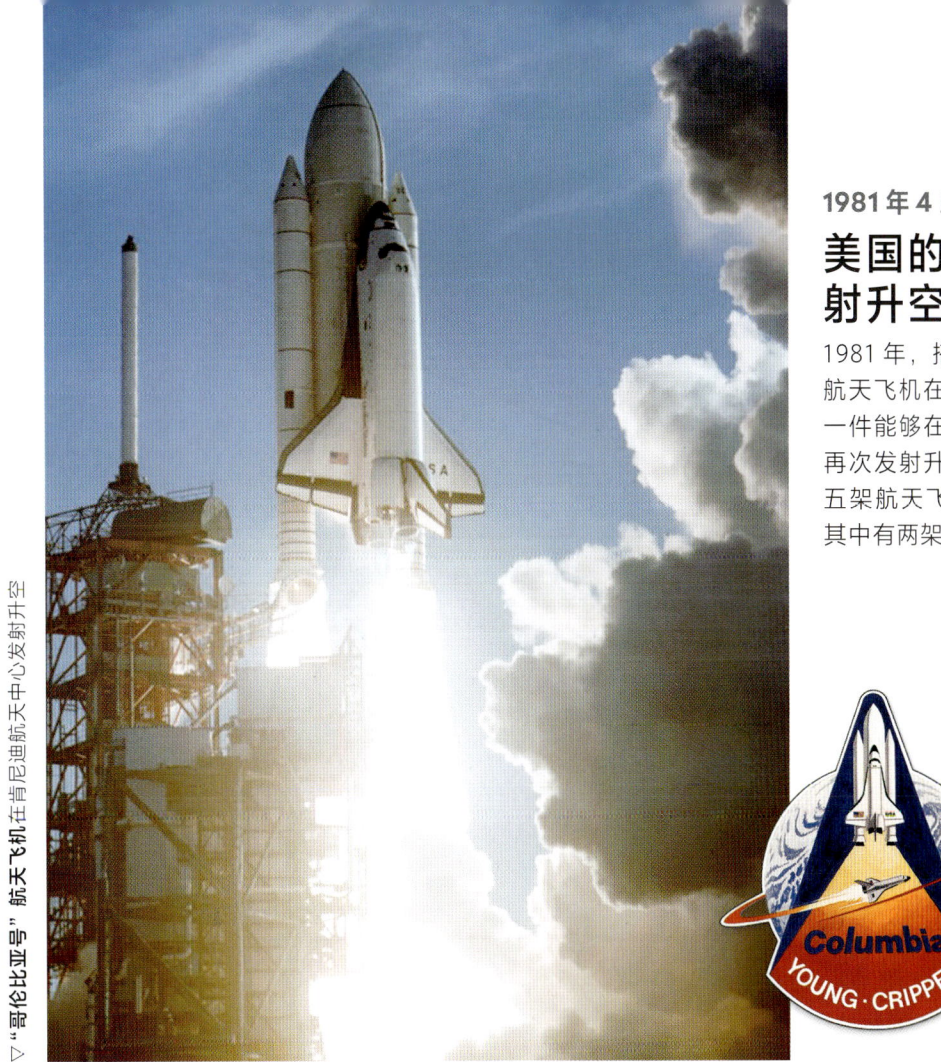

1981年4月12日
美国的第一架航天飞机发射升空

1981年，搭载两名航天员的"哥伦比亚号"航天飞机在肯尼迪航天中心发射升空，是第一件能够在完成太空飞行后返回地球、之后再次发射升空的航天器。在之后的30年间，五架航天飞机总共执行了135次飞行任务，其中有两架在任务过程中失事。

▽"哥伦比亚号"航天飞机在肯尼迪航天中心发射升空

◁"哥伦比亚号"任务的臂章

1983年

1981年10月6日 埃及总统**萨达特**在检阅部队时遇刺身亡

1982年6月6日 以色列入侵黎巴嫩，围攻黎巴嫩首都贝鲁特

1983年3月23日 罗纳德·里根公布名为**"星球大战"**的战略计划

1911—2004年
罗纳德·里根

知名影星里根在从政后先是当选加利福尼亚州州长，之后又成为美国总统。他是极端保守派，是苏联解体的主要推手之一。

△英军全副武装，向斯坦利港进军

1982年4—6月
马岛战争

1982年4月，阿根廷出兵夺取自1833年起就被英国占领的南太平洋海岛马尔维纳斯群岛（福克兰群岛）。玛格丽特·撒切尔领导的保守党政府派出特遣舰队，与登岛的阿军作战。这场战争持续了10周的时间，最终阿根廷被迫承认战败，英国重新占领马尔维纳斯群岛。

> "苏联人民需要完全的、无条件的民主。"
>
> 米哈伊尔·戈尔巴乔夫发表的讲话（1988年7月）

1985年3月11日
米哈伊尔·戈尔巴乔夫成为苏联领导人

康斯坦丁·契尔年科去世后，改革派的米哈伊尔·戈尔巴乔夫在苏共中央非常全会上当选为苏共中央总书记。这一决定影响了苏联国运：戈尔巴乔夫提出"开放政策"，鼓励开诚布公的辩论，结果削弱了党的权威，加速了苏联解体。

▽米哈伊尔·戈尔巴乔夫

1984年10月31日 印度的首位女总理**英迪拉·甘地遇刺**身亡，凶手是她的贴身警卫

1984年

△逃离埃塞俄比亚的难民

1984年
埃塞俄比亚暴发饥荒

埃塞俄比亚有四分之三的人口是自给自足的农民，是一个十分容易暴发饥荒的国家。20世纪80年代初，激烈的内战和军事集团的高压统治令埃塞俄比亚人的生活变得更加艰难。1984年，春季降雨稀少，导致埃境内发生大规模饥荒，其中尤以反对派控制的北部提格雷州受灾最为严重。尽管国际社会纷纷伸出援手——比如"拯救生命"筹款活动——但据估计，这场饥荒还是造成了50万人死亡。

△科拉松·阿基诺出席庆祝胜利的集会

1986年2月25日
菲律宾总统马科斯倒台

费迪南德·马科斯连续担任总统，把持国家权力的时间超过20年。1983年菲律宾陷入经济衰退后，民众开始注意到马科斯政权背后隐藏的腐败问题。同年晚些时候，反对派领袖贝尼尼奥·阿基诺遇刺身亡，其遗孀科拉松·阿基诺成为反抗运动的领袖。此后，人民力量革命推翻马科斯政权，马科斯流亡国外，科拉松成为菲律宾的新任总统。

1986 年 4 月 26 日
切尔诺贝利核电站事故

1986 年，乌克兰（乌克兰当时是苏联的加盟国）境内的切尔诺贝利核电站在进行反应堆安全测试时发生意外，引发不受控制的链式反应，造成了历史上最严重的核灾难。事故发生后，爆炸和大火释放出了大量的放射性物质，导致西欧的大片地区遭到污染。当局以事发地为中心，划定了半径 10 千米的无人区，但事故仍然致使 60 人直接死亡，后续因核辐射而死亡的人则更是数以千计。

◁ 爆炸发生后的**切尔诺贝利核电站**

1989 年 11 月 9 日 柏林墙被推倒，两德统一进程启动

1986 年 4 月 15 日 美国空袭利比亚境内"与恐怖分子相关"的目标，的黎波里、班加西遭到轰炸

1988 年 8 月 20 日 持续了近八年的**两伊战争**结束

1987 年 12 月 8 日
《中程导弹条约》签订

《中程导弹条约》由美苏两国谈判协商，于 1987 年 12 月 8 日由美国总统里根、苏联领导人戈尔巴乔夫签订，于次年 6 月生效。该条约禁止陆基的短程及中程导弹，美苏两国按照规定，销毁了 2 600 余枚导弹，并按照规定，允许对方在之后的 10 年间在本方境内开展核查工作。2019 年，美国总统唐纳德·特朗普以俄罗斯违反条约规定为由，先是暂停履行条约，之后又退出了条约。

◁ "潘兴 2"战术导弹

1980—1991年
苏联解体

"二战"结束后，由意识形态壁垒及军事壁垒组成的"铁幕"把欧洲分成了两个阵营。然而，20世纪80年代初时，苏联的经济出了问题，改革已经迫在眉睫，苏共中央于1985年任命米哈伊尔·戈尔巴乔夫为苏联共产党中央委员会总书记。戈尔巴乔夫提出"开放政策"，结果起了反作用，引起民众对苏联制度的强烈不满，并且将制度缺陷暴露了出来。审查制度撤销后，苏联集团国家的自由派开始发声，要求获得更多的自由。此后，波兰的团结工会获得了民众的支持；接下来，波罗的海三国提出了自治的要求；再后来，匈牙利议会于1989年1月给成立反对党的要求开了绿灯。

1989年11月，柏林墙被推倒。之后，罗马尼亚和捷克斯洛伐克的政权先后倒台。到了1989年年底的时候，立陶宛、波兰和民主德国也都走上了相同的道路。1991年，自由派的民族主义者鲍里斯·叶利钦当选俄罗斯总统；同年12月，苏联正式解体。

关键时刻

1989年12月22日 齐奥塞斯库倒台
苏联支持的尼古拉·齐奥塞斯库担任罗马尼亚国家领导人20余年，其间，罗马尼亚的经济每况愈下。1989年12月16日，罗马尼亚西部爆发示威活动；此后，首都布加勒斯特爆发抗议，局势失去控制（见左图）。齐奥塞斯库试图逃到国外，在失败后被捕，最终被处决。

1989年12月29日 天鹅绒革命结束
在捷克斯洛伐克，一场后来被命名为"天鹅绒革命"的非暴力示威活动推翻了苏联支持的政权。这场革命的主要参与者是坐过大牢的作家瓦茨拉夫·哈维尔（见左图）。"天鹅绒革命"成功后，他成为捷克斯洛伐克总统，与苏联协商了苏军撤兵问题，之后又组织了1990年的自由选举。

柏林墙是民主德国当局为了防止其公民逃到联邦德国而修建的隔离墙。1989年11月9日，由于出现了一则声称当局将解除离境限制的消息，大批示威者前往柏林墙，很快就开始拆除这座象征压迫的建筑物。

> "我们的斗争到了关键时刻，
> 我们向自由前进的步伐不可阻挡。"
>
> 纳尔逊·曼德拉获释后发表的演讲（1990年）

1990年2月2日
南非政府宣布结束种族隔离制度

由于国际社会多年来的强大压力，1990年，南非的新任总统弗雷德里克·威廉·德克勒克宣布撤销针对有色人种的歧视性法律，同时解除以南非非洲人国民大会（非国大）及其他反对种族隔离制度的政党为对象的禁令。九天后，反种族隔离运动的主要领导者、非国大领袖纳尔逊·曼德拉结束长达27年的牢狱生活，重获自由。此后，非国大开始与政府当局谈判，最终在四年后促成了南非历史上的首次全民选举。

◁ 纳尔逊·曼德拉

1991年10月4日《关于环境保护的南极条约议定书》在马德里缔结并开放签署

1990年10月1日 旨在测定人类全部基因序列的**人类基因组计划**启动

1990年10月3日 德国结束长达45年的分裂状态，**实现统一**

1992年11月3日 比尔·克林顿赢得大选，成为第四十二任美国总统

1990年8月2日
伊拉克入侵科威特，海湾战争爆发

伊拉克与邻国科威特围绕石油生产问题的谈判破裂后，伊拉克领导人萨达姆·侯赛因命令军队入侵科威特。美国总统乔治·赫伯特·沃克·布什着手组建多国部队，准备解放科威特。最终，35个国家加入了由美国牵头的"自愿联盟"，其中出兵最多的国家分别是美国、沙特阿拉伯、英国和埃及。1991年初，经过六周的战斗后，多国部队帮助科威特恢复了主权独立。

△ 对胜利信心满满的**伊拉克士兵**

1993年11月1日
欧洲共同体发展为欧洲联盟

欧洲共同体的12个成员国1992年2月签订的《马斯特里赫特条约》于1993年11月1日生效，欧洲共同体升级为欧洲联盟。该条约不仅为欧洲国家提供了涵盖安全及国内事务领域的全新合作支柱，还规定所有欧盟国家的公民都有权在任何一个欧盟成员国工作和生活。在之后的数年间，条约的签约国先是实现了公民的免签旅行，之后又发行了统一的货币。

◁ 欧盟及其成员国的旗帜

1994年1月1日《北美自由贸易协定》生效，由美国、加拿大、墨西哥组成的北美自由贸易区成立

1994年12月11日 俄军进入想要独立的车臣自治共和国，**第一次车臣战争爆发**

1993年9月13日 以色列与巴勒斯坦解放组织签署《奥斯陆协议》

1994年
卢旺达大屠杀导致近百万人死亡

卢旺达的主要民族胡图族的民兵屠杀虽为少数民族却长时间掌握政权的图西族，造成了自纳粹对犹太人的大屠杀结束以来世界上最严重的种族灭绝事件。该国的胡图族总统在与图西族叛军签订停火协议后遇刺身亡，成了引发大屠杀的导火索。据估计，大屠杀总共导致近100万人死亡。

▷ 卢旺达大屠杀**纪念碑**

1991—1998年
巴尔干战争

"二战"结束后成立的社会主义国家南斯拉夫社会主义联邦共和国是由六个共和国组成的联邦国家。1991年，南斯拉夫开始解体，种族矛盾彻底爆发，升级成了战争。

1991年6月25日 克罗地亚脱离南斯拉夫，宣布独立，之后与塞尔维亚发生了长达四年的战争，导致2万人死亡。

1992年4月2日 波斯尼亚的不同种族爆发内战，**萨拉热窝**陷入持续时间近四年的围城战。

1995年12月14日《代顿和平协定》生效，波斯尼亚和黑塞哥维那分为两个实体，分别是波黑联邦（又称穆克联邦）和波黑塞族共和国。

1998年2月28日 科索沃战争爆发，交战双方分别是阿尔巴尼亚族的分离主义者和塞族掌权的南斯拉夫联盟共和国。

> "本法院的管辖范围包括下列罪行：
> （1）种族屠杀罪；（2）危害人类罪；（3）战争罪；（4）侵略罪。"
>
> —— 国际刑事法院的成立条款（1998年）

1996年9月27日
塔利班夺取阿富汗政权

1973年，末代国王被推翻后，阿富汗的政局一直十分动荡。在苏联占领阿富汗的那10年间，反对苏联反宗教政策的伊斯兰民兵组织在美国的支持下发展壮大。1989年苏联撤兵后，阿富汗陷入军阀割据状态，乱局直到伊斯兰武装组织塔利班占领包括首都喀布尔在内的大部分领土之后才告一段落。

◁ 塔利班士兵

1998年4月10日《贝尔法斯特协议》生效，结束了北爱尔兰长达30年的乱局

1995年

1995年3月26日《申根协定》生效，大部分欧盟国家相互间不再对公民实施入境检查

1996年9月10日《全面禁止核试验条约》在联合国大会通过，此后总共有170个国家批准履行该条约

◁ 克隆实验

1996年7月5日
克隆羊多莉诞生

绵羊多莉是人类成功克隆的第一只哺乳动物。在爱丁堡大学罗斯林研究所工作的英国科学家把一只绵羊的体细胞核移植到了另一只绵羊未受精的卵细胞中，之后又把卵细胞移植到了第三只绵羊的子宫中，让胚胎发育完成。多莉在6岁的时候死亡，总共生下了六只小羊。

1999年12月31日
弗拉基米尔·普京成为俄罗斯联邦代总统

1999年12月31日，普京接替鲍里斯·叶利钦，开始领导深陷经济危机的俄罗斯。次年，他在总统大选中获得超过50%的选票，击败竞争对手，正式成为俄罗斯总统。在高油价的助推下，俄罗斯经济在普京成为总统的那一年迎来了没有任何波折的快速发展，国民的实际收入水平翻了一倍多。到了2004年，普京再次参选，寻求连任的时候，他的得票率上升到了71%。

△ 弗拉基米尔·普京（左侧）与鲍里斯·叶利钦握手

1998年7月17日 旨在把犯有危害人类罪的罪犯送上被告席的**国际刑事法院**成立

1999年8月26日 第二次**车臣战争**爆发，俄罗斯取得了这场战争的胜利

1999年3月24日 **北约空袭南斯拉夫**联盟共和国，迫使其政府放弃恢复对科索沃地区控制权的尝试

1999年

1997年7月1日
中国对香港恢复行使主权

1841年，英国侵占香港岛，之后又在1898年时迫使清政府签订租期为99年的《展拓香港界址专条》（又名《新界租约》），侵占了新界。租约到期后，英国政府把香港的主权交还给了中华人民共和国，而中国政府则承诺，香港特别行政区保持原有的社会、经济制度和生活方式，50年不变。回归祖国时，香港已经成为全球性的金融中心。

◁ 香港庆祝回归

1973—2021年
气候危机

古时候，人类就已经意识到，包括耕种、灌溉和砍伐森林在内的农业生产活动会对当地的气温及降雨模式产生影响。然而，直到19世纪时，我们才终于认识到，人类活动会对全球气候产生影响。以约瑟夫·傅里叶、约翰·丁达尔为代表的科学家发现，地球大气中的某些气体成分（主要是二氧化碳和甲烷）会吸收地面在吸收太阳辐射后发出的长波辐射，导致大气变暖，产生一种名为"温室效应"的现象。20世纪中叶，研究证明，大气二氧化碳浓度的上升——人类使用化石燃料造成的后果——与全球气温上升之间存在直接联系。上述发现促使美国海洋学家罗杰·雷维尔写下了这样一段话："人类正在进行一场大规模的地球物理实验……"

20世纪50年代期间，美国地球化学家查尔斯·基林检测大气成分，发现二氧化碳浓度表现出了明显的上升趋势。研究者把基林获得的数据输入电脑，使用全新的计算机建模技术对未来的气候变化做出预测，得到了如下结果：全球气温上升、干旱频发、冰川及极地冰盖融化、海平面上升。1965年，美国总统科学顾问委员会认为温室效应是"实际存在的问题"，把气候变化问题提上了美国的政治议程。

关键时刻

1972年 联合国人类环境会议
瑞典首都斯德哥尔摩主办了历史上第一次旨在解决全球环境问题的会议。与会各国做出承诺，决定研究经济增长与如滥伐森林（见左图）之类的环境破坏之间的联系。

1989年 联合国政府间气候变化专门委员会发表评估报告
1989年，联合国政府间气候变化专门委员会发表第一份报告，指出在过去的100年间，全球气温上升了0.3~0.6摄氏度。此后，委员会又在第五份报告中宣布，20世纪50年代以来，人类是全球变暖与气候变化（见左图）的"主要原因"，并指出这一结论的确定性高达95%。

1997—2021年 共识与分歧
以《京都议定书》（1997年）、《巴黎协定》（2015年，见左图）为代表的国际条约的目的是，促使各国政府做出承诺，保证温室气体减排计划能够落到实处。然而，许多国家都没能实现减排目标，而以美国为首的一些国家则更是出于政治原因，退出了上述减排协定。

数以百万计的年轻人提出要求,希望政治领袖采取行动,解决气候危机问题。进入21世纪后,气候变化仍然是最受关注的环境问题之一,而诸如"反抗灭绝"及罢课之类的抗议运动则掀起声浪,让气候问题得到了足够的重视。

2001年9月11日

"9·11"事件

2001年9月11日，恐怖分子扮作普通旅客，劫持四架民航客机，对美国发动了一系列蓄谋已久的恐怖袭击。袭击的策划者是名为"基地"的极端恐怖组织，其领导人名叫本·拉登，是沙特阿拉伯公民，曾经作为阿富汗"伊斯兰圣战组织"的成员抗击占领阿富汗的苏军。遭劫持飞机中的两架撞毁了纽约的世贸中心双子塔，另一架撞上了五角大楼，而最后一架则因为乘客奋力反抗劫机者而在宾夕法尼亚州境内坠毁。这一系列袭击共造成约3 000人死亡，是截至当时最严重的一起恐怖袭击事件。

△ 世贸中心双子塔在遭撞击后坍塌

2000年

2001年12月13日 克什米尔叛军对印度议会发动自杀式袭击

2002年2月8日 伊斯兰武装组织向政府军投降，**持续了10年的阿尔及利亚内战**宣告结束

2001年10月7日

美国发动"反恐战争"

"9·11"恐怖袭击事件发生后，美国政府空袭阿富汗塔利班政权的据点，打响了所谓的"反恐战争"。空袭开始后，美国又发动"持久自由军事行动"，以美军为首的联军进入阿富汗，在之后的20年间深陷战争泥潭。

◁ 在阿富汗作战的**美军士兵**登上"奇努克"直升机

> "美国不会允许世界上最危险的政权用世界上最具破坏力的武器危害我们的国家安全。"
>
> 美国总统乔治·沃克·布什的国情咨文演讲（2002年1月29日）

2004年1月4日
美国国家航空航天局的探测车在火星着陆

2004年1月4日，美国国家航空航天局的太阳能探测车"勇气号"在火星着陆。三周后，另一辆火星探测车"机遇号"在火星的另一侧着陆。在之后的数年间，这两辆探测车（"机遇号"一直运行到了2018年）收集了火星的岩石及土壤数据，同时在寻找能够证明火星有水存在的证据。

▷"勇气号"火星探测车

2003年2月26日 苏丹西部的达尔富尔地区爆发冲突

▷在伊拉克作战的美军坦克

2003年3月20日
以美军为首的多国部队入侵伊拉克

美国总统乔治·沃克·布什宣称，伊拉克的萨达姆·侯赛因政权拥有大规模杀伤性武器，会对西方造成威胁。美国以此为理由召集盟国，组建多国部队，准备推翻萨达姆政权。军事行动取得成功，实现了推翻萨达姆的目标，但由此产生的权力真空却加剧了伊拉克的国内矛盾，而占领军的出现则更是引发了长时间的反抗活动。

▷苏门答腊岛城市班达亚齐的灾后景象

2004年12月26日
印度洋大海啸

印度洋大海啸由海底地震引发，是有记录以来规模最大的海啸之一，导致印度尼西亚、泰国、斯里兰卡、印度南部以及其他至少10个国家的沿海地区遭到高达30米的巨浪的袭击。这场灾难总共导致20余万人遇难，是有史以来伤亡人数最多的海啸。

> "我们对全球金融危机的了解是，我们对它知之甚少。"
>
> 经济学家保罗·萨缪尔森（2008 年）

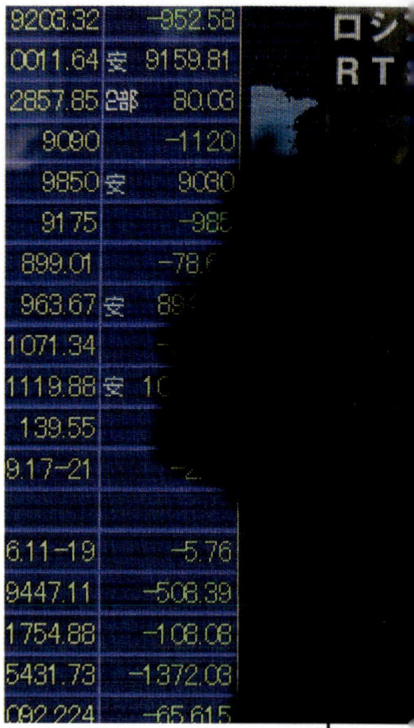

2005 年 8 月 25 日
"卡特里娜"飓风

强大的"卡特里娜"飓风先是在美国佛罗里达州南部登陆，之后，其强度又在向西横穿墨西哥湾的过程中不断增强。此后，飓风在路易斯安那州、密西西比州再次登陆，造成巨大的破坏，受灾最为严重的城市新奥尔良大片城区被淹长达数周时间。"卡特里娜"飓风总共导致 1 800 余人死亡，造成了高达 1 250 亿美元的经济损失。

△ "卡特里娜"飓风造成的破坏

2006 年 7 月 12 日 以色列军队与准军事组织黎巴嫩真主党在黎巴嫩交战

2005 年 1 月 30 日 伊拉克举行大选，但这并没有解决困扰该国的暴力问题

▽ 火力发电厂产生的污染物烟尘

△ 悼念贝娜齐尔·布托的花圈

2007 年 12 月 27 日
贝娜齐尔·布托遇刺身亡

贝娜齐尔·布托先后两次出任巴基斯坦总理（两次任期分别为 1988—1990 年、1993—1996 年），每一次都因为遭到腐败指控而被迫辞职。在国外度过了将近九年的流亡生活后，她于 2007 年返回巴基斯坦，准备再次参加大选，结果在离开竞选集会的时候遇刺身亡。虽然袭击的幕后策划者的身份一直都没有得到确认，但在巴基斯坦国内，总统穆沙拉夫却仍然成为众矢之的，他在下台流亡后遭到了谋杀指控。

2005 年 2 月 16 日
《京都议定书》生效

《京都议定书》于 1997 年制定，最初有 84 个国家签署，之后在签约国的污染物排放量总和占全球总污染物排放量的比例达到《京都议定书》的规定后正式生效。所有签约国都必须按照《京都议定书》的规定，实现预先设定的温室气体减排目标。到目前为止，《京都议定书》已经有 192 个缔约方。

2008年
全球金融危机

2008年，美国房地产市场崩溃，引发全球金融危机，导致各个发达国家的银行及金融机构无法兑现承诺。危机的开始时间为2007年年底，在次年9月投资银行雷曼兄弟公司破产后达到最高潮，波及北美及欧洲的许多国家，引发了自20世纪30年代的大萧条结束以来最严重的经济衰退。

◁ 股票交易员目睹**股市大跌**

1961—
贝拉克·奥巴马

奥巴马在夏威夷出生，于2004年当选联邦参议员，在差不多四年后获得总统候选人提名，代表民主党参加2008年的总统选举。他总共完成了两个总统任期。

2008年8月1日 南奥塞梯冲突爆发

2008年8月8日 中国首次作为东道主在**北京举办奥运会**

2008年11月4日 贝拉克·奥巴马赢得大选，成为美国历史上的**首位非裔美国人总统**

2009年5月18日 斯里兰卡政府**击败泰米尔猛虎组织**，结束了长达26年的内战

2009年

2008年9月10日
大型强子对撞机开机

欧洲核子研究组织（CERN）的大型强子对撞机（它是世界上最大的粒子对撞机）于2008年9月10日启动。这台对撞机位于法国和瑞士的边境，占据了一条长达27千米的地下隧道，可以把粒子加速到接近光速，让科学家可以进行粒子对撞实验并了解构成宇宙的基本粒子的性质和行为。

▷ **大型强子对撞机**

2011年1月4日
"阿拉伯之春"爆发

在北非及中东,各国的民众因为糟糕的生存条件而对本国的政府十分不满。2010年12月,一个突尼斯的街头小贩以自焚的方式进行抗议,加剧了民众对政府的不满情绪。在此后发生的权力斗争中,不仅突尼斯的政府被推翻,利比亚、埃及和也门的政府也都倒台了。此外,包括阿尔及利亚、摩洛哥、叙利亚、伊拉克、黎巴嫩、约旦和阿曼在内的其他许多国家也发生动荡,出现了大规模的抗议活动。

△ 突尼斯的抗议者

2012年8月25日
"旅行者1号"进入星际空间

"旅行者1号"空间探测器于1977年发射,先后飞邻木星、土星以及土星最大的卫星土卫六(又称"泰坦星"),之后继续飞往太阳系的边缘区域。2012年8月25日,"旅行者1号"飞出日球层——在日球层之外,太阳的影响力不再是最主要的影响力——成了第一件进入星际空间的航天器。此后,"旅行者1号"一直都在收集数据,并通过美国国家航空航天局的深空网络把数据传回地球。

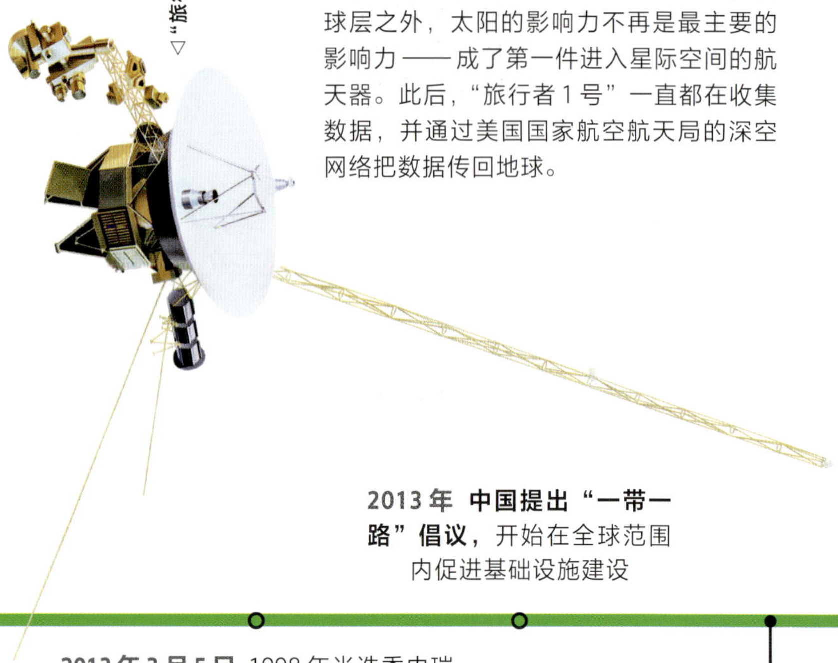

▽ "旅行者1号"

2011年10月31日 联合国正式宣布地球**人口超过70亿**

2013年 中国提出"**一带一路**"**倡议**,开始在全球范围内促进基础设施建设

2010年3月 冰岛的**埃亚菲亚德拉火山喷发**,对欧洲北部的航空运输造成影响

2013年3月5日 1998年当选委内瑞拉总统、之后连续连任的**乌戈·查韦斯**在第四个任期开始的时候去世

1954—2013年
乌戈·查韦斯

查韦斯于1998年首次当选委内瑞拉总统,之后又先后赢得三次总统大选。他把创纪录的石油收入当作助力,在国内推行有利于穷人的社会改革。

2013年7月3日
埃及总统穆尔西被解除职务

"阿拉伯之春"的抗议活动迫使胡斯尼·穆巴拉克辞职后,穆罕默德·穆尔西赢得选举,成为埃及的新任总统。穆尔西曾担任自由与正义党的领袖。他就任总统后,反对自由与正义党执政纲领和政策的民众发起抗议活动。为了化解乱局,埃及军方发动政变,解除了穆尔西的总统职务,把阿卜杜勒·法塔赫·塞西将军推举为新任总统。

△ **抗议者**在开罗的解放广场聚集

2014—2015年
欧盟面临前所未有的难民危机

长久以来，逃离战争和迫害的难民一直把欧盟国家当作最向往的目的地。2014—2015年，涌向欧盟国家的难民人数急剧增长，引发了难民潮。为了逃离战争，叙利亚人、阿富汗人取道土耳其，想要从欧盟国家的东部边境入境，而成千上万的其他难民则冒着生命危险乘小船从北非出发，想要北渡地中海，前往欧洲。在欧盟国家中，德国接收难民的意愿最为强烈，截至2015年年底，已经有将近100万难民在该国申请避难。

▷ **难民抵达**希腊的莱斯沃斯岛（2015年）

2014年9月16日 也门爆发内战，交战双方分别是政府军和胡塞武装组织

2014年

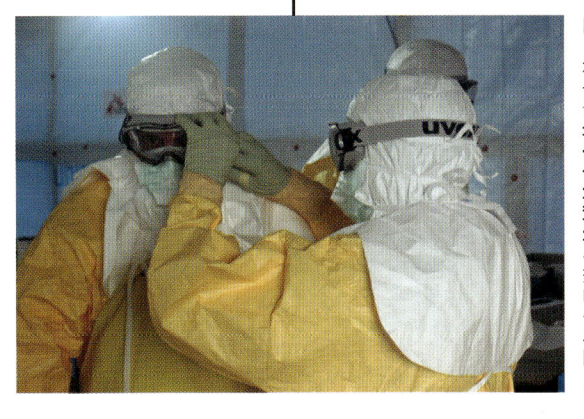

2013年12月
西非暴发埃博拉出血热疫情

△ 医务人员进入埃博拉出血热病房前，互相调整护目镜

埃博拉出血热是一种由埃博拉病毒引起的急性传染病，通过体液等途径传染，主要感染包括人类在内的灵长类动物，患者死亡率极高。埃博拉出血热首次出现于1976年，常在撒哈拉以南的地区间歇性流行。2013年12月在几内亚暴发的埃博拉出血热疫情是迄今为止最严重的一次，在两年多的时间里死亡病例超过1万例。

2014年6月10日
极端恐怖组织"伊斯兰国"占领伊拉克城市摩苏尔

△ "伊斯兰国"的支持者正在庆祝胜利

伊拉克战争结束后，驻守摩苏尔的政府军逃之夭夭，逊尼派武装组织"伊拉克和黎凡特伊斯兰国"（"伊斯兰国"）的支持者趁乱占领了这座伊拉克北部最重要的城市。这帮恐怖分子在长达三年的时间内对摩苏尔进行恐怖统治，其间迫害少数群体，在未经公正审判的情况下处死了2 000余人。伊拉克政府军在国际联合特遣部队的支持下发起反攻，经过九个月的战斗，夺回了对该城的控制权。

1924—2019年
罗伯特·穆加贝

1980年津巴布韦独立后，穆加贝当选总理，被誉为国父。在此后的37年间，他一直都大权独揽，并没有因为遭到腐败和侵害人权的指控而失势。

2016年11月4日
《巴黎协定》正式生效

《巴黎协定》于2016年签署，在签约国数量达到55个、签约国的温室气体排放量达到全球总排放量的55%后正式生效。该协定的目标是，以工业化前的气温为标准，把全球平均气温的上升幅度控制在2摄氏度以内。协定规定，签约国必须按时汇报本国为实现这一目标所采取的措施。《巴黎协定》已有195个缔约方，包括欧盟。

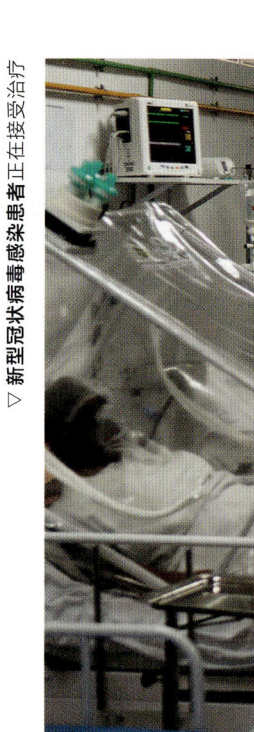

▷ 新型冠状病毒感染患者正在接受治疗

△ 签约国代表举手庆祝

2017年11月21日 掌权近40年的**罗伯特·穆加贝**被推翻，不再担任津巴布韦总统

2015年

2016年6月23日 英国通过公投决定"脱欧"，2020年1月31日，英国正式结束其47年的欧盟成员国身份

2016年11月8日 **唐纳德·特朗普**赢得大选，成为第四十五任美国总统

> "从现在起，只有美国第一。美国第一！"
>
> 唐纳德·特朗普的就职演讲（2017年1月）

▷ 土耳其政变被平定后，支持总统的民众举行游行

2016年7月15日
土耳其发生未遂政变

土耳其军方内部派系发动政变，试图推翻总统埃尔多安。土耳其共和国军队历史上曾发动多次成功的政变，以维护稳定的秩序和凯末尔以来的世俗化方针。但2016年的这次政变次日早上就被平定，埃尔多安的权力则得到进一步巩固。

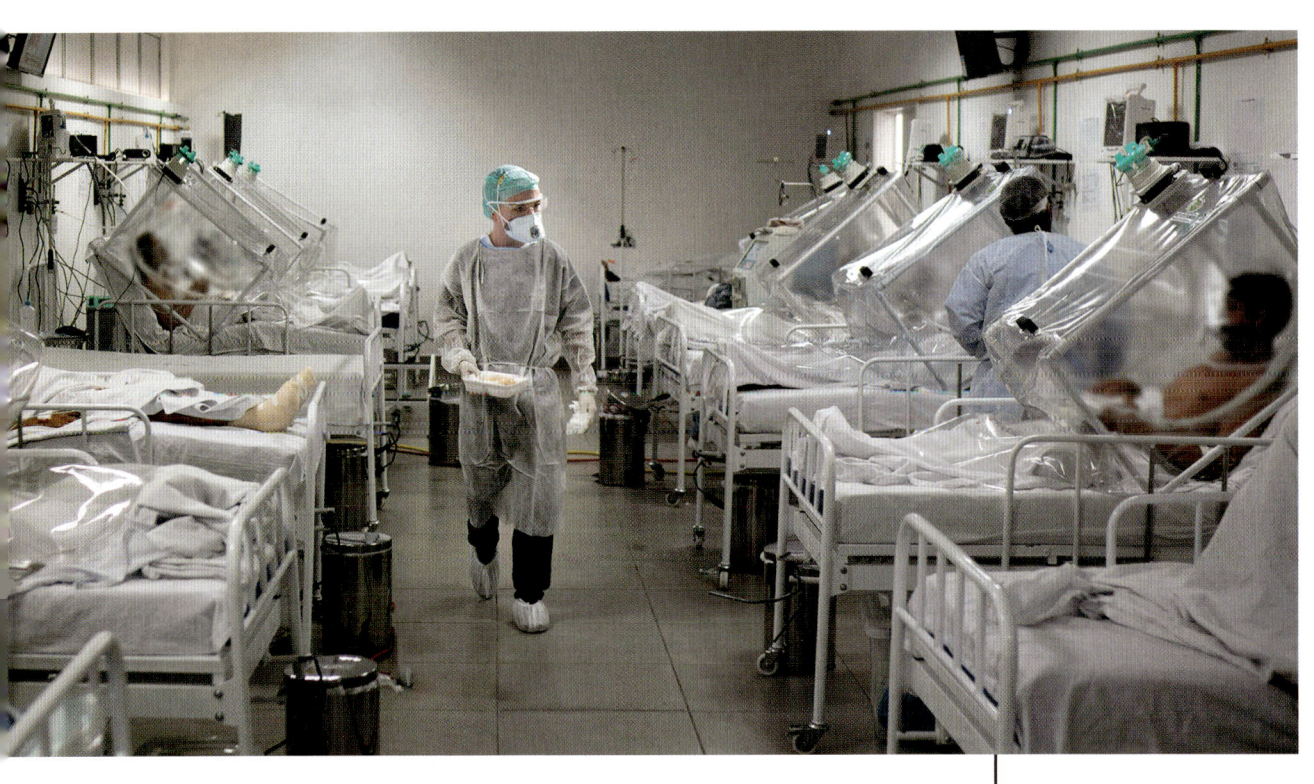

2020 年 3 月
新型冠状病毒大流行

2020 年 3 月，世界卫生组织认为新型冠状病毒疫情已构成全球大流行。在之后的数月间，疫情发生全球扩散，导致超过 2 亿人感染；截至 2021 年秋，因疫情死亡的人数已经超过了 425 万。

2018 年 3 月 22 日 美国总统特朗普对华大规模征收单边关税，引发**中美贸易争端**

2020 年 5 月 25 日 美国黑人**乔治·弗洛伊德**被白人警察杀害，这在许多国家引发了抗议

2021 年

▷ "黄背心"示威者

▷ 特朗普的支持者冲击国会山

2018 年 11 月
法国巴黎发生"黄背心"运动

"黄背心"运动因为参与者身着显眼的黄背心而得名，运动的起因是政府征收"碳排放税"及高企的燃料价格在民众中激起不满情绪。之后，示威者扩大抗议范围，把矛头指向越发严重的贫富不均问题及农村地区的公共服务缺失问题。据估算，大约有 300 万人参加了"黄背心"运动。直到法国受到新冠疫情的冲击后，示威活动才终于平静了下来。

2021 年 1 月 6 日
支持特朗普的示威者冲击国会大厦

唐纳德·特朗普妄称民主党靠选举舞弊赢得了 2020 年的总统选举后，其支持者冲击华盛顿特区的国会大厦，引发暴力事件，导致五人死亡。2021 年 1 月 7 日，乔·拜登确认当选，成为美国的第四十六任总统。

索引

A

阿尔弗烈德大王 Alfred the Great **84**
阿尔及利亚 Algeria **212**，**300**，304
   独立战争 **272**，278
阿方索一世 Afonso I **100**
阿富汗 Afghanistan
   阿马战争 **188**
   第一次英阿战争 **214**
   "反恐战争" **300**
   霍塔克王朝 **171**，**175**，**177**
   卡尔吉王朝 **109**
   难民 **305**
   帕尼帕特战役 **188**
   入侵印度 **102**
   塔利班 **296**
   统一 **181**
阿根廷 Argentina **225**，**273**
   马岛战争 **289**
阿克巴大帝 Akbar the Great **135**
阿奎那，托马斯 Thomas Aquinas **107**
阿曼 Oman **154**，**167**
阿姆斯特朗，尼尔 Armstrong, Neil **282**，**283**
阿散蒂王国 Ashanti empire **168**—**169**，**170**，**209**，**229**，**242**
阿维森纳（伊本·西拿）Avicenna（Ibn Sina）**80**
阿西西的圣方济各 St Francis of Assisi **104**
阿兹特克人 Aztecs 见墨西哥，阿兹特克人
埃及 Egypt
   戴维营协议 **286**
   地震 **38**
   共和国建立 **272**
   金字塔 **14**，**16**—**17**
   卢克索神庙 **25**
   罗塞塔石碑 **201**
   马穆鲁克 **107**，**109**，**130**
   木乃伊制作技术 **14**
   穆罕默德·阿里 **205**，**213**
   那尔迈 **13**
   努比亚王国 见努比亚王国
   苏伊士运河 **210**，**227**
   苏伊士运河危机 **274**
   太阳神崇拜 **20**
   托勒密王朝 **35**，**38**
   新王国时期 **19**，**22**
   亚历山大灯塔 **38**
   中王国时期 **15**
埃及的战役及战争
   阿拉曼战役 **263**
   第三次中东战争（六日战争）**281**，**284**
   法蒂玛王朝征服埃及 **87**
   开罗陷落 **130**
   马赫迪起义 **233**
   孟菲斯 **28**
   拿破仑入侵 **200**—**201**
   内战（公元前836年）**25**
   入侵埃塞俄比亚 **230**
埃塞俄比亚 Ethiopia
   阿克苏姆王国 **63**，**68**
   埃及入侵 **230**
   饥荒 **290**
   欧加登战争 **286**
   所罗门王朝 **108**
   特沃德罗斯二世 **222**
   《乌查里条约》**240**
   意大利入侵 **258**
爱尔兰 Ireland
   盎格鲁-诺曼人入侵 **101**
   博因河战役 **164**
   共和主义者 **248**
   饥荒 **216**
   克伦威尔 **153**
   欧洲经济共同体 **284**
   维京人 **83**，**90**
   《英爱条约》**251**
   宗主权 **102**
   又见 英国
爱因斯坦，阿尔伯特 Einstein, Albert **244**
安哥拉（恩东戈）Angola **158**，**196**，**285**
安纳托利亚 Anatolia 见土耳其
奥巴马，贝拉克 Obama, Barack **303**
奥地利 Austria
   奥地利王位继承战争 **179**，**180**，**181**，**187**
   波兰王位继承战争 **178**
   大同盟 **163**，**170**
   第一次反法同盟战争 **198**
   斐迪南大公遇刺 **247**
   革命 **216**—**217**
   瓜分波兰 **190**
   哈布斯堡王朝的统治者 **109**，**131**，**178**，**194**
   拿破仑战争 **203**，**204**
   七年战争 **185**，**186**，**187**
   七周战争（普奥战争）**226**
   《维也纳条约》**176**
   维也纳围城战 **133**，**161**，**167**
奥古斯丁 Augustine **68**，**73**
奥古斯都（屋大维）Augustus（Octavian）**45**，**46**
奥斯曼帝国 Ottoman Empire
   奥斯曼属阿尔及利亚遭入侵 **212**
   巴尔干 **124**，**247**
   攻陷君士坦丁堡 **124**
   攻陷开罗 **130**
   科普鲁律家族的历代大维齐尔 **155**
   克里米亚割让给俄国 **191**，**194**
   勒班陀海战 **136**
   尼科波利斯战役 **118**
   青年土耳其党 **245**
   入侵欧洲 **133**
   《色佛尔条约》**251**
   《圣斯特凡诺条约》**231**
   收复伊拉克 **149**
   帖木儿入侵 **117**
   维也纳围城战 **133**，**161**，**167**
   希腊独立 **209**
   亚美尼亚人遭到屠杀 **237**
   亚速要塞陷落 **166**
   伊斯坦布尔的蓝色清真寺 **143**
   与波斯的战争 **140**
   郁金香时期 **174**
   在欧洲的最终失败 **167**
   又见 土耳其
奥托一世 Otto I **87**
奥匈帝国 Austria–Hungary **216**，**248**，**249**
   帝国成立 **226**
   三国同盟 **232**
奥运会 Olympic Games **26**，**241**，**303**
澳大利亚 Australia
   《澳新美太平洋安全保障条约》**271**
   第一批殖民者 **195**
   发现 **141**
   发现黄金 **219**
   黑色战争 **214**
   霍克斯伯里-尼平战争 **199**
   女性选举权 **238**
   植物学湾 **190**
   殖民主义 **209**

B

巴巴多斯的《奴隶法》Barbados, Slave Code **156**
巴贝奇，查尔斯 Baage, Charles **208**—**209**
巴比伦人 Babylonians **18**，**19**，**23**，**28**，**29**，**30**，**31**
巴尔干地区 Balkans **64**，**66**
   奥斯曼帝国 **124**，**247**
   巴尔干战争 **295**
   又见 各国
巴基斯坦 Pakistan **261**，**266**
   对克什米尔的领土主张 **280**
   霍塔克王朝 **171**
   摩亨佐·达罗城 **15**
   与孟加拉 **284**
   又见 印度
巴拉圭 Paraguay
   查科战争 **257**
   三国同盟战争 **225**
巴勒斯坦 Palestine
   《奥斯陆协议》**295**
   萨拉丁攻占耶路撒冷 **103**
   与以色列 **267**，**295**
   与英国 **249**，**258**
   又见 以色列
《巴黎协定》Paris Agreement **298**，**306**
巴拿马，詹金斯之耳战争 Panama, Jenkin's Ear War **179**
巴西 Brazil
   独立 **209**，**213**
   《马德里条约》**184**
   奴隶贸易 **196**，**234**
   葡萄牙殖民者 **129**，**154**
   三国同盟战争 **225**
   淘金潮 **165**
拜占庭帝国 Byzantine

Empire 77，98
　　君士坦丁堡 104，124
　　圣像破坏运动 76
　　瘟疫 72
　　与保加利亚 82，84，89，103
　　又见 土耳其
保加利亚 Bulgaria 247，249
　　与拜占庭帝国 82，84，89，103
北美 North America
　　阿迪纳文化 22，40—41
　　宾夕法尼亚 160—161
　　波士顿倾茶事件 191
　　查科峡谷的普韦布洛文明 89
　　朝圣先辈 146
　　《独立宣言》 192
　　对路易斯安那的领土主张 161，203
　　佛罗里达 207
　　霍霍坎文化的定居点 76
　　联盟计划 185
　　马萨诸塞 148，152
　　曼哈顿岛 147
　　密西西比土墩建筑文化 100
　　纽约 157
　　普韦布洛 160，164
　　塞勒姆审巫案 164
　　圣安东尼奥要塞 174
　　沃森布雷克 13
　　烟草出口 142
　　英国与《印花税法》 189
　　詹姆斯敦 141
　　佐治亚 177
北美，加拿大 North America, Canada 见加拿大
北美，美国 North America, US 见美国
北美的战役与战争
　　伐木之战 199
　　法国-印第安战争 185
　　美国独立战争 192—193
　　七年战争 185，186，187
　　雅马西战争 174
北约 NATO 270
贝尔，亚历山大·格雷厄姆 Bell, Alexander Graham 230
贝尔德，约翰·洛吉 Baird, John Logie 252
贝克特，托马斯 Becket, Thomas 102
贝宁 Benin 124，197
贝塞麦，亨利 Bessemer, Henry 223

比利时 Belgium
　　独立 213
　　滑铁卢战役 206
　　科特赖克战役 110
　　欧洲经济共同体 274
　　世界大战 见第一、第二次世界大战
　　塔塞尔公馆 237
比鲁尼，阿布·拉伊汗 al-Biruni, Abu Rayhan 80
比属刚果 Belgian Congo 220，234，281
彼得大帝 Peter the Great 160，174—175
俾斯麦，奥托·冯 Bismarck, Otto von 226，227，233
毕加索，巴勃罗 Picasso, Pablo 245
秘鲁 Peru
　　查文文化 21，24，34
　　海啸及地震 181
　　马丘比丘 123，246
　　莫切文化 58
　　纳斯卡地画 69
　　南美太平洋战争 230—231
　　瓦里文化 70
　　西坎文化 97
　　小北文明 13，14
　　印加帝国 123，133，135，137
　　于埃纳普蒂纳火山喷发 140
冰岛 Iceland
　　埃亚菲亚德拉火山喷发 304
　　冰岛议会 84，87
　　拉基火山爆发 193
　　维京人定居 84
冰期 Ice Age 11，161
波兰 Poland
　　波兰王位继承战争 178
　　"大洪水时代" 155
　　"二战" 见第一、第二次世界大战
　　哥萨克起义 154
　　革命 213
　　格林瓦尔德战役 119
　　莱格尼察战役 106
　　团结工会 288，292
　　与立陶宛组成邦联及联邦 117，136
　　遭到瓜分 180，190
波列斯瓦夫大帝 Boleslaw the Great 90
波斯 Persia，见伊朗

波斯尼亚 Bosnia 117，295
　　巴尔干战争 295
波提切利，桑德罗 Botticelli, Sandro 120
波希米亚 Bohemia 见捷克斯洛伐克
玻利瓦尔，西蒙 Bolívar, Simon 204，205
玻利维亚 Bolivia
　　波托西银矿 135
　　查科战争 257
　　蒂亚瓦纳科城 60，86
　　独立 205
　　南美太平洋战争 230—231
伯纳斯-李，蒂姆 Berners-Lee, Tim 286
柏林墙 Berlin Wall 291，292，293
布拉克，乔治 Braque, Georges 245
布莱叶，路易 Braille, Louis 212
布鲁内莱斯基，菲利波 Brunelleschi, Filippo 123
布律内尔，伊桑巴德·金德姆 Brunel, Isambard Kingdom 210

C
查理二世 Charles II 157，160
查理曼 Charlemagne 78—79
查理五世 Charles V 131，132
查理一世 Charles I 150，152—153
查士丁尼 Justinian 71，72
查韦斯，乌戈 Chavez, Hugo 304
朝圣先辈 Pilgrim Fathers 146
朝鲜半岛 Korea
　　朝鲜王朝 118
　　朝鲜战争 270，272
　　"龟船" 139
　　《马关条约》 240
　　清兵入侵 148
　　日本入侵 67，139
　　日俄战争 243
　　统一 75，86
车臣 Chechnya 295，297
成吉思汗 Chinggis Khan 104
船舶 ships 见运输
慈禧太后 Cixi, Empress 224

D
达·芬奇，列奥纳多 Da Vinci, Leonardo 120，185

达尔文，查尔斯 Darwin, Charles 215
达盖尔，路易 Daguerre, Louis 212
达荷美王国 Dahomey kingdom 140，152，177
《大宪章》Magna Carta 105
大型强子对撞机 Large Hadron Collider（LHC） 303
戴克里先 Diocletian 48，61，63
丹麦 Denmark 87，90
　　革命（1848年） 216—217
　　加入欧洲经济共同体 284
　　纳粹入侵 259
　　奴隶贸易 198
但丁 Dante 110
德·索托，埃尔南多 De Soto, Hernando 134
德国 Germany
　　柏林墙 291，292，293
　　大萧条 257
　　德意志统一（1866—1871年） 226
　　发现尼安德特人化石 223
　　《凡尔登条约》 83
　　《谷登堡圣经》 125
　　海军军备竞赛 245
　　黑死病 114
　　两德统一 294
　　迈森瓷器 171
　　《慕尼黑协定》 259
　　尼安德特人 10
　　《纽伦堡法》 258
　　喷气式飞机 243
　　七周战争（普奥战争） 226
　　齐柏林飞艇 242
　　三国同盟 232
　　三十年战争 147，148，153
　　世界大战 见第一、第二次世界大战
　　苏台德地区 259
　　与苏联和解的政策 283
　　又见 普鲁士
邓小平 Deng Xiaoping 286
狄德罗，德尼 Diderot, Denis 182
狄更斯，查尔斯 Dickens, Charles 214
笛卡儿，勒内 Descartes, René 149
地球人口 population of planet 304

地震 earthquakes
 埃及 38
 安政江户地震 **222**
 秘鲁 181
 旧金山 244
 里斯本 **186**
 西西里 **165**
帝国主义 imperialism **220—221**
 又见 各国
第二次世界大战 World War II
 阿拉曼战役 **263**
 巴黎解放 264
 霸王行动 **264**, 265
 比利时 259, **261**, 264
 不列颠之战 **261**
 冲绳战役 262
 大西洋之战 **263**
 德国战败 **265**
 德军入侵 259, **260**, 262
 东线及斯大林格勒 **264**
 非洲军团 263
 广岛、长崎核爆 **265**, 268
 结束对日本的军事占领 271
 库尔斯克战役 **264**
 盟军在意大利登陆 **264**
 《慕尼黑协定》 **259**
 闪电战 **261**
 《苏德互不侵犯条约》 **260**, 262
 太平洋战争 **262**
 以犹太人为对象的种族灭绝 263, **265**
 意大利参战 263
 用于密码破译的巨人计算机 209
 珍珠港 **262—263**
第一次世界大战 World War I
 奥匈帝国 248
 德国马克崩溃 **251**
 德军进攻受阻 **247**
 凡尔登战役 **248**
 斐迪南大公 **247**
 帕斯尚尔战役 **248**
 停战 **249**
东北三省 Manchuria
 日俄战争 **243**
 日寇入侵 **256**
东印度公司 East India Company
 荷兰东印度公司 **140**, 150
 与红旗帮 **205**
 英国东印度公司 **140**, 164, 181, 184, 187, 207
洞穴壁画 cave paintings 11

E
俄罗斯（苏联）Russia（Soviet Union）
 U-2侦察机 **278**
 阿瓦尔汗国 72
 艾尔米塔什博物馆 185
 布尔什维克 **249**, **250**
 大北极探险 **176**
 第一阶段限制战略武器谈判 **284**
 "二战" 见第一、第二次世界大战
 国际妇女节 247
 核军备竞赛 **268—269**, 279, **291**
 混乱时期 141, 142
 饥荒 **250**
 罗曼诺夫王朝 **142**
 《尼布楚条约》 163
 《尼斯塔特和约》 **170**
 女性选举权 238
 诺夫哥罗德 98, **106**
 排犹运动 233
 切尔诺贝利 **290—291**
 《圣斯特凡诺条约》 231
 "斯普特尼克1号" **274**
 苏联解体 **292**
 吞并克里米亚 191, 194
 《往年纪事》 **77**
 瘟疫 190
 西伯利亚铁路 **236**
 与联邦德国缓和关系 **283**
 与中国的关系 163, **279**
俄罗斯（苏联）的战役与战争
 奥斯特利茨战役 **204**
 "布拉格之春" **282**
 大北方战争 **170**, 175
 第一、第二次车臣战争 **295**, 297
 冬季战争 260
 俄土战争 179, 191, **194**
 哥萨克起义 **158**
 革命 244, **249**, 250
 古巴导弹危机 **279**
 击退鞑靼人 **127**
 克里米亚战争 **219**
 拿破仑战争 **204**, 205
 南奥塞梯冲突 303
 日俄战争 **243**, 244
 射击军叛乱 167
 吞并北高加索 **207**
 围攻亚速要塞 **166**
恩格斯，弗里德里希 Engels,

F
Friedrich **217**

法国 France
 阿维尼翁教廷 110, **116—117**, 119
 埃菲尔铁塔 **234**
 《贝里公爵的时祷书》 **77**
 第五共和国 **275**
 对路易斯安那的主权主张 161, **203**
 《凡尔登条约》 **83**
 废奴 **194**
 甘蔗种植园 **179**
 《戈德斯卡尔克福音书》 **77**
 国际现代装饰与工业艺术博览会 **252**
 核军备竞赛 **268—269**
 "黄背心"运动 **307**
 加尔桥 **49**
 卡佩王朝 **88**
 墨洛温王朝结束 **77**
 《奈梅亨和约》 159
 南运河 **160**
 苏伊士运河危机 **274**
 太阳王的宫殿 **156**
 殖民主义 **237**
法国的战役和战争
 阿尔比十字军 **104**, 106
 百年战争 **112**, **122**, 124
 比奇角海战 **164**
 第一次反法同盟战争 **198**
 法国大革命（1789年） **182**, 191, **195**, 199, 234
 法国-印第安战争 **185**
 法国宗教战争 **136**, 139
 革命（1830年） **213**
 革命（1848年） **216—217**
 交趾支那战争 **223**
 卡纳蒂克战争 **181**, 184
 克里米亚战争 **219**
 罗克鲁瓦战役 **151**
 罗马人与高卢人的战争 **35**
 马伦哥战役 **202**
 南锡战役 **127**
 帕维亚战役 **132**
 普法战争 **226**
 普瓦捷会战 **113**
 七年战争 185, 186, **187**
 入侵奥斯曼属阿尔及利亚 **212**
 入侵突尼斯 **232**
 世界大战 见第一、第二次世界大战

图尔战役 **76**
瓦尔密战役 **198**
西班牙王位继承战争 **170**
暹罗革命 **163**
鸦片战争 **223**
意大利战争 **129**
扎克雷农民起义 113, **114**
法国的战役和战争与拿破仑 198, 201, 202, **203**
 奥斯特利茨战役 **204**
 半岛战争 **204**
 滑铁卢战役 **206**
 入侵埃及 **200—201**
 入侵俄国 **205**
"反恐战争" "war on terror" **300**
反战示威 anti-war protests **276**
飞行 flight 见运输
非洲统一组织 Organisation of African Unity（OAU） **279**
菲茨杰拉德，司各特 Fitzgerald, F. Scott **254**
菲律宾 Philippines **262**
 人民力量革命 **290**
菲奇，约翰 Fitch, John **195**
腓特烈大帝 Frederick the Great **180**
斐迪南大公遇刺 Franz Ferdinand assassination **247**
斐济岛 Fiji Islands **283**
芬兰 Finland 238, 260
佛教 Buddhism
 柬埔寨 **105**
 《金刚经》 **53**
 日本 **71**, 73, 102, 106
 印度 **32**, 38, 46
 爪哇 **78—79**
 中国 51, 67
佛朗哥将军 Franco, General Francisco **258**, **285**
弗洛伊德，西格蒙德 Freud, Sigmund **241**
福特，亨利 Ford, Henry **235**
福田千代尼（素园）Fukuda Chiyo-ni（Soen） **192**
富兰克林，本杰明 Franklin, Benjamin **185**

G
刚果 Congo 见比属刚果
戈尔巴乔夫，米哈伊尔 Gorbachev, Mikhail **290**, 291, 292
哥白尼，尼古拉 Copernicus,

Nicolaus **134**
哥伦布，克里斯托弗 Columbus, Christopher **128—129**
格陵兰 Greenland
　　维京人 **88**
　　因纽特人迁入 **97**
格鲁吉亚 Georgia **101**，**303**
葛饰北斋 Hokusai, Katsushika **144**
工业化 industrialization **170**，**172—173**，**177**，**220**
古巴 Cuba
　　独立 **241**
　　古巴导弹危机 **279**
　　卡斯特罗 **275**
　　奴隶贸易 **196**
古斯塔夫·阿道夫国王 Gustavus Adolphus, King **142**，**148**
骨灰瓮文化 Urnfeld culture **20**
国际联盟 League of Nations **250**，**256**

H

哈拉帕文明 Harappans **13**，**15**
哈维，威廉 Harvey, William **147**
海地 Haiti **196**，**198**，**203**
海啸 tsunamis
　　里斯本海啸 **186**
　　秘鲁海啸 **181**
　　乾隆大海啸 **190**
　　印度洋大海啸 **301**
海伍德，伊丽莎 Haywood, Eliza **181**
汉尼拔 Hannibal **39**
"航海家"王子恩里克 Henry "the Navigator"，Prince **123**
荷马 Homer **27**
核军备竞赛 nuclear arms race **268—269**，**279**，**296**
赫鲁晓夫，尼基塔 Khrushchev, Nikita **272**，**279**
赫歇尔，威廉 Herschel, William **141**
黑山 Montenegro **231**，**247**
黑死病 Black Death **112**，**114—115**
亨利八世 Henry VIII **133**
亨利四世（法国国王）Henry IV **139**
亨利四世（神圣罗马帝国皇帝）Henry IV **95**
亨利五世 Henry V **119**

"红胡子"腓特烈 Barbarossa, Frederick **102**
洪秀全 Hong Xiuquan **219**
忽必烈 Kublai Khan **107**，**108**，**109**
《华沙条约》Warsaw Pact **273**
华盛顿，乔治 Washington, George **192**，**194**
黄金开采 gold mining **165**，**217**，**219**，**228**
惠更斯，克里斯蒂安 Huygens, Christiaan **155**
火山喷发 volcanic eruptions
　　埃亚菲亚德拉火山（冰岛）**304**
　　喀拉喀托火山（印度尼西亚）**232—233**
　　拉基火山（冰岛）**193**
　　维苏威火山（意大利）**51**
　　于埃纳普蒂纳火山（秘鲁）**140**
火药 gunpowder **83**，**92**，**108**，**141**
霍梅尼，阿亚图拉 Khomeini, Ayatollah **287**

J

饥荒 famines
　　埃塞俄比亚 **290**
　　爱尔兰 **216**
　　苏俄 **250**
　　印度 **147**，**230**
　　中国 **263**
"基地"组织 Al-Qaeda **300**
基督教 Christianity
　　阿尔比十字军 **106**
　　阿克苏姆王国 **68**
　　阿维尼翁教廷 **110**，**116—117**，**119**
　　拜占庭帝国 见拜占庭帝国
　　传播 **63**
　　东西教会大分裂 **94**
　　方济各会 **104**
　　格拉纳达陷落 **129**
　　《谷登堡圣经》**125**
　　贵格会 **160**，**194**
　　美国的禁酒运动 **250**
　　前往中国的传教士 **175**，**242**
　　日本镇压基督教徒 **134**，**149**
　　萨拉卡战役 **96**
　　圣彼得大教堂 **130**，**146**
　　十字军 **97**，**100**，**103**，**104**，**107**，**109**

苏莱曼一世入侵欧洲 **133**
《沃尔姆斯宗教协定》**99**
《圣经》武加大译本 **67**
西班牙的宗教裁判制度 **127**
西哥特人皈依天主教 **73**
熙笃会 **97**
亚美尼亚人遭到屠杀 **237**
耶稣 **47**，**50**
耶稣会 **133**，**134**，**152**，**184**，**187**
英格兰教会 **133**
　　与摩尼教 **59**
　　与文艺复兴 **120**，**130**
　　宗教改革 **130**，**131**，**132**，**133**
基督教，神圣罗马帝国皇帝 **99**，**113**，**146**，**180**
　　奥托一世 **87**
　　查理曼 **78**，**79**
　　查理五世 **131**
　　亨利四世 **95**
　　"红胡子"腓特烈 **102**
　　又见 罗马人与罗马帝国
计时器 clocks
　　摆钟 **155**
　　水运仪象台 **96**
计算机技术 computing **208—209**，**286**
加加林，尤里 Gagarin, Yuri **278**
加拿大 Canada **158**，**227**
　　《北大西洋公约》**270**
　　《北美自由贸易协定》**295**
　　加拿大太平洋铁路 **234**
　　七年战争 **185**，**186**，**187**
　　因纽特人迁入 **97**
加纳 Ghana **72**，**274**
　　阿散蒂王国 **168—169**，**170**，**209**，**229**，**242**
加特林，理查德 Gatling, Richard **225**
嘉隆皇帝 Gia Long, Emperor **202**
柬埔寨 Cambodia **55**，**283**
　　高棉帝国 **79**，**105**，**216**
　　吴哥窟 **79**，**98**
健康与医学 health and medicine
　　DNA **215**
　　X射线 **240**
　　黑死病 **112**，**114—115**
　　坏血病 **185**
　　霍乱大流行 **207**，**219**
　　解剖学研究 **147**
　　凯尔苏斯发表《医术》**50**

罗马医学 **50**
麻醉技术的发展 **200**
梅毒 **129**
青霉素 **253**
人痘接种法 **175**
人类基因组计划 **294**
生物学的发展 **214—215**
生育控制 **250**
瘟疫 **54**，**72**，**157**，**190**
细胞学说 **214**
新冠大流行 **306—307**
伊斯兰医学 **80**
蒋介石 Chiang Kai-shek **253**，**266**，**271**
捷克斯洛伐克 Czechoslovakia
　　白山战役 **146**
　　"布拉格之春"**282**
　　胡斯派 **119**
　　库特纳霍拉战役 **122**
　　三十年战争 **143**，**146**
　　苏台德地区 **259**
　　"天鹅绒革命"**292**
　　掷出窗外事件 **143**
金，马丁·路德 King, Martin Luther **273**，**282**
金字塔 Pyramids
　　埃及 **14**，**16—17**
　　墨西哥 **52**
津巴布韦（罗得西亚）Zimbabwe (Rhodesia)
　　大津巴布韦城 **97**
　　独立 **281**，**288**，**306**
　　驱逐葡萄牙人 **161**
　　英国的殖民扩张 **235**
近松门左卫门 Chikamatsu **174**
《京都议定书》Kyoto Protocol **298**，**302**
经济 economics
　　大萧条 **257**
　　大萧条（1873—1896年）**229**
　　华尔街股灾 **253**，**254**
　　全球金融危机 **303**
　　日本浮世绘 **144—145**
居里夫人 Curie, Marie **241**
居维叶，乔治 Cuvier, Georges **200**
爵士时代 Jazz Age **254—255**
君士坦丁 Constantine **62—63**

K

卡特，吉米 Carter, Jimmy **286**
凯尔苏斯 Celsus **50**
凯尔特人 Celts **31**，**35**

恺撒，尤利乌斯 Caesar, Julius 44—45
康德，伊曼努尔 Kant, Immanuel 182
康熙皇帝 Kangxi Emperor 166
科尔特斯，埃尔南 Cortés, Hernan 131，132
科索沃 Kosovo 117，295
科威特 Kuwait 187，238，294
科学技术 technology
　　大型强子对撞机 303
　　电池技术 202
　　电话 230
　　电视 273
　　计算机技术 208—209，286
　　气候危机 298—299，302
　　望远镜 141
　　伊斯兰科学 80—81
　　用于密码破译的巨人计算机 209
　　蒸汽机 165
　　智能手机 286
　　又见 运输
克莱武，罗伯特 Clive, Robert 187
克朗普顿，塞缪尔 Crompton, Samuel 172
克隆羊多莉 Dolly the Sheep 296
克娄巴特拉 Cleopatra 45，61
克伦威尔，奥利弗 Cromwell, Oliver 153，154
克罗地亚，巴尔干战争 Croatia, Balkan Wars 295
克什米尔 Kashmir 280
肯尼迪，约翰·菲茨杰拉德 Kennedy, John F. 278，279，283
肯尼亚 Kenya
　　茅茅运动 271
　　蒙巴萨 167
库克，詹姆斯 Cook, James 189，190，191

L
拉斐尔 Raphael 120—121，130
拉美西斯二世 Rameses II 21
赖特，约瑟夫 Wright, Joseph 182—183
黎巴嫩 Lebanon
　　腓尼基人 21，22，24，25
　　黎巴嫩真主党 302
　　贸易中心提尔 22
　　内战 285
　　希拉姆一世 22，23
　　以色列入侵 289
黎塞留，枢机主教 Richelieu, Cardinal 147
李太祖 Ly Thai To, Emperor 90
里根，罗纳德 Reagan, Ronald 288，289，291
历法 calendars 44，45，138
立陶宛 Lithuania 117，136，292
　　格林瓦尔德战役 119
利比里亚 Liberia 208，217
利比亚 Libya 291
　　第一次巴巴里战争 202
利里，蒂莫西 Leary, Timothy 276
联合国 United Nations 265，270，298，304
联合王国 UK 见英国
列宁，弗拉基米尔 Lenin, Vladimir 250
林德伯格，查尔斯 Lindberg, Charles 253
林肯，亚伯拉罕 Lincoln, Abraham 224
林奈，卡尔 Linnaeus, Carl 178，179
卢森堡 Luxembourg 185，274
卢梭，让–雅克 Rousseau, Jean-Jacques 188
卢旺达大屠杀 Rwanda, massacre 295
路德，马丁 Luther, Martin 131，132
路易九世 Louis IX 107，108
路易十六 Louis XVI 1191
路易十四 Louis XIV 150，153，154，156，159，163
伦琴，威廉 Röntgen, Wilhelm 240
罗伯特·布鲁斯 Robert the Bruce 111
罗得斯，塞西尔 Rhodes, Cecil 235
罗得西亚 Rhodesia 见津巴布韦
罗马尼亚 Romania
　　达契亚王国 52—53
　　共产党政权 292
　　《圣斯特凡诺条约》 231
罗马人与罗马帝国 Romans and Roman Empire
　　安敦尼长墙 54
　　安敦尼努敕令 58
　　暴发瘟疫 54
　　道路网络 48
　　高卢帝国脱离罗马 60
　　工程及建筑技术 48—49
　　哈德良长墙 53
　　历法改革 44
　　罗马建立 27
　　罗马斗兽场 48，52
　　奴隶起义 43
　　日耳曼王国 64
　　三世纪危机时期 59，61
　　三头同盟 43，44，45
　　《十二铜表法》 33
　　衰落与灭亡 64—65
　　四帝共治 61，63
　　四帝之年 51
　　网格城市 48
　　文学 45
　　医学知识 50
　　与君士坦丁堡 63
　　又见 基督教、神圣罗马帝国皇帝
罗马人与罗马帝国的战役及战争
　　布匿战争 38—39
　　第三次马其顿战争 40
　　东哥特人入侵 70，71
　　哥特人入侵 66，67
　　毁灭迦太基 41
　　马科曼尼战争 54—55
　　米尔维安桥战役 62—63
　　米特拉达梯战争 42，43
　　入侵不列颠 44，50
　　入侵达契亚 52—53
　　同盟者战争 42
　　图拉真皇帝的对外征服扩张 52—53
　　吞并犹地亚 43
　　汪达尔人洗劫罗马 68，69
　　围攻叙拉古 39
　　匈王阿提拉 64，69
　　亚克兴海战 45
　　与高卢人的战争 35
　　与帕尔米拉的战争 61
　　占领马萨达 51
罗斯福，富兰克林·德拉诺 Roosevelt, Franklin D. 257，260，263，265

M
马达加斯加 Madagascar 212
马德罗，弗朗西斯科 Madero, Francisco 246
马尔代夫 Maldives 90
马尔科姆·艾克斯 Malcolm X 280
马尔维纳斯群岛（福克兰群岛） Falklands 289
马可·波罗 Marco Polo 109
马克思，卡尔 Marx, Karl 217
马里 Mali 105，126，139，224
　　曼萨·穆萨的朝圣之旅 111
马略，盖乌斯 Marius, Gaius 41
马萨林，枢机主教 Mazarin, Cardinal 153，154
马绍尔群岛的氢弹试验 Marshall Islands hydrogen bomb 269
玛雅 Maya
　　碑铭神庙 56—57
　　崩溃 56
　　长纪年历 45，56
　　蒂卡尔的玛雅文明 56，66，75
　　古典期 56—57
　　文字体系 56
　　又见 墨西哥
曼德拉，纳尔逊 Mandela, Nelson 294
毛里求斯岛的渡渡鸟灭绝 Mauritius dodo extinction 157
毛泽东 Mao Zedong 266，271，286
美国 US
　　U-2侦察机 278
　　埃利斯岛 236—237
　　《澳新美太平洋安全保障条约》 271
　　《北美自由贸易协定》 295
　　波音公司的喷气式客机 243
　　捕鲸船失事沉没 208
　　布鲁克林大桥 228
　　冲击国会大厦 307
　　大萧条 257
　　戴维营协议 286
　　登月 283
　　帝国大厦 256
　　第一阶段限制战略武器谈判 284
　　反战示威 276
　　反正统文化 276—277
　　哈勒姆文艺复兴 254
　　核武器 268—269，279，291
　　红十字会 232
　　胡克望远镜 141
　　华尔街股灾 253，254
　　黄石公园 228
　　"吉姆·克劳法" 237
　　加利福尼亚淘金潮 217
　　《解放黑人奴隶宣言》 224

禁酒令 **250**，254
禁止奴隶贸易 204
经济危机 **303**
旧金山地震 244
爵士时代 **254—255**
"卡特里娜"飓风 **302**
跨大陆铁路 **210**
马歇尔计划 267
麦卡锡主义 270
曼哈顿工程 **262**，268
美国国家航空航天局 275，**289**，**301**，304
民权运动 **272—273**，276
女性选举权 217，228，**238—239**
三K党 252
首届美国国会 **87**
水门事件 **285**
塔斯基吉学院 232
宪法 **194**
"星球大战"战略计划 289
伊利运河 210
《印第安人拨款法》 218
《印第安人迁移法》 213
与古巴 241
中美关系 287
种族隔离 232，241，246，249，273
美国的战役及战争
　1812年与英国的战争 205
　"9·11"事件 270，**300**
　安蒂特姆战役 224
　得克萨斯革命 **214**
　"二战" 见第一、第二次世界大战
　"反恐战争" **300**
　古巴导弹危机 **279**
　内战 **224—225**
　塞米诺尔战争 206
　伤膝河大屠杀 236
　小巨角河战役 230
　伊拉克战争 **301**
　与利比亚的战争 **202**，291
　越南战争 276，**280**
　中美贸易争端 307
美索不达米亚 Mesopotamia 见伊拉克
门捷列夫，德米特里 Mendeleev, Dmitri **227**
蒙古帝国 Mongol Empire **99**，104
　巴格达 **106**
　成吉思汗 **104**

忽必烈 **107**，108，109
金帐汗国 116，117，**127**
康熙亲征准噶尔 **166**
蒙古瓦剌部 124
灭亡南宋 **108**
入侵日本 **109**
帖木儿帝国 117
元朝 107，108，113，116
　又见 中国
孟加拉国 Bangladesh **284**
米开朗琪罗 Michelangelo 120，130，134，146
米歇尔，弗里德里希 Miescher, Friedrich **215**
缅甸 Myanmar（Burma）
　蒲甘王国 98
　清缅战争 189
　统一 **91**，184
　游击战 264
摩里索，贝尔特 Morisot, Berthe **229**
摩洛哥 Morocco
　被穆瓦希德王朝征服 **98**
　穆罕默德三世平定摩洛哥 187
　穆拉比特王朝 94，96，98，100
　通迪比战役 139
　伊斯兰旅行家伊本·白图泰 **113**
莫尔斯，塞缪尔 Morse, Samuel 216
《末日审判书》Domesday Book **96**
莫桑比克独立 Mozambique, independence 285
墨索里尼，贝尼托 Mussolini, Benito 249，250，258，265
墨西哥 Mexico 223，225，230，295
　阿尔班山 **32**，**42**
　奥尔梅克文化 **21**，24，**25**，34
　得克萨斯革命 **214**
　独立战争 **204—205**
　革命 246
　玛雅人 见玛雅人
　萨波特克人 **32**，42
　太阳金字塔 **52**
　托尔特克人 **85**，**88**
墨西哥，阿兹特克人
　荣冠战争 **125**
　三国同盟 122，**125**
　特诺奇蒂特兰 **85**，**111**，**128**

与科尔特斯 **131**，132
穆尔西，穆罕默德 Morsi, Mohamed **304**
穆罕默德二世 Mehmed II **124**
穆加贝，罗伯特 Mugabe, Robert **288**，**306**

N
纳迪尔沙 Nadir Shah 171，177，**178—179**
纳赛尔，贾迈勒·阿卜杜勒 Nasser, Gamal Abdel 272，274，283
南丁格尔，弗洛伦丝 Nightingale, Florence **224**
南方古猿 Australopithecines **10**
南非 South Africa
　布尔战争 **232**，**243**
　发现金矿 228
　好望角 200
　科萨战争 **193**
　南非原住民国民大会 247
　女性选举权 238
　英国南非公司 235
　种族隔离制度 **267**，**294**
南极洲 Antarctica 191，**208**，294
南斯拉夫 Yugoslavia
　巴尔干战争 **295**
　德国入侵 262
尼安德特人 Neanderthals **10**
尼德兰（荷兰）Netherlands
　比奇角海战 164
　大同盟 163
　反抗西班牙统治 136
　荷兰东印度公司 **140**，150
　曼哈顿岛 147
　纳粹入侵 259
　三十年战争 **153**
　唐斯海战 149
　英荷战争 **154**
　与印度尼西亚 143，146，267
　"灾难年" **159**
　爪哇战争 212
　殖民主义 212
尼加拉瓜的桑地诺民族解放阵线 Nicaragua, Sandinista 287
尼克松，理查德·M. Nixon, Richard M. 276，284，**285**
尼日利亚 Nigeria
　埃多人 124
　尼日利亚内战（比夫拉战争）283

诺克文化 **20**，**54**
约鲁巴文化 **94**
涅普斯，约瑟夫 Niépce, Joseph **212**
牛顿，艾萨克 Newton, Isaac **162**
纽科门，托马斯 Newcomen, Thomas **165**，**173**
农业的发展 agriculture evolution **13**
奴隶贸易 slave trade **158**，170，**171**
　巴巴多斯的《奴隶法》 156
　第一批黑奴被运离非洲 124
　废奴 **194**，**196—197**，198，204，234
　罗马人与奴隶起义 **43**
努比亚王国 Nubia kingdom **15**，**19**，**21**，**71**
　库什王国 **22**，**27**，**30**
　麦罗埃 **27**，**30**，46
　又见 埃及
女性选举权 women's suffrage **238—239**
挪威 Norway 231，259

O
欧洲经济共同体 European Economic Community（EEC）**284**，291
《巴黎条约》 **271**
《罗马条约》 **274**
欧洲联盟 European Union **295—296**，306
《马斯特里赫特条约》 **295**
难民危机 **305**
欧洲列强瓜分非洲 European partitioning of Africa **233**

P
帕克斯，罗莎 Parks, Rosa **273**
帕潘，德尼 Papin, Denis **165**
庞培（将领）Pompey（general）**43**，**44**
丕平三世 Pepin III **77**
披头士乐队 The Beatles **276**
苹果电脑 Apple Computer **286**
葡萄牙 Portugal
　阿维什王朝 117
　半岛战争 204
　独立 **100**，150
　革命 213
　里斯本地震 **186**

《马德里条约》 184
马哈赞河之战 137
奴隶贸易 124，170
《萨莫拉条约》 100
《圣伊尔德丰索条约》 184
探险家 129，130
《托德西利亚斯条约》 184
　与安哥拉 158
　与津巴布韦 161
　与亚速尔群岛 122
　与红旗帮 205
普京，弗拉基米尔 Putin, Vladimir 297
普鲁士 Prussia
　革命 216—217
　滑铁卢战役 206
　普法战争 226
　七年战争 185，186，187
　启蒙运动 180
　入侵法国 198
　条顿骑士团 106，119
　又见 德国

Q

齐奥塞斯库，尼古拉 Ceaucescu, Nicolai 292
气候危机 climate crisis 298—299，302
乾隆皇帝 Qianlong Emperor 179，191，200
乔叟，杰弗里 Chaucer, Geoffrey 117
乔托 Giotto 110
乔治三世 George III 191，192
丘吉尔，温斯顿 Churchill Winston 261，266
全球变暖 global warming 298—299，302

R

日本 Japan
　安政江户地震 222
　闭关锁国 149
　大和时代 60
　大化改新 75
　德川幕府 142，144，219，227
　放弃闭关锁国政策 219
　佛教 71，73，102，106
　浮世绘 144—145
　歌舞伎表演 144
　《古今和歌集》 85
　海啸 190

　基督教 134，149
　镰仓幕府 103，105
　麻醉技术的发展 200
　《马关条约》 240
　明历大火 155
　明治维新 227
　能剧 116
　俳句 144，192
　平安京（京都） 78
　日本主义审美热潮 213
　神道教 177
　神武天皇（首位天皇） 28
　绳纹时代 11，12
　《十七条宪法》 73
　藤原氏的摄关政治体制 83，90—91
　与葡萄牙的商贸往来 134—135
　元禄时代 162
　足利幕府 112
日本的战役与战争
　长篠合战 137
　承久之乱 105
　大坂之阵 142
　"二战" 见第一、第二次世界大战
　关原合战 140—141
　蒙古入侵 109
　侵华战争 259
　侵占中国东北三省 256
　日俄战争 243，244
　威海卫之战 240
　应仁之乱 126
　与朝鲜的战争 见朝鲜
　源平合战 103
儒家思想 Confucianism 29，116，166
瑞典 Sweden
　波兰的"大洪水时代" 155
　《尼斯塔特和约》 170
　瑞典中央银行 157
　三十年战争 148
瑞士 Switzerland
　大型强子对撞机 303
　革命 213
　三十年战争 153

S

萨达姆·侯赛因 Saddam Hussain 288，294，301
萨弗里，托马斯 Saverey, Thomas 165
萨拉丁 Saladin 103

塞尔维亚 Serbia
　巴尔干战争 295
　塞尔维亚与波斯尼亚的联盟 117
　《圣斯特凡诺条约》 231
塞尔柱人 Seljuqs 91，95，96
塞拉利昂 Sierra Leone 194
塞勒姆审巫案 Salem witch trials 164
塞万提斯，米格尔·德 Cervantes, Miguel de 142
塞维鲁，塞普蒂米乌斯 Severus, Septimius 55
三K党 Ku Klux Klan（KKK） 252
沙贾汗 Jahan Shah 135，137，147，170
撒缦以色三世 Shalmaneser III 24，25
沙特阿拉伯 Saudi Arabia
　第一个沙特政权 181
　女性选举权 238
　石油输出国组织与石油危机 284
　先知穆罕默德离开麦加 74
　与瓦哈比派 203，205
莎士比亚，威廉 Shakespeare, William 139
摄尔西乌斯，安德斯 Celsius, Anders 180
神道教 Shintoism 177
神武天皇 Jimmu, Emperor 28
圣女贞德 Joan of Arc 122
圣雄甘地 Gandhi, Mahatma 234，266，267
十字军 Crusades 97，100，104，107，109
石油输出国组织与石油危机 OPEC and oil crisis 284
史密斯，约瑟夫 Smith, Joseph 212
斯巴达克斯 Spartacus 43
斯大林，约瑟夫 Stalin, Joseph 272—273
斯蒂芬森父子 Stephenson, Robert and George 210，211
斯里兰卡 Sri Lanka 90，303
　佛经 46
　海啸 301
斯莫尔斯，罗伯特 Smalls, Robert 225
"斯普特尼克1号" Sputnik I 274
"死海古卷" Dead Sea

Scrolls 266—267
苏丹 Sudan
　达尔富尔冲突 301
　马赫迪起义 233
苏莱曼一世 Suleiman the Magnificent 133
苏联 Soviet Union 见俄罗斯（苏联）
所罗门群岛 Solomon Islands 262

T

塔利班 Taliban 296
塔斯曼，阿贝尔 Tasman, Abel 150
塔西陀 Tacitus 45
台湾 Taiwan 161
太空旅行 space travel 278，283
泰国 Thailand
　海啸 301
　却克里王朝 193
　陀罗钵地王国 70
　暹罗革命 163
坦桑尼亚 Tanzania 244
特朗普，唐纳德 Trump, Donald 291，306，307
特沃德罗斯二世 Tewodros II 222
铁路 railways 210，211，234，236
铁器时代 Iron Age 15，20
突尼斯 Tunisia
　阿格拉布王朝 79，85
　布匿战争 38—39，41
　法国入侵 232
　迦太基帝国 25，41
图灵，艾伦 Turing, Alan 209
图坦卡蒙 Tutankhamun 20，251
土耳其 Turkey
　拜占庭帝国 见拜占庭帝国
　俄土战争 179，191，194，231
　哥贝克力石阵 12
　赫梯人 18，20
　君士坦丁堡 63
　吕底亚王国 21，30
　曼齐刻尔特战役 95
　《色佛尔条约》 251
　《圣斯特凡诺条约》 231
　又见 奥斯曼帝国
土库曼斯坦，塞尔柱人 Turkmenistan, Seljuqs 91
陀思妥耶夫斯基，费奥多尔 Dostoyevsky, Fyodor 226

U
U-2 侦察机 U-2 spyplane 278

W
瓦特，詹姆斯 Watt, James 165
王安石 Wang Anshi 92
危地马拉 Guatemala 56，66
　玛雅　见玛雅
威廉三世（奥兰治亲王）William III（William of Orange） 159，163，164
威灵顿公爵 Wellington, Duke of 206
维多利亚女王 Victoria, Queen 214，215
维吉尔 Virgil 45
维京人 Vikings
　爱尔兰 83，90
　冰岛 84
　格陵兰 88
　乌克兰 84
　英格兰 78
维萨里，安德烈亚斯 Vesalius, Andreas 120
委内瑞拉 Venezuela
　独立 204，205
　社会改革 304
瘟疫暴发 plague outbreaks 54，72，157，190
乌克兰 Ukraine
　哥萨克起义 154
　黑死病 112，114
　希腊东正教 88
　与维京人 84
乌兹别克斯坦，撒马尔罕 Uzbekistan, Samarkand 122

X
西班牙 Spain
　共和国建立 229，256
　科尔多瓦 86，91
　莱昂王国召开的议会 87
　《马德里条约》 184
　普拉多博物馆 185
　普韦布洛人 160
　圣安东尼奥要塞 174
　《圣伊尔德丰索条约》 184
　《托德西利亚斯条约》 184
　《维也纳条约》 176
　无政府工团主义者 257
　西哥特人 73
　与古巴 240，241
　征服者 133，135
　宗教裁判制度 127
西班牙的战役与战争
　阿拉伯-柏柏尔联军入侵 76
　八十年战争 153
　半岛战争 204
　攻陷格拉纳达 129
　荷兰人起义 136
　卡洛斯战争 213，229
　罗克鲁瓦战役 151
　穆瓦希德王朝入侵 100，105
　内战 258
　萨拉卡战役 96
　唐斯海战 149
　西班牙王位继承战争 170
　西班牙的无敌舰队 138
　詹金斯之耳战争 179
希腊 Greece
　奥运会 26，241
　伯罗奔尼撒战争 33
　独立战争 209
　黑暗时代 21
　黄金时代 31
　僭主时代 29，31
　军人集团 281
　科林斯被毁 41
　克里特岛 87，157，241
　罗得岛太阳神铜像 38
　米诺斯文明 18，19
　帕提侬神庙 33，162
　斯巴达 28
　希波战争 32，33
　锡拉（桑托林）岛火山喷发 19
　亚克兴海战 45
　哲学 30
　殖民扩张 26
希罗多德 Herodotus 33
希特勒，阿道夫 Hitler, Adolf 257，260，265
锡克教 Sikhism 167，170，179，217
香港 Hong Kong 296—297
新冠大流行 Covid-19 pandemic 306—307
新加坡 Singapore 207，262
新西兰 New Zealand
　《澳新美太平洋安全保障条约》 271
　发现 150，189
　《怀唐伊条约》 216
　毛利人定居 111
　女性选举权 237，238
匈王阿提拉 Attila the Hun 64，69
匈牙利 Hungary
　奥斯曼帝国入侵 125，133
　奥匈帝国　见奥匈帝国
　反对党 292
　革命（1848年） 216—217
　哈布斯堡王朝取得控制权 167
　开国国王伊什特万 89
　伦巴第人入侵意大利 72
　神圣罗马帝国 195
叙利亚 Syria
　阿拔斯王朝推翻倭马亚王朝 77
　大马士革 88，100
　难民 305
　帕尔米拉的芝诺比娅 60—61
　十字军 100，109

Y
牙买加的塔奇战争 Jamaica Tacky's War 188
亚里士多德 Aristotle 31
亚历山大大帝 Alexander the Great 34，35
亚历山大，塞维鲁 Alexander, Severus 59
亚美尼亚 Armenia 25，63，117，199，237
亚述 Assyria
　独立 20
　尼姆鲁德 25
　尼尼微 28，29
　新亚述帝国 23，24，27，29
　亚述巴尼拔国王 29
　又见 伊拉克
耶路撒冷 Jerusalem　见以色列、巴勒斯坦、犹地亚（犹太行省）
耶稣 Jesus 47，50
也门内战 Yemen, civil war 305
叶卡捷琳娜大帝 Catherine the Great 188，194
伊凡大帝 Ivan the Great 127
伊拉克（美索不达米亚）Iraq（Mesopotamia）
　阿拔斯王朝 77，80
　阿卡得王国 14，15，18
　奥斯曼帝国收复伊拉克 149
　巴比伦人 18，19，23，28，29，30，31
　巴格达的"智慧宫"图书馆 80，82
　巴格达陷落 86，106
　城邦 12，18
　大规模杀伤性武器 301
　哈特拉王国 54
　海湾战争 294
　两伊战争 288，291
　乌尔大塔庙 15
　楔形文字 14
　选举 302
　亚摩利人 18
　亚述　见亚述
　与"伊斯兰国" 305
　早期运输工具 13
伊朗（波斯）Iran（Persia）
　阿契美尼德帝国 30，31，34
　波斯波利斯 31
　达姆甘战役 177
　霍梅尼 287
　霍塔克王朝 171，175，177
　卡扎尔王朝 199
　两伊战争 288，291
　《列王纪》 112
　美国策动的政变 272
　摩尼教 59
　纳迪尔沙 177，178—179
　帕提亚王国 44，59
　萨非王朝 130，138，149，157，171
　萨珊王朝 59，60，70，74
　塞尔柱人 91
　帖木儿帝国 117
　统一 177
　希波战争 32，33
　伊斯兰医学 80
　与奥斯曼帝国 140
伊斯兰教 Islam
　地图学 80—81
　富拉尼人 178
　《古兰经》 75
　科学 80—81
　麦加、麦地那 130
　穆拉比特王朝 94，96，98，100
　穆瓦希德王朝 98，100，105
　什叶派 130
　徙志 74
　先知穆罕默德 73，74，75
　医学 80
　又见 各国
医学 medicine　见健康与医学
以色列 Israel
　《奥斯陆协议》 295
　戴维营协议 286
　第三次中东战争（六日战争） 281，284

独立的犹太国家 267
国王 22，23
入侵黎巴嫩 289
"死海古卷" 266—267
耶路撒冷第一圣殿 23
又见 巴勒斯坦
艺术 arts
查尔斯顿舞 255
歌舞伎表演 144
国际现代装饰与工业艺术博览会 252
爵士时代 254—255
浪漫主义 190
立体主义 245
能剧 116
俳句 144，192
启蒙运动 149，182—183
日本浮世绘 144—145
日本主义审美热潮 213
斯特拉迪瓦里制作的小提琴 176
文艺复兴 120—121，139
希腊哲学 30
现实主义 231
新艺术运动 237
印象派 229
有声电影 253
中世纪书籍 77
装饰风艺术 252
疫情 pandemics 见健康与医学
意大利 Italy
博洛尼亚大学 96
东哥特人 64，71
佛罗伦萨 123
革命（1830年） 213
革命（1848年） 216—217
莱尼亚诺战役 102
伦巴第人 72，77
罗马 130，133，146，228
罗马人 见罗马人与罗马帝国
奇维塔特战役 94
世界大战 见第一、第二次世界大战
维苏威火山喷发 51
瘟疫 72
文艺复兴 120—121
西西里 82，165
西西里地震 165
伊特鲁里亚文明 24
与埃塞俄比亚 240，258
与法国的战争 129
印度 India
阿格拉红堡 137

阿育王及"敕文" 38
巴赫沙利手稿 58
德里苏丹国 104，109
东印度公司 见东印度公司
独立 266
对克什米尔的领土主张 280，300
吠陀梵语 20，26
佛教 32，38，46
古吉拉特-普腊蒂哈腊王朝 79
贵霜人 42，51
国民大会党 234，259，263
果阿殖民基地 130
海啸 301
霍乱大流行 207
饥荒 147，230
笈多王朝 62，69
伽色尼王朝 89，91
科林加的龙卷风灾害 215
孔雀王朝 35，38，40
马拉地帝国 157，159，170，174，188，207
摩揭陀王国 32，62
潘地亚王国 83，85
毗奢耶那伽罗帝国 112—113，122
帖木儿帝国 117
锡克教 167，170，179，217
巽伽王朝 40
印度教 113，159，174，179
英属印度 220，223，234
又见 巴基斯坦
印度，莫卧儿帝国 132，175
奥朗则布的统治 155，159，162，167，170
坎大哈 153
纳迪尔沙入侵 171，177，178—179
建筑 137
《普兰达尔条约》 157
沙贾汗成为皇帝 147
沙贾汗的统治 135，137，147，170
印度的战役与战争
阿马战争 188
阿姆利则惨案 249
盎格鲁-马拉地战争 192
古尔王朝入侵 102
帕尼帕特战役 188
普拉西战役 187
七年战争 187
帖木儿入侵 117

印度民族大起义 223
英迈战争 189
征服犍陀罗国 42
印度河流域 Indus Valley 12，15
印度教 Hinduism 113，159，174，179，207
印度尼西亚 Indonesia
洞穴壁画 11
海啸 301
霍乱 207
喀拉喀托火山喷发 232—233
与荷兰人 143，146，267
印加帝国 Inca Empire 123，133，135，137
英国 Britain
安敦尼长墙 54
盎格鲁-撒克逊人 69，73，78，84，94
波士顿倾茶事件 191
朝圣先辈 146
大同盟 163，170
《大宪章》 105
大英博物馆 185
首次大罢工 252
东印度公司 140，164，181，184，187，207
都铎王朝 128
反正统文化 276—277
格林尼治天文台 157
工业革命 170，172—173
哈德良长墙 53
海军军备竞赛 245
核军备竞赛 268—269，279，296
黑死病 112，114—115
火药阴谋 141
《金酒法案》 184
巨石阵 14，18
克隆羊多莉 296
《联合法案》 202
《林迪斯法恩福音书》 77
伦敦的大火及瘟疫 157
伦敦万国工业博览会 218
美国的《独立宣言》 192
《末日审判书》 96
奴隶贸易 156，158，171，194，196，204
女性选举权 238，245
欧洲经济共同体 284
斯图亚特王朝复辟 157
铁桥 173
脱欧 306
烟草进口 142

印度与《印度独立法案》 263，266
印度与英属印度 220，223，234
《印花税法》 189
《英爱条约》 251
英帝国 165，220—221，267
英格兰模范议会 87
英格兰文艺复兴 139
英格兰银行成立 165
英格兰足球总会 225
又见 爱尔兰
英国的战役及战争
1812年时与美国的战争 205
阿金库尔战役 119
阿姆利则惨案 249
阿散蒂起义 168，242
盎格鲁-马拉地战争 192
百年战争 112，122，124
班诺克本会战 111
北爱尔兰骚乱 283，296
比奇角海战 164
博斯沃思原野战役 128
博因河战役 164
布尔战争 232
法国-印第安战争 185
黑斯廷斯战役 94
霍克斯伯里-尼平战争 199
击退西班牙的无敌舰队 138
卡洛登战役 181
卡纳蒂克战争 181，184
克里米亚战争 219，224
罗马入侵 44，50
马岛战争 289
马斯顿荒原战役 151
玫瑰战争 125，128
美国独立战争 191，192
拿破仑战争 见法国的战役和战争，又见拿破仑
内斯比战役 152
农民起义 117
诺曼征服 94
七年战争 185，186，187
入侵爱尔兰 101
入侵祖鲁王国 231
世界大战 见第一、第二次世界大战
苏伊士运河危机 274
维京人入侵 78
鸦片战争 215，216，223
英阿战争 214
英格兰内战（1139年） 99
英国内战（1642年） 150—

151，152，154
英荷战争 154
英迈战争 189
詹金斯之耳战争 179
英国的烟草进口 tobacco imports, Britain 142
雍正皇帝 Yongzheng Emperor 175，179
永乐皇帝 Yongle Emperor 118，122
用于密码破译的巨人计算机 Colossus code-breaker 209
尤里乌二世教皇 Julius II, Pope 130
犹地亚（犹太行省）Judaea
　被罗马吞并 43
　大希律王重建犹太圣殿 47
　基督教的传播 63
　耶路撒冷圣殿山 23，43，47，51
　犹大·马加比与哈斯蒙尼王朝 40
元素周期表 Periodic Table 227
约翰逊，塞缪尔 Johnson, Samuel 186
越南 Vietnam
　大越国 88
　反抗明朝 122
　交趾支那战争 223
　前黎朝 90
　侵越美军 279
　统一 202
　吞并柬埔寨的战争 216
　越南战争 280
　越南战争结束 285
　越占战争 126
　占城王国 55，88，100，126
　征氏姐妹叛乱 50
　殖民统治 272
运输 transport
　单人跨大西洋飞行 253
　动力飞行 243，259
　"龟船" 139
　客运蒸汽轮船 195，210
　齐柏林飞艇的处女航 242
　太空旅行 278，283
　"泰坦尼克号"沉没 246
　铁路 210，211，234，236
　橡胶轮胎 215
　早期轮式运输工具 13
　早期汽车工业 235
　自行车 207
　又见 科学技术

Z

赞比亚（与津巴布韦接壤处），维多利亚瀑布 Zambia, Victoria Falls 222
战役及战争 battles and wars 见各国及第一、第二次世界大战
张伯伦，内维尔 Chamberlain, Neville 259，260
爪哇 Java 212，236
　婆罗浮屠 78—79
照相技术 photography 212，228
"拯救生命" Live Aid 290
郑和 Zheng He 118
政府间气候变化专门委员会 Intergovernmental Panel on Climate Change（IPCC）298
直立人 Homo erectus 10
智利，南美太平洋战争 Chile, War of the Pacific 230—231
智能手机 smartphones 286
中国 China
　奥运会 303
　兵马俑 36—37
　长城 36，126
　长征 257
　大渡河堰塞湖 194
　大运河 73
　佛教 51，67
　国画的发展 67
　核军备竞赛 268—269
　黑死病 114
　宦官专权 55，85，146
　绘画与书籍 53，91，92，133，191
　火药 83，92，108
　霍乱大流行 207
　饥荒 263
　贸易 109，114，130，199，286，307
　蒙古帝国 见蒙古帝国
　女真人 92，96，99
　儒家思想 29，116，166
　水运仪象台 96
　《说文解字》《古今图书集成》 52，176
　司马氏 59
　丝绸之路 109，114
　四大名著 133
　隋朝统一中国 73
　铁器时代 20
　王安石变法 92
　香港 296—297
　仰韶文化 13

"一带一路"倡议 304
纸币 82，92
中俄、中苏关系 163，278，279
中华人民共和国 270—271
中美关系 284，287，307
诸子百家 29，36
紫禁城 122
中国的朝代
　北宋 92—93
　北魏 62，67，68
　北周 73
　陈朝 73
　东周 26，29
　汉朝 39，41，42，44，47，50，55
　后周 87
　金朝 99，101，105
　明朝 67，116，118，122，126，142，146，148，151，156
　南宋 92，99，101，108
　秦朝 32，34，36—37，39
　三国 58
　商朝 19
　十六国 62，67
　宋朝 86—87，92—93，96，99
　唐朝 74，75，77，85
　五代十国 85，87
　西晋 61，62
　夏朝 15，19
　新朝 47
　元朝 见蒙古帝国
　战国 32—33，36，39
　周朝 21，36
中国的朝代，清朝 67，179，231，240
　白莲教起义 200
　慈禧太后 224
　《红楼梦》 198
　红旗帮 205
　建立 148，151
　康熙帝亲征准噶尔 166
　灭亡 246
　努尔哈赤挑战明帝国 142
　三藩之乱 159
　山海关之战 151
　太平天国运动 218，219
　威海卫之战 240
　雍正皇帝 175
中国的印刷术与书籍 53，91，92，133，191

中国的战役及战争
　安史之乱 77
　采石之战 101
　赤壁之战 58
　怛罗斯之战 77
　红巾军起义 113
　黄巾起义 55
　解放战争 266
　抗日战争 259
　《南京条约》 216
　清朝 见中国的朝代，清朝
　清缅战争 189
　土木之变 124
　威海卫之战 240
　鸦片战争 215，216，223
　义和团运动 242
　珍宝岛自卫反击战 282
　征氏姐妹叛乱 50
　中印边境自卫反击战 279
中世纪，议会的历史 Middle Ages, parliamentary history 87
种族隔离 racial segregation
　美国 232，241，246，249，273
　南非 267，294
宗教 religions 见佛教、基督教、印度教、伊斯兰教、神道教、锡克教
祖鲁王国 Zululand 206
　英国入侵 231

致谢

出版商感谢以下各方允许我们复制其图片：
（位置代号：a上方，b下方/底部，c中心，f远端，l左侧，r右侧，t顶部）

1 Alamy Stock Photo: blickwinkel (c). **2 Alamy Stock Photo:** Historic Images (c). **4–5 Shutterstock:** Dima Moroz (c). **6 Alamy Stock Photo:** The Picture Art Collection (cl); IanDagnall Computing (c1); CPA Media Pte Ltd (c2); Pictorial Press Ltd (c3); De Luan (cr). **7 Alamy Stock Photo:** Nick Higham (cl). **Getty Images:** Photo Josse/Leemage (c1). **Alamy Stock Photo:** Heritage Image Partnership (c2). **NASA:** (c3). **Alamy Stock Photo:** REUTERS (cr). **8-9 Alamy Stock Photo:** Michele Falzone (c). **10-11 Alamy Stock Photo:** Andia (t). **10 Alamy Stock Photo:** blickwinkel (tl); HeritagePics (c). **Dorling Kindersley:** Harry Taylor / Natural History Museum, London (bl). **11 Dorling Kindersley:** Colorado Plateau Geosystems Inc / NASA (cl). **British Museum:** Trustees of the British Museum (br). **12-13 akg-images:** Balage Balogh (t). **12 Shutterstock:** omurbilgili (bl). **13 Getty Images:** Heritage Images (tr). **Alamy Stock Photo:** www.BibleLandPictures.com (cr). **Dorling Kindersley:** Geoff Brightling / Butser Ancient Farm, Hampshire (bl). **Shutterstock:** Lubo Ivanko (bc1); Xidong Luo (bc2). **Wikimedia Commons:** Osado (br). **14 Alamy Stock Photo:** Granger Historical Picture Archive (tl); Elitsa Lambova (bc). **Getty Images:** DEA PICTURE LIBRARY (br). **15 Shutterstock:** Simon Edge (t). **Alamy Stock Photo:** Suzuki Kaku (bl); Granger Historical Picture Archive (br). **16-17 Getty Images:** Roland Birke (r). **16 Getty Images:** Giampaolo Cianella (cl). **Shutterstock:** Gurgen Bakhshetyan (clb); Benvenuto Cellini (bl). **18 Dorling Kindersley:** Dreamstime.com (tl). **Alamy Stock Photo:** Adam Eastland Art + Architecture (tr). **Shutterstock:** iuliia_n (br). **19 Getty Images:** DEA / G. DAGLI ORTI (tc); Photo 12 (bl). **Alamy Stock Photo:** CPA Media Pte Ltd (br). **20-21 Alamy Stock Photo:** Artokoloro (br). **20 Alamy Stock Photo:** CPA Media Pte Ltd (tl). **Metropolitan Museum of Art:** Gift of Nanette B. Kelekian, in memory of Charles Dikran and Beatrice Kelekian, 1999 (cl). **Alamy Stock Photo:** INTERFOTO (bl). **Shutterstock:** Donna Carpenter (bc). **21 Getty Images:** Universal History Archive (t). **Alamy Stock Photo:** Richard Ellis (b). **22 Alamy Stock Photo:** CPA Media Pte Ltd (tl); Peter Horree (cr). **Getty Images:** DEA / M. SEEMULLER (bl). **Shutterstock:** Only Fabrizio (br). **23 Shutterstock:** Dima Moroz (tl). **Getty Images:** Buyenlarge (br). **24-25 Alamy Stock Photo:** Danita Delimont (cb). **24 Getty Images:** Heritage Images (tl). **Alamy Stock Photo:** funkyfood London - Paul Williams (tr). **Metropolitan Museum of Art:** Jan Mitchell and Sons Collection, Gift of Jan Mitchell, 1999 (br). **25 Alamy Stock Photo:** World History Archive (t); Album (br). **26 Alamy Stock Photo:** The Picture Art Collection (tl). **Metropolitan Museum of Art:** Rogers Fund, 1914 (bc). **Getty Images:** Zhang Peng (br). **27 Shutterstock:** maratr (tl); Kamira (bl). **Alamy Stock Photo:** AGF Srl (br). **28-29 Alamy Stock Photo:** MeijiShowa (t). **28 Bridgeman Images:** Boltin Picture Library (c). **Getty Images:** Heritage Images (bl). **29 Getty Images:** Heritage Images (tr). **Alamy Stock Photo:** www.BibleLandPictures.com (bl). **30 Alamy Stock Photo:** HeritagePics (tl); www.BibleLandPictures.com (cr); Science History Images (bl); Lanmas (bc1). **30 Getty Images:** UniversalImagesGroup (bc2); Heritage Images (br). **31 Alamy Stock Photo:** Giannis Katsaros (ca); CPA Media Pte Ltd (cra). **Getty Images:** DEA PICTURE LIBRARY (bl). **Alamy Stock Photo:** robertharding (br). **32-33 Metropolitan Museum of Art:** Gift of Mrs. Heyward Cutting, 1942 (t). **32 Shutterstock:** wayak (tl). **Alamy Stock Photo:** Nick Bobroff (cr); Gina Rodgers (bc). **33 Alamy Stock Photo:** adam eastland (tr). **Getty Images:** extravagantni (bc). **34 Getty Images:** Heritage Images (tr). **Alamy Stock Photo:** www.BibleLandPictures.com (bl); Reciprocity Images Editorial (br). **35 Alamy Stock Photo:** Chronicle (tr); Heritage Image Partnership Ltd (c); Heritage Image Partnership Ltd (bl); INTERFOTO (bc1). **35 Getty Images:** DEA / G. DAGLI ORTI (bc2). **Shutterstock:** Gilmanshin (br). **36-37 Shutterstock:** Hung Chung Chih (r). **36 Alamy Stock Photo:** incamerastock (cl); Science History Images (bl). **38-39 Getty Images:** Sepia Times (cb). **38 Alamy Stock Photo:** Dinodia Photos (tc); agefotostock (bl). **39 Alamy Stock Photo:** colaimages (tl). **Getty Images:** ullstein bild Dtl. (ca). **Alamy Stock Photo:** Leonardo Lazo (br). **40-41 Alamy Stock Photo:** Granger Historical Picture Archive (b). **40 Alamy Stock Photo:** Historic Images (tl); www.BibleLandPictures.com (tc); The Artchives (tr). **41 Getty Images:** Richard l'Anson (tr). **Alamy Stock Photo:** Erin Babnik (cr). **42-43 Alamy Stock Photo:** PRISMA ARCHIVO (ca). **42 Alamy Stock Photo:** Album (tl). **Bridgeman Images:** Ashmolean Museum (cr). **Alamy Stock Photo:** Peter Horree (bc). **43 Getty Images:** PHAS (tr). **Alamy Stock Photo:** Artefact (br). **44-45 Alamy Stock Photo:** IanDagnall Computing (t). **44 Alamy Stock Photo:** Cristiano Fronteddu (bl). **45 Alamy Stock Photo:** Jon G. Fuller, Jr. (tc); Jose Lucas (cr). **Getty Images:** Fototeca Storica Nazionale (bl). **Alamy Stock Photo:** Russell Mountford (bc1); Album (bc2); imageBROKER (br). **46 Alamy Stock Photo:** Erin Babnik (tc); World Religions Photo Library (br). **47 Alamy Stock Photo:** Adam Ján Figeľ (tr). **Getty Images:** flik47 (bl). **Alamy Stock Photo:** Heritage Image Partnership Ltd (br). **48-49 Shutterstock:** kavram (r). **48 Alamy Stock Photo:** Granger Historical Picture Archive (cl); Ivan Vdovin (bl). **50 Alamy Stock Photo:** Science History Images (tl); GL Archive (bl). Heritage Image Partnership Ltd (br); **51 Alamy Stock Photo:** IanDagnall Computing (tr). **Metropolitan Museum of Art:** Gift of J. Pierpont Morgan, 1917 (bl). **52-53 Alamy Stock Photo:** Independent Picture Service (t). **52 Getty Images:** AGF (tl); Dreamframer (b). **53 Shutterstock:** Gilmanshin (tr). **Alamy Stock Photo:** Anita Nicholson (cl); CPA Media Pte Ltd (bl); The Picture Art Collection (bc1); World History Archive (bc2). **54-55 Alamy Stock Photo:** Lanmas (t). **54 Alamy Stock Photo:** Artokoloro (bl). **Getty Images:** DE AGOSTINI PICTURE LIBRARY (br). **55 Alamy Stock Photo:** INTERFOTO (tr). **Bridgeman Images:** Stefano Baldini (bc). **56-57 Alamy Stock Photo:** Brian Overcast (c). **56 Alamy Stock Photo:** Kevin Schafer (bl1); Design Pics Inc (bl2); Juan Vilata (bl3). **58 Getty Images:** Sepia Times (tl). **Metropolitan Museum of Art:** Rogers Fund, 1923 (tr). **Alamy Stock Photo:** Kevin Archive (bc); David Lyons (br). **59 Alamy Stock Photo:** CPA Media Pte Ltd (tc); Richard Slater (cl); adam eastland (bc). **60-61 Getty Images:** Heritage Images (t). **60 Getty Images:** Sepia Times (tl). **Shutterstock:** Alexandre Laprise (bl). **61 Alamy Stock Photo:** CPA Media Pte Ltd (bl). **Shutterstock:** ansharphoto (br). **62-63 Getty Images:** Godong (tl). **62 Alamy Stock Photo:** Heritage Image Partnership Ltd (c); Peter Horree (br). **63 akg-images:** Cameraphoto (tc). **Alamy Stock Photo:** imageBROKER (bl). **Shutterstock:** Lefteris Papaulakis (bc1). **Alamy Stock Photo:** Granger Historical Picture Archive (bc2); GL Archive (br). **64-65 Alamy Stock Photo:** Azoor Photo (r). **64 Alamy Stock Photo:** Peter Cripps (cl); North Wind Picture Archives (clb); Peter Horree (bl). **66 Alamy Stock Photo:** Science History Images (tl); THP Creative (br). **67 Alamy Stock Photo:** Heritage Image Partnership Ltd (tl). **Getty Images:** UniversalImagesGroup (cr). **Alamy Stock Photo:** Imaginechina Limited (bl); CPA Media Pte Ltd (bc1); Album (bc2); Niday Picture Library (br). **68-69 Alamy Stock Photo:** Album (t). **68 Alamy Stock Photo:** Panther Media GmbH (tc). **Getty Images:** Heritage Images (bl). **69 akg-images:** Eric Vandeville (c). **Alamy Stock Photo:** Stefano Ravera (bl). **70 Alamy Stock Photo:** INTERFOTO (tl); The Print Collector (cl); Suzuki Kaku (br). **71 Alamy Stock Photo:** Album (tl); Chronicle (tr); World Discovery (br). **72 Alamy Stock Photo:** Matteo Omied (tl); Granger Historical Picture Archive (br). **73 Alamy Stock Photo:** Granger Historical Picture Archive (cl); agefotostock (cr); Granger Historical Picture Archive (br). **74 Bridgeman Images:** Leonard de Selva (tl). **Alamy Stock Photo:** Album (b). **75 Alamy Stock Photo:** Maidun Collection (tl); Jonathan Orourke (c); Rapp Halour (b). **76-77 Alamy Stock Photo:** Album (tc). **76 Alamy Stock Photo:** Granger Historical Picture Archive (bl). **77 Bridgeman Images:** Photo Josse (t). **Alamy Stock Photo:** The Print Collector (cl); Album (bl). **77 Getty Images:** The Print Collector (bc1). **Alamy Stock Photo:** Heritage Image Partnership Ltd (bc2); Peter Righteous (br). **78-79 Alamy Stock Photo:** Fedor Selivanov (c). **78 Bridgeman Images:** Photo Josse (tl). **Alamy Stock Photo:** The Print Collector (bl). **Dorling Kindersley:** iStock: duncan1890 (br). **79 Alamy Stock Photo:** Stephen Coyne (tr); Granger Historical Picture Archive (b). **80-81 Alamy Stock Photo:** Album (c). **80 Alamy Stock Photo:** Science History Images (bl1). **Getty Images:** Universal History Archive (bl2). **Alamy Stock Photo:** Science History Images (bl3). **82-83 Alamy Stock Photo:** PRISMA ARCHIVO (c). **82 Alamy Stock Photo:** Science History Images (tl); The Picture Art Collection (b). **83 Alamy Stock Photo:** Historic Collection (tr); HeritagePics (bl); CPA Media Pte Ltd (br). **84 Alamy Stock Photo:** Heritage Image Partnership Ltd (tl); Heritage Image Partnership Ltd (tr); MichaelGrant (bl). **85 Alamy Stock Photo:** Peter Horree (tl); Wolfgang Kaehler (br). **86-87 Alamy Stock Photo:** CPA Media Pte Ltd (c). **86 Alamy Stock Photo:** Scott Hortop Images (tl); CPA Media Pte Ltd (b). **87 Alamy Stock Photo:** Ancient Art and Architecture (cr); History and Art Collection (bl); Stefano Politi Markovina (bc1); Michael Foley (bc2); Everett Collection Inc (br). **88 Getty Images:** Heritage Images (tr). **Alamy Stock Photo:** Chronicle (cl); Natalia Lukiianova (br). **89 Alamy Stock Photo:** Heritage Image Partnership Ltd (tr); CPA Media Pte Ltd (br). **90-91 Getty Images:** Sepia Times (tc). **90 Shutterstock:** Fotowan (bl). **Alamy Stock Photo:** Album (br). **91 Alamy Stock Photo:** Shelly Rivoli (c); Yogi Black (bl); Konstantin Kalishko (br). **92-93 Alamy Stock Photo:** The Picture Art Collection (c). **92 Alamy Stock Photo:** CPA Media Pte Ltd (bl1). **akg-images:** Pictures from History (bl2); Ronald and Sabrina Michaud (bl3). **94-95 Alamy Stock Photo:** funkyfood London - Paul Williams (d).**94 Alamy Stock Photo:** Granger Historical Picture Archive (tl); Album (cr). **95 Alamy Stock Photo:** The Picture Art Collection (tl); Artokoloro (br). **96 Alamy Stock Photo:** The Picture Art Collection (tl). **akg-images:** ROLAND & SABRINA MICHAUD (cl). **Alamy Stock Photo:** PA Images (bl). **97 Alamy Stock Photo:** Science History Images (t). **Getty Images:** Werner Forman (cr). **Alamy Stock Photo:** Nature Picture Library (bl). **98 Alamy Stock Photo:** Science History Images (t); imageBROKER (b). **99 Alamy Stock Photo:** Joris Van Ostaeyen (tl); PRISMA ARCHIVO (tr). **Metropolitan Museum of Art:** Edward Elliott Family Collection, Purchase, The Dillon Fund Gift, 1982 (br). **100 Shutterstock:** Uwe Aranas (tl). **Alamy Stock Photo:** World History Archive (c). **Bridgeman Images:** St. Louis Museum of Science & Natural History, Missouri, US (br). **101 Alamy Stock Photo:** World History Archive (tl); The Picture Art Collection (br). **102 Alamy Stock Photo:** World History Archive (tl); Dinodia Photos (tr); The Picture Art Collection (b). **103 Alamy Stock Photo:** Album (tl). **Getty Images:** The Print Collector (br). **104 Getty Images:** Heritage Images (tr); DEA / A. DAGLI ORTI (c); Heritage Images (br). **105 Dorling Kindersley:** Richard Leeney / Faversham

Town Council (tl). **Alamy Stock Photo:** Peter Horree (tc). **Getty Images:** UniversalImagesGroup (br). **106 Alamy Stock Photo:** The Picture Art Collection (tr). **Shutterstock:** ppl (bl). **107 akg-images:** (br). **Alamy Stock Photo:** The Picture Art Collection (tl); Science History Images (tr). **akg-images:** (bc). **Getty Images:** Universal History Archive (br). **108-109 Alamy Stock Photo:** CPA Media Pte Ltd (b). **108 Alamy Stock Photo:** HeritagePics (tl); CPA Media Pte Ltd (tr). **Wikimedia Commons:** Gary Todd (bc). **109 Alamy Stock Photo:** Heritage Image Partnership Ltd (tr). **110 Alamy Stock Photo:** Dietmar Rauscher (tl). **Getty Images:** Heritage Images (br). **111 Shutterstock:** Rachelle Burnside (tl). **Alamy Stock Photo:** Science History Images (tr). **Getty Images:** Werner Forman (cl). **Alamy Stock Photo:** The Granger Collection (br). **112-113 Alamy Stock Photo:** Aliaksandr Mazurkevich (b). **112 Alamy Stock Photo:** Heritage Image Partnership Ltd (tr). **Dorling Kindersley:** Gary Ombler / University of Aberdeen (cla). **Shutterstock:** Everett Collection (cl). **Getty Images:** Heritage Images (clb). **113 Alamy Stock Photo:** Niday Picture Library (tc). **114 Getty Images:** Photo Josse/Leemage (cl). **Alamy Stock Photo:** Pictorial Press Ltd (clb). **Getty Images:** Heritage Images (bl). **115 Alamy Stock Photo:** Pictorial Press Ltd (r). **116-117 Getty Images:** Angelo Hornak (t). **116 Getty Images:** Sepia Times (tl). **Alamy Stock Photo:** CPA Media Pte Ltd (bl); Robert Kawka (c). **117 Getty Images:** UniversalImagesGroup (tr). **Alamy Stock Photo:** Album (bl); PRISMA ARCHIVO (bc1); The History Collection (bc2); Album (br). **118-119 Getty Images:** Photo 12 (t). **118 Metropolitan Museum of Art:** Gift of Florence and Herbert Irving, 2015 (tl). **Alamy Stock Photo:** CPA Media Pte Ltd (bc). **119 Shutterstock:** neftali (tr). **Getty Images:** Carl Court / Staff (bl). **Alamy Stock Photo:** Niday Picture Library (br). **120 Getty Images:** Print Collector (cl). **Alamy Stock Photo:** Historical Images Archive (clb); Granger Historical Picture Archive (bl). **121 Alamy Stock Photo:** Science History Images (r). **122 Alamy Stock Photo:** CPA Media Pte Ltd (tl); Joaquin Ossorio-Castillo (br). **123 Alamy Stock Photo:** AF Fotografie (cla); Benjamin Phelan (tr). **123 Getty Images:** Leemage (bc). **Alamy Stock Photo:** World History Archive (br). **124 Getty Images:** DEA PICTURE LIBRARY (tc); Print Collector (bl). **124 Getty Images:** ullstein bild Dtl. (cr). **125 Alamy Stock Photo:** Tim Brown (tl); Science History Images (cl). **Getty Images:** Heritage Images (br). **126 Alamy Stock Photo:** UtCon Collection (tl); REUTERS (tr). **Dorling Kindersley:** Dreamstime.com: Daniel Prudek / Prudek (br). **127 akg-images:** (tl). **Alamy Stock Photo:** Artokoloro (crb); Granger Historical Picture Archive (br). **128-129 Alamy Stock Photo:** GL Archive (t). **128 Alamy Stock Photo:** Leonardo Emiliozzi (tl). **Getty Images:** Print Collector (bl). **129 Dorling Kindersley:** Dreamstime.com: Javarman (clb). **Alamy Stock Photo:** PjrStatues (bl); Science History Images (bc1); CPA Media Pte Ltd (bc2). **Getty Images:** Culture Club (br). **130 Alamy Stock Photo:** Ivan Vdovin (tl); Granger Historical Picture Archive (tr); Matteo Omied (bl). **131 Alamy Stock Photo:** Science History Images (tl). **Getty Images:** Stock Montage (clb). **Alamy Stock Photo:** Heritage Image Partnership Ltd (br). **132 Getty Images:** Print Collector (tl). **Alamy Stock Photo:** World History Archive (br). **133 Getty Images:** Heritage Images (t). **Alamy Stock Photo:** PRISMA ARCHIVO (ca). **Getty Images:** Heritage Images (bl). **Alamy Stock Photo:** World History Archive (bc1); CPA Media Pte Ltd (bc2); zhang jiahan (br). **134-135 Getty Images:** Heritage Images (b). **134 Alamy Stock Photo:** Rosemarie Mosteller (tl). **Getty Images:** Buyenlarge (t). **135 Alamy Stock Photo:** Album (tl). **Getty Images:** Universal History Archive (crb). **Alamy Stock Photo:** IanDagnall Computing (br). **136 Alamy Stock Photo:** Album (tl). **Getty Images:** Heritage Images (tr). **Alamy Stock Photo:** Granger Historical Picture Archive (bl). **137 Alamy Stock Photo:** Science History Images (tl); Album (cl). **Dorling Kindersley:** Dreamstime.com: Takepicsforfun (bl). **Shutterstock:** marryframestudio (bc1). **Alamy Stock Photo:** dbtravel (br). **138 Shutterstock:** GTW (tr). **Getty Images:** Print Collector (br). **139 Getty Images:** Heritage Images (tl). **Alamy Stock Photo:** Chris Dorney (tr); The Picture Art Collection (bl). **Shutterstock:** Avigator Fortuner (br). **140-141 Alamy Stock Photo:** Niday Picture Library (t). **140 Alamy Stock Photo:** CPA Media Pte Ltd (br). **Getty Images:** Photo 12 (bc). **141 Getty Images:** MPI / Stringer (tr); Stefano Bianchetti (bl). **Dorling Kindersley:** Gary Ombler / Whipple Museum of History of Science, Cambridge (bc1). **Alamy Stock Photo:** ClassicStock (bc2); dotted zebra (br). **142 Alamy Stock Photo:** Album (tl); Eraza Collection (tr). **Getty Images:** Werner Forman (bl). **Alamy Stock Photo:** PRISMA ARCHIVO (br). **143 Alamy Stock Photo:** Hemis (t). **Shutterstock:** NORTHERN IMAGERY (b). **144-145 Alamy Stock Photo:** Chronicle of World History (c). **144 Getty Images:** Sepia Times (bl1); Sepia Times (bl2); UniversalImagesGroup (bl3). **146-147 Alamy Stock Photo:** IanDagnall Computing (t). **146 Alamy Stock Photo:** INTERFOTO (bl); Album (br). **147 Getty Images:** Science and Society Picture Library (tr). **Alamy Stock Photo:** Art Collection 3 (bl). **Getty Images:** The Print Collector (br). **148 Getty Images:** Photo 12 (tl). **Alamy Stock Photo:** INTERFOTO (br). **149 Alamy Stock Photo:** Art Collection 3 (tr); Heritage Image Partnership Ltd (cl); Magite Historic (b). **150-151 Alamy Stock Photo:** incamerastock (t). **150 Alamy Stock Photo:** GL Archive (bl); CPA Media Pte Ltd (br). **151 Alamy Stock Photo:** Glasshouse Images (tr); CPA Media Pte Ltd (br). **152-153 Alamy Stock Photo:** Chronicle (b). **152 Alamy Stock Photo:** INTERFOTO (tl). **Getty Images:** Heritage Images (c). **153 Alamy Stock Photo:** GL Archive (cl); Photo 12 (tc). **154-155 Alamy Stock Photo:** The History Collection (tc). **154 Alamy Stock Photo:** miscellany (cr). **Getty Images:** Universal History Archive (b). **155 Getty Images:** Science and Society Picture Library (cl). **Alamy Stock Photo:** ephotocorp (cr). **156 Getty Images:** Heritage Images (t). **Alamy Stock Photo:** Album (c); Image Professionals GmbH (bl). **157 Alamy Stock Photo:** Pictures Now (tc); The Natural History Museum (cl). **Getty Images:** Heritage Images (bl). **Alamy Stock Photo:** The Granger Collection (bc1). **Getty Images:** The Print Collector (bc2). **158 Alamy Stock Photo:** Heritage Image Partnership Ltd (tl); IanDagnall Computing (br). **159 Alamy Stock Photo:** AIFA Visuals (cl); The History Collection (tr); Dinodia Photos (b). **160-161 Alamy Stock Photo:** De Luan (tc). **160 Getty Images:** Robert Alexander (bl). **Alamy Stock Photo:** North Wind Picture Archives (br). **161 Alamy Stock Photo:** Heritage Image Partnership Ltd (tr); Paul Nichol (cl); RKive (br). **162 Alamy Stock Photo:** PjrTravel (tl); Granger Historical Picture Archive (bl). **Getty Images:** Universal History Archive (c). **Alamy Stock Photo:** INTERFOTO (cr). **163 Alamy Stock Photo:** Artokoloro (t). **akg-images:** Heritage Images (b). **164-165 Getty Images:** Heritage Images (tc). **164 Bridgeman Images:** Peabody Essex Museum, Salem, Massachusetts, USA (b). **165 Getty Images:** The Print Collector (tr). **Alamy Stock Photo:** BTEU/RKMLGE (cl). **Getty Images:** Science and Society Picture Library (bl). **Alamy Stock Photo:** The Granger Collection (bc). **Getty Images:** Hulton Archive (br). **166 Alamy Stock Photo:** CPA Media Pte Ltd (t). **Getty Images:** Heritage Images (bl); Zhang Peng (br). **167 Alamy Stock Photo:** Science History Images (t). **Getty Images:** Wolfgang Kaehler (bl). **Alamy Stock Photo:** Matteo Omied (br). **168-169 Alamy Stock Photo:** Science History Images (c). **168 Bridgeman Images:** Private Collection (bl1). **Alamy Stock Photo:** INTERFOTO (bl2); Pictorial Press Ltd (bl3). **170 Alamy Stock Photo:** World History Archive (tl). **Getty Images:** UniversalImagesGroup (tr). **Alamy Stock Photo:** GL Archive (bc); World History Archive (cr). **171 Alamy Stock Photo:** robertharding (tr); The Picture Art Collection (bc); Tom Uhlman (br). **172-173 Alamy Stock Photo:** Nick Higham (l). **173 Alamy Stock Photo:** North Wind Picture Archives (cr). **Getty Images:** Mfarr (br). **174-175 Alamy Stock Photo:** Matteo Omied (b). **174 Alamy Stock Photo:** The Granger Collection (tl); The Picture Art Collection (tc); Yakov Oskanov (bl); Historic Collection (br). **175 Alamy Stock Photo:** Science History Images (ca); CPA Media Pte Ltd (tr). **176-177 Getty Images:** Photo 12 (t). **176 Dorling Kindersley:** Richard Leeney / Royal Academy of Music (tl). **Alamy Stock Photo:** AF Fotografie (br). **177 Alamy Stock Photo:** Niday Picture Library (bl). **Getty Images:** Archive Photos / Stringer (br). **178-179 Alamy Stock Photo:** imageBROKER (t). **178 Alamy Stock Photo:** GL Archive (tl). **Getty Images:** Sepia Times (bl). **Alamy Stock Photo:** PS-I (bc). **179 Alamy Stock Photo:** CPA Media Pte Ltd (c). **Metropolitan Museum of Art:** Rogers Fund, 1942 (bl). **Dorling Kindersley:** Dave King / Durham University Oriental Museum (bc1). **Alamy Stock Photo:** World History Archive (bc2). **Metropolitan Museum of Art:** Purchase by subscription, 1879 (br). **180 Getty Images:** Heritage Images (tr). **Alamy Stock Photo:** INTERFOTO (bl). **Getty Images:** Science & Society Picture Library (br). **181 Getty Images:** Sepia Times (tl). **Alamy Stock Photo:** Album (bl); Ian Dagnall (br). **182-183 Alamy Stock Photo:** Photo 12 (r). **182 Getty Images:** DEA / A. DE GREGORIO (clb). **Alamy Stock Photo:** IanDagnall Computing (bl). **184 Getty Images:** Photo 12 (tl); Culture Club (br). **185 Getty Images:** MPI / Stringer (tl). **Alamy Stock Photo:** B Christopher (tr); H.S. Photos (crb). **185 Getty Images:** Heritage Images (bl). **Alamy Stock Photo:** PjrStatues (bc1). **Getty Images:** Nigel Jarvis (bc2); GraphicaArtis (br). **186 Alamy Stock Photo:** INTERFOTO (tr). **Getty Images:** Epics (bl). **187 Alamy Stock Photo:** North Wind Picture Archives (tl). **Bridgeman Images:** The Anson Collection / National Trust Photographic Library / John Hammond (tr). **Alamy Stock Photo:** Chronicle (bl). **Getty Images:** Hulton Archive / Stringer (br). **188 Alamy Stock Photo:** Ian Dagnall (tr); Art Collection 2 (bl); Granger Historical Picture Archive (br). **189 Alamy Stock Photo:** Tim Graham (tr); Science History Images (bl); Universal Art Archive (br). **190 Getty Images:** DE AGOSTINI PICTURE LIBRARY (tl). **Alamy Stock Photo:** Pictorial Press Ltd (tr); imageBROKER (bl). **Getty Images:** Print Collector (bc1); Culture Club (bc2). **Alamy Stock Photo:** Lebrecht Music & Arts (br). **191 Alamy Stock Photo:** Masterpics (tl); Science History Images (bl). **Getty Images:** Stock Montage (br). **192-193 Alamy Stock Photo:** incamerastock (t). **192 Getty Images:** John Stevenson (bl). **Alamy Stock Photo:** Edwin Verin (br). **193 Alamy Stock Photo:** J.R. Bale (tl). **Getty Images:** Hulton Archive / Stringer (tc). **Alamy Stock Photo:** Filip Fuxa (br). **194 Alamy Stock Photo:** Heritage Image Partnership Ltd (tl); The Picture Art Collection (tr). **194 Dorling Kindersley:** 123RF.com: Rolando Da Jose / annika09 (bl); Dreamstime.com: Onur Ersin (bc). **195 Alamy Stock Photo:** Roland Bouvier (tc); Heritage Image Partnership Ltd (tr); The Granger Collection (bl). **196-197 Alamy Stock Photo:** REUTERS (r). **196 Alamy Stock Photo:** Album (cl). **Getty Images:** Heritage Images (bl1). **Alamy Stock Photo:** North Wind Picture Archives (bl2). **198 Alamy Stock Photo:** CPA Media Pte Ltd (tl). **Getty Images:** Photo 12 (br). **199 Alamy Stock Photo:** Niday Picture Library (tl); Balfore Archive Images (cl); Arthur Greenberg (br). **200-201 Getty Images:** Print Collector (t). **200 Alamy Stock Photo:** Alex Segre (tc); Heritage Image Partnership Ltd (bl); Science History Images (bc). **201 Dorling Kindersley:** 123RF.com: F. Javier Espuny / fxegs (bl). **202 Alamy Stock Photo:** FLHC (tl); Album (cr). **202 Dorling Kindersley:** Gary Ombler / Whipple Museum of History of Science, Cambridge (bl); Clive Streeter / The Science Museum, London (bc1). **202 Wikimedia Commons:** Medgyes (bc2). **Getty Images:** Andrei Berezovskii (br). **203 Alamy Stock Photo:** Nigel Reed QEDimages (tl); Chronicle (tr); North Wind Picture Archives (br). **204-205 Alamy Stock Photo:** Granger Historical Picture Archive (cb). **204 Alamy Stock Photo:** GL Archive (tl). **Getty Images:** DEA / G. DAGLI ORTI (cr). **205 Getty Images:** API (tl). **Bridgeman Images:** Private Collection (tr). **Dorling Kindersley:** Geoff Dann / David Edge (br). **206 Alamy Stock Photo:** Niday Picture Library (tc); Lifestyle pictures (bl). **Alamy Stock Photo:** Album (br). **207 Bridgeman Images:** British Museum, London (tr). **Alamy Stock Photo:** Artokoloro (bl). **akg-images:** ART TRADE, VAN

HAM (br). **208 Alamy Stock Photo:** North Wind Picture Archives (tl). **Getty Images:** The New York Historical Society (cr). **Alamy Stock Photo:** The Picture Art Collection (bl); Granger Historical Picture Archive (br). **209 Alamy Stock Photo:** Todd Strand (tl) **Getty Images:** Interim Archives (bl). **Alamy Stock Photo:** David Ribeiro (bc1); Colin Waters (bc2); ARCHIVIO GBB (bc3); Pictorial Press Ltd (br). **210-211 Getty Images:** Science & Society Picture Library (c). **210 Alamy Stock Photo:** Science & Society Picture Library (bl1); UniversalImagesGroup (bl2). **212 Alamy Stock Photo:** INTERFOTO (tl); Niday Picture Library (cr); GL Archive (cl); Ross Jolliffe (bl). **213 Getty Images:** Photo Josse/Leemage (t). **Alamy Stock Photo:** incamerastock (b). **214 Alamy Stock Photo:** INTERFOTO (tl); CPA Media Pte Ltd (tr); Witold Skrypczak (cr); Wahavi (br). **215 Alamy Stock Photo:** The Granger Collection (tl). **Shutterstock:** Everett Collection (tr). **Alamy Stock Photo:** Chronicle (bl). **Shutterstock:** Estragon (bc1). **Alamy Stock Photo:** IanDagnall Computing (bc2); Science Picture Co (br). **216-217 Alamy Stock Photo:** Heritage Image Partnership Ltd (b). **216 Alamy Stock Photo:** CPA Media Pte Ltd (t); World History Archive (bl). **217 Alamy Stock Photo:** MehmetO (tl). **Shutterstock:** Everett Collection (tr). **Alamy Stock Photo:** Art Collection 2 (br). **218 Alamy Stock Photo:** CPA Media Pte Ltd (tl); Everett Collection Inc (br). **219 Alamy Stock Photo:** Lordprice Collection (cl); CPA Media Pte Ltd (tr); Universal Art Archive (bl). **220-221 Alamy Stock Photo:** CPA Media Pte Ltd (c). **220 Alamy Stock Photo:** North Wind Picture Archives (bl1); Hamza Khan (bl2); INTERFOTO (bl3). **222-223 Getty Images:** PHAS (t). **222 Alamy Stock Photo:** Boaz Rottem (tl); 915 collection (b). **223 Alamy Stock Photo:** Joern Sackermann (bl); Granger Historical Picture Archive (br). **224 Getty Images:** Photo 12 (tl). **Alamy Stock Photo:** PjrStatues (cl); IanDagnall Computing (bl). **Getty Images:** Fine Art (bc). **Alamy Stock Photo:** GL Archive (br). **225 Alamy Stock Photo:** GL Archive (tr). **Getty Images:** Buyenlarge (br). **Alamy Stock Photo:** Everett Collection Inc (bc). **226 Alamy Stock Photo:** The History Collection (tl); Austrian National Library/Interfoto (cr); Granger Historical Picture Archive (bl). **227 Alamy Stock Photo:** The Print Collector (tl). **Getty Images:** Universal History Archive (cr). **Alamy Stock Photo:** The History Collection (br). **Getty Images:** Otto Herschan Collection (br). **228-229 Getty Images:** Geoffrey Clements (bc). **228 Getty Images:** Museum of the City of New York (tl). **229 Getty Images:** Imagno (tl); PHAS (tr). **Alamy Stock Photo:** Everett Collection Historical (cl). **Bridgeman Images:** Wallace Collection, London (br). **230-231 Alamy Stock Photo:** Niday Picture Library (tc). **230 Alamy Stock Photo:** Peter Horree (tl). **Getty Images:** Bettmann (bl); ullstein bild Dtl. (br). **231 Alamy Stock Photo:** GL Archive (tr). **Getty Images:** Heritage Images (bl); Bettmann (bc1); Leemage (bc2); Heritage Images (br). **232-233 Alamy Stock Photo:** North Wind Picture Archives (b). **232 Alamy Stock Photo:** North Wind Picture Archives (tl); INTERFOTO (cr). **Getty Images:** Library of Congress (bl). **233 Bridgeman Images:** Michael Graham-Stewart (tl). **Alamy Stock Photo:** PRISMA ARCHIVO (tr); Chronicle (br). **234 Alamy Stock Photo:** CPA Media Pte Ltd (tl); Pictorial Press Ltd (bl); Photo 12 (br). **235 Alamy Stock Photo:** The Granger Collection (t); Kayte Deioma (cl). **Getty Images:** George Rinhart (bc). **Alamy Stock Photo:** IanDagnall Computing (br). **236-237 Getty Images:** Keith Lance (tc). **236 akg-images:** akg (tr). **Alamy Stock Photo:** Everett Collection Inc (bl). **237 Alamy Stock Photo:** Heritage Image Partnership Ltd (tr); FLHC26 (bl); Pavel Dudek (br). **238-239 Getty Images:** Bettmann (c). **238 Getty Images:** STR (bl1). **Alamy Stock Photo:** Historic Collection (bl2); RBM Vintage Images (bl3). **240 Alamy Stock Photo:** The Picture Art Collection (t). **Getty Images:** Universal History Archive (bl); Photo 12 (br). **241 Getty Images:** Hulton Archive (tr); Historical (br). **242 Alamy Stock Photo:** Science History Images (tl). **Getty Images:** Hulton Archive (b). **243 Getty Images:** DEA / A. DAGLI ORTI (t); Marka (bl); Galerie Bilderwelt (bc1). **Alamy Stock Photo:** Sueddeutsche Zeitung Photo (bc2); INTERFOTO (br). **244 Getty Images:** Universal History Archive (tl); Fred Stein Archive (tr). **Alamy Stock Photo:** Heritage Image Partnership Ltd (b). **245 Alamy Stock Photo:** Art Library / © Succession Picasso / DACS, London 2021 (t); Pictorial Press Ltd (bl); INTERFOTO (br). **246 Alamy Stock Photo:** Time Trip (tl); Shawshots (cr); Chronicle (b). **247 Alamy Stock Photo:** Ian Dagnall (tr). **Getty Images:** Bettmann (b). **248 Alamy Stock Photo:** Pictorial Press Ltd (t); Chronicle (bl). **Dorling Kindersley:** Andy Crawford / Imperial War Museum (br). **249 Alamy Stock Photo:** Shawshots (tl); Steve Allen Travel Photography (tr); Science History Images (bl); Shawshots (br). **250 Alamy Stock Photo:** IanDagnall Computing (tl); CPA Media Pte Ltd (bc). **Shutterstock:** Everett Collection (br). **251 Alamy Stock Photo:** Marc Tielemans (tr). **Getty Images:** Paul Popper/Popperfoto (bl). **252-253 Alamy Stock Photo:** Science History Images (c). **252 Getty Images:** Topical Press Agency (tl); Popperfoto (cr); Photo 12 (bl). **253 Alamy Stock Photo:** Entertainment Pictures (tl). **Getty Images:** Granger Historical Picture Archive (br). **254-255 Alamy Stock Photo:** Sueddeutsche Zeitung Photo (c). **254 Getty Images:** New York Daily News Archive (bl1); Hulton Archive (bl2); Hulton Archive (bl3). **256 Alamy Stock Photo:** Dinodia Photos (tl); CPA Media Pte Ltd (bl). **257 Getty Images:** Hulton Archive (tr); Photo 12 (cl). **258 Alamy Stock Photo:** World History Archive (tl). **Getty Images:** Popperfoto (c); Universal History Archive (br). **259 Getty Images:** ullstein bild Dtl. (tl); Central Press / Stringer (cr). **Alamy Stock Photo:** mccool (cra); Granger Historical Picture Archive (br). **260 Alamy Stock Photo:** Sueddeutsche Zeitung Photo (tl). **Dorling Kindersley:** Dreamstime.com: Gepapix (tr). **Alamy Stock Photo:** Pictorial Press Ltd (bl). **Getty Images:** Fox Photos / Stringer (br). **261 Alamy Stock Photo:** Photo 12 (tr); Andrew Harker (br). **262-263 Getty Images:** Photo 12 (c). **262 Alamy Stock Photo:** Shawshots (tl); CPA Media Pte Ltd (bl); Shawshots (bc1); Granger Historical Picture Archive (bc2). **Getty Images:** Keystone-France (br). **263 Getty Images:** IWM (tr). **Alamy Stock Photo:** mccool (br). **264 Alamy Stock Photo:** Heritage Image Partnership Ltd (tl). **Getty Images:** Picture Post/IPC Magazines (tc). **Alamy Stock Photo:** World History Archive (bl). **265 Alamy Stock Photo:** Pictorial Press Ltd (tl). **Getty Images:** Universal History Archive (br). **266 Getty Images:** Bettmann (tl). **Alamy Stock Photo:** World History Archive (tr). **Getty Images:** Bettmann (bc). **267 Getty Images:** HUGO H. MENDELSOHN (tl). **Alamy Stock Photo:** DBI Studio (tr). **268-269 Alamy Stock Photo:** Everett Collection Historical (r). **268 Alamy Stock Photo:** Alexander Perepelitsyn (cl); Science History Images (bl). **270-271 Alamy Stock Photo:** World History Archive (tl). **270 Getty Images:** MARIO TAMA / Stringer (cl). **Dorling Kindersley:** Gary Ombler / Wardrobe Museum, Salisbury (cr). **Alamy Stock Photo:** Everett Collection Inc (br). **271 Alamy Stock Photo:** INTERFOTO (bl). **Getty Images:** Popperfoto (br). **272 Getty Images:** Sovfoto (tl). **Alamy Stock Photo:** Historic Collection (cl); World History Archive (c). **Getty Images:** PAGES Francois (br). **273 Alamy Stock Photo:** World History Archive (tl); INTERFOTO (tr); Stephen Saks Photography (bl); Everett Collection Inc (bc1); Glasshouse Images (bc2); Science History Images (br). **274-275 Alamy Stock Photo:** CPA Media Pte Ltd (b). **274 Getty Images:** Central Press / Stringer (tl). **Alamy Stock Photo:** PhotoStock-Israel (tr). **Getty Images:** Stringer (cb). **275 Alamy Stock Photo:** Mick Sinclair (tr); Dennis Brack (br). **276-277 Getty Images:** New York Daily News Archive (c). **276 Getty Images:** Bettmann (bl1). **Alamy Stock Photo:** CBW (bl2); Granger Historical Picture Archive (bl3). **278 akg-images:** (tr). **Getty Images:** New York Daily News Archive (bl); Science & Society Picture Library (br). **279 Getty Images:** Bettmann (tl); STRINGER / Stringer (tc); Bettmann (br). **280-281 Alamy Stock Photo:** World History Archive (t). **280 Getty Images:** CARL DE SOUZA / Staff (bl); Hulton Archive / Stringer (br). **281 Alamy Stock Photo:** PA Images (bl). **Getty Images:** Handout (br). **282-283 NASA:** (b). **282 Alamy Stock Photo:** REUTERS (tl). **Getty Images:** Bettmann (clb). **282 NASA:** (cb); (crb). **283 Getty Images:** Rolls Press / Popperfoto (tl); Stringer (tr). **284 Alamy Stock Photo:** World History Archive (tl). **Dorling Kindersley:** Gary Ombler / Rob Arnold, Automobilia UK (cr). **Getty Images:** Rolls Press / Popperfoto (br). **285 Getty Images:** Jacques Pavlovsky (tr); Bettmann (bl). **Alamy Stock Photo:** Pictorial Press Ltd (br). **286 Getty Images:** Paolo KOCH (tr). **Alamy Stock Photo:** Newscom (crb). **Getty Images:** Science & Society Picture Library (bl). **Alamy Stock Photo:** betty finney (bc1). **Getty Images:** Karjean Levine (bc2). **Alamy Stock Photo:** REUTERS (br). **287 Alamy Stock Photo:** ITAR-TASS News Agency (tl). **Getty Images:** Universal History Archive (br). **288 Alamy Stock Photo:** FORUM Polska Agencja Fotografów (tl). **Getty Images:** Peter Charlesworth (cra). **Alamy Stock Photo:** Peter Jordan (bl). **289 NASA:** (tl); (c). **289 Shutterstock:** mark reinstein (bl). **Getty Images:** IWM (br). **290-291 Alamy Stock Photo:** BRIAN HARRIS (t). **290 Getty Images:** TASS (c); The Asahi Shimbun (bl); SHONE (br). **291 Alamy Stock Photo:** Hum Images (b). **292-293 Getty Images:** STR (r). **292 Getty Images:** JOEL ROBINE (cl); Chip HIRES (bl). **294 Getty Images:** David Turnley / Corbis / VCG (r). **Alamy Stock Photo:** Sueddeutsche Zeitung Photo (bl). **295 Alamy Stock Photo:** JAUBERT French Collection (tl); Andia (cr). **Getty Images:** GABRIEL BOUYS / Staff (bl); Tom Stoddart / Reportage (bc1); PAUL J. RICHARDS / Staff (bc2); JOEL ROBINE / Staff (br). **296-297 Getty Images:** AFP / Stringer (b). **296 Getty Images:** Robert NICKELSBERG (ca); Staff (cb). **297 Getty Images:** TASS (tr). **298-299 Getty Images:** NurPhoto (c). **298 Getty Images:** Mint Images (bl1). **Alamy Stock Photo:** Noam Armoni (bl2); Xinhua (bl3). **300 Alamy Stock Photo:** Trinity Mirror / Mirrorpix (tl); World History Archive (bl). **301 NASA:** (t). **Alamy Stock Photo:** Everett Collection Historical (cl); Mark Pearson (br). **302-303 Alamy Stock Photo:** REUTERS (t). **302 Alamy Stock Photo:** UPI (ca); dpa picture alliance archive (bl); REUTERS (br). **303 Shutterstock:** Evan El-Amin (tr). **Alamy Stock Photo:** James Brittain-VIEW (br). **304 Getty Images:** FETHI BELAID (tl). **Alamy Stock Photo:** UPI (tr). **Getty Images:** John van Hasselt - Corbis (br). **Alamy Stock Photo:** Pool Photo (br). **305 Getty Images:** NurPhoto (r). **Alamy Stock Photo:** Gelia (cl); ZUMA Press, Inc. (cr). **306-307 Shutterstock:** faboi (tr). **306 Getty Images:** Ulrich Baumgarten (tl). **Alamy Stock Photo:** COP21 (ca); Shoeb Faruquee (bl). **307 Getty Images:** Kiran Ridley (cl); Bill Clark (br).

其他图片版权属于DK公司。
更多信息见：www.dkimages.com